In Gedenken an einen wunderbaren Menschen –
mein Großvater: Josef Freisinger

„Wer zu lesen versteht,
besitzt den Schlüssel zu großen Taten,
zu unerträumten Möglichkeiten.“

Aldous Huxley

1. Auflage

Illustration: Thomas Alwin Müller, Livezeichner
Bilder, falls nicht ausgezeichnet: Theresia Friesinger
Layout: Theresia Friesinger
Printed in Germany
ISBN 978-3-9815344-1-2

www.friesinger-theresia.de

Einleitung

*„Wenn du es nicht von dir selbst bekommst,
von wem solltest du es dann bekommen?“* Alan Watts

Die *Inklusive Kommunikation* ist eine nicht-ausgrenzende Kommunikation in Bezug auf uns selbst und in Bezug auf unsere Mitmenschen. Wer *inklusiv*[1] kommuniziert, ist in höchstem Maße selbstempathisch. Die *Inklusive Kommunikation* hat einen hedonistischen Ansatz (Bedürfnisbefriedigung) und bringt innere Freiheit. Sie ist eine bewusste Entscheidung, besonders dann, wenn wir in vielen Momenten unseres Lebens deutlich spüren, dass wir unfrei reagieren. Durch Gedankenkraft (Bewusstseinsreframing)[2] können neue Entscheidungen getroffen werden, die innerlich nicht hemmend wirken, sondern uns befreien. Innere Freiheit verstehe ich realistisch, inklusiv, gefühls- und wertebewusst. Dennoch wäre gleich zu Beginn die Frage zu beantworten: *„Ist innere Freiheit absolut?“*. Einmal innerlich frei, immer innerlich frei? Gerade weil wir Kooperations- und keine Aggressionswesen sind, sind wir höchst verletzlich. Ich werde diese Frage nicht unbeantwortet lassen, weil zu klären ist, wie Verletzlichkeit mit innerer Freiheit harmoniert[3] und wie der Prozess des Loslassens von früheren Verletzungen und von den erlernten negativen Reaktionsmustern umgesetzt werden kann. Welche Kernkompetenzen brauchen wir dafür? Es ist nicht ausreichend, **nur Emotionswissen** zu verinnerlichen, sondern, es ist wichtig, sie auch zu fühlen. Rein rationales Denken verhindert und blockiert die Wahrnehmung natürlicher Gefühle. Gerade die natürlichen Gefühle sind es, die uns letztendlich wieder in Harmonie bringen. Ich selbst hatte einen Aha-Effekt, als ich meine Schwächen und Unsicherheiten zum ersten Mal fühlend gemeinsam mit meiner inneren Stärke schwerelos und sicher in mir „halten“ konnte, so dass ich diese in meine Persönlichkeit inkludieren konnte. Bis dahin wollte ich meine Fehler nie annehmen. Das zu können, ist ein geniales Gefühl und innere Freiheit. Ich begriff, dass stimmig-authentisch zu leben, viel mehr bedeutet als seine Stärken zu idealisieren. Es geht im Leben nicht darum, perfekt zu sein. Es ist wunderschön, perfekt unperfekt zu sein! Perfekt unperfekt ist gut genug. Kann sein, dass Sie diese Aussage noch anders empfinden, weil Sie einen hohen inneren Maßstab haben. Wie viel innere Unfreiheit ist in Ihnen los, wenn Sie diesen Maßstab nicht erfüllen? Darum geht es. Stehen Sie zu dem, was und wer Sie sind. Wer seine Ängste, Fehler und Schwächen mit innerer Stärke anerkennen kann, lebt im inneren Gleichgewicht zwischen den beiden Extremen. Jeder hat Schwächen, weil wir

Die Schwächen mit innerer Stärke zu „halten“, ist innere Freiheit.

[1] Nicht ausgrenzend gegenüber sich selbst und anderen Menschen – bezieht sich auf den Inklusionsgedanken. Alle gehören dazu, niemand ist ausgegrenzt. Diese Idee wurde auf die Kommunikation übertragen. Alle Anteile in uns gehören dazu und wollen angenommen werden.

[2] Über das Bewusstsein ein Problem umdeuten und verändern. Einen neuen inneren Dialog konzipieren z. B. über Glaubenssatzänderungsformate – siehe Kap. 3.8. Dort wird Schritt für Schritt erklärt, wie eine Glaubenssatzänderung funktioniert. Wer bei der Glaubenssatzänderung Unterstützung benötigt, sollte sich die Unterstützung holen. Sich Unterstützung zu holen, ist innere Stärke.

[3] Kap. 1

diese brauchen. Es sind gerade die Schwächen (das, was wir noch nicht können), die uns Entwicklung und Wachstum bringen.

Wer zu seinen Gefühlen steht, lebt und spürt seine Lebendigkeit in jedem Moment seines Lebens. Viele Menschen denken viel zu rational, was dazu führt, dass sie von Tag zu Tag mehr Pseudogefühle[4] generieren, ohne es zu merken. Für unseren inneren Frieden (inneres Gleichgewicht) ist es aber entscheidend, alle Gefühle anzuerkennen, was bedeutet, sie zuzulassen und sie zu fühlen. Für Ihre Psychohygiene verinnerlichen Sie diesen gesunden Glaubenssatz: Es gibt keine negativen Gefühle. Es gibt nur Gefühle, die uns den Weg zur inneren Befreiung zeigen wollen. Ein transsexueller Coachee[5] äußerte sich im Einzelcoaching wie folgt: *„Transsexuell zu sein, ist ein ewiges Leiden!"*. Das Leid ist das Gefühl, das auch ewig so bleibt, wenn die passenden Gedanken dazu nicht reframt (verändert) werden. *„Entweder man klammert sich an seine Gedanken oder man überprüft sie. Es gibt keine andere Möglichkeit."* [6]Erst als seine Gedanken eine andere Richtung eingeschlagen haben, konnte er seine Transsexualität mit Klarheit und Absprachen ausleben.

Es gibt keine negativen Gefühle.

Im Theoriebuch *Fühlen, was wir brauchen* haben Sie vielleicht schon viel reflektiert und an der einen oder anderen Stelle innegehalten und über Ihr Leben nachgedacht. Vielleicht waren Sie über manche Erkenntnisse überrascht? Vielleicht waren Sie sogar davon fasziniert, weil Sie so viel Schönes, Verdrängtes, Verstecktes, Verrücktes, Verstricktes, Geliehenes, Gutes, Leichtes und Liebevolles entdeckten und gerade deshalb Lust auf mehr bekommen haben? Wenn Sie sich mehr wünschen, als in dieser Welt nur zu funktionieren, dann werden Sie konsequent dafür sorgen, Ihre vielleicht noch brach liegende Potenziale zu entfalten. Aldous Huxley vermittelte: *„Was du bist hängt von drei Faktoren ab: Was du geerbt hast, was deine Umgebung aus dir machte und was du in freier Wahl aus deiner Umgebung und deinem Erbe gemacht hast."*.

Sie können die anderen nicht verändern, aber Sie können Ihr Gefühl verändern.

Das vorliegende Praxisbuch kann wie ein **äußerer Kompass** verstanden und interpretiert werden, der anzeigt, wie unbewusste negative Reaktionsmuster mit den dazu verankerten Glaubenssätzen identifiziert werden können. Ist die Bereitschaft zur Veränderung vorhanden (Veränderungsintelligenz), dann wird über das Bewusstsein ein **innerer Kompass** aktiviert, der die identifizierten Glaubenssätze reframt,[7] so dass sie mit der Zeit verinnerlicht werden können bis sie wieder unbewusst werden. Ohne Veränderungsintelligenz keine Veränderung, sowie es ohne Selbstempathie auch keine Empathie gibt.[8] Ein aktivierter **innerer Kompass** im Menschen entwickelt Achtsam-

Ohne Veränderungsintelligenz keine Veränderung.

---

[4] Es wird zwischen echten Gefühlen: *„Ich bin traurig"* und unechten Gefühlen (Pseudogefühlen) wie: *„Ich fühle mich unterdrückt, nicht ernst genommen oder missverstanden!"* unterschieden. Diese Gefühle sind Interpretationsgefühle des Verstandes und keine reinen Emotionen, sondern negative Strategien der Bedürfniserfüllung. *„Ich habe das Gefühl, mich zu rächen!"* Pseudogefühle sind vom Verstand erzeugte Gefühle, Vorverurteilungen und oft schon endgültige Urteile. Siehe Friesinger 2012, Theoriebuch, Kap. 4.1.3

[5] Der- oder diejenige die beim Coaching gecoacht wird. In diesem Zusammenhang wird von Coach und Coachee gesprochen.

[6] Byron 2002, S. 44

[7] Den negativen Glaubenssatz neu denken, so dass dieser sich besser anfühlt. Reframing = in einen neuen Rahmen bringen.

[8] Motto des Theoriebuches: Fühlen, was wir brauchen

keit, Würde und Behutsamkeit gegenüber Gefühlen und Bedürfnissen, so dass diese Menschen dadurch mehr Selbsterkenntnis gewinnen. Die Menschen finden durch den aktivierten inneren Kompass heraus, was sie gerade fühlen und brauchen, um mit der Zeit eine Affinität (Feinfühligkeit) gegenüber weiteren glückshinderlichen Reaktionsmustern und den dazu verankerten Glaubenssätzen entwickeln zu können. Sobald sie wissen, was zu tun ist und die Dinge auch tatsächlich tun – Manifestation – wird dadurch das innere Ungleichgewicht wieder korrigiert. Wir können andere nicht verändern, aber wir können das Gefühl in uns verändern. **Das ist unsere einzige Macht bzw. unsere innere Freiheit.** Wer sein Gefühl verändert, strahlt eine andere Wirkung aus, so dass andere ebenso von dieser Wirkung profitieren können, immer vorausgesetzt, dass sie es auch wirklich wollen. Wir können niemanden zu seinem Glück zwingen.

Ein Hinweis von mir, dass Ihr Leben jetzt schon erleichtern kann, wenn Sie es wollen: **Hören Sie auf, ständig auf andere zu hören!** Ich war schon immer ein schlechter Patient und hatte meine eigenen Ideen im Kopf. Ich höre auf meine Intuition. Ich weiß genau, was ich will und was mir gut tut oder was ich nicht will und was mir nicht gut tut. Das, was mir gut tut, tut auch anderen gut und umgekehrt. Den Anteil, den wir an uns selbst nicht lieben und anerkennen, kompensieren wir fast zu 100 % mit negativen Reaktionsmustern. Warum? Wir erfüllen uns damit die oft unbewussten und frustrierten Bedürfnisse. Es geht aber auch anders.

Es ist nicht immer von Vorteil, ein guter Patient zu sein.

Die *Inklusive Kommunikation* ist anders, weil sie den Inklusionsprozess in der Sprache berücksichtigt und Menschen dadurch im Großen und Ganzen von unnötigen Interpretationen befreien. Viele Menschen lesen sehr viel, in der Hoffnung, endlich die Methode zu finden, die Ihnen helfen wird. Methoden gibt es wie Sand am Meer. Auch in diesem Buch finden Sie Methoden, die ich aber nur als **Brücke zur Selbstfindung** verstehe. Es ist nicht die Methode, die Ihnen hilft oder helfen wird. Es sind Ihre Gedankenkraft, Ihre Einstellung, Ihre Haltung, Ihre Interpretationen, Ihre Entscheidung, Ihre Achtsamkeit in Bezug auf die Körpersprache und in Bezug auf die Botschaft Ihrer Sprache, die nur Sie allein verändern können. Es sind nicht die Methoden; es ist die aktive Auseinandersetzung mit Ihren negativsten Kernüberzeugungen. Dieses Buch zeigt Ihnen, wie Sie diese Kernüberzeugungen knacken können.[9] Diese Auseinandersetzung **braucht Zeit** und es **braucht Umsetzungskraft.** Ich lege großen Wert auf das Wort „Kraft". Ohne diese Kraft können wir nichts in uns bewegen. Alles bleibt so, wie es ist. Deshalb ist der Part: Selfcommitment (Selbstverpflichtung): *„Wie verpflichte ich mich selbst, etwas zu tun?"* in der *Inklusiven Kommunikation* von großer Bedeutung. Scheitert das Selfcommitment, scheitert auch die Veränderung. Die noch alten mächtigen Muster gewinnen gegen die noch zu neuen schwachen Muster.

Das Praxisbuch ist also nicht dafür gedacht, dass Sie sich noch mehr Wissen aneignen oder noch mehr die Hilfe von anderen benötigen (Empathiesucht). Es ist dafür gedacht, dass Sie ein Bewusstsein entwickeln, wie wichtig es ist, dass Sie sich Selbstempathie (Selbstmitgefühl) schenken können und dass Sie lernen, sich selbst so anzunehmen, wie Sie sind, ohne in krankhafter Art und Weise

---

[9] *Die Innere- und Äußere-Dialog-Methode* offenbart Ihre negativsten Glaubenssätze

von der Hilfe oder von den fremden Ratschlägen, die oft nicht passgenau sind, abhängig zu sein. Die Methoden sind teils sehr ausführlich dargestellt, damit Sie sich mit der Zeit selbst beraten (Selbstcoaching) können, aber nur, wenn Sie auf Ihre Selbstberatungskompetenz, die Sie durchaus haben, setzen.

Sie sind aber auch so konzipiert, dass Sie sich jederzeit Unterstützung holen können, wenn Sie diese wünschen und brauchen (Das ist nicht dasselbe wie Anerkennungssucht oder Empathiesucht). Sich Unterstützung zu holen, ist wahre Stärke. Einzig und allein Ihr intuitives Wissen, was Sie für Ihre Entwicklung brauchen, zählt, damit Sie am Ende Ihrer Entwicklungsreise bei sich selbst zu Hause ankommen können. Hören Sie auf, zu suchen. Finden Sie! Über die *Praktische Inklusive Kommunikation* können Sie herausfinden, wie Sie in Wahrheit gestrickt sind. Wie sind Sie? Wer sind Sie? Was sind Sie? Welcher Mensch sind Sie ohne Ihre negativen Reaktionsmuster? Wie wären Sie ohne Ihre Ängste und Sorgen? Angereichert mit diesen neuen Erkenntnissen und mit neuen Zielen werden Sie dann immer weniger bei anderen nach einem Modeling zum authentischen Leben suchen, weil Sie SICH SELBST gefunden haben. Selbstverständlich können Sie jederzeit andere Vorbilder modellieren. Ich habe es auch getan. Aber heute stelle ich niemanden mehr auf einen Sockel. Ich stelle mich dazu oder ich hole diese Menschen, wenn ich es merke, ziemlich schnell wieder vom Sockel herunter.

Viele Menschen, die ein stimmig-authentisches Leben leben oder lebten, haben ihre Authentizität selbst erforscht und ihre Gedanken im wahrsten Sinne des Wortes gestretcht (Gedankenstretching). Sie haben alte Situationen in einen neuen Rahmen „gefasst" und neue Perspektiven eingenommen. Sie haben angefangen, das, was sie schon wussten, für sich wieder neu zu definieren, interpretieren und initiieren. Zu diesen Personen zählen u. a. Carl Rogers, Fritz Perls, Virginia Satir, Marianne Williamson, Steve Jobs, Albert Camus, Richard Moss, Eckhart Tolle, Milton Erickson, Robert Dilts, Byron Katie .... Jeder von uns, auch Sie haben diese Gedankenstretchingsfähigkeiten!

Besonderheit der *Praktischen Inklusiven Kommunikation*

1. Bereitschaft und Begeisterung zur Umsetzung
2. Inklusionsgedanken

Zu 1: Die vielen Methoden, die in diesem Buch beschrieben werden, sind mit der Intension geschrieben, sich selbst coachen zu können. Sie setzen deshalb eine hohe Umsetzungsbereitschaft und eine gute Reflexionsfähigkeit voraus. Der Antriebsmotor zur Umsetzung ist die intuitive Begeisterung, die wir brauchen, um ein stimmig-authentisches[10] Leben führen zu können. Sie brauchen dafür die innere Überzeugung und die bewusste Entscheidung, die Methoden tatsächlich umsetzen zu wollen und die Aktivierung Ihrer intuitiven Begeisterung, die vielleicht im Laufe der

Aktivieren Sie Ihre Begeisterung! – Sie ist in Ihnen.

[10] Schulz von Thun 2003, S. 45. Wahrhaftigkeit/Ehrlichkeit – Entwicklungsquadrat zum Thema: Authentizität nach Schulz von Thun. Wer sich nicht durchsetzen kann, sollte mehr Durchsetzungskraft und Wirkungsbewusstsein entwickeln. Wer zu offen ist, sollte nicht unverschämt wirken und eine naive Unverblümtheit an den Tag legen. Ebenso ist eine manipulative Fassadenhaftigkeit selbstentfremdend. Die Balance (die Mitte) zur Schwestertugend „Taktik" ist von Vorteil.

Zeit etwas verloren gegangen ist. Wofür brennen Sie? Was ist Ihre Leidenschaft? Was hat Sie als Kind an dieser Welt so begeistert?

Wenn Sie vielleicht Widerstände spüren, weil Sie Angst (lat: angustus = Enge) vor Ihrer Echtheit (Authentizität) und Ehrlichkeit haben, dann legen Sie an dieser Stelle dieses Buch bitte nicht aus der Hand. Lernen verändert. Manfred Spitzer äußerte sich in seinem Buch *Lernen* dahingehend: *„Lernen bereitet vielen Menschen Angst.“.*[11] Etwas, auf das wir neugierig sind, macht uns gleichzeitig auch Angst. Das muss nicht immer so sein und so bleiben. Lesen Sie einfach weiter, um sich mit den vielen Vorteilen eines stimmig-authentischen Lebens vertraut zu machen. Erst dann können sie eine kompetente Entscheidung darüber treffen. Sobald Sie erste Vorteile und Erfolge bei der Umsetzung spüren, werden Sie diese höchstwahrscheinlich nie wieder missen wollen. Besonders die *Innere-Dialog-Methode*[12] ist sehr herausfordernd, weil es sich um Ihre Lebensthemen handelt. Ihre Lebensfragen werden dabei stimmig-authentisch (ehrlich) beantwortet. Dafür ist sie konzipiert. Sie erfahren mit dieser einfach zu verstehenden Methode, wie die Beantwortung Ihrer Lebensthemen und -fragen Ihr Leben ein positives Vorzeichen geben kann. Jeder hat die Kraft und die Fähigkeit, ohne etwas schönzureden, seine Antworten ehrlich zu generieren. So wie es ist, ist es und so ist es gut. Schwierig wird es, wenn Sie dazu noch nicht bereit sind! Viele Menschen haben Angst vor Ihren Antworten. Jede noch so kleine Selbstlüge werden Sie intuitiv spüren, weil wir eine **Körperweisheit** haben. Entlarven Sie Ihre Lebenslügen, scheinen sie auch noch so unbedeutend zu sein, weil diese eine große Wirkung auf Ihr Leben haben, das oft von Fassadenhaftigkeit überschattet ist. Ich habe die Annahme, dass jeder seine Manifestationskraft, d. h. seine vorgenommenen Dinge auch tatsächlich umsetzen und sichtbar machen, aktivieren kann. Mit einer aktivierten Manifestationskraft, die noch mehr Begeisterung für Ihr Leben bringt, werden Sie die gewünschten Ziele und Erfolge erreichen.

Lernen verändert!

Zu 2: Inneres Glück ist die Inklusion (Einschluss) der Gegensätze in uns! Wenn es eine außergewöhnliche Besonderheit gibt, dann ist es diese. Ich folge der Annahme, dass jeder Mensch die Fähigkeit besitzt, seine Angst überwinden zu können und zu wollen, um den früheren körperlich manifestierten Schmerz anzuschauen, mit dem Ziel, die vorhandenen inneren Gegensätze und Ambivalenzen anzuerkennen. Wenn sie da sind, sind sie da und wir können sie nicht wegdenken. Wir können überhaupt nichts wegmachen und verdrängen, weil das Unbewusste ohnehin alles weiß. Wir können uns aber das Abgespaltene und Verdrängte wieder bewusst machen, es anschauen und die Erkenntnisse dann über einen Bewusstseinsprozess (Inklusion und Reframing) verändern. Dadurch werden vorhandene Potenziale aktiviert und neue glücksbringende Glaubenssätze generiert. Durch diesen Inklusionsprozess reguliert der Mensch seine Entwicklung und wird autonomer. Die *Praktische Inklusive Kommunikation* angelehnt an das Autonomietraining nach Grossarth-Maticek legt einen starken Fokus auf die Integration von Ambivalenzen, Gegensätzen und unbewussten Reaktionsmustern, die wir nicht wahrhaben wollen. Was erlauben wir uns

Inneres Glück ist Inklusion der Gegensätze in uns.

---

[11] Spitzer 2007, S. 11

[12] Siehe Kap. 3 – Die *Innere-Dialog-Methode* ist ein Selbstberatungskonzept

nicht, was wir uns so gerne erlauben würden? Was ist uns nicht bewusst, was uns bewusst sein sollte? Darauf liegt das besondere Augenmerk. Erst wenn das Unbewusste bekannt ist, so dass es nicht mehr im Unbewussten „heimlich“ reagieren kann, können passende Inklusionsglaubenssätze (Einschluss von allem) wie z. B.: *„Auch wenn ich noch verurteile, bin ich wertvoll!“* gefunden werden. Selbst Menschen mit einer großen Lebenslüge können ihre unbewussten negativen Reaktionsmuster identifizieren und somit ihr verschlossenes „Herzfenster“ wieder öffnen, damit die „innere Sonne“ wieder in Resonanz mit der Außenwelt strahlen kann. Ich folge auch der Annahme, dass alle Menschen dazu in der Lage sind, ehrlich und stimmig zu sich selbst sein zu wollen. Ich bin überzeugt, dass jeder die Sehnsucht nach diesem stimmig-authentischen Leben hat.

Sind die oben genannten Voraussetzungen gegeben, sind die Methoden zu 100 % erfolgsversprechend. Die Methoden funktionieren dann nicht, wenn Menschen in ihrer persönlichen Entwicklung noch nicht die notwendige Bereitschaft zur Veränderung aufbringen wollen. Die Methoden können bewusst machen, dass Veränderung benötigt wird. Diese manifestieren, müssen die Menschen über ihre Gedankenkraft selbst. Ein Klient hatte Lungenkrebs, aber er rauchte weiter, obwohl ihm über die Methode der *Praktischen Inklusiven Kommunikation* schwitzend bewusst wurde, wie stark seine Gedanken und Handlungen seine Heilung beeinflussen. Er wollte das Lungenkarzinom unbedingt weghaben und begriff, dass dieses seine bedingungslose Liebe und Anerkennung braucht, da es zu ihm gehört (Inklusion). Seine Gesundheit war ihm jedoch nicht „heilig“ genug, so dass er seine Selbstverpflichtungen (Selfcommitments) auf Dauer nicht einhalten konnte. Die Methoden funktionieren nicht, wenn der Wille zu schwach ist, die formulierten Selbstverpflichtungen tatsächlich umzusetzen. Die Verantwortung dafür liegt allein beim Betroffenen selbst.

Die Methoden funktionieren auch nicht, wenn die Widerstände und die Ängste zu hoch eingeschätzt werden, um sich den passgenauen Lebensfragen zu stellen. Grundsätzlich braucht jeder, trotz hoher Bereitschaft, unterschiedlich lange, bis die Methoden mit den neuen Glaubenssätzen wirken. Synapsen entstehen und entwickeln sich durch Lernen. Dieser Prozess benötigt Zeit, weil Synapsen zwar lernen, aber sie lernen langsam. Dennoch kann das neue Bewusstseinsreframing (neues Denken) ein sofortiges **Wirkungsreframing** erzeugen. Das bedeutet schlicht und einfach: Die Methoden wirken sofort. Manchmal braucht es Zeit und Wachheit, weil die alten Glaubenssätze wie Jagdhunde im Hintergrund lauern. Dennoch bahnen sich die neuen Gedanken langsam, aber stetig und sicher ihren Weg durch das Bewusstsein. Dadurch kann eine Bewusstseinserweiterung eintreffen. Aus anfänglichen neuronalen „Feldwegen“ werden zwei- bis vierspurige „Autobahnen“ im Kopf. Die Menschen kommen von einer anfänglich bewussten Inkompetenz (Panikzone) in eine bewusste Kompetenz (Wachstumszone), um dann wieder in einer unbewussten Kompetenz (Komfortzone) zu landen. Menschen mit einem Neidmuster werden eines Tages aufwachen und feststellen: *„Ich bin ja gar nicht mehr neidisch!“*.

Entscheiden Sie sich, etwas dafür zu TUN!

Viele Methoden zur Verhaltensänderung versagen, weil limitierende Glaubensmuster nicht nachhaltig erforscht, inkludiert und verändert werden. Sie versagen auch, **weil viel zu wenig auf die Körperbotschaft und die Botschaft der Sprache geachtet wird, die das Unbewusste mitsteuern**. Sie versagen, weil die Bedürfnisse hinter den Pseudogefühlen nicht ausreichend identifiziert werden, weil m. E. unsere Gesellschaft zu wenig Wert auf Wertewissen und -können legt. *„Mich mit meinen Werten und Bedürfnissen auseinanderzusetzen, ist mir zu anstrengend!"* ist ein oft erwähntes Statement. Gerade in der Kommunikation wird die Werteebene stark vernachlässigt, weil die Werte- und Bedürfnisebene den Menschen unbekannt ist. Bei einer Fortbildung zum Thema Wertschöpfung und Respekt konnte niemand aus einem Expertenpublikum keiner definitiv sagen, was genau ein Bedürfnis ist. *„Dass Respekt ein Bedürfnis ist, aber auch eine Strategie der Bedürfniserfüllung sein kann, wenn ich mir z. B. mit Druck Respekt verschaffe, war mir so nicht bewusst."*. „Probleme" werden ausschließlich auf der Inhaltsebene oberflächlich verarbeitet. Die Strukturebene der Gedanken – wie die Gedanken im Kopf organisiert und strukturiert sind und wie sie genau funktionieren – bleibt dabei vollkommen unberücksichtigt. Das *Metamodell der Sprache*[13] ist z. B. ein Frageinstrumentarium, um die Strukturebene der Gedanken in ihren einzelnen Sequenzen aufzugliedern und zu modifizieren. Es wird im Theoriebuch ausführlich beschrieben und bei vielen Haltungsänderungsmethoden in diesem Buch vorausgesetzt. Die Kombination der **Struktur- und Inhaltsebene** bei der Lösung eines Problems basierend auf einer wertschätzenden inklusiven Haltung, erlaubt die Veränderung von Menschen viel effektiver zu gestalten und zeichnet die Besonderheit der *Praktischen Inklusiven Kommunikation* aus.

Zusammenfassung des Praxisbuches: Im **ersten Kapitel** beschreibe ich das Gefühl von innerer Freiheit und den Grund für die Notwendigkeit des Loslassens von negativen Reaktionsmustern mit den dazu negativ verankerten Glaubenssätzen aus meiner Sicht. Anschließend stelle ich im **Kapitel zwei, drei und vier** das Selbst- und Fremdberatungskonzept[14] mit den vielfältigen Reframingsmethoden vor.[15] Die Methoden haben Anleihen aus den humanistischen Strömungen von Adler,[16] Rogers,[17] Luhmann,[18] Schulz von Thun,[19] Rosenberg,[20] Satir,[21] Perls[22] und den verschiedenen NLP-Ansätzen,[23] die alle am inneren Drang zum Veränderungswillen der Menschen ansetzen. Der innere Drang (innere Not) ist die Antriebsfeder zur Veränderung. Ohne diese innere Not würde es für den Menschen wohl keinen Grund für Entwicklung geben. Wir brauchen das Ungleichgewicht, um wieder ein Gleichgewicht herstellen zu können. Dieser Vorgang heißt: Lernen.

Sie haben die Macht, Ihr Gefühl zu verändern.

Um unbewusste Prozesse nachhaltig zu verändern, sind Ergänzungsmethoden zur weiteren Verankerung von positiven Glaubenssätzen notwendig, die im **Kapitel fünf** beschrieben sind. Damit die neuen Glaubenssätze in eine unbewusste Kompetenz übergehen, bedarf es einer kontinuierlichen Umsetzungskraft. Inspiriert durch Richard Bandler, der regelrecht appelliert, der Kreativität zum Lösen von

[13] Siehe Friesinger 2012, Theoriebuch, Kap. 4.2.3
[14] Selbstberatungskonzept = *Innere-Dialog-Methode* / Fremdberatungskonzept = *Äußere-Dialog-Methode*
[15] Die *Unbewusste Bedürfnisfindungsmethode – Das ressourcenbewusste Glaubenssatzänderungsformat* – Die vielfältigen Ankermethoden ...
[16] Adler 2008
[17] Vgl. Rogers 1983, 2007 und Weinberger 1992 – Empfehlungsliteratur: *Der neue Mensch*
[18] Berghaus 2004 – Luhmann leicht gemacht
[19] Schulz von Thun – Miteinander Reden Band 1 – 4
[20] Rosenberg 2010
[21] Satir, 1989. – Kommunikationsstile nach Virginia Satir und die daraus entstehenden Beziehungsmuster
[22] Perls 2007 – *Grundlagen der Gestalttherapie*
[23] Bandler & Grinder 1995

menschlichen Problemen freien Lauf zu lassen, kreierte ich viele Reframings- und Ergänzungsmethoden. Alle Imaginationen sind im Aufbau und Inhalt an das hypnolinguistische Konzept von Milton Erickson[24] angelehnt und in der Du-Form verfasst, weil das Unbewusste mit dem „Du" vertrauter ist als mit dem unpersönlicheren „Sie". Aus uralten Zeiten wissen wir, dass Imaginationen Heilkräfte besitzen. Über Imaginationen können innere Verletzungen aufgearbeitet und kuriert werden. Die spürbare Erleichterung nach den Imaginationen wird von den Coachees immer wieder bestätigt: *„Ich fühle mich richtig frei und voller Energie!"*.

Eine nennenswerte Ergänzungsmethode ist die *Second-Skin-Methode.*[25] Sie „installieren" eine zweite Haut, die Sie vor den bio-energetischen negativen Kräften aus Ihrem Umfeld schützt. Sie entscheiden nach der Installation Ihrer zweiten Haut, welche Energien Sie durchlassen und welche Sie bewusst abblocken möchten. Alle Ergänzungsmethoden sind eine Zaubertrickkiste, die Sie unterstützen sollen, in Ihrem Leben mehr Lächeln zu säen, um mehr Lächeln zu ernten.

Abb. 1 – Zeichnung: Thomas Alwin Müller Innere Freiheit

Im **Kapitel sechs** können Sie über *PUFFER*-Ziele[26] zu Ihrem inneren und äußeren Erfolg beitragen, denn Inklusion findet nicht nur im Inneren, sondern auch im Äußeren statt. Ich lade Sie ein, sich über Ihre eigene Erfolgsbiografie Gedanken zu machen. Was bedeutet Erfolg für Sie? Wie harmoniert Erfolg mit innerer Freiheit? Wovon sind Sie begeistert? Was begeistert Sie bei sich selbst? Worauf sind Sie stolz? Was können Sie gut? Wer diese Fragen für sich eindeutig beantworten kann, kann sich über den inneren Reichtum hinaus auch äußeren Reichtum erfüllen und erlauben, wenn er dies wünscht. Sie erfahren, warum die Bearbeitung dieses Themas von Bedeutung ist und wie es Einfluss auf Ihr freies Lebensgefühl haben kann. Je länger Sie über Schönes reden, desto mehr Schönes ziehen Sie in Ihr Leben. Wir haben die Wahl. Glück ist und bleibt eine Entscheidung. Wir können unser Leben negativ führen oder aber mit wunderschönen Gedankenketten und den damit verankerten angenehmen Gefühlen bereichern. **Wie** reden Sie über Ihre Vergangenheit? Entscheiden Sie sich, Ihre Unwohlgefühle baldmöglichst zu reframen, indem Sie herausfinden, was Sie brauchen. Verzaubern Sie Ihre Gefühle über die Struktur- und Inhaltsebene der Gedanken wieder in prickelnde Wohlfühlgefühle. Es funktioniert, wenn Sie es wollen.

Im **Kapitel sieben** runden die Wirkungen der Wertschätzung, des Lachens und der Dankbarkeit das Praxisbuch ab. Ziel des Praxisbuches ist, Sie mit Ihren Gefühlen und Bedürfnissen zu konfrontieren und zu verbinden, so dass Sie die Methode der Selbstempathie anwenden können, um empathischer auf Ihre Mitmenschen eingehen zu können, was wiederum zur Selbstempathie führt. Es geht

[24] Milton Erickson ist Hypnolinguist. Er beschreibt Hypnose als einen Zustand gesteigerter Aufmerksamkeit. In diesem Zustand werden Ideen generiert. Beim Aufbau einer Trance ist das Ressourcenthema, die Entspannung, die Verbindungswörter, die kontextbezogenen Metaphern, der Einbau von Ursache-Wirkungsprinzip, die eingebetteten Befehle, die Annahmen, evtl. Zitate und die Rückführung wichtig.

[25] Angelehnt an Robert Dilts – siehe Kap. 5.23

[26] PUFFER ist das Akronym für: Passung, Umsetzung, Formbarkeit, Freiheit, Energie und Reichweite

nicht um Empathie in dieser Welt! **Es geht um Selbstempathie.** Wären alle Menschen selbstempathisch, hätten wir keine Probleme mit der Empathie. Wir hätten Empathie in Hülle und Fülle. Wer das verstanden hat, hat den Sechser im Kommunikationslotto gezogen. Es gibt keine vorbeugenden Maßnahmen, die garantiert, dass andere immer gütig und empathisch mit uns umgehen werden, selbst wenn wir uns noch so inklusiv und wertschätzend verhalten. Hilfreich ist der Glaubenssatz: *„Willst du Recht haben oder glücklich sein?"*.[27] Vieles verändert sich, wenn wir das Gefühl zu uns selbst verändern. Wir können die Menschen nicht verändern, aber wir können unser Gefühl verändern. Das ist die einzige Macht, die wir haben. Sie ist unsere innere Stärke und Mitte. Sie ist die Kraft der inneren Freiheit. Wir haben diese Kraft. Die Kraft und die Fähigkeit, selbstempathisch zu sein, sind in uns angelegt. Sie bringt uns Gesundheit. Unzufriedenheit hingegen ist erworben.

Ihr Selbstwertgefühl wird sich steigern, so dass Sie ein glücklicheres Leben führen werden. Sie erlauben sich mit der Zeit immer mehr Selbst-MIT-Gefühl und werden dadurch **selbstbewusster.** Durch das neue Selbstbewusstsein werden Sie effektiver Lösungsansätze für Ihre Probleme finden. Sie werden „Probleme" so reframen, dass Sie mehrere Lösungen zur Auswahl haben werden. Sie lernen, auftauchende negative Glaubenssätze sofort in glücksbringende Glaubenssätze zu reframen und Sie lernen, keine weiteren Ausreden gegen Ihr inneres Glück parat zu haben.

Was ist mir noch wichtig? Es ist mir ein Anliegen, zu vermitteln, dass durch die ständige Wiederholung von unbewussten negativen Reaktionsmustern diese mit der Zeit noch verstärkt werden. Ein Choleriker wird nicht ruhiger, sondern immer cholerischer. Denkt eine Person ausschließlich negativ, werden negative Spuren im Gehirn hinterlegt.[28] Es kann gut sein, zu wissen, wo die Ursachen für bestimmte Reaktionsmuster und Überzeugungen liegen, **aber dabei sollten wir es auch belassen.** Lernen Sie, negative Erlebnisse neu zu interpretieren! Verändern Sie Ihre Geschichte im Hier und Jetzt! Sie fühlen im Hier und Jetzt. Wie würde Ihr Leben verlaufen ohne diese Geschichte? Was war der Nutzen Ihrer Geschichte? Durch die reaktionsmusterbefreienden Methoden lernen Sie, *wie* Sie Ihre Geschichte verändern können und *wie* Sie die positive Absicht (Nutzen) hinter alten Geschichten identifizieren, um diese in die neuen Glaubenssätze integrieren zu können. Erst dann haben die neuen Glaubenssätze eine Chance, gelebt zu werden.

„Im tiefsten Winter erkannte ich, dass in mir ein unbesiegbarer Sommer wohnt." Albert Camus hätte keine bessere Formulierung für eine wichtige, richtige und für das Glück notwendige innere Entscheidung finden können. Entscheiden Sie sich, immer Ihr Bestes für Ihre Lebensqualität zu geben, damit Sie sich von den glückshinderlichen, unbewussten negativen Reaktions-, Verhaltens- und Kommunikationsmustern in einem gesunden Maße selbst befreien können. Dann ist der „innere Sommer" **unbesiegbar**, wie hart der Winter auch ist. Entscheiden Sie sich, ein glückliches, be**geist**ertes und befreites Leben zu leben, allein schon aus dem einen triftigen Grund: Sie haben nur das EINE.

Leben Sie Ihren
unbesiegbaren Sommer.

---

[27] Kelly Bryson

[28] Vgl. Spitzer 2007

1 Innere Freiheit

Abb. 2 – Wer innerlich frei ist, wirkt auch im Außen frei.

Innere Freiheit verstehe ich unter dem Schirm eines inklusiven Ansatzes[29] gegen Einseitigkeit und Diskriminierung in Bezug auf uns selbst und in Bezug auf unsere Mitmenschen. Wer andere Menschen ausgrenzt, trägt in doppelter Hinsicht dazu bei, dass Menschen unglücklich sind. Beide Seiten: Die Ausgrenzenden und die Ausgegrenzten sind vom Unglück betroffen.

Viele Menschen wünschen sich frei von all der Furcht zu sein, die sie treibt. Durch Potenzialentfaltung können Sie sich Kompetenzen aneignen, die Ihre inneren Verletzungen und Enttäuschungen (Auslöser) in einer angemessenen Art und Weise erträglicher werden lassen. Vielleicht heilen sie sogar ganz? Ihr Leben wird authentischer, stimmiger, **emotional freier und angemessener** werden. Für Robert Dilts, Autor des Buches *NLP II*,[30] ist Authentizität: *„Eine aufrichtige emotional angemessene, charakteristische, zielorientierte und eigenverantwortliche Lebensweise.“*.[31]

Der Grad der Offenheit und der Bereitschaft, die identifizierten, negativen Reaktionsmuster loszulassen und zu reframen, bestimmt das Gefühl von innerer Freiheit. Innere Freiheit ist demnach die schrittweise innere Erleichterung eines belastenden Zustandes. Diese innere Erleichterung ist eine emotionale wohlfühlende innere Angemessenheit. Nicht mehr und nicht weniger. Wenn wir uns innerlich wohl fühlen, ist das für uns der Maßstab von innerer Freiheit. Es sollte ein authentisches und nicht ein vorgegebenes Wohlfühlen sein, weil Letzteres pure innere Unfreiheit ist.

Der Grad der Offenheit, bestimmt die Freiheit.

Innere Freiheit ist ein innerer **Zustand**, weil das Gefühl für längere Zeit (Permanenzgefühl) aufrechterhalten werden kann. Viele Menschen, die ihre Visionen ausleben, wie z. B. André Loibl,[32] berichten über diesen Permanenzzustand. Loibl konstatierte: *„Das (Gefühl) gibt dir einen Energieschub, der über Jahre anhält ... und der dir Kraft und Klarheit gibt.“*. Wie dieser Gefühlszustand subjektiv erlebt wird, ist ebenso individuell wie verschieden. Jeder kann lernen auf seine innere Stimme zu hören, um daraus Visionen zu gestalten. Wer sein Leben nach seinen Visionen ausrichtet, wird innerlich und äußerlich frei und erfolgreich sein. Die *„Vision ist die Kunst, Unsichtbares zu sehen.“*[33] Der erfolgreiche Unternehmer, Sir Richard Branson, stellte fest: *„Wenn du deine täglichen Entscheidungen auf der Basis deiner großen Vision fällst, dann weißt du wenigstens, dass du in die richtige Richtung gehst.“*.

---

[29] Derman-Sparks 2010, Anti-Bias-Ansatz in Verbindung mit der Inklusiven Kommunikation
[30] Dilts 2010
[31] Dilts – Authentic living, Vortrag am 19. und 20.11.2011 in Tübingen
[32] Motivationscoach: www.changenow.de
[33] Jonathan Swift

Nicht das Wegdrücken von Gefühlen, sondern sie über die bewusste Eigenschaft der inneren Stärke in uns „halten" und „willkommen heißen", ist der Schlüssel zur Befreiung. In ihrer authentischen Präsenz (Zone of Excellence)[34] können Menschen ihre Unsicherheiten, Ängste und Schwächen lernen anzuerkennen, um sie in ihre Persönlichkeit schwerelos zu integrieren. Sie gehören zu der Entität[35] dazu. Der psychische Schmerz, vor dem die Menschen am meisten Angst haben, braucht in der menschlichen systemischen Ganzheit ebenso seinen Platz – seinen inneren Ausgleich.

Schon Aristoteles hatte die Vorstellung, dass jeder Wert bzw. jede Tugend als die *„rechte Mitte zwischen zwei fehlerhaften Extremen"*[36] zu bestimmen sei. So bewegt sich ein negativer Glaubenssatz, der durch eine frühere Verletzung entstand immer zwischen zwei Extremwerten. Weder das eine noch das andere Extrem ist wünschenswert, sondern es ist allein der innere Ausgleich – die goldene Mitte –, die zählt. Innere Freiheit ist diese goldene Mitte. Die authentische Präsenz ist Ausdruck dieser goldenen Mitte. Wer nur noch ausschließlich gute Gefühle haben möchte, wird irgendwann von seiner extremen Lebensweise überrollt werden. Das Leben bietet mehr als diese beiden Extremen. Jeder Wert zeigt sich in unendlich vielen individuellen und interessanten Facetten. Ein Mensch, der einen starken Drang nach dem Extremwert „Freiheit" hat, wird in allem, was er tut, Autonomie suchen und evtl. das andere Extrem: „Sicherheit" verleugnen. Ohne Sicherheit keine Freiheit und umgekehrt. Hat jemand einen starken Drang nach Frieden, wird er in allem, was er tut, Harmonie suchen und die direkte Konfliktlösung oft außer Acht lassen. Eine authentische Harmonie ist nur möglich, wenn diese goldene Mitte inklusive der beiden Seiten der Medaille berücksichtigt wird. Konflikte sind Realität und Normalität. Wenn sie da sind, brauchen wir die Fähigkeit, sie inklusiv zu lösen.

1.1 Definition

Wenn wir die Begriffstrennung der Bedeutung: **Innere Freiheit** definieren, dann ist das „Innere" als innerer Ort zu verstehen und die „Freiheit" ist der dazu assoziierte Wert. Ich wählte den Wert „Freiheit", weil es gerade unsere Freiheit ist, welche die Voraussetzung für freie Wohlfühlgefühle schaffen kann. Wir haben die Freiheit zu entscheiden, welchen Wert wir für unser emotional wichtigstes Bedürfnis wählen. Jeder kann seinen freien inneren Gefühlszustand so nennen, wie es für ihn stimmig ist. Jeder, der bereit ist, seine individuellen, identifizierten, negativen Reaktionsmuster loszulassen, um wieder mit seinen Bedürfnissen in Verbindung zu treten, kann diesen inneren freien Zustand generieren. Jeder gestaltet seine Welt durch seine inneren Bilder selbst. Welche Bilder machen wir uns von der Welt? Wie sind die Menschen in dieser Welt? Sind sie alle böse, verdächtig, räuberisch, egoistisch ...? Oder sind sie alle gut, liebevoll, hilfsbereit und selbstlos? Oder gibt es gerade die tausend Nuancen dazwischen und wir müssen in jeder Situation die Wahrheit der Situation stimmig erkennen? Ich denke, dass letzteres eher wahr ist. Das Leben ist und

[34] Siehe Kap. 5.3

[35] Ganzheit – systemisch betrachtet: das ganze System

[36] Aristoteles, Nikomachische Ethik, Buch 2 – Die Syllogistischen Aufstellung geht auf das syllogistische Quadrat der aristotelischen Logik zurück. Diese Aufstellung ist zur Aufhebung von Generalisierungen geeignet oder wenn Ausnahmen von der Regel entdeckt werden sollen; wenn rigide Haltungen überprüft und reflektiert werden sollen und wenn hartnäckige Vorurteile aufgedeckt und aufgelöst werden sollen.

bleibt dabei spannend. Es sollte aber mehr zum Leben da sein und nicht zum Leiden. Wer mit glücksbringenden neuen Glaubenssätzen nach vorne schaut, ist der Gestalter seines neuen und freien Lebensgefühls, welche Situationen ihm auch immer im Leben begegnen.

Abb. 3 – Freundeskreis

Meine Definition von innerer Freiheit ist daher menschlich, realistisch und hat einen hedonistischen Ansatz.[37] Ich bin der Überzeugung, dass jeder Mensch den immanenten Wunsch in sich trägt, seinen inneren genetisch angelegten und durch Erfahrung beeinflussten **inneren guten Bedürfniskern** zu befriedigen. Angelehnt an das Modell des *Inneren Teams* von Schulz von Thun[38] ist innere Freiheit für mich **die Übereinstimmung** aller energetischen kohärenten und zum Teil auch sehr gegensätzlichen inneren Teammitglieder. Ziel ist es, die energetischen unbewussten Gegensätze und Ambivalenzen bewusst zu machen, sie anzuhören, anzuerkennen und zu inkludieren.[39] Wenn alle inneren Anteile – von denen wohl niemand weiß, wie viele es gibt – zu Wort kommen dürfen, dann erst können diese inneren Anteile gemeinsam mit dem Teamchef gute Konsenslösungen finden. **Innere Freiheit ist die Übereinstimmung (Inklusion) aller inneren Kräfte in uns.** Die Inklusion ist die Voraussetzung für den Wiederaufbau eines harmonisch wirkenden inneren Gleichgewichtes. Sind alle inneren Teammitglieder, wie bei dem Symbol des **Freundeskreises,** empathisch miteinander verbunden, dann verspüren wir ein **Kohärenzgefühl.**[40] Das ist ein **Gefühl der Verbundenheit** mit uns selbst und mit den anderen. Die Tendenz uns verbunden zu fühlen, ist affektiver und direkter als die Tendenz, uns von anderen zu distanzieren oder uns vor anderen schützen zu müssen. Das Distanz- und Schutzverhalten ist eine negative Strategie der Bedürfniserfüllung und eher als reaktiv zu bezeichnen. D. h. wir reagieren mit diesen Mustern, weil wir verletzt wurden und deshalb gehen wir in den Gegenangriff oder wir verfallen in Resignation. Durch körperliche und psychische Verletzungen wurden viele kohärente Bedürfnisse in uns frustriert: Unversehrtheit des Körpers, Selbstbestimmung, Selbstverwirklichung, Wertschätzung des Körpers und des Geistes, Wahrnehmung (Gesehen- und Gehörtwerden), Verbundenheit, Kooperation, Kontakt ... Die inklusive Sprache ist eine Wahrheitssprache, welche verborgene und aufkommende Ängste erkennt und anerkennt. *„Was ist deine größte Angst?“ – „Wenn ich mir das so überlege, ist es die Angst ins Bodenlose zu fallen!“,* sagte eine Klientin und hatte davor noch nie darüber nachgedacht. Mit der Wahrheitssprache (Sprache des Herzens) belügen wir uns nicht![41] Der innere Dialog, den wir gedanklich ständig „hören“ – Gedankenlärm – hat starke Auswirkungen auf den äußeren Dialog mit unseren Mitmenschen und auch auf die Gesellschaft. Umso inklusiver und vorurteilsbewusster (diskriminierungskritischer) Menschen[42] und besonders schon Kinder und Jugendliche lernen zu denken, desto empathischer werden sie mit den Ausgegrenzten in der Gesellschaft umgehen. Sie

---

[37] Der Mensch ist ein nach Lust, Wohlbefinden und Bedürfnisbefriedigung strebendes Wesen. Erst wenn es ihm gut geht, sorgt er auch dafür, dass es anderen gut geht.
[38] Schulz von Thun 2009, S. 50 – 59
[39] werden wieder neu integriert, weil sie unbewusst abgespalten waren
[40] Zusammenhangsgefühl – siehe auch das Permanenzgefühl von Aaron Antonovsky 1997, S 52 und S. 169 – 190
[41] Siehe Friesinger 2012, Theoriebuch, Kap. 4.1.2 – *Was ist Authentizität?*
[42] Derman-Sparks 2010

bieten durch ein wertschätzendes Denken bei Diskriminierung in selbstverständlicher Weise ihre kompetente Unterstützung an. Wir brauchen vorurteilsbewusste Menschen, die sich für die Schwächeren in unserer Gesellschaft einsetzen, weil diese in unserer Leistungsgesellschaft oft untergehen.

Grundsätzlich ist das Gefühl der inneren Freiheit ein befreiter innerer Gefühlszustand, der nur subjektiv erlebt werden kann. Eine objektive Freiheit ist für den subjektiven freien Gefühlszustand nicht ausschlaggebend. Ein freier Gefühlszustand entsteht, wenn der Mensch seine unbewussten negativen Reaktionsmuster **im Großen und Ganzen** identifizierte und bereit ist, diese prozesshaft, vielleicht auch ad hoc, aufzugeben und loszulassen. In einem weiteren Schritt können sie durch Übung im Reframing (Reframingsfähigkeit) in positive Reaktionsmuster transformiert werden. Wir sehen es physisch den Menschen an, ob sie glücklich oder unglücklich sind. Es ist mir noch wichtig, darauf aufmerksam zu machen, **dass ich nicht an eine Komplett-Rundumschlag-Erneuerung glaube.** Ich denke, dass immer neue negative Reaktionsmuster plötzlich auftauchen können, die wir so nicht vermuteten. Da es für mich keine Befreiungsgarantie gibt, spreche ich von: Im Großen und Ganzen. Alle negativen Reaktionsmuster, die jedoch in der Gegenwart identifiziert werden, brauchen aber, über einen Bewusstseinsprozess (Inklusion), die Reframingsgedanken, damit neue positive Reaktionsmuster mit den entsprechend neuen Glaubenssätzen geboren werden können. Bietet man nach der geistigen Geburt (Impasse) eines Glaubenssatzes dann noch optimale Bedingungen (Zeit und Umsetzungskraft), dann können sich diese perfekt entwickeln (Plastizität des Gehirns) und wieder unbewusst werden.

Wer innerlich frei ist, kann problemlos Fehler zugeben.

Das Gefühl von innerer Freiheit geht mit dem Bedürfnis nach innerer Freiheit konform. Wer innerlich frei ist, kann ohne Hemmungen Gefühle, Ängste, Verletzungen, Bedürfnisse und die aktivierten negativen Reaktionsmuster auf eine wertschätzende Art und Weise ausdrücken, wenn er das möchte. Niemand kann genau sagen, wo und wann noch Schmerzauslöser manifestiert sind und wie diese aktiviert werden. Überall lauern in der Welt Menschen, die unsere Auslöserknöpfe drücken können. Wenn dies passiert, besitzt der innerlich freie Mensch die autonome und selbstregulierte Fähigkeit, die Kommunikationsbrücke stimmig-authentisch und **bedürfnisgerecht** „einzuhängen", um dem anderen zu offenbaren, was gerade in ihm vorgeht bzw. was ihn in innere Erregung bringt: *„Ich bin enttäuscht, dass du mir diese wichtige Information vorenthalten hast!".* Selbstbewusste Menschen können nicht verhindern, dass der andere sich nicht auch enttäuscht und verletzt fühlt. Wir haben nicht die Verantwortung, wie andere sich fühlen. Wir haben nur die Verantwortung über unsere eigenen Gefühle. Innere Freiheit heißt, wir sind stark und frei genug, dem anderen mitzuteilen, dass wir z. B. verletzt, enttäuscht, ohnmächtig, mutlos, belastet oder überfordert sind. Können wir aber auch von anderen erwarten, dass sie ihre Gefühls- und Bedürfniswelt mitteilen? Da nur sehr wenige Menschen einen wirklich idealen Draht zu ihren Bedürfnissen haben, denke ich nicht. Viele Menschen kennen nur die Strategie ihrer Bedürfniserfüllung (Flucht, Vermeidung, Hass ...), aber nicht ihre Bedürfnisse. **Das Leid ist, sie verwechseln Strategie und Bedürfnis.** Wir können diese feine Trennung zwischen Strategie und Bedürfnis nicht erwarten, weil die Werte- und Bedürfnissprache gesellschaftlich noch in den Kinderschuhen steckt.

Menschen wollen nicht verletzen. Wir verletzen nur, weil wir uns selbst verletzt fühlen und frühere Verletzungen „unbehandelt" blieben oder sogar von uns selbst missachtet wurden. Im Grunde wollen Menschen kooperieren und einen Konsens oder zumindest einen Kompromiss finden. Meistens können wir nichts dafür, dass wir zufällig auf die Auslöserknöpfe anderer gedrückt haben. Ebenso können in der Regel oft die anderen nichts dafür, dass sie auf unserem Auslöserknopf wie wild herumdrücken, ohne es zu merken. Wir haben aber in den verletzenden Situationen Hemmungen unsere Gefühle und Bedürfnisse auszusprechen, weil gelernte und in der Situation aktivierte Vermeidungs-, Anpassungs-, Moral-, Anstands- oder ein Harmoniemuster angefeuert wurden. Bei einem Vermeidungsmuster sagen viele Menschen: *„Es hat mir gar nichts ausgemacht!"*. Bei solchen Sätzen höre ich noch genauer hin. Ist es authentisch oder ein Muster? Meistens ist es das Zweite. Die aktivierten Muster hindern uns, passgenau das zu sagen, wie es wirklich ist. Anstatt dessen verlassen die Menschen ihren intuitiven authentischen Kanal und sagen sich im inneren Dialog Worte, die ihren Mustern entsprechen: *‚Ich sage lieber nichts, weil der andere mich dann nicht mehr mag!'* oder sie sagen zu den anderen: *„Das mit der Information war überhaupt kein Problem, ich bin gut auch ohne sie ausgekommen. – Alles in bester Ordnung!"*, obwohl gar nichts in Ordnung ist. Das ist Unfreiheit in der reinsten Form. Innere Freiheit wäre, offen und ehrlich die Nichtweitergabe der Information anzusprechen, was dieser Vorgang in uns ausgelöst hat, wie wir uns dabei fühlten (natürliches Gefühl und kein Interpretationsgefühl) und welches Bedürfnis (nicht die Strategie) frustriert war.

Lernen Sie den Unterschied zwischen Strategie und Bedürfnis kennen.

Vielleicht fragen Sie sich: *„Bin ich überhaupt in der Lage, das Gefühl von innerer Freiheit zu fühlen?"*. Ich habe die Annahme, dass jeder sein Gefühl von innerer Freiheit generieren kann, weil jeder ausreichend Freiheitsressourcen in seinem guten und ich würde sogar sagen **freiheitsliebenden Bedürfniskern** hat. Nach Vera F. Birkenbihl, Didaktik-Trainerin und Autorin, habe ich zum Thema: „Innere Freiheit" anhand ihrer KaWa-Methode[43] passende Wertegedanken assoziiert. Mit dieser Methode wird jeder Buchstabe des zu bearbeitenden Themas mit Unterthemen frei assoziiert und inhaltlich vertieft. Das Assoziieren (Brainstorming) unterstützt, das Thema noch genauer zu beleuchten und mit eigenen positiven Glaubenssätzen zu belegen.

Freiheit ist ein Zustand der Autonomie. Freiheit ist die Option, ohne Zwang zwischen verschiedenen Möglichkeiten auszuwählen. Jeder kennt das Gefühl, frei zu sein. Welche Gefühle Menschen tatsächlich darunter subsumieren*, ist von ihren Vorerfahrungen abhängig. Innere Freiheit ist deshalb grundsätzlich ein bewusster Entscheidungsprozess, der sich durch die Inklusion von abgespaltenen Reaktionsmustern festigt, so dass der erwünschte befreite Zustand eintreten kann. Durch unsere genetische neuronale Neugierde entwickeln wir die Energie, Freude und Begeisterung, neue Dinge und Herausforderungen auszuprobieren. Die bisherigen inneren Saboteure, Antreiber, Haderer, Zweifler, Perfektionisten, Zurückhalter, Kritiker, Angstmacher ... treten etwas in den Hintergrund, während die inneren Sonnenkinder – der innere Bewusste, Begeisterte, Sanfte, Verzeihende, Fehlerfreundliche, Entscheidungsfreudige, Sinnstiftende ... inspirieren und initiieren und

[43] KaWa = Kreatives Analografitti Wort Assoziation – anhand den Buchstaben logisch Themen ableiten

* subsumieren -> eingliedern, einreihen, unterordnen, unterstellen, zuordnen, zurechnen

verstärkt im Vordergrund wirken. Mit solchen Weggefährten haben die Menschen tatsächlich mehr Begeisterungsenergie. Sie leben im Einklang mit ihrem Tun, was zu einem harmonischen Gefühl von Integrität führt.

Abb. 4 –
Assoziationen zu innerer Freiheit

Entwickeln Sie „leichte" Glaubenssätze und achten Sie auf die Botschaft Ihrer Sprache: *„Es ist leicht! Alles was ich tue, ist leicht. Ich erreiche meine Ziele leicht."* ... und Sie werden fühlen, dass sich das Leben leichter anfühlen kann. Die Wahl der inneren Einstellung ist der Triumph im Leben. *„Es ist leicht, in einer Schlange zu warten!" „Es ist leicht, im Stau zu stehen!"* ... Das Hier und Jetzt kann so spannend sein, wenn wir nicht immer schon in der Schlange gedanklich ungeduldig wartend vorne am Schalter sind. Reden Sie mit den Menschen in der Schlange, lächeln Sie sie an und seien Sie neugierig, was im Hier und Jetzt passiert. Probieren Sie es einfach aus. Leben Sie! Das Leben ist in jedem Augenblick spannend. Das Leben ist JETZT, während Sie diese Zeilen lesen. Es gibt keine Langeweile. Wer Langeweile hat, erfüllt sich seine Bedürfnisse nicht. Sorgen Sie für Ihre Bedürfnisse, damit Ihr Leben spannend bleibt. Selbst die **lange Weile** (das ist eben keine Langeweile) ist in Freiheit leichter auszuhalten als in Unfreiheit. Es ist das Gefühl des Abwartens, was als nächstes Interessantes in unserem Leben kommt, ohne sich von dem Gefühl der „Langeweile" heruntergezogen zu fühlen. Kennen Sie Menschen, die „fast sterben", wenn sie Langeweile haben? Sie halten ihre lange Weile nicht aus und laufen wie der Panther im Käfig im Kreis herum. Sie finden keine Beschäftigung, die sie erfüllt, weil sie eine große innere Leere verspüren. Innerlich freie Menschen achten und „reden" mit ihrem „inneren Panther", um ihn zu befreien.

> Genießen Sie Ihre lange Weile!

Positive Reaktionsmuster beflügeln uns. Negative Reaktionsmuster belasten uns. Diese innere Unfreiheit schleppen wir täglich mit uns mit, weil wir die unbewussten negativen Reaktionsmuster noch nicht identifiziert, reframt und verabschiedet haben. Wie viele gefühlte Kilos tragen Sie auf Ihrer Schulter? Wie viele sind Sie bereit wegzuwerfen? Viele Menschen vernachlässigen mit Absicht ihren positiven Bedürfniskern, vor lauter Angst andere könnten Sie für Egoisten halten. Welche egoistischen Bedürfnisse erfüllt sich der andere, der Sie als Egoist bezeichnet? Haben Sie schon mal darüber nachgedacht, dass Sie vielleicht die Strategie des anderen sind, damit er sich seine egoistischen Bedürfnisse erfüllen kann? Wer erfüllt hier eigentlich wem welche Bedürfnisse?

Viele wollen gar nicht wissen, was in ihrem Bedürfniskern wirklich los ist. Sie haben Angst vor einer imaginierten inneren Leere, die sie da vorfinden könnten, ohne auch nur im Geringsten zu vermuten, dass dort gerade die Fülle auf sie warten könnte. Wer aber den Weg ins eigene Herz wagt, hat die Chance, sich selbst im Lebensspiegel zu betrachten. So bin ich! Er erkennt und sieht sich selbst. Es sind nur wenige Zentimeter vom Kopf zum Herzen, dennoch dauert manchmal der eingeschlagene Umweg ein Leben lang. Oft liegen Menschen schon im Sterben und kommen erst in diesem letzten Moment bei sich selbst, zu Hause im Herzen, an. Viele altern, aber sie werden nie erwachsen, weil sie immer noch aus ihren unzulänglichen kindlichen Gefühlen heraus agieren und reagieren. Wenn Menschen ihren Bedürfniskern kennenlernen, werden sie ihn gedanklich und gefühlsmäßig immer weiter füllen, so dass sie ihr exzellentes Gefühl daraus jederzeit ankern können. Schauen Sie sich an! Begegnen Sie sich endlich selbst in Ihrem wahren Wesen. So, und keinen Deut anders. – Das sind Sie! Um in frustrierten Momenten wieder neue Lebenskraft (Herzenergie) zu tanken, reicht es aus, wenn Sie nur für einen Sekundenbruchteil an das **verankerte** exzellente Gefühl im Bedürfniskern denken. Radikale Selbstanerkennung ist der Schlüssel zum Glück und bedeutet im Umkehrschluss die radikale **Anerkennung Ihrer Mitmenschen**. Anerkennung heißt nicht, dass Sie das Verhalten der anderen akzeptieren müssen, wenn es Ihre Bedürfnisse frustriert. Anerkennung bedeutet, dass Sie den Menschen anerkennen, der ebenso frustrierte Bedürfnisse hat und gerade deshalb dieses unakzeptable Verhalten zeigt. Diesen Unterschied zu kommunizieren, ist innere Freiheit. Freuen Sie sich auf dieses wunderbare Leben voller Anerkennung. Verpassen Sie nicht Ihre innere Freiheit.

> Vom Kopf bis zum Herzen sind es nur wenige Zentimeter.

> Füllen Sie Ihren Bedürfniskern mit Liebe.

1.2 Kennzeichen von innerer Freiheit

Innerlich freie Menschen verhalten sich in vielen Lebenssituationen intuitiv vorurteilsbewusster und diskriminierungskritischer. Sie verteidigen **liebevoll konsequent** Menschen, denen „Unrecht“ im Sinne von Werte- und Bedürfnisverletzung widerfährt. Wir erkennen diese Menschen besonders an ihren weichen und ausgeglichenen Gesichtszügen. Sie halten nicht verbittert an ihren Prinzipien, Vorurteilen und alten Glaubenssätzen fest, sondern können diese mit Leichtigkeit loslassen und bei Bedarf verändern. Sie haben weniger „Probleme“, weil sie Konflikte in der aktuellen Situation **sofort** aufgreifen, so dass diese nicht ins Unendliche ausufern. Sie lösen ihre „Probleme“, **anstatt sie weiterhin mit negativen Reaktionsmustern zu**

> **Eindeutigkeit** ist ein Kennzeichen von innerer Freiheit.

sichern ohne ihre eigenen Werte dabei selbst zu verraten. Sie verbiegen sind nicht, sondern sie sprechen **eindeutig** und nicht zweideutig ihre Bedürfnisse aus. Sie unterscheiden eine negative Strategie von ihrem tatsächlichen Bedürfnis. Innerlich freie Menschen haben keine Angst, ihr wahres Gesicht zu verlieren, weil sie ihr wahres Gesicht sowieso nicht verbergen wollen. Sie zeigen ihre Verletzlichkeit, Schwächen, Fehler ... sowie ihre frustrierten Motive, Zielvorstellungen, Misserfolge, weil erst diese immanente menschliche Ganzheit wahre Stärke ist.

Durch die Auseinandersetzung mit den eigenen Gefühlen und Wertelandschaften entwickeln innerlich freie Menschen eine gute Intuitionsfähigkeit auch für die Gefühls- und Wertlandschaften ihrer Mitmenschen. Sind sie z. B. bei einem Thema unsicher, ob sie mit ihren Vermutungen richtig liegen, haben sie immer noch die Möglichkeit nachzufragen, wie es gemeint war. Nehmen wir das konkrete Beispiel: Destruktive und konstruktive Kritik. Auf unberechtigte Angriffe reagieren diese Menschen mit **Gleichmut**. Das bedeutet, sie differenzieren, ob Menschen sie kritisieren, weil sie an ihrer Entwicklung interessiert sind oder weil sie das Aussprechen ihrer Kritik dafür verwenden, um den eigenen Selbstwert (Unter- oder Überlegenheitskomplex) auszugleichen. Mit etwas Übung werden Sie schnell herausfinden, ob der andere wirklich an Ihrer Entwicklung interessiert ist oder nicht. Ich habe viele Freunde und Freundinnen, die mich gerne konstruktiv kritisieren, aber nur bei zwei Freundinnen, bin ich mir zu 100 % sicher, dass es ihnen, wenn sie mich kritisieren, um meine eigene Entwicklung geht. Wie viele haben Sie?

> Lassen Sie sich von der Negativität anderer nicht anstecken.

Innerlich freie Menschen wissen auch, dass jeder Mensch aus seiner allerbesten Option handelt und nehmen durch diese Haltung das Verhalten der anderen für weniger „krumm". Sie durchschauen die Reaktionsmuster und erkennen den wahren Menschen dahinter. Die folgende Empathiegeschichte zeigt, was alles schief gehen könnte, wenn Dinge persönlich genommen werden. In diesem Fall war es jedoch anders. Ein sehr moralisch eingestellter Vater eines einzigen Sohnes wollte die langjährige Freundin seines Sohnes mit den zwei unehelichen Kindern nach mehreren Anläufen partout nicht kennenlernen. *„Suche dir eine Frau ohne Bastarde!"* war die regelmäßig Ansage an den Sohn und Sätze wie: *„Diese Kinder kommen mir nicht in das Haus!"* waren an der Tagesordnung. Die langjährige Freundin wurde schwanger und der Sohn heiratete sie. Der Vater jedoch konnte nicht über seinen Schatten springen und boykottierte die Hochzeit. Als das einzige und „richtige" Enkelkind auf der Welt war, signalisierte die offene Haltung der Frau, dass sie sich freuen würde, wenn ihr Schwiegervater, den sie nach Jahren immer noch nicht kannte, sein Enkelkind endlich kennenlernen würde. Sie wusste, wie sehr der frisch gebackene Großvater sich eigentlich nach einem Enkelkind sehnte, zumal sein Sohn schon knapp über vierzig Jahre alt war. So startete die Frau einen weiteren Anlauf und lud ihren Schwiegervater zum Essen ein. Dieser folgte reumütig der Einladung und das schlechte Gewissen stand ihm auf der Stirn geschrieben. Das Wunder der Empathie war möglich, weil nichts Nachtragendes und Vorwurfsvolles zwischen ihnen stand, sondern die Freude über die Überwindung der großen emotionalen Hürde von allen Seiten überwiegte. Heute hat der dreifache stolze Großvater ein wunderbares Verhältnis zu allen Kindern und kostet die Rolle des Großvaters aus ganzen Herzen aus. Innerlich freie Menschen können vergeben und dadurch ihre Verletzungen loslassen. Sie sind nicht nachtragend. Wir brauchen die Manifestierung der neuen Muster und Gewohnheiten in unserem Leben. Wir brauchen freie, und nicht unfreie Routinen.

Menschen, die gezielt mit ihrer Kommunikation, Haltung, Gestik und Mimik verletzen, haben bei innerlich freien Menschen weniger Angriffschancen. Das Schlimmste oder das Beste, was dem Angreifer passieren kann, ist, dass der Angegriffene ihm verzeiht und dass der Angriff nicht als Angriff gewertet und verurteilt wird, **sondern als einen tragischen Versuch seine frustrierten Bedürfnisse zu äußern.** Dieses inklusive Verhalten könnte die angreifende Person in Bedrängnis bringen, weil sie damit nicht rechnet. Sie wird aufgrund des inklusiven Verhaltens auf ihre eigene innere Not reduziert und wird diese „durchstehen" müssen, wenn sie nicht andere Ablenkungsmanöver ausfährt. Das Beste was der angreifenden Person passieren kann, ist, dass sie ihre innere Not „erkennt und anerkennt" und ihre Veränderungsintelligenz aktiviert wird. Es kann aber auch sein, dass sie gerade deshalb einen starken Widerstand aufbaut und weiterhin die gewohnten Angriffsmuster zeigt. Es ist nicht die Aufgabe eines innerlich freien Menschen, diesen Widerstand zu brechen! Jeder ist für sein Leben, Taten und für seine Gefühle selbst verantwortlich. Innerlich freie Menschen wirken durch ihre Haltung und nicht durch Brechen von Widerständen. Trotz bewusst inszenierter Angriffssituationen von anderen lassen sich innerlich freie Menschen nicht ohne weiteres verletzen, wenn sie ihre früheren Auslöser durch erfolgreiche Glaubenssatzänderungen schon deaktiviert haben. Allein schon deshalb lohnt sich das Haltungsziel der inneren Freiheit. Die Haltung: *„Niemand kann mich verletzen, außer ich selbst. Ich bin verantwortlich für meine Gefühle. Ich hätte ja auch die Wahl anders zu reagieren, wenn ich gerade nicht verletzt wäre."* hilft uns, einzusehen, dass die Antwort (Wahl der Reaktion) an uns und nicht am anderen liegt. Allein unsere noch nicht geheilten Verletzungen aus vergangenen belastenden Ereignissen beschneiden uns in dieser Wahlmöglichkeit. Was wir aber tun können ist, die Sichtweise auf diese Ereignisse zu verändern und dadurch auch unser Gefühl dazu. Das NLP Format: *History Change*[44] zeigt aus meiner Coachingerfahrung ebenso, dass dies sehr erfolgreich möglich ist, besonders wenn es mit anderen inklusiven Methoden gekoppelt wird.

Das Schlimmste was wir unseren Feinden antun können, ist, ihnen zu verzeihen.

Gerade die Methode der *Praktischen Inklusiven Kommunikation* unterstützt, dass wir qualitativ hochwertige „Sternenmomente" (Magic Moments) in unsere Persönlichkeit integrieren und fixieren. **Manche Menschen empfinden schon die Bewusstwerdung über ihre unbewussten negativen Reaktionsmuster als eine schlagartige Befreiung.** Endlich wissen sie, was zu tun ist. Um sich selbst zu finden, sollte jeder für eine gewisse Zeit nur für einen einzigen Menschen erreichbar sein: Für sich selbst. In dieser Zeit ist die Verantwortung für Gefühle, Frustrationen und Handlungen nicht auf andere übertragbar. Aus diesem Alleinsein heraus wachsen wir und wir werden erwachsen. Wir sind nicht mehr einsam, weil wir uns mit uns selbst verbinden. Sie werden ein anderes Leben in für Sie optimaler Freiheit und Wohlbefinden mit dem richtigen Maß an **Ener-**

[44] Es werden aktuelle Ressourcen in die vergangene Situation selbst induziert, so dass sich die neuronalen Netzwerke im Gehirn neu strukturieren können. Dieses Format wird erst im nächsten Buch: „Die Essenz" beschrieben. Das Format ist jedoch Bestandteil meines Angebotes im Einzel- und Teamcoaching.

giemanagement führen. Ohne das Haushalten mit Ihrer eigenen Energie können Sie Ihre Ziele nicht erreichen. **Das Neue wird mit der Zeit das Alte ersetzen.** Haben Sie das Neue noch nicht erreicht, dann gedulden Sie sich etwas. Sie befinden sich noch im Zustand eines Gefühlsvakuums. Das Alte wird vergehen, sobald Sie das Neue beherrschen. Die Zeit dazwischen wird oft als ein Vakuumgefühl erlebt. Es zieht Sie immer wieder zum Alten zurück und dennoch streben und wollen Sie nach vorne. Sie wollen Ihr Ziel nicht aus dem Auge verlieren. Ziele[45] können Ihnen die Kraft geben, das innere Vakuum erfolgreich zu überstehen. Mit bereitwilliger Veränderungsintelligenz werden Sie das neue und lebensbejahende Denken baldmöglichst beherrschen und verinnerlicht haben. Sie werden sich um ein Erhebliches besser fühlen als mit ihren langjährigen glückshinderlichen Reaktions- und Kommunikationsmustern.

Wenn das Neue kommt, muss das Alte weichen.

Der Wille zur Veränderung und die Kraft zum sinnstiftenden Leben sind prinzipiell angeboren. Gerade Menschen mit „Unternehmensgeist“ haben einen gesunden Geist! Sie wollen etwas unternehmen, erleben und selbstwirksam sein und dieses unternehmerische Verlangen bringt ihnen Lebenssinn und -freude. Wer einen flexiblen Geist entwickelt, bewirkt seine Veränderung konsequenter und zielstrebiger. Flexibilität ist die Haupteigenschaft von Veränderung. Von Anne Donath können wir lernen, *„dass mensch fast alles lernen kann, wen sie nur will.“*[46] Sie lebt in einer Holzhütte und hat sich von allem getrennt, was sie nicht mehr braucht. Sie lebt nach ihrer Philosophie ihr freies Leben.

Innerliche freie Menschen verdrängen die Gefühle nicht, sondern sie stehen bei einem aktivieren Verletzungsauslöser stimmig-authentisch zu ihrem Gefühl: *„Wenn du nicht anderes mit mir umgehst, dann werde ich gehen, weil deine Aussagen mich verletzen.“.* Die Verletzung ist nun einmal da und braucht die Inklusion: *„So ist es!“.* Die Frage ist nur, wie geht der Einzelne damit um? Was verliert der Mensch, wenn er keine Gefühle zeigt? Wer seinen Herzenszugang finden möchte, wird sein „EGO“ überwinden und sich selbst in seiner Ganzheit entdecken. „EGO“ und „SEIN“ harmonisch miteinander zu verknüpfen, ist innere Freiheit. Erst wenn wir das Unperfekte in unserem Leben annehmen können, sind wir perfekt. Innerlich frei zu sein, heißt in dieser systemischen Entität auch: Die Freiheit aller zu würdigen, zu respektieren und zu schützen.

Wer das Unperfekte in seinem Leben annehmen kann, lebt ein perfektes Leben.

1.3 Kennzeichen von innerer Unfreiheit

In diesem Kapitel stelle ich dar, was für mich innere Freiheit nicht ist. Das Gegenteil von innerer Freiheit ist die innere UNFREIHEIT. Nach der KaWa-Methode[47] assoziiere ich zu Unfreiheit:

U = UNFREIHEIT – Untertan der eigenen Reaktionsmuster
N = Negation von Authentizität

[45] Siehe Kap. 6
[46] Donath 2007, S. 30. Mit *„sie“* meint Anne Donath sich selbst
[47] nach Birkenbihl

F = Feindbilder
R = Reaktionsmuster (negative)
E = Energielos
I = Introjektion durch Vorbilder
H = Haltlosigkeit
E = Entwürdigung
I = Isolation
T = Trauer in ungesunder Form/Depression

Innere Freiheit ist nicht: Gleichgültigkeit gegenüber sich selbst und anderen.

Bestimmte negative Reaktionsmuster können leicht mit innerer Freiheit verwechselt werden. Ein Gleichgültigkeits-, Harmonie-, Faulheits-, Stärke- oder Ach-bin-nicht-glücklich?-Muster ist z. B. kein Verhalten, das zur inneren Freiheit führt. Martin, 44 J., sagte: *„Jemand, der innerlich frei ist, könnte doch tun und lassen was er will, ohne Rücksicht auf niemanden zu nehmen! – Ich glaube, ich wäre dann richtig faul.“.* Wer innere Freiheit mit den oben erwähnten Mustern verwechselt, dem wird sein **Bild von Welt** Recht geben. Menschen mit einem Gleichgültigkeitsmuster haben eine ähnliche Haltung entwickelt wie: *„Was interessieren mich die anderen? – Hauptsache mir geht es gut.“.* Diese Menschen sind unfrei, weil sie einen gleichgültigen oder gar keinen Zugang zu ihren Gefühlen und Bedürfnissen haben. Sie reagieren hauptsächlich auf der Verstandes- und Reaktionsmusterebene. Reaktionsmuster sind Gewohnheitsmuster, die aus vergangenen Verletzungen herrühren. Sie sind das Schutzschild der Menschen, um ihren Wesenskern, den sie zum Teil nicht einmal kennen, zu schützen und zu verstecken. Sie haben Überzeugungen verinnerlicht, dass es niemand wirklich gut mit ihnen meint. Sie glauben, um zu überleben, brauchen sie den „Ellenbogen“ ihrer Muster.

Wer die Haltung entwickelte, dass sowieso alles gleichgültig, sinnlos und oberflächlich ist, fühlt sich auch selbst gegenüber gleichgültig, sinnlos und oberflächlich. Die Suchtfalle ist für diese Menschen oft der einzige Ausweg, um ihren Kummer zu sedieren. Sucht ist Abhängigkeit und das Gegenteil von Freiheit. Innerlich freie Menschen sind weder faul, gleichgültig, egoistisch und oberflächlich. Ein ideales Verhalten ist, sich Kontemplationspausen einzugestehen und sich „faule“ Momente zu genehmigen, weil diese lebensnotwendig sind. Menschen, die nicht tief entspannen können, können keine Topleistungen erbringen. *„Ich darf!“* ist ein Glaubenssatz, der gut ist, wenn Sie sich selbst oft etwas verboten haben. Besser ist der Glaubenssatz: *„Ich tue, was mir guttut.“*, weil erst dann haben Sie wieder die Kraft für andere da zu sein. Es ist nicht egoistisch für seine eigenen Bedürfnisse zu sorgen, weil Sie ansonsten ausschließlich für die Bedürfnisse anderer sorgen, und Sie bleiben letztendlich auf der Strecke liegen. Das nützt am Ende niemandem. Sie sind unzufrieden und explodieren oder implodieren dann irgendwann.

Innere Freiheit ist nicht: Verdrängung und Oberflächlichkeit.

Menschen mit einem ausgeprägten Harmoniemuster sind zwar harmonisch wirkende und ideal angepasste Menschen, aber sie verleugnen ihre stimmig-authentischen Gefühle. Sie sagen oft nur das, was von ihnen erwartet wird, weil sie Angst vor Bestrafung oder Liebesentzug haben oder weil Sie Angst haben, sogar ganz verlassen zu werden. Psychosomatisch

Wir brauchen keinen „Ellenbogen“, sondern eine kommunikative wertschätzende Brücke zum anderen.

haben diese Menschen oft einen „dicken Hals." Harmonisch wirkende Menschen werden als friedlich und sogar als innerlich frei erlebt. Es wird kaum hinterfragt, was sich hinter der vorgetäuschten Harmonie verbergen könnte. Wir sollten aber zwischen einer **authentischen** und **vorgetäuschten Harmonie**, die eine bestimmte Strategie verfolgt, unterscheiden. Wer hinter die Strategien blickt, erkennt dahinter den wahren Menschen. Sollten Sie ein extremes Anpassungs- oder Harmoniemuster haben, reflektieren Sie darüber. Fangen Sie heute noch damit an! Vielleicht sind Sie unglücklich, weil Sie oft den Kürzeren aufgrund Ihrer Angepasstheit und Ihres Harmoniestrebens ziehen? Geben Sie oft nach? Sind Sie stark nachtragend? Was denken, fühlen und brauchen Sie wirklich? Brauchen Sie mehr innere Stärke und die Gewissheit, dass Sie auch wertvoll ohne Ihre Bewerter sind? Fühlen Sie nach, was Sie brauchen. **Bleiben Sie bei sich** und seien Sie nicht beim anderen, z. B. was Sie vom anderen brauchen könnten, damit der andere Sie glücklich macht. Dies wird ebenso oft verwechselt und ist deshalb tragisch, weil die Menschen dann immer noch nicht wissen, was sie selbst wirklich brauchen. Die „Schuld" für ihr Elend und Unglück liegt dann immer nur beim anderen. Öffnen Sie Ihr inneres Auge und „sehen" und fühlen Sie nach, was Sie ganz konkret brauchen. Sie verkleinern damit Ihren *blinden Fleck* in Bezug auf sich selbst.

Innere Freiheit ist nicht: die Schuld den anderen zu geben.

Menschen, die sich alles gut- und schönreden, sind ebenso innerlich unfrei. Sie sind in Wirklichkeit Menschen mit sehr kreativen Strategien der Bedürfniserfüllung. Dass sie diese Strategie haben, ist ihnen aber nicht bewusst. Ihr blinder Fleck ist aber sehr dominant hervorstechend, so dass andere das „Problem" leicht erkennen können. Sie behaupten z. B., sie hätten mit nichts und niemanden ein Problem. Ich nenne dieses neuronale „Programm" bevorzugt auch: Paradoxes Freiheitsmuster. Diese Menschen leben in einer perfekt aufgebauten Scheinwelt. Ihre Verblendung bestimmt den inneren Widerstand, der sie daran hindert, etwas über ihren wahren Realzustand zu erfahren. Werden diese Menschen auf ihr oberflächliches Verhalten aufmerksam gemacht, lachen sie in der Regel nur über die Tiefgründigkeit anderer. *„Hey, alles im grünen Bereich! – Wo ist das Problem, man?"* Sie haben kein Bewusstsein darüber, dass ein Problem nach Lösung schreit. Wieso also auf Lösungssuche gehen? Unsichtbare und verborgene Probleme sind m. E. schlimmer als Offensichtliche. Die Offensichtlichen werden wenigstens gesehen und haben dadurch eine Chance gelöst zu werden. Verborgene Probleme wuchern im Hintergrund weiter und verwildern.

Umso freier der innere Zustand, desto größer die Kraftquelle, die sich daraus ergibt.

In meinen Seminaren werden manchmal Einwände vorgebracht wie: *„Ja, wenn ich einen Job habe, und es mir gut geht, dann ist das alles kein Problem. Aber was ist mit dem Obdachlosen auf der Straße?"*. Meiner Meinung nach kann sich ein Obdachloser auf der Straße ebenso frei wie ein Millionär fühlen. Es kommt wie immer auf die innere Einstellung an und auf die Wahl der inneren Einstellung. Menschen sind nicht unfrei, weil sie von Strukturen abhängig sind, sondern weil sie im höchsten Maße von ihrem Gedankenlärm (Gedankenmustern) abhängig sind. Sie sind automatisiert in ihren Verhaltensmustern und haben oft keine Wahl: *„Ich dachte ich muss so reagieren. – Ich hatte keine Ahnung, dass es auch die Wahlmöglichkeit einer Ausnahme gibt."*, sagte ein hochgradig moralisch eingestellter Klient. Ausnahmen bestätigen die Regel. Reglementierte Menschen tut es gut, auch definierte Ausnahmen in ihr Leben zu inkludieren. Somit weicht die negative Fixierung von Gedankenmustern etwas auf und sie beginnen ein Bewusstsein zu entwickeln, wie die negative Gedankenspirale sie immer mehr und mehr herunterzieht. Sie lernen dadurch liebevoller und „gnädiger" mit sich selbst umzugehen.

Das allgemeine Motto: *„Leben und leben lassen"* wird oft nicht zuerkannt, weil negative Reaktionsmuster mit den dazu verankerten Kernüberzeugungen dies vehement verhindern. Diese zu durchschauen, bedeutet im Sinne von Virginia Satir **Freiheit**. Verinnerlichen und leben Sie nach den folgenden Freiheitsgedanken und Ihre Innenwelt wird eine andere sein als zuvor.

1.4 Die fünf Freiheiten von Virginia Satir[48]

1. Die Freiheit, zu sehen und zu hören, was im Moment wirklich da ist,
   – anstatt das, was sein sollte, gewesen ist oder erst sein wird.
2. Die Freiheit, das auszusprechen, was ich wirklich fühle und denke,
   – und nicht das, was von mir erwartet wird.
3. Die Freiheit, zu meinen Gefühlen zu stehen,
   – und nicht etwas anderes vorzutäuschen.
4. Die Freiheit, um das zu bitten, was ich brauche,
   – anstatt immer erst auf Erlaubnis zu warten.
5. Die Freiheit, in eigener Verantwortung Risiken einzugehen,
   – anstatt immer nur auf Nummer sicher zu gehen und nichts Neues zu wagen.

> Innere Freiheit heißt,
> zu dem zu stehen, was ich
> wahrhaftig denke,
> fühle und brauche.

Wer diese fünf Freiheiten in seinem Leben umsetzt, ist fern von vielen Täuschungen des Lebens, weil wir uns von uns selbst nicht mehr täuschen lassen. Nach meiner Auffassung ist innere Freiheit eine der positivsten Haltungen sich selbst und anderen gegenüber. Es lohnt sich, zu üben. Sowie ein Geigenspieler Geige übt, bis er es im Schlaf kann, so kann innere Freiheit mit der richtigen Einstellung so lange konsequent eingeübt werden, bis die neuen Verhaltensmuster wieder unbewusst geworden sind. Unser Gehirn ist flexibel und zum Lernen vordeterminiert. Alte Verhaltensmuster können verlernt werden. Neue Muster entstehen, welche die alten Muster überlagern. Wir müssen nicht begnadet sein, um diesen erstrebenswerten Zustand von innerer Freiheit zu erreichen. Jeder kann durch Achtsamkeit und Reflexion innerlich frei werden. Im inneren Freiraum[49] unserer inneren Freiheit sind wir der Gestalter unserer Innen- und Außenwelt.

Wer uns verletzt, zeigt uns nur, dass wir noch viele selbstverletzende Glaubenssätze haben, die erst inkludiert (angenommen) werden müssen, um sie reframen zu können. Danken Sie Ihren **Freiheitsengeln**, die Ihnen Ihre unbewussten selbstverletzenden Glaubenssätze am deutlichsten zeigen. Segnen Sie sie sogar. Schicken Sie Ihnen Ihre zarte Herzenergie für diesen wichtigen Hinweis.

Was genau brauchen Sie, um Ihren Veränderungsmodus anzukurbeln? Vielleicht brauchen Sie in erster Linie ein Bewusstsein über Ihre innere Unfreiheit? Ein Mensch mit einem Depressionsmus-

---

[48] Vgl. Henning 2010
[49] Friesinger 2012, Theoriebuch, Kap. 4.1.3.3 – *Die Kraft der inneren Freiheit* – Der Freiraum zwischen Auslöser und Reaktion

ter hat z. B. Sätze wie: *„Du kannst das nicht!" „Du bist unfähig!"* als seine immanente[50] Wahrheit verinnerlicht. Es ist sein „Betriebssystem." *„Depression ist das Resultat von gedanklich unterdrückten Alternativen."*[51] Zu oft haben diese Menschen in ihrer Kindheit erniedrigende Sätze über sich „körperlich erfahren" und gehört und diese „Lügen" geglaubt, weil Kinder noch keine Wahl haben.

Innere Freiheit ist Selbsterkenntnis.

Durch ein Inklusionsprozess und ein Reframingsbewusstsein lernen depressive Menschen, in Alternativen zu denken. Sie lernen ihre Schüchternheit, Gehemmtheit, Bedürftigkeit, Unzulänglichkeiten, Unterdrückungserfahrungen, Fehler ... wieder in ihre Persönlichkeit zu inkludieren. Alles gehört dazu und wenn alles dazugehören darf, ist alles für die Entwicklung und für die Realisierung persönlicher Wünsche und Ziele wertvoll. Das zu glauben, ist innere Freiheit und innerer Frieden.

Die größte innere Freiheit, die ich für mich verbuchen konnte, ist, dass ich gelernt habe**, mich für meine Fehler nicht mehr zu verurteilen.** Wir lernen aus Fehlern und sie machen uns sogar sympathischer. Freuen Sie sich auf Ihre Fehler! Fehler sind toll! **Gestehen Sie sich Ihre Fehler ein!** Viele können sich ihre Fehler nicht eingestehen und bauen einen inneren unglaublichen Druck auf, keine Fehler machen zu dürfen. Diese Menschen scheint es in Massenproduktion zu geben. Erst die Erlaubnis von Fehlern bringt den Menschen inneres Gleichgewicht. In Bezug auf Fehler beziehe ich mich ausschließlich auf die „kleinen Fehler des Alltags", für die wir uns selbst immer wieder aufs Neue geißeln. Selbstverständlich sollen, wenn tatsächlich Menschen durch Fehler physisch oder psychisch verletzt werden, diese zur Verantwortung gezogen werden, damit eine Wiedergutmachung möglich ist. Schwerwiegende Systemfehler könnten m. E. durch Prävention, Sorgsamkeit, Qualitätsmonitoring und mehr Personal mit einem vorurteilsbewussten Personalentwicklungskonzept: *„Vorurteilsbewusste inklusive Bildung und Kommunikation"*[52] nicht nur in Ämtern, Krankenhäusern, Schulen und anderen Bildungsinstitutionen, sondern gerade in hierarchischen Unternehmen verstärkt vermieden werden.

Integrieren Sie Ihre Fehler in Ihre Persönlichkeit.

1.5 Der Prozess des Loslassens und seine Risiken

Innere Befreiung wird durch **das bewusste Loslassen von** bedeutenden unbewussten negativen Reaktionsmustern[53] ausgelöst. Oft sagen Menschen: *„Ah, ein Neid-, Geiz- und Eifersuchtsmuster habe ich auch!"* ohne auch nur einen einzigen Grund zu erkennen, Neid, Geiz und Eifersucht aufgeben zu wollen. Spiegelneurone tun ihr Bestes, damit diese Muster noch verstärkt werden. Allein die Vorstellung, dass der Ehepartner fremdgeht, lässt die Neuronen im Gehirn so feuern, als würde es tatsächlich passieren. Das pure Wissen um die eigenen negativen Reaktionsmuster mit den dazu verankerten Glaubenssätzen bewirkt nicht viel. Erst der Drang (die innere Not) diese loslassen zu wollen, aktiviert die Veränderungsintelligenz, so dass der bewusst inszenierte Loslassungsprozess beginnen

Wir müssen es uns selbst wert sein, etwas zu tun.

[50] untrennbar zu sich gehörend
[51] Rosenberg 2005, S. 24 – *Blockaden lösen*
[52] Siehe www.friesinger-theresia.de/fortbildungskonzepte/Konzeptionsentwicklung/Vorurteilsbewusste inklusive Bildung
[53] Siehe Friesinger 2012, Theoriebuch, Kap. 7.2.2 – *Die Reaktionsmustertabelle*. Beispiele von Reaktionsmuster sind: Verurteilungs-, Harmonie-, Misstrauens-, Schutz-, Anerkennungs-, Erwartungs-, Verdrängungsmuster u. a.

kann. Der Drang verursacht die Entscheidung und führt zur Gewissheit, dass das alte Gedanken- und Verhaltensmuster angstschürend und glückshindernd ist. Ein negativer Kernglaubenssatz z. B.: *„Ich bin nicht wertvoll!"* hat viele Geschwisterglaubenssätze wie: *„Ich bin nur wertvoll, wenn ich Leistung bringe!" „Ich bin wertlos, wenn ich streite!"* ... Um diese Kernüberzeugungen stillzulegen, braucht es einen Bewusstseins- und Reflektionsprozess (würdigen und loslassen) sowie ReframingsWILLEN. Wer sich für den Prozess des Loslassens entscheidet, sollte sich auch auf die darauf folgenden Konsequenzen einstellen. Stellen Sie sich vor, wie Ihre Welt, ohne Ihre negativen Reaktionsmuster wäre? Könnten Sie Ihre Vergangenheit loslassen, wären Sie dann nicht frei davon? Wie wären Sie ohne Neid, Geiz, Manipulation und Eifersucht? Wie wäre Sie ohne Ihre Verurteilungen? Wie würde die Welt für Sie mit weniger Angst aussehen? Sind Sie bereit, diese Konsequenzen zu tragen? Können Sie diese tragen? Was hat es für Konsequenzen, wenn z. B. kein Hemmungsmuster: *‚Ich darf das nicht!'* oder Perfektionsmuster *‚Ich darf nicht scheitern!'* mehr aktiv ist? Wie viel Perfektion brauchen Sie wirklich, damit Sie nicht Ihre eigenen Werte verraten? Werden Menschen, wenn sie ihr Perfektionsmuster reduzieren, schlampig, faul, oberflächlich und unzuverlässig? Was passiert, wenn Menschen plötzlich auf die Anerkennung anderer verzichten können? Im Einzelcoaching sagen Klienten oft: *„Ohne die Anerkennung würde ich nichts tun."*. Wer sich selbst anerkennt, ist voller Elan etwas Sinnvolles tun zu wollen. Die Anerkennung als Pluspunkt und Sahnehäubchen ist erstrebenswert. Gefährlich für den Selbstwert ist es, wenn die Anerkennung der existenzielle Antriebsmotor unseres Handelns wird. Wer sich wertvoll fühlt, ist begeistert, von dem was er tut und weil er sein Handeln als wertvoll bewertet (Unternehmergeist), kommt er ohne die Anerkennung anderer aus.

Wie werten Sie die folgenden Glaubenssätze aus? *„Ich tue nichts ohne Liebe!" „Ich liebe mein Tun und mein Tun liebt mich!" „Mein Tun ist wertvoll, weil ich wertvoll bin." „Ich bin begeistert von meinem Tun und weil ich begeistert bin, ist mein Tun wertvoll."*. Durch eigens inszenierte Glaubenssätze kann der Vorgang des Loslassens von alten Glaubenssätzen beschleunigt werden. Je nach Hartnäckigkeit der Muster kann es sich manchmal so anfühlen, als werfe man sein ganzes „altes" Leben weg. Alle Vorannahmen, Überzeugungen und Verurteilungen, die bisher Gültigkeit hatten, alles Moralische, das sicher schützte, soll plötzlich in Frage gestellt werden? Die ursprünglichen Überzeugungen, Gedanken, Annahmen, Gesetze, Sprüche, Aussagen, Verallgemeinerungen, Vorurteile, Verurteilungen und Behauptungen sollen plötzlich ihre Gültigkeit verlieren? Wie kann der Quantensprung von: *„Das darf ich nicht!"* zu: *„Das darf ich doch!"* oder von: *„Ich glaube nicht, dass ..."* zu: *„Ich glaube doch, dass ..."* überwunden werden? Es geht, wenn die alten Werte mit den neuen Werten vereinbar sind. Es geht, wenn die positive Absicht des alten Glaubenssatzes in den neuen Glaubenssatz integriert wird (Inklusion).[54] **Das ist das ganze Geheimnis des Gelingens.** Unsere Wertemuster sind im Limbischen System von Kindheit an abgespeichert und hochgradig emotional besetzt, aber wenn Sie entsprechend reflektiert werden, können die wahren Wertemuster, die mit der Zeit verschüttet wurden, weil „Falsches" gelernt wurde, wieder integriert werden. Es wird nur unsere Überzeugung verändert und nicht die emotional wichtigen Werte un-

[54] Siehe Kap. 3.8 – *Das ressourcenbewusste Glaubenssatzänderungsformat*: Schritt 6 und Schritt 8

seres Bedürfniskerns. Diese Wende erlebe ich immer wieder in Team-, Gruppen- und Einzelcoachingprozessen. Die Erfahrung lehrt mich, dass es von vielen Wegen ein effektiver Weg ist, den Menschen über diese inklusiven Methoden nachhaltig ein neues Leben an die Hand (in den Kopf und in das Herz) zu geben. Die „Krücke" ist da, laufen müssen Sie selbst.

Wie kommen Menschen mit neuen Deutungen, Wahlmöglichkeiten und Entscheidungen in ihrem Leben klar? Was passiert mit einem Menschen, der plötzlich nicht mehr schüchtern ist? Wird er sich fragen: *„Wer bin ich noch, wenn die Absolutheitsansprüche meiner bisherigen Glaubenssätze und der unbeliebten Reaktionsmuster entmachtet sind?"*. Was passiert, wenn ein Mensch sein Verdrängungsmuster aufgibt und das **Vorbewusste** ihm bewusst wird? Was passiert, wenn Abspaltungsprozesse nicht mehr greifen, weil das Unbewusste zum Vorschein kommt? Vielleicht stellt sich dieser Mensch zum ersten Mal in seinem Leben seiner inneren Realität? Was verliert er? Was sind die Nachteile? Was gewinnt er? Was sind die Vorteile? Was geschieht mit einem Menschen, der ein starkes Moral-, Stärke- und Dominanzmuster hatte? Sind durch die neu gewonnene Offenheit alle Moralvorstellungen und Prinzipien dahin? Wird er nachlässig und gleichgültig? Was geschieht mit einem Menschen, der ein Leben lang den Glaubenssatz in Bezug auf seine Visionen hatte: *„Das geht doch nicht!"*? Plötzlich merkt er, durch die tiefe Erlaubnis seiner „Seele", es geht doch, nur weil er die Entscheidung dafür getroffen hat, wertebewusster, selbstbewusster, offener und zielgerichteter zu handeln. Wer gibt ihm die Antworten, die er dann braucht, wenn er wieder unsicher ist? Was passiert mit einem Menschen, der keine Schande mehr fühlt, weil er sein Schammuster verabschiedet hat? Kommt er damit klar, dass er durch das Fühlen der Schande so viel Zeit und Lebensqualität vergeudete? Wie reframt er diese neue Gefühlsqualität, damit diese nachhaltig wirkt? Das Wie wird durch die goldene Mitte der Werte erklärt. Kein Mensch gibt alles auf. Verlegenheit in bestimmten Momenten des Lebens zu empfinden, ist lohnenswert. Ist doch nett, wenn auch ein selbstbewusster Mensch noch „rot" wird, wenn ihm etwas „Peinliches" passiert, weil sein Unbewusstes die Situation instinktiv als „peinlich" bewertete. Es geht darum, das Peinliche anzunehmen, darüber lachen zu können, um locker und nicht geknickt weitermachen zu können, ohne dass das Peinliche zum Problem wird. Das ist Freiheit – in der Mitte des Lebens (der Werte) zu surfen. Was jedoch nicht passieren darf, ist die Entstehung von negativen Doppel-Whopper-Glaubenssätzen. Menschen entwickeln plötzlich die seltsamsten Glaubenssätze, um alte Reaktionsmuster aufblühen zu lassen: *„Ich schäme mich, weil ich mich nicht schäme."*. Auch dieser gedankliche Teufelskreis kann durchbrochen werden.

Achten Sie auf Symptomverschiebungen.

Diese Gedanken zeigen, dass es durchaus mit einem Risiko verbunden ist, die identifizierten Reaktionsmuster zu verabschieden, besonders wenn zu wenig Rücksicht auf den inneren Ausgleich der eigenen Wertvorstellungen genommen wird. Die Reflexion der eigenen Werte mit dem Fokus auf die Vorteile des Loslassens, hilft, dass Menschen den wahren Nutzen und den positiven Sinn in der Veränderung sehen, ohne dass es zu einer Symptomverschiebung kommt. Z. B. kann ein Schammuster zu einem Gleichgültigkeitsmuster mutieren: *„Jetzt mache ich endlich, was ich will."*. Das wäre fatal und für die erwünschte innere Freiheit und persönliche Weiterentwicklung nicht gerade vorteilhaft.

Es ist wichtig, dass die exemplarisch oben aufgeführten Fragen im Prozess des Loslassens angesprochen, reflektiert und beantwortet werden. Alle aufkommenden Fragen brauchen Genehmigung und wollen durchdacht und gewürdigt werden. Wie geht in Zukunft der Mensch mit seinen Fehlern und Unsicherheiten um? Was ist sein Vorsatz in Bezug auf seine Selbstverpflichtung, damit es ihm gelingt, seine Fehler und Unsicherheiten anzuerkennen? Wie geht der Mensch mit sich selbst um, wenn er keinen Erfolg hat? Das herauszufinden, ist ein wichtiger Schritt zur inneren Befreiung. Können Sie tatsächlich Ihre Fehler und Unsicherheiten anerkennen? Können Sie diese zulassen, ohne sie zu verdrängen? Erlauben Sie sich, diese achtsam zu fühlen und zu integrieren? Welche Fähigkeiten tragen Ihre Fehler und Unsicherheiten mit, so dass Sie auch ohne das dazugehörende negative Reaktionsmuster, sicher oder sicherer auftreten können? In meinen Seminaren stelle ich immer wieder fest, dass Menschen Hemmungen haben, Ihre Stärken aufzuschreiben. Nicht die Schwächen, sondern die Stärken machen Ihnen zu schaffen. Machen Sie es ab heute anders. Reden Sie über Ihre Stärken! Dann sind Sie so stark, dass Sie Ihre kleinen Schwächen leicht und locker mit Ihrer inneren Stärke und Sicherheit „halten" können.

Reden Sie über Ihre Stärken!
Dann sind Sie stark

Vielleicht wissen Sie schon, welche störende Reaktionsmuster Sie haben, aber Sie haben sich noch nicht der Herausforderung gestellt, diese zu verändern? Sind Sie bereit, die Entscheidung zu treffen, sie aufgeben zu wollen? Gerade der bewusste **Vorgang des Loslassens** ist ein entscheidender Moment, der zur inneren Befreiung führt. Durch das Loslassen der ungeliebten Reaktionsmuster bekommt der erstrebenswerte innere befreite Zustand endlich seinen wohlverdienten Platz, um sich ausdehnen zu können. Davor war der Platz besetzt. Jetzt ist er frei. Alles, was in uns ist, ist in diesem freien Zustand erlaubt. Alles kann reframt und mit dem passenden Glaubenssatz losgelassen werden: *„Loslassen ist leicht!"*.

Loslassen ist leicht!

Wer ein Schutzmuster hat und sich entscheidet, es aufzugeben, steht vielleicht plötzlich haltlos ohne den gewohnten Schutz „nackt im Regen"? Gerade diese Erfahrung muss erst erfahren werden und braucht das Erfolgserlebnis, dass es eigentlich gar nicht so furchtbar ohne Schutz ist, wenn wir innerlich stark genug sind und zu dem stehen, wie und was wir sind. Nur wer seinen Schutz aufgibt, erlebt, wie es sich anfühlt, „nackt im Regen" zu stehen. Was passiert, wenn die Menschen zulassen, dass ihr guter Bedürfniskern – die „innere Sonne" – ohne Schutz in die Welt „strahlen" darf? Vielleicht holen sich die Menschen beim ersten Mal eine „Erkältung"? Setzen diese Menschen sich jedoch dem Regen wiederholt aus, wird das Immunsystem automatisch gestärkt. Sie werden mit der Zeit den „Unwettern" trotzen. Sie machen die Erfahrung, dass Verletzlichkeit zu zeigen, erst wahre Stärke ist. Dies gibt ihnen die notwendige innere Sicherheit. Menschen mit einem Misstrauensmuster erleben, dass sie keine übermäßige Vorsicht mehr benötigen. Was passiert, wenn sie aufhören, zu misstrauen? Durch die selektive Authentizität sind sie nicht nur „immun", sondern auch noch besser als mit den vielseitigen Schutzreaktionsmustern gewappnet. Die inklusive Haltung, die durch die inklusive Sprache ausgedrückt wird, kommt mit jeder Art von affektiven und unreflektierten Kommunikationsformen aus. Was aus dem Herzen kommt, hört sich grundsätzlich selbst- und empathischer an und trägt eher zum Problem-Löse-Verhalten bei als die manipulativ angelegte Kopfkommunikation. Die stimmige Authentizität wird von anderen eher gewürdigt, weil dieser Wert der menschlichste Wert unserer menschlichen Existenz ist. Durch selektive Authentizität gewinnen wir innere Freiheit. Anne Morrow Lindbergh sagte: *„Nichts im Leben ist so anstrengend, wie unaufrichtig zu sein."*.[55] Da ist viel Wahres dran.

Wer aufhört, sich selbst zu bekämpfen, gewinnt inneren Frieden. Maria, 37 J., generierte folgenden Glaubenssatz, den ich als positiver Doppel Whopper-Glaubenssatz (gleich auf gleich) bezeichne: *„Ich verurteile mich nicht, auch wenn ich mich wieder verurteile!"*. Erst dieser inklusive Glaubenssatz (Gegenteil mit eingeschlossen) verschaffte ihr die **erwünschte Erleichterung**, weil sie trotz der *ressourcenbewussten Glaubenssatzänderung*: *„Ich bin wertvoll, auch wenn ich verurteile."* sofort wieder ihr Selbstverurteilungsmuster aktivierte. Erst dieser positive Doppel Whopper-Glaubenssatz gab ihr die Gewissheit, endlich ihre lebenslange Selbstverurteilung loslassen zu können. Sie sagte: Sie fühle sich zum ersten Mal in ihrem Leben von ihrem inneren diktatorischen Antreiber und Kritiker befreit. *„Die sind jetzt so klein wie Playmobilmännchen."* ergänzte sie, nachdem die antreibenden negativen Energien mit passenden NLP-Methoden entmachtet wurden. Sie formulierte weiter: *„Ich verpflichte mich, ab heute aufzuhören, ständig mein inneres Kind zu verurteilen. Es hat nicht einmal ein Gesicht!"*. Sie spürte deutlich ihre viel zu harte Selbstverurteilung. Am Ende des Coachings hatte ihr *inneres Kind* ein Gesicht und es konnte sogar lächeln. Maria lächelte ebenso, weil sie wusste, dass sie mit ihrer schwächsten Energie – das *innere Kind*[56] – in Zukunft anders umgehen wird als bisher.

> Geißeln Sie sich nicht, wenn Sie doch wieder verurteilen. Niemand ist perfekt.

In einem anderen Kontext formulierte eine andere Seminarteilnehmerin ähnliche Gedanken: *„Wenn ich mich gar nicht mehr verurteile, dann strenge ich mich doch gar nicht mehr an!"*. Sie empfand es als normal, sehr kritisch und hart mit sich selbst ins Gericht zu gehen, und merkte nicht, wie verurteilend sie sich auch anderen gegenüber äußerte. Ihre Miene wirkte sehr verschlossen und ihre Mundwinkel waren streng nach unten gezogen. Nach einem Inklusionsprozess veränderten sich, auch für die anderen TeilnehmerInnen sichtbar, ihre Gesichtszüge und selbst ihre körperliche Haltung wurde schlagartig entspannter. Was war passiert? Sie hatte durch eine selbstempathische Übung zum ersten Mal in ihrem Leben ihre enorm hohen Erwartungen an sich selbst so stark heruntergeschraubt, dass sie sich auch ohne ihre hohen Ansprüche plötzlich als „gut", „richtig" und vor allem „wertvoll" fühlte.

1.5.1 Innere Freiheit in Korrelation zu Gesundheit

Der immanente Vorteil innerer Befreiung von belastenden negativen Reaktionsmustern ist die positive Korrelation[57] mit Gesundheit. Ich möchte in diesem Zusammenhang auf die Studien von Grossarth-Maticek hinweisen. Sie sind empirisch fundierte Langzeitstudien, die von einer großen Anzahl von in- und ausländischen Wissenschaftlern bestätigt wurden. Nach der *Grossarth'schen Typologie*[58] hat der **gehemmt-angepasste Mensch**, der in Distanz von ersehnten Personen lebt

[55] Anne Morrow Lindbergh in Mackenzie 2007, S. 192
[56] Chopich / Paul 2007
[57] Zusammenhang, Bedingtheit
[58] Grossarth-Maticek 2000, S. 118 – 121 und Schiffer 2009

und leidet, eine signifikant höhere **Krebserkrankung**. Der zu **hilfloser Aufregung neigende Mensch,** ohne Fähigkeit sich von störenden Personen und Objekten zu distanzieren, bekommt häufiger Herz-Kreislauf-Erkrankungen. Am längsten gesund bleiben autonome Menschen, die zur Selbständigkeit, Autonomie, Eindeutigkeit und zu einer hohen Selbstregulationsfähigkeit neigen.[59] Personen, die ein stark ausgefeiltes Typ I, II und V[60] Verhaltensmuster haben, leiden oft an Multiple Sklerose oder an Hirntumoren. Die Vorteile innerlich von belastenden Reaktions- und Verhaltensmustern befreiten Menschen liegen diesen Langzeitstudien zur Folge auf der Hand.

Negative Gedanken zu denken, ist eine Krankheit. Positive Gedanken zu denken, ist Gesundheit. Positive Gedanken senden definitiv andere bio-chemische Botschaften (Vorgänge) an den Körper aus als negative Gedanken. Gefühle, die nicht wahrgenommen und ausgelebt werden, manifestieren sich im Körper in Form von leichten Beschwerden, Atemproblemen, Rückenschmerzen, chronische Erkrankungen bis hin zu Krebstumoren. Ich habe die Annahme, dass viele Krankheiten einen geistigen Ursprung haben, weil wir uns unbewusst irgendwann dafür entschieden haben. Ein Mensch, der sich z. B. in seiner Vergangenheit unbewusst gegen die Freude und gegen das Ausleben seiner Gefühle entschieden hat, kann irgendwann Diabetes-Mellitus bekommen, weil er nie gelernt hat, Liebe anzunehmen und weiterzugeben. Die Quantenphysik glaubt schon lange, dass die Materie dem Geist folgt. Viele psychosomatischen Krankheiten können durch einen inneren Befreiungsschlag (Auflösung von jahrelangen unbewussten Konflikten) unter den Tisch fallen. Rückenschmerzen haben viele Menschen **nicht** aus organischen Gründen, sondern weil der Verantwortungsrucksack, den sie sich auf den Rücken schnallten, viel zu schwer ist. Wer sich weniger um seine Reputation und Anerkennung sorgt, hat weniger Infekte, Migräneanfälle, Herzinfarkte, Gallensteine ... und kommt bei einer tatsächlichen Erkrankung aus eigener Kraft durch seine Selbstregulierungsfähigkeit wieder schneller auf die Beine. Unterdrückte Wut ist geballte Energie, die, wenn sie über Jahre verdrängt und ungesehen bleibt, von Sodbrennen über Schleimhautentzündung bis zu Magengeschwüren und vielleicht sogar bis zu Darmkrebs führen kann. Wer Gefühle ablehnt und ausschließlich „Kopfgefühle“ zulässt, wird krank. Gefühle brauchen die radikale Bejahung, damit die blockierten Energien aus dem Körper befreit werden können. Leider wollen viele Menschen aber ihre „unguten“ Gefühle loswerden. Loswerden ist nicht dasselbe, wie die Gefühle in Freiheit bejahend fühlen, um sie in Frieden loslassen zu können. Sie bejahen ihre Gefühle nicht, weil sie Angst vor ihnen haben. Es gibt aber einen Zaubertrick: Die hohe Schwingungsenergie der Selbstliebe (Herzensenergie) ist die Energie, die jeden Gefühlsdruck und jede Blockade auflösen kann. Schicken Sie gedanklich Ihre Herzensenergie immer an die Stellen, die „zwicken“, „pressen“ und „drücken“. Erhöhen Sie noch mit den Submodalitäten der Wahrnehmung das zwickende Gefühl, indem Sie sich vornehmen, dieses Zwicken, Pressen und Drücken sehr bewusst und intensiv spüren zu wollen. Halten Sie diesem inneren Druck stand, in dem Sie Ihre Herzensenergie über Ihre komplette Fokusierung an diese Stellen hinziehen lassen, so dass die hohe Schwingung Ihrer Herzensenergie diese Stelle erreicht und durchdringt. Ihre

---

[59] Vgl. www.grossarth-maticek.de/seiten/frame_forschung.html

[60] Typ I – VI: Typ I: Leid aufgrund von Distanz; Typ II: Leid in der Nähe; Typ III: Der egozentrische instabile Typ; Typ IV: Der sich flexibel selbst regulierende und sozial orientierte Typ; Typ V: Der rationale anti-emotionale Typ; Typ VI: Der emotional gesteuerte anti-soziale Typ

Blockade hat gegen Ihre Herzensenergie keine Chance. Sie wird sich auflösen. Sie werden ein Gefühl von Erleichterung spüren, wenn die Transformation (die Auflösung der Blockaden) beginnt, weil die zwickenden und blockierten Stellen wieder weicher und entspannter werden. Die Energie kann durch diese Stellen wieder freier fließen. Sie fühlen sich nach der Transformation zufriedener, glücklicher und freier. Laden Sie jeden Tag Ihre „Gastgefühle" ein, wenn Sie diese spüren, um sie bewusst zu fühlen und schon nach zwei Wochen wird der salutogene Erfolg in Ihren Gesichtszügen ablesbar sein. *„Ich fühle mich so, als ob ich in ein tiefes schwarzes Loch falle!"*, sagte eine Klienten. Lassen Sie sich bewusst in dieses Loch hineinfallen und vertrauen Sie darauf, dass jemand da sein wird, der Sie auffängt. Sie sind nie allein! Selbst wenn niemand da ist, sind immer noch Sie selbst mit Ihrer rettenden Hand da, der Sie auffangen wird. Erleben Sie das Gefühl des Auffangens und Sie erleben auch, wie die Angst vor diesem manifestierten tiefen schwarzen Loch sich wie von selbst auflöst. Besinnen Sie sich auf Ihren inneren Wesenskern und auf Ihre Fähigkeiten. Mit positiver Kraft, die aus dem hellen weißen Licht Ihrer Herzenenergie strömt, kommt kein schwarzes inneres Loch, das irgendwann mal in der Vergangenheit entstanden ist, an.

Es gibt keine Verbindungsgarantie. Das anzuerkennen ist ebenso Freiheit.

Innerlich freie Menschen sind autonome Menschen und kosten durch ihre gesunde innere Sicherheit ihr Leben aus. Sie gehören nicht zu den „Normalen". Sie sind etwas ver-rückt (sie rücken von der Normalität ab) und sie sind dabei glücklich, weil sie sich nicht über diese normale Normalität messen lassen. Ihr Maßstab ist ihre intrinsisch motivierte Begeisterung für Wünsche und Ziele. Sie sind von Menschen, Themen und Dingen begeistert, weil ihre „innere Sonne" im Herzen strahlt. Sie öffnen täglich ihr Herzfenster. Falls es durch einen gewaltigen „Windstoß" mal heftig zuknallt, wird es baldmöglichst wieder liebevoll geöffnet. Innerlich freie Menschen kennen die Flammen ihrer tiefsten Sehnsüchte und handeln so, dass diese Sehnsüchte auch Antworten empfangen können. Dieses strahlend positive Energiemuster ist eine positive Routine und erschafft immer wieder aufs Neue vielfältige und herausfordernde Handlungsoptionen und Visionen. Autonome Menschen erreichen schneller ihre Ziele, weil sie die Kompetenz haben, mit ihren Gefühlen und Bedürfnissen in Resonanz zu leben. Sie suchen über ihre Selbstregulation zunächst die Verbindung mit sich selbst, um dann über die Fremdregulation mit den anderen Menschen in Verbindung zu treten (Verständnis auf der Gefühls- und Bedürfnisebene), wenn diese es zulassen. Sie kommen nur dann nicht mit ihren Mitmenschen in Verbindung, wenn diese extrem abblocken, weil sie von ihren Gefühlen und Bedürfnissen abgeschnitten sind. **Eine Verbindungsgarantie gibt es nicht.** Was jedoch bei der *Inklusiven Kommunikation* anders ist, ist, dass sie den Unterschied zwischen dem Wert des Menschen und dessen Verhalten eindeutig trennt und kommuniziert. Diese Haltung ist jeder empathischen Verbindung förderlich. Sie ist darüber hinaus noch salutogen (gesundheitsbringend),[61] weil der gesunde *„EIGEN-SINN"*[62] eines Menschen, trotz der nicht erreichten Verbindung zum anderen, nicht verloren geht. Anzuerkennen, dass manche Menschen keine Verbindung wünschen, ist innere Freiheit.

---

[61] Siehe Friesinger 2012, Kap. 4 –*Inklusive Kommunikationsansätze zur Musterauflösung*
[62] Schiffer, 2009, S. 19 – 27

Im Schnitt werden aber formulierte Selfcommitments und Anregungen eher akzeptiert, weil der Kommunikationspartner dadurch Klarheit über die Handlungsmotive gewinnt. Die anderen spüren die Stimmigkeit in der gewählten Kommunikation. Sie spüren, dass nicht Angriff und Kompensation, sondern das Bedürfnisanliegen, Mitgefühl, der Kooperations- und Verbindungswunsch im Vordergrund stehen. *„Das Mitgefühl ist die in uns eingebaute Schranke zum Unmenschlichen. Wahres Mitgefühl bedeutet nicht, den Täter in seiner Selbstgerechtigkeit zu bestärken; wahres Mitgefühl bedeutet vielmehr, zu erkennen, dass der Weg wahrer Menschlichkeit zurückgehen muss zu einer Konfrontation mit dem eigenen, vergangenen Leid."*[63] Mitgefühl ist immer auch die Konfrontation mit dem eigenen vergangen Leid. Scheitern autonome Menschen in ihrer Kommunikation, weil sie selbst ihr verletztes *inneres Kind* spüren, dann betrachten sie es als ihre Aufgabe, sich mit ihren Schmerzauslösern auseinanderzusetzen. Sie wissen, dass nur sie selbst sich von ihrem Leid befreien können, weil es kein anderer tun kann. Sie geben nicht ihren „Freiheitsengeln"[64] die „Schuld", sondern sie übernehmen im Jetzt die Selbstverantwortung für das Gefühl. Verurteilt, denunziert und die Schuld anderen gegeben, haben Sie und ich schon oft genug, oder? Hat es Ihnen und mir das ersehnte Glück gebracht? Ich sage deutlich: Nein. Wenn es auch Ihnen kein Glück gebracht hat, warum nicht etwas anderes ausprobieren? Wenn eine Strategie nicht funktioniert, ist es klug eine andere auszuwählen. „Freiheitsengel" sind Menschen, die uns verletzen können, weil wir selbst noch offene Wunden haben. Wir sind verletzliche Wesen, aber wir sind auch reparable Wesen. Durch die „Freiheitsengel" lernen wir unsere Lebenslektion am besten. Jeder ist für sich selbst verantwortlich und zuständig für seine innere Befreiung. Segnen und danken Sie Menschen, wenn Sie Ihnen einen weiteren Schmerzauslöser zeigen, weil Sie ihn selbst aus eigener Kraft heilen können, immer mit der Einschränkung – sofern Sie es wollen. Menschen, die nicht wollen, werden ein Leben lang bei immer denselben Auslösern scheitern. Wenn Sie eine Wunde haben, heilt auch nicht der Arzt die Wunde, sondern Ihr Körper heilt die Wunde. Autonome Menschen regulieren in einer gesunden Art und Weise ihren Spielraum zwischen Ärgerauslöser und unbewusster negativer Reaktion.[65] Sie entscheiden sich bewusst für diesen inneren Freiraum ihrer Selbstempathie und für den täglichen inneren Sonnenaufgang im Herzen. Diese Einstellung macht nicht nur das Herz, sondern auch den Kopf frei. Dabei können Blockaden sich auflösen und Krankheitssymptome verschwinden. Sonja, 45 J., hatte ein Lipom am Hals, der sich erst dann auflöste, als sie sich von ihrem langjährigen Geliebten endlich trennte. Sie wollte keine „Geliebte" mehr sein. Sogar Wunderheilungen sind möglich, wenn die positive Gedankenkraft tatsächlich einsetzt. Es scheint **die veränderte Lebenseinstellung** nach der Diagnose zu sein, die diese unerklärlichen Wunderheilungen vollbringen können. Es ist die positive Kraft der Gedanken, die in Resonanz mit unserem Körper harmoniert.

Sie sind für Ihren inneren Sonnenaufgang verantwortlich.

Innere Freiheit ist die Lebensqualität, die ein Mehrwert an Gesundheit bringen kann. Diese neue Lebensqualität manifestiert sich mit der Zeit in der täglichen Kommunikation: *„Ich glaube daran,*

[63] Arno Gruen
[64] Menschen, an denen wir uns reiben.
[65] Siehe Friesinger 2012, Theoriebuch, Kap. 4.1.4.2

dass es das größte Geschenk, das ich von jemandem empfangen kann, ist, gesehen, gehört, verstanden und berührt zu werden. Das größte Geschenk, das ich geben kann, ist, den anderen zu sehen, zu hören, zu verstehen und zu berühren. Wenn dies geschieht, entsteht Kontakt.".[66] Wir können nur geben, sehen, hören, verstehen und die Menschen im Herzen berühren, wenn wir innerlich frei sind. Wer sich selbst erkennt, erkennt auch den anderen. *„Wertschöpfung durch Wertschätzung"* [67] und umgekehrt. Beides ist richtig, weil sich beides reziprok bedingt. Schon die alten Griechen wussten, dass der Gedanke im Herzen entsteht. Verzeihen Sie den Menschen, die Sie in der Vergangenheit verletzten. Verzeihen Sie ihnen auch, wenn es besser ist, diese für eine Zeitlang nicht mehr zu sehen (bewusste Auszeit), weil diese Ihrer Entwicklung aufgrund derer negativen Reaktionsmustern nicht gut tun. Das ist so und das sollte nicht schöngeredet werden: *„Ach, ich komme mit jedem aus!"*. Bei so einer Aussage braut sich nur ein großer innerer Schatten zusammen, der sich gewitterförmig aus dem heiteren Himmel heraus irgendwann entlädt. Menschen, die Ihnen nicht gut tun, weil diese nicht an Ihrer Entwicklung, **sondern an Ihrem Leid interessiert sind**, brauchen Sie in Ihrem Leben nicht und das sollten Sie sich eingestehen. In solchen Fällen ist es heilsam, einen salutogenen Abstand einzuhalten. Es ist dabei aber wichtig, dass wir mit ihnen im Herzen Frieden geschlossen haben. Entwickeln Sie Empathie für diese Menschen, weil sie aufgrund ihrer Erfahrungen noch nicht anders handeln können. Ohne Ihren inneren Frieden können Sie sich nicht ausreichend auf Ihre Potenziale konzentrieren. Lassen Sie sich von niemandem auf der Welt aufhalten, Ihre Potenziale auszuleben und schon gar nicht von Menschen, die Ihnen Ihren Erfolg und Ihre Weiterentwicklung nicht gönnen. Bestimmte Menschen wollen uns einfach am Vorankommen hindern, weil sie selbst in Konkurrenzmustern leben und denken. Lassen Sie die anderen denken, was sie wollen und tun Sie nur das, was Sie wollen!

Lawrence Le Shan, Psychologe und Psychoanalytiker, arbeitet seit mehr als 35 Jahren mit Krebspatienten und hat Tausende von schwerkranken Menschen psychotherapeutisch behandelt. Seine Bilanz zieht er in seinem Buch *Diagnose Krebs. Wendepunkt und Neubeginn.*[68] Darin wird die Frage behandelt, wie mit Patienten gearbeitet werden kann, um mit ihnen nach jenen Reaktionsmustern zu suchen, die sie zu einem einzigartigen Menschen machten. Er forschte mit ihnen nach ihrem wahren Ich, um herauszufinden, was sie unterstützte und was sie hinderte, ihr wahres Ich zu leben und zu werden.

40 Fragen nach Lawrence Le Shan mit eigenen minimalen Ergänzungen

1. Wenn Sie Ihr Leben von dem Punkt aus betrachten, an dem Sie jetzt sind, was würden Sie sagen: War es ein gutes oder ein einsames Leben?
2. Wenn Ihr ganzes Leben ein Entwurf wäre, um etwas zu lernen, welches wäre die Lektion gewesen, die Sie hätten lernen sollen?
3. Was war das Beste, das Ihnen jemals widerfahren ist?
4. Was war das Schlimmste, das Ihnen jemals widerfahren ist?

---

[66] Zitat aus dem Ansatz von Virginia Satir – Selbstwert und Nutzen des Grundpotenzials
[67] Aussage von Pater Anselm Grün
[68] LeShan / Lösch 2004

5. Was war das Beste, das Sie jemals getan haben?
6. Was war das Schlimmste, das Sie jemals getan haben?
7. Welches war die schönste Zeit in Ihrem Leben?
8. Welches war die schlimmste Zeit in Ihrem Leben?
9. Wie würden Sie diese Sätze beenden: *„Aus meiner Kindheit erinnere mich am liebsten an ...“ „Aus meiner Kindheit hasse ich am meisten die Erinnerung an ...“*?
10. Glauben Sie daran, dass es wahr ist, wenn es heißt: *„Besser geliebt und verloren, als niemals geliebt zu haben?“* Wenn ja, warum glauben Sie das?
11. Wenn ein Kind, das Sie lieben, Sie bitten würde, ihm das Wichtigste zu nennen, das Sie in Ihrem Leben gelernt haben, was würden Sie antworten?
12. Es gibt eine alte griechische Sage von drei Schicksalsgöttinnen, die jedes Leben bestimmen: **Klotho**, die den **Faden** eines Menschenleben spinnt; **Lachesis**, die ihm **Farbe** gibt und **Atropos**, die ihn **abschneidet.** Welches Muster oder welches Gewebe hat Klotho Ihrem Leben gegeben? Welche Farbe hat Lachesis Ihrem Leben gegeben? Hat Atropos zu früh den Faden geschnitten? Zu früh für was genau? Könnten Sie das noch beenden, was Sie bis jetzt noch nicht beenden konnten?
13. In jeder Symphonie (Ballade, Gedicht, Volkslied, Popsong ...) gibt es ein zentrales Thema. Es hat viele Variationen, die in den verschiedenen Versen und Absätzen auftauchen, aber über allen liegt das übergeordnete Thema. **Welches war das Thema Ihres Lebens?**
14. Wenn Sie eine Entscheidung Ihres Lebens revidieren könnten, welche wäre das? Warum haben Sie diese getroffen? Was sagt Ihnen das darüber aus, wie Sie sich und die Welt damals beurteilten? Wie beurteilen Sie sich heute dafür?
15. Können Sie sich verzeihen, diese oder andere „falsche“ Entscheidungen getroffen zu haben? Können Sie sich verzeihen, sich so gefühlt zu haben, wie Sie sich damals fühlten? Wenn nicht, warum nicht? Was brauchen Sie heute, um sich verzeihen zu können?
16. Was müssen Sie jetzt tun, um sich für die Dinge, die Sie getan haben, vergeben zu können?
17. Was müssen Sie tun, um anderen das zu vergeben, was sie Ihnen angetan haben? Was brauchen Sie, um sich selbst für das, was Ihnen geschah zu vergeben?
18. Wenn Sie hören könnten, was Ihre Freunde über Sie bei Ihrer Beerdigung sagen: Was würden Sie am liebsten hören? Und was am liebsten nicht?
19. Wenn Sie auf Ihr Leben zurückblicken: In welchen Momenten waren Sie am meisten Sie selbst? Was half Ihnen dabei? Wann waren Sie am wenigsten Sie selbst? Warum?
20. Was war die schönste Zeit in Ihrem Leben?
21. Was war die schlimmste Zeit in Ihrem Leben?
22. Auf welche Weise waren Sie stets der-/dieselbe in Ihrem Leben, als Kind, als Jugendliche/r, als Erwachsene/r, jetzt?
23. Auf welche Weise waren Sie anders in diesen unterschiedlichen Phasen Ihres Lebens?
24. Angenommen Ihr Verhalten hat weitreichende Konsequenzen, also Ihre Selbstwirksamkeit ist menschheits-schicksalsentscheidend. Was, würden Sie dann wie in Ihrem Leben ändern?
25. Was ist jetzt für Sie die längste Zeit des Tages? Was denken Sie in dieser Zeit am meisten?

26. In einer alten Schrift, The Book of Splendor, heißt es: *„Es ist nicht Gottes Wille, deinem Leben mehr Jahre zu verleihen, sondern deinen Jahren mehr Leben.“*. Wie denken Sie darüber?
27. Vor welchem Charakterzug bei Ihnen selbst haben Sie sich am meisten gefürchtet und ihn nicht bewusst erleben wollen? Ihn nicht fühlen und darüber nachdenken wollen? Scheint es Ihnen noch immer notwendig, ihn vor sich selbst zu verbergen, wie Sie es früher taten?
28. Was haben Sie vor anderen am meisten verborgen? Glauben Sie, dass Sie es noch immer verbergen müssen?
29. Unser Leben lang versuchen wir, Menschen nach unseren Vorstellungen zu verändern. An dem Punkt, an dem wir nun angelangt sind, wissen wir meistens, dass Liebe bedeutet, Menschen anzuerkennen, wie sie sind und sie so sein zu lassen, während wir gleichzeitig das Beste für sie erhoffen. Ist Ihnen das möglich bei denen, die Sie lieben? Was hält Sie davon ab?
30. Die Zeit des Sterbens ist die letzte Zeit des Lernens, die wir auf Erden haben. Welche Lektion hat Ihr Sterben für Sie? Was hält Sie davon ab, sie zu lernen?
31. Welche Rolle haben Sie in den letzten Jahren oft gespielt? Welche Maske haben Sie in Gegenwart anderer am häufigsten getragen? Möchten Sie diese Rolle auch jetzt noch spielen?
32. Unser Leben lang versuchen wir, etwas zu erreichen, etwas zu tun. Was versuchten Sie, in den letzten Jahren zu tun? Ist es Ihnen immer noch wichtig? Wie können Sie diesen Versuch so fortführen, dass er in größter Harmonie und Aufrichtigkeit endet?
33. Sind Sie in den letzten Jahren hauptsächlich einen Weg gegangen? Gibt es jetzt einen anderen Weg, den Sie beschreiten müssen, um Ihr Leben vollkommener zu machen?
34. Gibt es einen Menschen, den Sie in den letzten Jahren mit einem großen Aufwand an Kraft und Zeit beschützt haben? Versuchen Sie noch immer, ihn zu beschützen oder ihm etwas zu bedeuten? Ist es das Beste für diesen Menschen, weiterhin von Ihnen beschützt zu werden? Das Beste für Sie? Was brauchen Sie, um nicht weiter beschützen zu müssen?
35. Was brauchen Sie, um Ihr Leben zu vollenden? In Ihrem Innern brauchen die Dinge Vollendung, und Sie haben es in sich, dies auch tun zu können.
36. Was in Ihrem Leben haben Sie „Gott“ oder dem Schicksal niemals verzeihen können?
37. Für was brauchen Sie in Bezug auf „Gott“ oder auf Ihr Schicksal am meisten Vergebung?
38. Es gibt die Geschichte von dem großen aschkenasischen Rabbi Zusya. Seine Gemeinde bat ihn um eine bestimmt politische Handlung. Er weigerte sich. Sie sagten zu ihm: *„Wenn Moses unser Rabbi wäre, würde er es tun.“*. Zusya antwortete: *„Wenn ich sterbe und dann vor Gottes Thron stehe, wird Gott mich nicht fragen, warum ich nicht Moses war.“*. Könnte diese Geschichte auch etwas mit Ihnen und Ihrem Leben zu tun haben? Wenn ja, in welcher Weise?
39. Wenn Sie sich ein Gefühl aussuchen könnten, mit welchem Gefühl würden Sie dieses Leben verlassen wollen? Was brauchen Sie, um Ihr Leben zu vollenden?
40. **Was brauchen Sie, um heute schon dieses Gefühl fühlen zu können?**

Die direkte gesundheitliche Relevanz bei einer konsequenten Umsetzung dieser lebensverlängernden Fragen nach Le Shan bei einer Erkrankung oder wenn Menschen schon im Sterben liegen sowie die allgemeine gesundheitliche Relevanz bei der Umsetzung der *Inklusiven Kommunikation* in Institutionen und Unternehmen liegt m. E. auf der Hand. Wir würden erhebliche Summen an gesellschaftlichen Kosten sparen (Krankheitsreduzierung, weniger Depressionen, Mobbingfälle,

Wir brauchen einen **selbstempathischen Ansatz** in allen Bildungseinrichtungen.

Burnouts ...), wenn die Gesellschaft mehr Möglichkeiten bieten würde, dass Menschen sich von Anfang an, selbstempathischer entwickeln dürften. Die Wertschöpfung aus dieser Haltung wäre beinah grenzenlos. Die Welt wäre garantiert um die Anzahl der selbstempathischen Menschen menschlicher und liebevoller. M. E. brauchen wir einen wertschätzenden und **selbstempathischen Ansatz** in allen Bildungseinrichtungen und sozialen Institutionen.[69]

1.5.2 Ist innere Freiheit absolut?

Absolut innerlich frei zu sein, würde bedeuten, alle Widerstände gebrochen, alle glückshemmenden Überzeugungen und einschränkende Glaubenssätze sowie festgeschriebene Lebensskripte mit den dazugehörenden Auslösern reflektiert und erfolgreich „umprogrammiert" zu haben. **Meiner Meinung nach ist dies kaum möglich**, weil viele Auslöser, welche die erlernten Reaktionsmuster aktivieren, uns schlicht und einfach unbekannt und hochgradig im Stammhirn vernetzt sind. Das Unbewusste ist zu mächtig und zu groß, dass alle unbewussten Auslöser ausfindig gemacht werden können, um komplett alle früheren Verletzungen über ein Reframingsprozess (Transformation von Gefühlen) heilen zu können. Jede durchlebte Emotion ist über ein elektromagnetisches Feld irgendwo im Körper „gebunden" und kann, je nach Auslöser-Begegnung, immer wieder neu und anders aktiviert werden. **Absolute innere Freiheit hieße Unverletzlichkeit.** Ich weiß, dass manche Menschen dieses Ziel für sich formulieren, besonders wenn sie sehr spirituell veranlagt sind. Für mich als Realistin stellte sich immer schon die Frage: *„Ist absolute innere Freiheit realistisch?"*. Je nach Urvertrauen, Lebenserfahrung und Reflexionsfähigkeit könnte es bei dem einen oder anderen möglich sein. Für mich bedeutet aber innere Freiheit auf keinen Fall absolute Unverletzlichkeit. Unbewusste negative **Rest**reaktionsmuster, die sich in Zeiten, in denen wir hilflos waren, über neuronale Netzwerke extrem stark ausbildeten, **sind nie wirklich gelöscht**, sondern nur „stillgelegt" oder „umgelenkt". Aus welchen Gründen auch immer, könnten sich bei Angriff (manchmal ist es nur ein Blick) oder in extremen Stresssituationen „alte geschlossene Autobahnen" (unbewusste negative Reaktionsmuster) jederzeit blitzartig schnell wieder öffnen. **Den launischen und trotzigen Impulsen nachzugeben, hat für mich die gleichwertige Berechtigung, wie die Impulse der Freude und der Begeisterung**, weil erst ein Bewusstsein über die eigenen unbeliebten Reaktionsmuster und Affekte zu entwickeln oder zu haben, **ist der erste Schritt zur Befreiung.** Wir anerkennen, dass wir noch Entwicklungsbedarf haben und zum Glück haben wir ihn. **Nichts Schlimmeres als Menschen, die behaupten, sie wären schon fertig**.

Innere Freiheit heißt gerade nicht Perfektion, sondern die Reflexion über Unperfektes.

Das „Fremdschämen" ist z. B. eine Reaktion, die wir nicht immer steuern können, besonders wenn andere etwas tun, was diese nach der blitzartigen Auswertung unserer Wertvorstellungen im Limbischen System nicht hätte tun dürfen. Wir sind dann noch **vor** unserer bewussten Reflexion den alten Reaktions- und Verhaltensmustern hilflos ausgeliefert und demnach verletzlich. **Wichtig ist in meiner Welt der zweite Schritt:** Der Reflexionsprozess. Viele Menschen machen sich um diesen

[69] Siehe auch Altgeld 2008

zweiten Schritt nicht einmal Gedanken, weil sie seinen enormen Nutzen noch nicht erkannt haben. Erst wenn wir durch Reflexion (Inklusion und Reframing), die Freiheit der Wahl haben, z. B. bei einem ähnlichen Auslöser **anders als früher** zu reagieren, dann haben wir **keine** Chance vertan, um inklusiver zu reagieren und zu kommunizieren. Das Können und die freie Wahl darüber ist aber immer noch keine Garantie dafür, dass die Kommunikation gelingt, weil keine Situation zu 100 % der anderen gleicht. Ecken und Kanten, Unsicherheiten und Ambivalenzen sowie das innere Ungleichgewicht, wenn Bedürfnisse und Zielstrebungen durch das Verhalten anderer (z. B. Verbot, Gesetzesgrenzen ...) frustriert werden, brauchen wir für unsere Weiterentwicklung und gehören zum Leben dazu, wie das **Salz in der Suppe**.

„Gute" Gefühle zu haben, ist nicht immer und in jedem Moment möglich und dies ist auch nicht das Ziel der *Inklusiven Kommunikation.* Ich kann keine „guten" Gefühle haben, wenn ich z. B. auf einer Beerdigung bin. Das lässt mein Bedürfnis nach Verbundenheit zu dem Verstorbenen und zu den Hinterbliebenen nicht zu. Ich bin eine starke Verfechterin für die Anerkennung aller Gefühle. Eckhart Tolle äußerte sich bei einem Vortrag dahingehend, dass er sagte, dass es auch in seinem Leben noch wütende Momente gibt, obwohl diese immer weniger werden.[70] Jeder hat diese Momente, in denen er seinen Impulsen aus dem Stammhirn ausgeliefert ist oder sein möchte, weil für den Moment keine bessere Option zur Auswahl steht. Besonders wenn Lebensmotive stark frustriert wurden (Trennung, Kündigung, Schicksalsschläge ...), werden unbekannte Trigger aktiviert. *„Erst bei der Scheidung habe ich meinen Mann/meine Frau erst richtig kennengelernt."* Jeder kennt solche Sätze. Es kommt aber darauf an, wie lange wir den unbewussten negativen Reaktionsmustern ausgeliefert sind, bis sie uns wieder so deutlich sind, dass wir uns für eine angenehmere Richtung entscheiden. Wie lange „schlagen" wir um uns oder ziehen uns in Resignation und Erstarrung zurück? Wie lange bleiben wir am Boden liegen? **Die Entscheidung aus einem frustrierten Stadium rechtzeitig auszusteigen, ist innere Freiheit.** Wir entscheiden uns, eben nicht eine Woche oder ein Leben lang nachtragend zu sein, sondern nur für die Zeit, die wir brauchen, um uns selbst wieder regulieren (Stimmungsmanagement) zu können. Über die inklusive Sprache haben wir die Kompetenz unsere Bedürfnisse selbst- und empathisch regulieren zu können. Manchmal ist es sogar wichtig im Leben, Prinzipien über Bord zu werfen. Früher waren diese Prinzipien „richtig", aber reflektieren Sie, ob diese immer noch ihre Rechtfertigung haben. Die beste Option verändert sich mit jeder neuen Entscheidung.

Begeisterung bringt Freiheit.

Innere Freiheit gelingt nicht ohne Spaß und Humor. Wer sein Verhalten zu ernst nimmt, hat wenig Freude am Leben. Ein **Sowohl-als-auch-Verhalten** und eine **Na-und-Einstellung** kann die innere Härte gegenüber uns selbst etwas lindern. Damit können wird Dinge leichter und lockerer bewerten und betrachten: *„Na und? – Dann habe ich eben so reagiert, wie ich gerade nicht reagieren wollte." – „Na und? – Dann ist mir eben dieses Missgeschick passiert.".* Dass wir uns verändern können und nicht vordeterminiert sind, beweisen die neuesten Erkenntnisse der Hirnforschung.[71] Legen Sie den Schalter

[70] Eckhart Tolle in Karlsruhe, Autor des Buches: Jetzt – Die Kraft der Gegenwart

[71] Gerald Hüther in Grossarth-Maticek 2000, Vorwort und Hüther 2008, CD: *Wie man sein Gehirn optimal nutzt*

in Ihrem Gehirn um, indem Sie sich vornehmen, Ihre Glaubenssätze reflektieren zu wollen. Jede Art von lebensbejahenden Befehlen, Affirmationen und Begeisterungen, die Sie Ihrem Unbewussten signalisieren, werden langsam aber sicher in dieses hineingeflüstert. Schenken Sie Ihren neuen Gedankenketten Glauben, weil: *„Alles wanket, wo der Glaube fehlt.“.*[72] **Achten Sie auf die Botschaft Ihrer Sprache und ganz besonders auf Ihre Körpersprache.** Achten Sie auf Ihren inneren und äußeren Verbindungsdialog, weil er Ihnen viel mehr innerer und äußerer Frieden bringt.

Achten Sie auf die Botschaft der Sprache.

1.5.3 Innere Freiheit in Bezug auf „gute“ und „schlechte“ Gefühle

Jeder durchlebt eine schicksalshafte Erfahrung anders. Das was wir in unerwarteten Momenten fühlen, ist immer richtig und gut. Es gibt keine schlechten Gefühle! „Schlecht“ ist eine Interpretation. „Gut“ ebenso, dennoch wird das Wohlfühlgefühl oft als „gut“ interpretiert und ist subjektiv sicherlich wünschenswert. Dennoch möchte ich auf die Gefahr bei einer Überbewertung von „guten“ und „schlechten“ Gefühlen aufmerksam machen. In einem Kommunikationsseminar wurde dauernd von „guten“ und „schlechten“ Gefühlen gesprochen: *„Das macht mir schlechte Gefühle!“.* Es wurde sogar gesagt: *„Wenn andere mir schlechte Gefühle machen, dann mache ich ihnen ebenso schlechte Gefühle!“.* Es war nicht verwunderlich, dass alle TeilnehmerInnen durch diesen ständigen Gefühlsvergleich nur noch „gute“ Gefühle haben wollten und die „schlechten“ verdrängten, nicht „sehen“ wollten und sie auch bei anderen nicht duldeten. Ich für mich, habe in diesem Seminar gelernt, **wie ich es nicht machen werde!** Viele Aussagen zeugten weder von Selbstempathie noch von Empathie, sondern grenzten an imperialen negativen Strategien der Bedürfniserfüllung. Ich bin für meine Durchhaltekraft überaus dankbar, weil ich spürte, dass ich nicht fremdbestimmt bin und es auch nie zulassen werde, **dass andere Entscheidungen für mich abnehmen.** Meine Ansicht ist völlig konträr: **Wir können innerlich frei sein, auch wenn wir Unwohlgefühle haben!** Die Freiheit besteht darin, in Eigenverantwortung authentisch zu sagen, was in uns „brodelt“, besonders wenn Bedürfnisse frustriert wurden, ohne ein schlechtes Gewissen dabei zu erzeugen. Wer seine frustrierten Motive nicht berücksichtigt, hat ein ausgesprochen starkes: „Gute-Gefühle-Muster!“. Ich hoffe für diese Menschen, dass sie natürliche Gefühle, zu denen auch die Traurigkeit gehört, zulassen können, wenn diese Gefühle sich einfach zeigen und „rühren“. Wir brauchen, um wir selbst zu sein, die Inklusion ALLER Gefühle. Die Abspaltung unwillkommener Gefühle zieht eine große Unfreiheit nach sich.

Denken Sie jenseits von schlechten Gefühlen. Das befreit!

Fühlen Sie alle Ihre Gefühle bis zur Entspannung, ohne sie zu verdrängen oder wegdrücken zu wollen. Trauer kann nur durch Trauer und nicht durch Verdrängung bewältigt werden. Bei starker Traurigkeit taucht manchmal das Schwestergefühl der Sinnlosigkeit auf. Diese Gefühle können wieder freigelassen werden, wenn sie sich nicht mit der Zukunft verbinden, sondern im Jetzt gefühlt wird. Die sinnhafte Verbindung des Schicksals mit der Zukunft können wir in der Gegenwart noch nicht sehen. Alles, was JETZT passiert, hat aber Auswirkungen auf die ZUKUNFT. Wir werden

[72] Aussage der literarischen Figur Max Piccolomini in Schillers Wallenstein

vielleicht in zwei, fünf oder zehn, vielleicht auch erst in zwanzig Jahren, die Verbindung, die wir heute noch nicht sehen und auch nicht sehen können, sehen. Das jetzige Schicksal macht uns zu dem, was wir in der Zukunft sein werden. Ich empfehle, den Vortrag, den Steve Jobs 2005 an der Stanford University vortrug, anzuhören. Dieser kreative Mensch – der trotz seiner schweren Krankheit lange Zeit sehr erfolgreich sein Leben meisterte – sowie die Inhalte seines Vortrags sind unvergesslich. Der Vortrag zeigt beispielhaft, wie die Verbindungsfäden zusammenlaufen, die das Leben für uns aufbewahrt, wenn wir aktiv bei dem bleiben, was wir wirklich lieben. Geben Sie diesen Link in Ihren PC-Browser ein und lauschen Sie den Worten von Steve Jobs:

http://humanity.kulando.de/post/2009/04/22/steve-jobs-abschlussrede-in-stanford-in-deutsch-uebersetzt

Falls Sie immer noch Ihrer Vergangenheit die „Schuld" geben, dass Sie so sind, wie Sie sind, dann ermutige ich Sie, damit JETZT aufzuhören. Hören Sie auf, Ihre Vergangenheit in gut oder in schlecht zu bewerten. Nehmen Sie an, was jetzt ist. Es ist so, wie es ist. Genehmigen Sie sich das, was JETZT ist. Übernehmen Sie im JETZT die Verantwortung für Ihre Gefühle und für Ihr glückliches Leben. Wenn es Ihnen nicht gefällt, wie Ihr Leben JETZT ist, dann verändern Sie Ihr Leben im JETZT. Treffen Sie im JETZT die notwendigen Entscheidungen für ein glückliches Leben. Entscheiden Sie sich im JETZT, aufzuhören, Ihre Vergangenheit zu verdammen oder zu beschönigen, weil Ihr Leben JETZT so ist, wie es ist. Tun Sie es ab heute anders, dann wird auch Ihre Zukunft anders.

1.5.4 Der innere Schmerz und die innere Freiheit

Eckhart Tolle, der Meister des Augenblicks, formulierte in seinem Buch *Jetzt – Die Kraft der Gegenwart* folgende Worte: *„Annehmen, was ist! … Nichts, das einen Wert hat, das echt ist, geht je verloren."*. Eckhart Tolles Gedanken zum JETZT sind äußerst hilfreich, um im JETZT zu leben: *„Wenn wir das, was jetzt ist, annehmen, hat die Vergangenheit und die Zukunft keine Relevanz. Wir sind aber mit unserem Wesen so in der Vergangenheit und in der Zukunft verhaftet, dass wir ‚Das Jetzt' nicht annehmen können. Das Jetzt ist die einzige Zeit, die wir real kennen. Wir denken immer aus dem Jetzt Richtung Vergangenheit und Zukunft. Deshalb verpassen wir ‚Das Jetzt'."*. Seiner Ansicht nach nehmen wir den Schmerz der Vergangenheit und der Zukunft auf und packen ihn in das JETZT hinein. Dadurch fühlt sich die Gegenwart mit dem vielen Schmerz unerträglich an. Ohne die Verankerung mit der Vergangenheit wären wir mit dem Augenblick verbunden und der Schmerz wäre nicht so groß oder nicht vorhanden. Wir sind frei, wenn wir unseren Schmerz im Jetzt fühlen, um ihn in Liebe wieder loslassen zu können. Oder fühlen Sie noch Ihren psychischen Schmerz, wenn Sie z. B. ein „Problem" bearbeitet haben und Sie sich gerade im JETZT einfach in der Sonne wohlfühlen, während Sie an das bearbeitete Problem denken? Wenn ja, dann ist es noch nicht ganz bereinigt und sollte reframt werden. Nur der Schmerz des Augenblicks ist real (jemand greift uns an) und dieser Schmerz des Augenblicks braucht Präsenz, Anerkennung, Bejahung und Annahme. Sobald wir dieses tun, hört der Schmerz auf zu sein, weil wir ihn in Liebe und Freiheit wieder verabschieden können und weil wir ihn mit dem Herzen loslassen, ist er nicht mehr mit unserem Körper verbunden. Der Schmerz des Augenblicks kann, so Tolle, sich nicht in uns und mit uns

Den Schmerz nur im Jetzt fühlen.

verkörpern. Der nächste Augenblick schenkt uns wieder etwas Anderes, Neues und Besonderes, das wir immer wieder aufs Neue im Jetzt annehmen, bejahen und loslassen können.

Alles was wir als Ressourcen durch Erfahrung verinnerlichten, bleibt dem Unbewussten erhalten, selbst wenn wir denken, dass wir es schon längst vergessen haben. Das Unbewusste vergisst nichts. Aus der Resilienzforschung wissen wir, dass es nicht davon abhängt, was uns im Leben widerfahren ist, sondern, dass es entscheidend ist, wie widerstandsfähig und flexibel wir geworden sind. Nach der Resilienzforschung reicht es aus, wenn eine einzige Bezugsperson da war oder da ist, die uns sagte oder sagt: *„Ich weiß, du schaffst das! – Du kannst das! – Ich glaube an dich!“.* Diese Bezugspersonen haben Vertrauen auf Vorschuss verschenkt und retteten damit Leben! Resilient sind wir dann, wenn wir an uns glauben und möglichst autonom, d. h. ohne Fixierung auf ein bestimmtes Objekt leben. Manchmal sind es auch die Schicksalsschläge anderer Menschen, die uns zeigen, dass das Leben weitergeht. Gabi Köster, Entertainerin und Schauspielerin, hat durch ihren Schlaganfall ihr früheres Leben verloren und steht nun wieder für sich selbst auf und kämpft nicht für ihr altes, sondern für ihr neues Leben. Wir brauchen innere Stärke und den notwendigen Humor, um Schicksalsschläge auch Positives abgewinnen zu können, wie auch immer diese ausfallen und -arten. Gabi Köster würde salopp-frei-schnauze sagen: *„Was mich nicht umbringt, macht mich stark!“.* Ihr gilt mein größter Respekt. Ich bin der Überzeugung, dass ein resilientes, autonomes und freies Gefühl, wenn es einmal entfachte, nicht verloren geht, auch wenn wir kurzfristig den Eindruck gewinnen könnten, es verloren zu haben.

Jeder verarbeitet ein Schicksal auf seine Weise. M. E. verarbeiten Menschen die autonom sind, Schicksalsschläge anders als unselbständige Menschen. Sie können trauern und ihre Gefühle zeigen und dabei eine verlorene Beziehung schneller loslassen, weil sie Dinge „auch mal gut sein lassen können“ und sie spielen nicht das Spiel: „Ohne dich bin ich nur noch ein halber Mensch“. Sie gehen nicht daran kaputt oder „sterben“ mit. Sie sind weniger in Fixierungen und Ambivalenzen verstrickt, sondern führen ein eigenständiges Leben. Nur wer seinen Schmerz nicht abspaltet, kann ihn auch wieder in Frieden loslassen. Es liegt in unserer Verantwortung wie lange ein Schmerz, der uns ereilte, unser Leben bestimmt. Jeden Tag das Leben als eine neue Chance zu begreifen, zeugt von dieser Verantwortung und von der Fähigkeit, einen Schmerz loslassen zu können. Anschauen, in ihn hineinatmen, ihn in Liebe „segnen“ und willkommen heißen, ist definitiv die bessere Lösung, als ihn wegzudrücken, zu verdrängen, zu unterdrücken und abzuspalten. Menschen tun dies, weil sie diese Gefühle nicht haben wollen, weil sie diese Gefühle als „schlecht“ beurteilen. Die Gefühle nicht haben zu wollen, verursacht nur noch mehr Leid. Der Schmerz verbindet sich unbewusst noch mehr mit dem bewertenden Verstand und manifestiert sich über elektromagnetische Felder in Form von Blockaden und Verspannungen im Körper. Um ihn nicht zu fühlen, brauchen wir immer mehr Ablenkungs-, Sucht-, Ironie-, Zynismusmuster u. a. glückshinderliche Muster. Diese ungesunden Verhaltensmuster zeugen von Verantwortungslosigkeit gegenüber unseren Emotionen und dem Leben.

1.5.5 Die Bedeutung der Achtsamkeit

Ihr Kompetenzzentrum ist Ihr Wille. Fokussieren Sie Ihre ganze Willenskraft mit Achtsamkeit auf Ihre Gedanken- und Reaktionsmuster. Sie haben die Kompetenz der Achtsamkeit! Schon Babys nehmen sehr achtsam die Welt wahr, um die Bedeutung der Welt verstehen zu lernen. Hätten Babys diese Kompetenz nicht, blieben sie in ihrer Welt einsam und isoliert. Beobachten Sie sich mit Ihrer kompetenten Achtsamkeit, wie Sie in einzelnen Situationen denken, reagieren und fühlen. Lernen Sie, Ihre Gedanken zu lesen, zu „sehen" und zu hören. Hören Sie sich selbst zu, wenn Sie etwas denken? Eine Klientin sagte: *„Seit ich mich mit mir beschäftige, lese ich überhaupt kein Buch mehr. Ich bin so mit mir selbst beschäftigt, dass mir alles andere gerade unwichtig ist.".* Reflektieren Sie Ihre Denkweise. Besonders achtsame Irritationen sind gut, weil diese beweisen, dass Verbindungen im Gehirn neu strukturiert werden. Wer mit Achtsamkeit fokussiert nach innen schaut, wird innerlich bewusster, sicherer, stärker, freier, stimmiger und authentischer. Es entsteht eine neue achtsame und innere Sicherheit.

> Die Achtsamkeit ist der Weg zur inneren Freiheit.

Schalten Sie die Außenwelt gelegentlich aus! Viel zu lange haben sich Ihre Gedanken schon mit anderen Menschen beschäftigt – oder? Stopp! Jetzt sind Sie dran. Sie sind wichtig! Wichtig ist zunächst, was Sie denken und fühlen. Wichtig ist, herauszufinden, **wer Sie sind**. Was ist das Wichtigste in Ihrem Leben? Finden Sie heraus, was Ihnen am wichtigsten wäre, wenn Sie z. B. gar nichts mehr hätten – keine Wohnung, kein Geld ...? Richten Sie sich wenigstens einen Abend in der Woche für Ihre Gedankenwelt Zeit ein. Sollten Sie es familiär regeln können, wäre selbstverständlich ein ganzer Tag in der Woche idealer, weil der Mehrwert an Ihrer Zeitinvestition sich für Sie um ein Erhebliches gewinnbringender auswirken kann. Sie werden in dieser kontemplativen Zeit Ihrem wahren Wesen viel näher kommen als ohne diese Zeitinvestition. *Wie* sind Sie? Was erlauben Sie sich alles nicht? Was fühlen Sie? Was brauchen Sie? Entdecken Sie Barrieren, die Sie daran hindern, mit Achtsamkeit den Blick auf sich selbst zu richten. Entscheiden Sie sich, selbstmitfühlend in sich selbst hinein zu denken, zu sehen, zu hören und zu fühlen.

> Was hat in Ihrem Leben die höchste Priorität?

Sind Sie ein vernunftgeleiteter Mensch (anti-emotional), **dann entscheiden Sie sich, verstärkt auf Ihr Gefühl zu hören.** Trainieren Sie Ihre Achtsamkeit! Ihr Gefühl ist in Ihrem Körper verstaut und wartet darauf, von Ihnen über den Fokus der Achtsamkeit erforscht zu werden. Sollten Sie glauben, „keine" oder nur sehr wenige Gefühle zu haben, dann seien Sie gewiss, dass es nur sehr wenig wirklich anti-emotionale Menschen ohne Gefühle gibt. Das sind Menschen mit psychotischen Zügen und diese brauchen dringend eine psychosomatische Therapie. Sie jedoch lesen vielleicht „sachlich" oder empathisch dieses Buch, aber unabhängig unter welchem Fokus Sie lesen, Sie beschäftigen sich schon damit und deshalb werden Sie, wenn Sie es wirklich wollen, den Zugang zu Ihren Gefühlen und Bedürfnissen öffnen können. Was sagt Ihr Verstand? Was sagt Ihr Bauchgefühl? Was spricht Ihr Herz? Fühlen Sie achtsam in Ihren Körper hinein.

Sind Sie aber das Gegenteil, also zu emotional, dann nehmen Sie sich vor, mehr auf Ihren Verstand zu hören. Richten Sie Ihre Achtsamkeit auf das innere Gleichgewicht zwischen Verstand und Gefühl. Hören Sie bewusst auf beides und finden Sie den für Sie „richtigen" inneren Ausgleich. Ihr Verstand ist nicht umsonst vorhanden. Wir sind nicht nur das eine und nicht nur das andere. Wäre dies so, dann wären wir diesen ungesunden Extremen ausgeliefert und in unseren Reaktionen oft alles andere als kooperativ-menschlich. Wir sind beides und beides ist eins. Die *Inklusive Kommunikation* ist eine menschliche und keine destruktive Kommunikation. Sie hat die Annahme, dass der Mensch kein destruktives, sondern ein kooperatives und konstruktives Wesen ist. Der Mensch ist von Grund auf gut und nicht schlecht.

Achten Sie auf den Ausgleich zwischen Verstand und Gefühl.

Durch Achtsamkeitsfragen können Sie alte Gewohnheiten in ihren extremen Auswuchtungen identifizieren. Deshalb kreieren Sie zu Ihrem Lebenskontext passende Fragen und beantworten Sie diese authentisch. In einem nächsten Schritt nehmen Sie für sich die gefundene Wahrheit an und erst dann können Sie diese in lebensbejahende und -bereichernde Glaubenssätze reframen, so dass sich positive Gewohnheiten entwickeln können, die ein inneres Wohlbefinden auslösen. Wer diesen achtsamen und hartnäckigen Willen hat, der wird in diese Richtung nicht nur etwas, sondern seine ganze Energie dafür verwenden. In meinen Einführungsseminaren zur *Inklusiven Kommunikation* sehe ich den Menschen an, ob sie den Veränderungswillen haben oder ob sie ihn nur proklamieren. Diejenigen welche ihn haben, fragen grundsätzlich nach*: „Wie geht es jetzt weiter?".* Der Veränderungswille sollte den Menschen auf der „Stirn" geschrieben stehen, ansonsten bleibt das Unbewusste inaktiv. Es tut dann nichts für die Veränderung! Wie könnte es auch etwas anderes tun? Das Unbewusste bekommt doch in jedem Augenblick eine gegenteilige Botschaft vermittelt. Die proklamierte Veränderung ist dann zum Scheitern verurteilt.

Positive Gewohnheiten lohnen sich.

Durch folgende Beispielsfragen können Sie Ihre Achtsamkeit nach innen richten und erste Ideen für Ihre Lebensfragen entwickeln: *„Was fehlt mir, dass ich keinen Willen zur Veränderung habe?" „Was hindert mich daran, innerlich frei zu sein?" „Was passiert in mir, wenn ich kein Selbstvertrauen habe?" „Was passiert in mir, wenn ich Angst habe?" „Was passiert in mir, wenn ich Sorgen habe?" „Warum mache ich mir eigentlich Sorgen?" „Warum übernehme ich Verantwortung für die Gefühle anderer?" „Warum weigere ich mich, die Verantwortung für meine Gefühle zu übernehmen?" „Was fehlt mir, weil ich die Schuld immer bei anderen suche (Schuldzuweisungsmuster)?" „Was fehlt mir, dass ich mich immer schuldig fühle (Selbstverurteilung und Schuldmuster)?" „Was passiert in mir, wenn ich wütend bin?" „Warum bin ich eigentlich wütend?" „Was passiert in mir, wenn ich traurig bin?" „Was genau macht mich eigentlich traurig, mutlos, ohnmächtig ...?" „Welche Gefühle regen sich noch?" „Was genau in mir löst eigentlich meine Unzufriedenheit aus?" „Warum traue ich mir etwas nicht zu (Unzulänglichkeitsmuster)?" „Was wäre für mich das Gegenteil meiner Unfreiheit?" „Wie möchte ich gerne sein?" „Wie wäre ich ohne meine negativen Reaktionsmuster mit den dazu verankerten einschränkenden Glaubenssätzen?" „Erlaube ich mir überhaupt diese Vorstellung in meinen Gedanken?" „Was brauche ich, um noch mehr Offenheit zu gewinnen?" „Was hindert mich, um Unterstützung zu bitten?"* ... Suchen Sie sich drei Fragen aus und lassen Sie sich für die Beantwortung Zeit. Genehmigen Sie sich eine Auszeit in der Woche. **Erlauben Sie sich mindestens einen**

Gönnen Sie sich eine Auszeit!

ganzen Tag im Monat nur für sich allein! Gönnen Sie diesen Tag auch Ihren Bezugspersonen. Sie werden erstaunt sein, was Sie sich nach diesem Tag wieder alles zu erzählen haben.

1.5.6 Innere und äußere Freiheit

Was ist für Sie der Zusammenhang und was der Unterschied? Dazu interviewte ich meinen damals zehnjährigen Sohn. Er sagte mir, dass für ihn innere Freiheit *„Fröhlichkeit und Spaß im Leben zu haben"* bedeute, aber auch *„anderen zu helfen"*. Äußere Freiheit sei für ihn die Entscheidung, ob er die Hausaufgabe mache oder auch nicht. Wenn er sie nicht mache, bekomme er mit mir oder mit dem Lehrer „Ärger", sagte er. Das wolle er nicht, weil er dann nicht innerlich frei sei. Deshalb würde er die Hausaufgaben eben machen. So einfach ist das Verständnis von innerer und äußerer Freiheit eines Zehnjährigen. Wie ist es auf der Erwachsenenebene? Was ist Ihre Definition von innerer und äußerer Freiheit? Ihre Definitionen können Sie über die *KaWa*-Methode herausfinden. Dazu benötigen Sie ein großes Blatt Papier und Buntstifte, um die Buchstaben nach dieser Methode unterschiedlich anmalen zu können. Viel Spaß bei der Umsetzung.

Selbstverständlich hat das Gefühl von innerer Freiheit Auswirkungen auf unsere äußere Freiheit. Hitzefrei z. B. in der Schule ist eine von außen gesteuerte Freiheit. Diese wird von jedem einzelnen unterschiedlich erlebt und gefühlt. Hat ein Schüler jedoch zu Hause enormen Stress, freut er sich vielleicht gar nicht über den plötzlich freien Nachmittag. Menschen, die äußeren Reichtum anhäuften, sind noch lange nicht innerlich frei. Sie haben oft große Angst, ihren äußeren Reichtum wieder zu verlieren. Innerlich reich ist jemand, der eine hohe Reflexionsfähigkeit hat und seine Wünsche kennt. Freude, Begeisterung, Glück, Lust, Wohlbefinden, Spaß, Frieden, Gelassenheit, Liebe, Zuneigung, Zufriedenheit ... sind Werte, die wir anderen zum Geburtstag wünschen. Was sind Ihre Wünsche an sich selbst? Wie setzen Sie Ihre Wünsche in Ihrem Leben um?

> Nur wir selbst können durch unsere Gedankenkraft unsere Verletzungen heilen.

Durch ein stimmig-authentisches Verhalten zeigen wir den anderen, ob wir gerade begeistert oder frustriert sind. Ein Bewusstsein über die Gefühle und Bedürfnisse zu haben, ist innere Freiheit. Wir zeigen, ob wir enttäuscht sind, wenn wir verletzt wurden, aber die verletzten Gefühle liegen in unserer Verantwortung und nicht beim anderen. Nur wir selbst können unsere Verletzung heilen. Durch die Methode der *Praktischen Inklusiven Kommunikation* finden Menschen in ihrer Lebensmüdigkeit, Frustration, Enttäuschung, Verzweiflung, Traurigkeit, Ohnmacht ... effektiver ihre notwendigen Strategien, um sich ihre Bedürfnisse erlauben und erfüllen zu können. Hinter jeder Frustration steht ein wenn auch manchmal sehr minimaler Schmerz. Entweder wir reagieren aus dem Gefühl der Liebe oder aus dem Gefühl des Schmerzes. Wir können das Gefühl des Schmerzes in Liebe durch unsere Gedankenkraft verändern. Durch die Methode der Selbstempathie kann der innere Mangel erkannt, angenommen und reframt werden. Dieser Vorgang ist heilsam und vermittelt ein neues Lebensgefühl, weil die Menschen wieder handlungsfähig sind. Handlungsfähige Selfcommitments erzeugen aus Frust wieder Lust.

2 Ein inklusives Selbstberatungskonzept

2.1 Der Wille zur Veränderung – Veränderungsintelligenz

„Nimm dir vor, dich selbst zu finden, und wisse, dass der, der sich findet, sein Unglück verliert." Matthew Arnold

Die Entstehung der *Inneren-Dialog-Methode* begann mit dem Willen und dem inneren Drang, mein Leben anders zu interpretieren. Die Umsetzung des eigenen Willens und das Nachgeben des inneren Dranges nenne ich **Veränderungsintelligenz.** Wer seine Veränderungsintelligenz aktiviert, entwickelt die Bereitschaft, sich verändern zu wollen. Er wird keine Chance unterlassen, um neue Glaubenssätze zu installieren. Wer seine negativen Reaktionsmuster erkennt und den Drang entwickelt, sie loslassen zu wollen, wird seine ganze Umsetzungskraft (Veränderungsintelligenz) dafür einsetzen, um diese erfolgreich zu reframen (Gedanken ein anderes Vorzeichen geben).

Wir sind die Summe unserer Erfahrungen bzw. der individuellen Entwicklungsbiografie. Krishnamurti sagte: *„Ich habe nichts gegen das, was passiert."*.[73] Vielleicht sind wir im Vergleich zu dieser Essenzaussage des Nicht-Widerspruches von Krishnamurti noch Übende? Aber wir können unsere Entwicklung als eine neue Chance betrachten, um uns darin täglich zu üben. *„Die große Chance, nach der du suchst, liegt in dir selbst. Sie liegt nicht in deiner Umwelt, weder ist es Glück noch Pech noch die Hilfe anderer – die große Chance liegt nur in dir selbst."*[74]

> Unser Wille ist unser Koordinationszentrum.

Der Weg zur Selbsterkenntnis wird über die Fokussierung der Aufmerksamkeit in Richtung Gefühle und Bedürfnisse über klare Fragestellungen und ehrliche Antworten zurückgelegt. Diese Fokussierung ist gleichzeitig unsere **Willenskraft**, um besonders bei Konflikten, Stresssituationen und Unsicherheiten innerlich freier reagieren zu können. Julius Kuhl beschrieb den Willen als **Koordinationszentrale**.[75] Maria Montessori nennt diese Kraft bei Kindern: *„Die Polarisation der Aufmerksamkeit"*.[76] Wer sich fokussiert, ist kraftvoll und **achtsam** und lernt dabei am meisten, weil das Unwichtige in den Hintergrund tritt. **Achtsamkeit ist der Weg zur inneren Klarheit.** Sie bringt Gelassenheit, Wohlbefinden, Ausgeglichenheit, innere Sicherheit und innere Stärke, welche die vorhandenen Schwächen in uns schwerlos „mithalten und mittragen" kann. Wer Klarheit hat, sorgt für seine Bedürfnisse. Klare Gedanken ergeben ein eindeutiges und freies Gefühl. Menschen streben genetisch nach Eindeutigkeit und Bedürfnisbefriedigung. Die Bedürfnisse sind dann befriedigt, wenn trotz der Herausforderungen im Leben, die Menschen noch ausreichend Begeisterung und Lust am Leben haben.

---

[73] Jiddu Krishnamurti

[74] Zitat von Orison Swett Marden

[75] Kuhl 2001 – *Motivation und Persönlichkeit*, Göttingen: Hogrefe

[76] Maria Montessori – erste Ärztin und Pädagogin – Ihr Motto: *„Hilf mir, es selbst zu tun!"*

„Die richtigen Antworten auf unsere persönlichen Fragen tragen wir in uns selbst." Diesen Gedanken schrieb ich, vor beinah zehn Jahren, in eine Präsentation über die Gestalttherapie. Sprüche bewirken nichts, wenn wir nichts tun. So damals auch bei mir. Viel zu lange war ich auf der Suche nach den richtigen Antworten. Erst als ich mir **die richtigen Fragen** stellte, tauchten in meinen Tiefenstrukturen passende Erkenntnisantworten auf.

Inszenieren Sie Now-Moments!

Aus dem Perfektionsmuster einer Leistungskultur auszusteigen und für sich selbst zu genügen, ist das schönste Gefühl der Welt. Wenn mich jemand nach meinem schönsten Erlebnis interviewt, ist meine Antwort immer dieselbe. Es ist der Befreiungsmoment, alias Klaus Doppler, als er seine innere Etikettiermaschine[77] erkannte. Es ist das Bewusstsein: *„Zu genügen, auch wenn ich nicht perfekt bin."*. Gerald Hüther nennt diese besonderen Augenblicke: *„Now-Moments"*.[78] Ich bin in einer nicht voraussehbaren Weise meinem „echten" Wesen begegnet. Die schönste Form der Wertschätzung ist, wie viele Erfahrungsberichte zeigen (siehe Byron Katie, Eckhart Tolle u. a.), diese echte und thentische Begegnung mit sich selbst.

Wie genau entstand die *Innere-Dialog-Methode*?[79] Ich recherchierte und las viele Bücher, beschäftigte mich mit Kommunikationstheorien und NLP-Inhalten[80] noch lange bevor ich mich für eine NLP- und GfK-Ausbildung[81] entschied. Es gab keinen Tag, an dem ich nicht nachdachte, wie ich es anstellen soll. Wer mich kennt, weiß, dass ich viele Ideen im Kopf habe. Meine Kreativität wollte ich endlich für meine Persönlichkeitsentwicklung nutzen. Lange Zeit konnte ich die vielen (Kopf)-Ideen und Vorstellungen nicht sinnvoll zu einem Befreiungskonzept zusammenbringen.

Die ersten Fragen nach dem Warum, sind der Wendepunkt zu einem glücklichen Leben.

Eines Morgens aber wurde mir während einer einstündigen Autofahrt intuitiv etwas klar. Wie jeden Morgen hatte ich schon die To-do-Liste für den Tag im Kopf und überlegte eifrig den Tagesablauf. Dennoch schweiften auf der monotonen Autobahn meine geschäftlichen Gedanken zu mir ab. Ich fokussierte meine Aufmerksamkeit nur auf mein Gefühl. Ich stellte mir zum ersten Mal gezielt die Identitätsfrage. Diese Frage bezeichne ich als den **magischen Wendepunkt** in meinem Leben: *„Warum bin ich eigentlich, so wie ich bin?"*. An mir klebte untrennbar der Wert „übertriebener Ehrgeiz". Deshalb stellte ich mir intuitiv die passende Anschlussfrage: *„Warum bin ich eigentlich so ehrgeizig?"*. Diese Folgefrage war der Beginn meiner *Inneren-Dialog-Methode*, weil ich mich zum ersten Mal nach dem Grund meines Ehrgeizes fragte. Schon Sekunden später fühlte ich die intuitive Antwort: *„Es ist die Anerkennung!"*. Es war mir plötzlich sonnenklar, dass die Reduktion dieses Wertes mir meine innere Freiheit, die ich als Kind durchaus hatte, wieder zurückbringen wird.

---

[77] Doppler 2009, S. 131 – Siehe ganzes Kapitel: *Die Befreiung des Panthers*
[78] Hüther 2006, (DVD). *Was Kinder brauchen*. Gemeint ist auch die Begegnung mit dem anderen. *„Wir brauchen mehr Now-Moments!"*
[79] Methodengerüst im Kap. 3.4 – Beispiele in den Kap. 3.4.3 und 3.4.4
[80] Neurolinguistisches Programmieren, siehe Stahl 1992 und Lohmann 2003
[81] Gewaltfreie Kommunikation nach Rosenberg

Das weise Unbewusste hat schon längst die richtige Antwort gewusst, **aber ich habe mir nie zugehört.** Das ist auch eine Fähigkeit, die ich mir ab diesem Moment aneignete. *„Was sage ich mir da eigentlich die ganze Zeit ins Ohr?“ „Wie rede ich eigentlich mit mir?“ „Welche Glaubenssätze habe ich?“ „Was ist die Botschaft meiner Sprache an mich selbst?“* **Hier lässt sich auch der Beginn meiner Inklusionsgedanken in Bezug auf die Kommunikation festmachen.** Es waren genau diese Gedankengänge: *‚Wie ausgrenzend spreche ich **eigentlich** mit mir selbst?‘*, die mich ahnen ließen, dass meine permanente ausgrenzende Sprache mir selbst gegenüber einen starken Einfluss auf meine äußere Kompensationssprachmuster hatte. Diese wollte ich untersuchen und verändern. Ich spürte, dass mein Handeln oft aus einem Defizit resultierte. Ich kompensierte das Defizit über die Anerkennung. Ich spürte augenblicklich, dass ich diese Abhängigkeit in dieser Form nicht mehr wollte. Ich wusste aber (noch) nicht genau, wie ich es verändern kann. Was dann geschah ist phänomenal: Meine „inneren Sucher“ legten los. Mein angefangener innerer Dialog wurde zu einem Selbstläufer: *„Habe ich diese Kompensation nötig?“*, fragte ich mich. Mein intuitiver Wahrheitssucher genehmigte mir die ehrliche Antwort: *„Ja, du hast es nötig!“ – „Warum hast du es nötig?“*, fragte der Sucher weiter: *„... weil ich für diese Welt nicht gut genug bin!“*, lautete die kongruente Erkenntnisantwort. Ich spürte, ich wollte ein ausgeglichenes Innenleben haben: Inneren Frieden, Gelassenheit und innere Freiheit. Ich wollte mich nicht mehr, aufgrund **eigener Interpretationen** oder aufgrund **Fremdurteile** anderer, unwohl fühlen. Ich wollte diese innere Notsituation für immer beenden und nicht mehr nach Anerkennung „hungern“. Ich wollte mich zu 100 % so annehmen, wie ich bin und aus eigener Kraft heraus, mir Selbstanerkennung schenken, die mir, wie ich wusste und spürte, als Mensch definitiv zustand.

Lernen Sie die Bedeutung Ihres unbewussten negativen Reaktionsmusters kennen.

Bis zu diesem Zeitpunkt war ich überzeugt, dass das Bedürfnis nach Anerkennung das Normalste auf der Welt ist. Plötzlich fühlte es sich falsch an. Ich habe lange Zeit meine Authentizität für diese Anerkennung geopfert. Ich erkannte, dass jeder Wert, wenn er in Extremen gelebt und interpretiert wird, in meinem Fall, war es der Wert „Ehrgeiz“, sich sehr belastend auf das Leben und auf die Gesundheit auswirken kann. Ich hatte zwar schon immer einen guten Zugang zu meinen Gefühlen und Bedürfnissen, dennoch kompensierte ich, wenn unbewusste negative Reaktionsmuster aktiv waren, darüber meine blockierten Bedürfnisse. Heute weiß ich relativ schnell, was ich fühle und brauche, wenn mich etwas an mir selbst oder an anderen stört. Ich benötige immer weniger eine negative Strategie zur Erfüllung meiner Bedürfnisse, weil ich stimmig und authentisch sagen kann, was mir wichtig ist. Stimmig heißt, dass der Mund das sagt, was das Herz meint. Authentisch heißt, sich nicht zu belügen. Bedürfnisse werden am schnellsten befriedigt, wenn wir sie uns genehmigen und wenn wir sie inklusiv den anderen mitteilen. So einfach es klingt, so schwierig ist es. Dennoch ist es leicht, wenn wir den Vorgang verstehen. Wer es versteht, der kann es! Wir brauchen nicht das WISSEN, sondern wir brauchen ein **KÖNNEN** darüber.

Wir sind auch ohne die Anerkennung durch andere wertvoll.

Demnach ist die spätere Ausdifferenzierung der *Inneren-Dialog-Methode* meinem Glaubenssatznetzwerk zu verdanken. Warum soll das, was bei mir funktioniert, nicht auch bei anderen funktionieren? Da ich der Überzeugung bin, dass alle Menschen einen guten Wesenskern haben, wie es

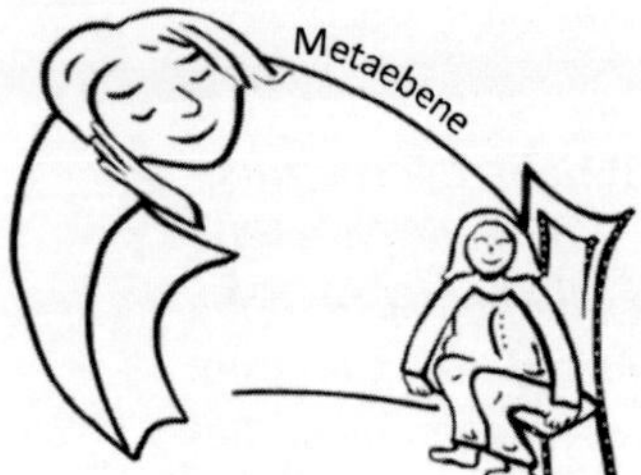

Abb. 5 – Dissoziation – Die Außen-Perspektive.

schon Aristoteles erkannte: *„Jede Kunst und jede Lehre, ebenso jede Handlung und jeder Entschluß scheint irgendein Gut zu erstreben. Darum hat man mit Recht das Gute als dasjenige bezeichnet wonach alles strebt."*[82] und alle Menschen auf der Gefühls- und Bedürfnisebene gleich sind, bin ich auch überzeugt, dass diese Methode, die bis zu den tiefsten Werten hinunterchunked (alles aufgliedert), von denjenigen Menschen, die es wirklich möchten, nachvollzogen und erfolgreich umgesetzt werden kann, weil sie leicht und schnell unbewusste Reaktionsmusterprozesse in den Tiefenstrukturen identifizieren kann. Alles Weitere ist Inklusions- und Reframingarbeit, das mit etwas Übung (Gedankentraining) leicht von der Hand geht. Falls Ihre Reframingsfähigkeit noch in den Kinderschuhen steckt, finden Sie im Praxisbuch viele Reframingsübungen, die zeigen, wie Sie Ihre aufgedeckten glückshinderlichen Kernüberzeugungen durch **bewusste Übung** nachhaltig verändern können. Sie werden das Passende finden, wenn Sie bewusst danach suchen. Sie sind nicht alleine. Ihr Unbewusstes hilft mit.

Damit die Methode leicht anzuwenden ist, versuche ich, genauer zu beschreiben, wie ich meine Antworten wirklich „sehen" konnte. Mithilfe meines systemischen Wissens inszenierte ich mich in einem inneren Dialog. In diesem inneren Dialog war ich **assoziiert** und **gleichzeitig dissoziiert** (einmal im inneren Vorstellungsbild integriert und einmal außerhalb des Vorstellungsbildes, also nicht-integriert). Dadurch konnte ich meine unbewussten Reaktionsmuster, aus denen ich agierte und reagierte, besser erkennen. Wer sich dissoziiert, nimmt eine *„Beobachtung ersten Grades"*[83] ein. Wir betrachten uns von außen. Wir sehen uns praktisch selbst zu, was wir denken, fühlen, sagen und tun. Es ist die Meta-Ebene, auf der überlegt wird, was wir in den jeweiligen Konfliktsituationen an Fähigkeiten gebraucht hätten. Viele Übungen der *schen Inklusiven Kommunikation* sind so aufgebaut, dass wir uns selbst im Geschehen mitbeobachten und mit beraten können.

Abb. 6 – Zeichnung: Thomas Alwin Müller

Ich stellte im inneren Dialog mir selbst gegenüber zum ersten Mal **die richtigen Fragen, die zu meinen Lebenserfahrungen passten** und ich genehmigte mir gleichzeitig ehrliche Antworten, so lange bis ich mich weiterhin selbst beobachtend meine Erkenntnisantwort[84] erkennen konnte. Die Erkenntnisantwort wird daran erkannt, dass wir intuitiv wissen, dass wir am Boden der Wahrheit angekommen sind. Meine Erkenntnisantwort: *„Ich genüge nicht für diese Welt!"*, war der erste Schritt, um diese zuvor unbewusste Kernüberzeugung zum Stagnieren zu bringen. Dank meiner Ressourcen, konnte ich diese Kernüberzeugung unverzüglich verändern. Die Wende trat ein, weil ich diesen ungenügenden Satz einfach um 180 Grad wendete, so dass er zu meinem Befreiungssatz wurde. Ich kippte den Satz und ließ das Wort „nicht" einfach weg: *„Ich genüge für*

[82] Aristoteles (384 – 322 v. Chr.) – Erster Satz des ersten Buches der Weltgeschichte, das das Wort „Ethik" im Titel führt.
[83] Berghaus 2003, S. 49 – Ausführliche Erklärung der *Innere-Dialog-Methode* mit anschaulichen Beispielen finden Sie in Kap. 2
[84] Wie das genau funktioniert wird im Kap. 3.4 Schritt für Schritt erklärt.

diese Welt!". Um die neue Überzeugung zu verinnerlichen, drückte ich ihn noch präziser aus: *„ICH GENÜGE!".* **Das war die erste uneingeschränkte positive Botschaft** an mein Unbewusstes. Ein Leben aus dem Gefühl heraus: ICH GENÜGE, fühlt sich einfach anders an, als aus dem Gefühl heraus: Nicht für diese Welt zu genügen! Ich merkte, dass es die inkarnierte falsche Interpretation meiner Vergangenheit war, der ich so lange Zeit Glauben schenkte. Das hörte fast schlagartig auf!

Heute genüge ich für diese Welt, auch wenn ich nicht genüge (positiver Doppel-Whopper). Heute liebe ich die Welt und die Welt, die ich liebe, liebt mich auch (Resonanzgesetz)! Natürlich gibt es Menschen, die mich nicht lieben, aber das hat nichts mit mir zu tun! **Das habe ich verstanden und das ist Befreiung!** Es ist die ungenügende Selbstempathie dieser Menschen, dass sie andere nicht anerkennen und lieben können, weil sie sich selbst nur ungenügend lieben und nicht anerkennen können! Liebe deine Feinde und sie sind auf ihre eigenen Unwohlgefühle zurückgeworfen. Das ist aber nicht meine Verantwortung. Wer die Selbstverantwortung für das Gefühl versteht, nicht nur vom Verstand, sondern auch vom Herzen, hat den inneren Kampf besiegt und es herrscht innerer Frieden, der wann auch immer auch Auswirkungen auf die Menschen haben wird, die uns als ihre Feinde betrachten.

Ich habe die Anteile, die ich lange nicht sehen wollte und konnte, in meine Persönlichkeit inkludiert. So entstand bei der *Praktischen Inklusiven Kommunikation* der Inklusionsprozess (Raum 2).[85] Ich bekam eine Ahnung vom Auflösungsprozess negativer Gedanken und von der Wirkung passgenauer Reframingsgedanken. Ich hatte zum ersten Mal die spürbare Erkenntnis, dass Gedanken tatsächlich Wirkung haben, vorher wusste ich das nur. Gedanken haben Macht. So war mir klar, dass nach dem Inklusionsprozess der Reframingsprozess (Raum 3) eingeleitet werden muss: *„Wie deute ich, das Gefühl nicht zu genügen, um?" „Was brauche ich, um zu genügen?" „Was fehlt mir und wie kann ich, das was mir fehlt, aus mir selbst heraus erzeugen?" „Was brauche ich dafür an Ressourcen und Fähigkeiten?"* ... Das Reframing ist der **Knackpunkt** der *Praktischen Inklusiven Kommunikation*. Wer seine Reframingsgedanken für sich passgenau konzipieren kann, wird augenblicklich fühlen, wie sein Selbstwert steigt. Die neuen Gedanken fühlen sich stimmig, richtig, gut und befreiend an. **Hinweis:** Glaubenssätze brauchen aber Pflege (siehe Kap. 3.3. – Ankermethoden), bis sie sich im Unbewussten eingepflanzt haben und von selbst wachsen und wuchern können. Ohne Pflege gehen sie wieder verloren.

Ich erkannte welche Kernüberzeugung mein Ego dominierte und spürte, dass ich diese samt den dazugehörenden Gefühlen in dieser Form nicht mehr haben wollte. Ich spürte, ich wollte **echt** und nicht immer nur **nett** sein. Kraft meines Willens startete in mir das Bewusstseinsreframing, indem ich die Erkenntnisantwort inhaltlich in: *„Ich genüge!"* reframte. Dadurch entwickelte sich im mir augenblicklich eine neue Gefühlsqualität von höchster emotionaler und befreiender Bedeutung. Diese neue Gefühlsentwicklung, die meinem Wesen mehr als alles andere entsprach (Therapeuten sprechen in diesem Zusammenhang von Gefühlstransformation) nenne ich: **Wirkungsreframing**. D. h.: Ich fühlte, das Gefühl zu genügen sofort. Ich traf die Entscheidung: *„So will ich es für immer*

---

[85] Siehe Friesinger 2011, Theoriebuch, Kap. 4.1.4.2

haben und nicht anders.“. Diese Entscheidung hat heute immer noch Bestand, weil ich mich damals dafür entschieden habe. Eine Entscheidung ist immer eine einmalige Sache. Wenn wir uns für etwas entscheiden, dann entscheiden wir uns automatisch gegen etwas. Deshalb ist dieser Entscheidungsprozess ein wichtiger Bestandteil vieler meiner Methoden.

Die Ausgangsvoraussetzung für den Wert „Freiheit“ bezeichnet Rudolf Steiner folgendermaßen: *„Man muss sich den Ideen erlebend gegenüberstellen; sonst gerät man unter ihre Knechtschaft.“.*[86] Ich habe mich, durch die Inszenierung eines inneren Dialoges, **erlebend gegenübergestellt**. Seither ist mir der neue Glaubenssatz in Fleisch und Blut übergegangen. Er ist auch der Grund, warum ich heute selbstbewusst sagen kann: *„Ich nehme mich zu 100 % so an, wie ich bin.“.* Ich kann dies nur sagen, weil ich weiß, dass ich, inklusive meiner Schwächen, GENÜGE. Für viele Menschen sind selbstverständlich meine Glaubensätze **unpassend.** Je nach „programmierten“ Kernüberzeugungen brauchen sie andere passgenaue Glaubenssätze. Dennoch haben mittlerweile viele Menschen aus meinem Wirkungskreis (der durch meine Referententätigkeit mittlerweile sehr groß ist) diesen speziellen „Ich-Genüge-Glaubenssatz“ in ihr Leben mit integrieren können und befreiende Perspektiven gefunden. In einem Seminar hatten dreizehn von vierzehn Erzieherinnen den ungenügenden Glaubenssatz: Ich genüge nicht. Sobald ich den Umkehrschluss preisgebe, folgen typische Reaktionen wie: *„Der ist gut! – Den brauche ich auch!“* oder es gibt auch witzige Szenen wie: *„Kann ich den kaufen‘?“ – „Ja, er ist umsonst, aber Sie müssen ihn glauben!“.* Jeder ist für sein Glück selbst verantwortlich. Jeder ist für das Reframing seiner Kernüberzeugungen selbst verantwortlich. Ich verschenke liebend gerne meine positiven und wertvollen Glaubenssätze und das ist der Grund, warum ich sie preisgebe und sogar zwei Bücher darüber schreibe. Teilen auch Sie Ihre positiven Glaubenssätze mit anderen Menschen. Auftauchende negative Glaubenssätze werden von mir augenblicklich passend reframt, damit es mir baldmöglichst wieder gut geht. Ich lasse nicht zu, dass andere mein Gefühl bestimmen.

> Teilen wir das Gute, weil nur das Gute für uns gut sein kann.

Die Kernüberzeugungen herauszufinden, um sie passend zu reframen, ist Aufgabe der *Praktischen Inklusiven Kommunikation*, welche die *Innere-Dialog-Methode* impliziert. Ein bewusstseinserweiterndes Reframing (Wirkungsreframing) hat Auswirkungen auf das gesamte Glaubenssatznetzwerk. Es ist so, als ob eine Festplatte mit einem weiteren Programm angereichert wird. Es dauert einen Augenblick bis das neue Programm hochfährt. Nachdem es „installiert“ ist, kann sich von einem Moment zum anderen (wie in Zeitlupe) das Gefühl verändern. Bedrückendes und Belastendes kann wie weggewischt sein. Ich war wieder das Original und kein Abklatsch der Gesellschaft. Meine intuitive Affirmation wirkte, besonders in schwierigen Momenten. Ich pflegte mein neues Gefühl, so dass ich mich, selbst bei verletzenden Angriffen, dennoch innerlich in meiner Mitte fühlte. Heute weiß ich, dass festgefahrene unbewusste negative Reaktionsmuster verhindern, dass wir unsere bedeutungsvollsten Bedürfnisse erkennen und berücksichtigen. Wer seine Bedürfnisse kennt und erfüllt, der sorgt für seine gesunde Selbstwertschätzung. Dieser positive Energiefluss ist so stark, dass er alle Verletzungen mittragen kann. Sind unbewusste negative Reaktionsmuster ak-

---

[86] Steiner 2011 – *Philosophie der Freiheit*

tiv, ist der Energiefluss in uns blockiert oder gehemmt, weil „Dämme“ diesen freien Energiefluss verhindern. **Unser Gefühl ist immer der Zeiger (Indikator) zum Bedürfnis.** Kann die Energie nicht frei fließen, dann „zwickt“ „press“ und „drückt“ es an bestimmten Körperstellen. Sobald wir aber unseren Gefühlen über eine bewusste Entscheidung freien Lauf (Zugang) geben, werden die „Dämme“ und die vielen „Bruchstücke“ im Energiefluss einfach weggespült. Durch die Kraft der höchsten Schwingungsenergie – die Liebe – werden diese „Dämme“ und „Bruchstücke“ wieder aufgelöst, so dass sich eine innere Kontemplation (Ruhe und Harmonie) einstellen kann.

Bald stellte ich über die *Innere-Dialog-Methode* auch die Ambivalenz der Reaktionsmuster fest. Auf der einen Seite hatte ich ein: „Recht-haben-wollen-Muster“, welches meine Defizite ausglich und auf der anderen Seite intervenierte das: „Jedem-recht-machen-wollen-Muster“, welches meine irrationale: „Von-allen-geliebt-werden-wollen-Strategie“ war. Beide Muster polarisieren, weil unterschiedliche Strategien der Bedürfniserfüllung am Werk sind. Heute habe ich die Einstellung: *„Ich lasse mich nicht verbiegen.“.* Ich stehe **eindeutig** zu dem, was ich denke, fühle und brauche und ich rede niemandem mehr nach dem Mund. Ich verbiege mich nicht mehr, nur um ein besserer Bild nach außen abzugeben. Ich sage: „Nein!“, wenn es mir nach einem Nein ist. Ein Nein ist kein Weltuntergang weder für mich noch für andere, weil ein Nein immer auch ein Ja in eine andere Richtung ist. Das folgende Gleichnis wirkte bei der Verinnerlichung des Glaubenssatzes für mich sehr unterstützend: *„Egal wie gut ich bin, ich kann nie alle Menschen überzeugen.“.*

Ein Nein ist ein Ja in die andere Richtung.

Der Esel, der Vater und der Sohn[87]

Ein Vater zog mit seinem Sohn und einem Esel in der Mittagshitze durch die staubigen Gassen von Keshan. Der Sohn führte und der Vater saß auf dem Esel. *„Der arme kleine Junge“*, sagte ein vorbeigehender Mann. *„Seine kurzen Beinchen versuchen mit dem Tempo des Esels Schritt zu halten. Wie kann man so faul auf dem Esel herumsitzen, wenn man sieht, dass das kleine Kind sich müde läuft.“* Der Vater nahm sich dies zu Herzen, stieg hinter der nächsten Ecke ab und ließ den Jungen aufsitzen. Es dauerte nicht lange, da erhob schon wieder ein Vorübergehender seine Stimme: *„So eine Unverschämtheit. Sitzt doch der kleine Bengel wie ein König auf dem Esel, während sein armer, alter Vater nebenherläuft.“.* Dies tat dem Jungen leid, und er bat seinen Vater, sich mit ihm auf den Esel zu setzen. „Ja, gibt es so was?!“, sagte eine alte Frau. *„So eine Tierquälerei! Dem armen Esel hängt der Rücken durch, und der junge und der alte Nichtsnutz ruhen sich auf ihm aus. Der arme Esel!“* Vater und Sohn sahen sich an und stiegen beide vom Esel herunter und gingen neben dem Esel her. Dann begegnete ihnen ein Mann, der sich über sie lustig machte: *„Wie kann man bloß so dumm sein. Wofür hat man einen Esel, wenn er einen nicht tragen kann?“.* Der Vater gab dem Esel zu trinken und legte dann die Hand auf die Schulter seines Sohnes. *„Egal, was wir machen, sagte er, „es gibt immer jemanden, der damit nicht einverstanden ist. Ab jetzt tun wir das, was wir selber für richtig halten!“* Der Sohn nickte zustimmend.

---

[87] aus dem Buch Peseschkian. *Der Kaufmann und der Papagei*

Niemand kann es allen recht machen, egal, was er auch tut. Von dem, was wir tun, sollten wir jedoch beGEISTert (dass es unseren Geist erfüllt) sein. Sind wir überzeugt, dass es für uns „richtig" ist, neben dem Esel zu laufen, dann ist die Ansicht des Passanten für unsere Entscheidung: Neben dem Esel zu laufen, irrelevant. Liegen wir „falsch", dann können wir unseren Fehler immer noch anerkennen und unser Verhalten ändern, indem wir neue Entscheidungen treffen. Lassen Sie sich nicht von Ihren Zielen abbringen, nur weil Menschen in Ihrem Umfeld Ihre ausgewählten Handlungen nicht mögen. Bleiben Sie sich stets treu und verbiegen Sie sich nicht. Die Menschen werden Sie mehr mögen, wenn Sie stimmig-authentisch sind. **Kümmern Sie sich nicht um das Gerede und um die Verurteilung anderer.** Deren Verhalten zeugt von Selbstverurteilung, weil ihre Glaubenssätze sie zügeln. Gehen Sie nicht nur weg vom Geschwätz anderer: **Rennen Sie weg**! Das ist eine banale Wahrheit, die zu mehr innerer Gelassenheit, Frieden und Freiheit führt, als Sie vermuten.

Gehen Sie nicht weg vom Geschwätz – rennen Sie weg.

Schließlich gab es die Momente, in denen mein Gefühl zu genügen, schwächelte. Ich verspürte wieder eine innere Unruhe, **aber** ich hörte mir zu, wie ich anfing, zu verurteilen. Dieser Vorgang war einmalig. **Was mir früher unbewusst war, war mir jetzt augenblicklich bewusst und dadurch konnte ich es verändern.** Mein Bewusstsein entlarvte sofort mein aktives Selbstverurteilungsmuster sowie mein Schuldzuweisungs- und Anerkennungsmuster und es kamen tatsächlich meine zuvor getroffenen Entscheidungsmuster zum Einsatz: *„Ich wollte doch nicht mehr mich und andere verurteilen! – Ich wollte doch nicht mehr nach Anerkennung streben! – Was tust du da? – STOPP!"*. Mit einem gedanklichen Notknopf stoppte ich den fahrenden „inneren Aufzug", der gerade abzustürzen drohte. Im Gehirn geht es lt. Gerald Hüther bergab. Die *Praktische Inklusive Kommunikation* lehrt an dieser Stelle, dass es wichtig ist, sich in solchen Momenten an die innere exzellente Zone (*Moment of Excellence*) zu erinnern. Sobald wir wieder zur Ruhe gekommen sind, können wir den „inneren Kompass" nach den frustrierten Bedürfnissen starten.[88] *„Was ist los?" „Was stört mich?" Was ‚stinkt' mir?" „Warum verurteile ich?" „Was steckt dahinter?" „Was brauche ich konkret, damit ich sofort wieder damit aufhören kann?" „Wie kann ich das aktivierte Reaktionsmuster so reframen, das es mir augenblicklich wieder besser geht?" „Wie könnte der neue Glaubenssatz lauten, damit er optimal zu meinem erwünschten Verhalten passt?" „Was ist meine konkrete Handlungsoption nach dieser Entscheidung?" „Was sind meine Erkenntnisse?" „Was ist mein Ziel? ..."*

Stoppen Sie mit Ihrer Gedankenkraft den inneren Aufzug!

Manchmal ist es nur eine Kleinigkeit, was wir tun können. Was kann uns schon passieren, wenn wir etwas anders als zuvor ausprobieren? Wir sind innerlich frei, unser Leben so zu gestalten, wie es uns gut tut und nicht so, wie es uns innerlich zerstört. Was ist der Unterschied, der einen Unterschied ausmacht? Der Unterschied zu früher könnte sein, dass wir es merken, wenn wir wieder verurteilen und noch während des inneren Verurteilungsvorgangs, überlagert das neue bewusste Entscheidungsgefühl den affektiv angekurbelten Verurteilungsprozess aus dem Limbischen System. Wir sagen dann: *„Ich habe mich entschieden, nicht mehr zu verurteilen, weil es mir schadet. –*

[88] Siehe Friesinger 2012, Theoriebuch, Kap. 4.1

Ich bin frei!". Das freie Gefühl kann konditioniert werden, damit es sofort präsent ist, wenn wir es wünschen und wir lernen dabei mit klarem Verstand „Probleme" zu lösen. In Coachingprozessen habe ich keine Angst, die Lösung eines Problems nicht zu finden. Es gibt immer eine Lösung, wenn nicht sogar drei. Jede Münze hat drei Seiten. Sollte ich Reste von Unfreiheit in mir entdecken, dann freue ich mich, weil ich weiß, ich kann sie lösen. Diese Philosophie unterscheidet mich von denjenigen, welche die absolute Befreiung proklamieren. Ich lasse mich damit nicht unter Druck setzen. Das ist meine Freiheit. Ich bin aber nicht mehr tagelang in meiner Unfreiheit gefangen, sondern ich kann aus der Unfreiheit in jedem Augenblick meines Lebens austreten, sofern ich es will.

Abb. 7 – Jede Medaille hat drei Seiten.

Früher fühlte ich mich oft für andere Menschen mitverantwortlich. Ich wollte, dass es allen durch mein Einsatz gut geht. Ich hatte keine Strategien, es anders zu machen, weil ich nicht wusste, wie es anders geht. Mein früherer Glaubenssatz: *„Alle müssen mich lieben!"*, sorgte dafür, dass ich mich für alle, **nur nicht für mich**, verantwortlich fühlte. Ich lernte, dass ich allein für meine Gefühle verantwortlich bin. Das, was andere tun oder sagen, ist ein Auslöser für meine Gefühle, aber nicht die Ursache.[89] *„Die Ursache des Ärgers liegt in unserem Denken: In Gedankenmustern von Schuld und Verurteilung."*[90] Demnach konzipierte ich einen weiteren für mich sehr befreienden Glaubenssatz: *„Nur Menschen, die sich lieben, lieben andere. Da es viele Menschen auf der Welt gibt, die sich nicht lieben, können genau aus diesem Grund, mich auch nicht alle Menschen lieben."*. Heute habe ich die Fähigkeit, mich vor negativen Beeinflussungen anderer zu schützen. Deren negative Energie kann nicht mehr ohne weiteres in mich eindringen und mich belasten.

Ich habe erkannt, dass meine Gefühle aus meinen Entscheidungen, Überzeugungen, Ansichten und Meinungen heraus entstehen. Ich übernehme Verantwortung für meine Gefühle und ich überlasse den anderen die Verantwortung für ihre Gefühle: *„Ich sehe, dass es dir gerade nicht gut geht, kannst du mir bitte genau sagen, was dich stört?" – „Wenn du gleich laut wirst, verunsichert mich das, weil ich die Dinge in Ruhe mit dir klären möchte."*. Ich formuliere meine Gefühle, aber auch die der anderen und bleibe bei mir. Der Entscheidungspunkt, wann ich Konflikte anspreche, liegt von Mal zu Mal immer näher **am Punkt meiner Schmerzgrenze**. Ich warte nicht mehr auf den falschen Zeitpunkt. Ist der Zug abgefahren, dann kann die Aggression nicht mehr ihre **kommunikative Funktion**[91] erfüllen. Heute achte ich darauf, dass alles, was in mir „brennt" und „brodelt", im Sinne der *Praktischen Inklusiven Kommunikation* zu lösen. Da ich mein Perfektionsmuster reflektierte, wurde mir bewusst, dass ich nicht perfekt unverletzlich sein wollte. Mir geht es primär um

Konflikte direkt und frühzeitig bei Erreichen der Schmerzgrenze ansprechen.

[89] Vgl. auch Rosenberg 2010, S. 163 – 165

[90] Rosenberg 2010, S. 164

[91] Bauer 2011. Aggression betrachte ich als konstruktive Kraft. – Die destruktive Kraft kann rechtzeitig gestoppt werden, wenn Kinder von klein auf eine bedürfnisorientierte Kommunikation erlernen. Auch Eltern sind deshalb in der Pflicht, diese Fähigkeit zu erlernen und ein Gefühls- und Bedürfniswissen sich anzueignen. Wir brauchen in Bildungseinrichtungen und in Familien einen selbstempathischen Ansatz. Siehe auch www.friesinger-theresia/eltern.de

mein freies Gefühl, aus dem ich meine Verletzlichkeit zeigen kann. So reframte ich meinen früheren Glaubenssatz von: *„Ich muss perfekt sein!“* in: *„Fehler gehören dazu!“*. Ich gestand mir früher prinzipiell keine Fehler zu! Als mir dies endlich ohne Bauchweh gelang, fühlte ich mich um „Kilos“ leichter. Die Menschen in meinem Umfeld waren überrascht, als ich plötzlich sagte: *„Es ist gut, so wie es ist. – Es braucht nicht perfekt sein.“* Diese Sätze waren so neu, dass ich sofort gefragt wurde: *„Was ist mit dir los?“*. Meine plötzliche Überzeugung, dass ich auch gut genug bin, wenn ich Fehler mache, fühlte sich einfach nur perfekt an. Heute sehe ich, wie andere krampfhaft versuchen, offen, verdeckt oder subtil auf Fehler anderer aufmerksam zu machen, um sich selbst für einen kurzen unechten Glücksmoment, etwas zu erfüllen, was ihnen in Wirklichkeit im Wesenskern mangelt. „Reibt“ mir heute jemand meine Fehler unter die Nase, dann bleibe ich souverängelassen (an der Stelle, wo ich früher innerlich in die Luft gegangen wäre!) und antworte: *„Danke für deinen Fehlerhinweis! – Ich werde schauen, was ich daraus machen kann!“*. Neu ist auch, dass ich dankbar bin, wenn mich jemand auf meine Fehler aufmerksam macht, weil ich weiß, dass ich mich dadurch am effektivsten weiterentwickle.

Bestimmte Werte waren mir sehr wichtig. Ich kämpfte für diese und wollte diesbezüglich mit meinem alten Glaubenssatzsystem selbstverständlich Recht haben und Recht bekommen. **Ich ahnte nicht, wie leicht das Leben sein kann, wenn ich nicht Recht haben muss!** Können Sie sich vorstellen, dass allein durch diese Erkenntnis die Leichtigkeit des Lebens zurückgewonnen wird? Ich kann nur immer wieder darauf hinweisen, dass sich das Leben ohne glückshindernde Reaktionsmuster viel sorgloser anfühlt. Es ist nicht mehr wichtig, recht zu haben. Es ist mir viel wichtiger, glücklich zu sein. Heute unterscheide ich zwischen einem Werturteil und einem moralischen Urteil. **Ein Werturteil ist die Überzeugung, wie der andere am besten zu seiner Entfaltung kommen kann**, indem wir z. B. sagen: *„Ich bin enttäuscht, weil mir Gleichwertigkeit oder die Einhaltung von Absprachen wichtig ist.“*. **Wie jedoch der andere mit diesen Werturteilen** in diesem Fall: „Gleichwertigkeit“ und „Einhaltung von Absprachen“ **umgeht, bleibt ihm überlassen.** Wir können die anderen nicht zwingen, unsere Werturteile anzunehmen. Dafür tragen wir keine Verantwortung! Freiheit ist: Wir haben unser Werturteil mit den assoziierten Gefühlen offen dargelegt und können dann auch wieder davon ablassen. Wir müssen nicht überzeugen! Ich ziehe von Tag zu Tag immer mehr den inneren Frieden als den inneren Krieg vor. Viele führen nicht nur einen 30jährigen inneren Krieg, sondern einen lebenslangen inneren Krieg und freuen sich über jeden kleinen Sieg, den sie sich hart erkämpft haben. Warum? Weil sie nicht bereit sind, die Inkongruenzen[92] in ihnen aufzulösen. Warum wollen diese Menschen unbedingt auch bei lapidaren Dingen Recht haben? Die Frage ist immer sehr individuell zu beantworten: Welchen Wert erfüllen sich Menschen, den sie nicht zu haben scheinen, weil sie dieses RECHT so dringend brauchen? Wenn der Selbstwert am Unbedingt-Rechthaben-Wollen hängt, dann ist das nicht für die persönliche Entwicklung förderlich. Sie sind auch wertvoll, wenn Sie mal nicht Recht haben!

Ohne Recht haben zu müssen, ist das Leben viel schöner und leichter.

[92] Viele Menschen haben nach einer Darstellung von Klaus Grawe 2000 ein hohes Inkongruenzniveau: Sie fühlen sich unstimmig, weil sie ein zu schwach entwickeltes Annäherungsschemata haben. Das bedeutet: sie kümmern sich nicht um ihre Bedürfnisse. Nähere Informationen zur Konsistenztheorie finden Sie bei Bedarf in seinem Buch: Klaus Grawe: *Neuropsychotherapie.* Hogrefe, Göttingen 2004

Lassen Sie sich bei der Umsetzung von Glaubenssätzen nicht unter Druck setzen. Weder durch andere noch durch Ihren hohen Erwartungsdruck. Druck erzeugt nur Gegendruck. Realistisch ist, dass wir trotz größter Bemühungen es nicht immer schaffen werden, mit allen Menschen empathisch zu sein. Manchmal haben wir noch unbewusste Auslöser und manchmal die anderen. Nicht jeder ist zur Empathie bereit. **Sie kann nicht erzwungen werden.** Dennoch steigt durch eine empathische Einstellung die Zahl derer, mit denen eine empathische Verbindung möglich ist. Damit Win-win-Situationen gelingen, ist Achtsamkeit uns und anderen gegenüber notwendig. Menschen, die innerlich stark sind, sprechen die Dinge punktgenauer an, die sie stören oder ärgern. Sie kommunizieren ihr Anliegen über die Gefühls- und Bedürfnisebene: *„Ich bin enttäuscht, weil ich mir die Verbindung zu dir wichtig ist."*. Watzlawick betonte: Wir können nicht **nicht** kommunizieren**, aber wir können anders kommunizieren.** Wir können den Stör- und Ärgerfaktor in Gefühle und Bedürfnisse übersetzen, so dass die negative Ausstrahlung anderer uns weniger beirren oder einschüchtern.

Schützen Sie sich vor Lästereien mit Ihrer inneren Freiheit.

Wir können anders kommunizieren.

Ich lade Sie ein, sich selbst etwas unter die Lupe zu nehmen. Vielleicht beobachten Sie ja gerne andere Menschen? Wir haben im Laufe der Zeit so etwas wie eine innere Lupe installiert, damit uns nichts bei anderen entgeht. Beobachten Sie mit Ihrer Lupe – ab jetzt – anstatt andere, nur sich selbst. Die Selbsterforschungsreise trägt ihren Lohn in sich. Sie haben jetzt die Gelegenheit mitzureisen. Es ist kein schönes Gefühl, einen Zug verpasst zu haben. Es gibt den späteren Zug – selbstverständlich. Dieser Zug ist jedoch der Lebenszug. Wenn wir ihn verpassen, so bedeutet dies, dass wir nicht gelebt haben. Wir sind mühsam mit viel Gepäck zu Fuß umhergeirrt und konnten das beschwingte Schaukeln des fahrenden Zuges nicht genießen.

Verpassen Sie Ihren Lebenszug nicht. Steigen Sie ein!

2.2 Hartnäckigkeit, Resilienz und Ressourcenbewusstheit als Erfolgsfaktor

Wieso wirkte bei mir das Reframing sofort, während andere vielleicht viel mehr Zeit benötigen? Meine Antwort darauf klingt für mich plausibel. Zum einen durch meine Hartnäckigkeit, durch meine Resilienz[93] (seelische Widerstandsfähigkeit) und durch meine Ressourcenbewusstheit auf die ich zurückgreifen konnte. Ich kannte nicht nur meine Schwächen, sondern auch meine Stärken und das ist ausschlaggebend. Wer seine Stärken nicht kennt, braucht erst darüber ein Bewusstsein. Das kostet natürlich Zeit, die jedoch gut investiert ist. Wer sich auf seine Stärken konzentriert, kann schneller den Veränderungsprozess abschließen. Dennoch hatte ich „für meinen Geschmack" viel zu viele einschränkende Glaubenssätze in meinem Glaubenssatzsystem. Jeder braucht Zeit für seine Entwicklung und wie sehr wir uns auch bemühen, Entwicklungsreste werden zum Glück immer übrigbleiben. Wie langweilig wäre das Leben, wären wir schon am Ziel – am Ende unserer Reise? Die einzelnen Zugstationen sind äußerst interessant.

---

[93] Wolter 2005. Resilienzforschung – *Das Geheimnis der inneren Stärke*

Zur Hartnäckigkeit: Meine Angst nicht zu genügen, ist verflogen, weil ich mir weniger Gedanken um das Wieso, Weshalb, Warum gemacht habe, sondern weil ich nicht locker gelassen habe, das WIE der Veränderung zu entdecken. Menschen leiden, weil sie nicht fühlen wollen. Sie haben Angst vor dem Fühlen. Dieser Angst war ich nie ausgesetzt, weil ich keine Angst vor Gefühlen habe. Mein „Problem" war, dass ich nicht genau wusste, **was** mein Problem war und **wie** ich es lösen kann. Erst als ich das: *„WAS ist es genau?"* wusste, konnte ich das Wie der Lösung entdecken. Die Quintessenz der vielen Fragen und Antworten ist heute mein persönliches Freiheitsgefühl.

Jeder wird sein Problem, wenn er hartnäckig genug ist, reframen[94] können. Der erfolgreichste amerikanische Football-Coach Vince Lombardi bestätigte die These, dass es nicht auf Macht, Kraft und Wissen ankommt, sondern dass allein der Wille zählt: *„The difference between a successful person and others is not a lack of strength, not a lack of knowledge, but rather a lack of will.".*[95] Die Motivation zum Willen will aber erlernt werden. Das funktioniert über einen selbstverpflichtenden Entscheidungsakt: *„Ich entscheide mich für die Umsetzung und die Kraft meines Willens.".* Menschen halten sich an ihre Entscheidungen, weil sie **keine** kognitive Dissonanz (inneres Spannungsfeld) wünschen. Sie sind dann zufrieden, wenn die innere Konsistenz (Zusammenhalt) über ein Entspannungsgefühl gesichert ist. Wer hartnäckig ist, erfüllt sich nach Kuhl[96] seine Selektions- und Realisierungsmotive. Das sind volitionale[97] Prozesse, die dafür sorgen, dass das Ziel trotz Rückschläge umgesetzt wird. Die Menschen geben trotz Schwierigkeiten nicht auf, weil sie eine gesunde Selbststeuerung[98] und ein gutes Stimmungsmanagement[99] haben.

Wer hartnäckig genug ist, wird seinen persönlichen Befreiungsweg finden. Gedanken sind Kräfte und sie beeinflussen die Emotionen. Plötzlich machte es mir wirklich nichts mehr aus, wenn andere tuschelten. Das ist Freiheit. Es ist deren Interpretationsgeschichte und nicht meine. Ich stellte mit Begeisterung fest, dass ich mit der Zeit immer weniger Affirmations- und Reframingssätze gebrauchte. Ich entwickelte diesbezüglich eine **unbewusste Kompetenz**. Selbstverantwortung gedanklich nachvollziehen zu können und Selbstverantwortung tatsächlich in den Zellen zu haben, ist ein gewaltiger Unterschied. Meine Hartnäckigkeit machte sich bezahlt. Ich lernte über meine neue Reframingsfähigkeit, heil aus herausfordernden Situationen hervorzugehen. Ich weiß, wie ich den Boden meines „Wertschätzungsfasses" reparieren kann, wenn er brüchig wird und das ist beständige innere Freiheit. Heute ist meine Stärke die punktgenaue Identifizierung von negativen unbewussten Reaktionsmustern. Ich unterstütze Menschen die Reframingsstruktur ihrer Gedankenketten umzuorganisieren. Jeder Konflikt, der gelöst werden will, kann strukturiert gelöst

---

[94] Von allen Reframingsmethoden bevorzuge ich das: *Acht-Räume-Modell der Praktischen Inklusiven Kommunikation,* weil damit acht umfangreiche Ebenen abgedeckt werden. Ebenso das *ressourcenbewusste Glaubenssatzänderungsformat* angelehnt nach Robert Dilts ist sehr erfolgsversprechend (siehe Kap. 3.8)

[95] Aus: www.brainyquote.com

[96] Degen S. 8

[97] Volition = Innere Willensprozesse. Personen mit einer hohen Volition sind handlungs- und zielorientierter.

[98] Degen, S. 15 = Selbststeuerung wird in: **Selbstregulation** (Selbstbestimmung, Positive Selbstmotivierung, -aktivierung, Automatische zielbezogene Aufmerksamkeit ...) und **Selbstkontrolle** (Planungsfähigkeit, Vergesslichkeitsvorbeugung, Zielvergegenwärtigung ...) aufgeteilt.

[99] Ebd. S. 15 – *Stimmungsmanagement* = Allgemeine Fähigkeit, sich in die „richtige" Stimmung zu versetzen, sei es, sich aufzuheitern oder eine negative Stimmung aufzubauen.

werden. **Es gibt aber auch Menschen, die ihre Konflikte nicht lösen wollen.** Auch das ist Freiheit, dies zu akzeptieren, weil jeder Mensch seines Glückes und Unglückes Schmied ist.

Zur Resilienz: Ich hatte einen ausgesprochen liebevollen Großvater, **der mich bedingungslos liebte.** Er hat den zweiten Weltkrieg und die Gefangenschaft in Russland überlebt und wurde 97 Jahre alt. Sein Leben war kein Zuckerschlecken, aber er hatte eine perfekte Selbststeuerung. Welches Problem sich auch zeigte, mein Großvater und ich hielten wie Pech und Schwefel zusammen und dieses Zusammengehörigkeitsgefühl gibt mir heute noch Kraft, Sicherheit und Schutz. Dank ihm habe ich mein größtes Ziel umsetzen können: Die unschönen vergangenen Erfahrungen in meinem Leben zu verarbeiten. Ohne seine bedingungslose Liebe wäre ich heute nicht der Mensch, der ich jetzt bin. Durch ihn habe ich die Resistenz, an meine Potenziale zu glauben. Mein Verbundenheitsgefühl war in anderen Beziehungen oft an Bedingungen geknüpft, die nicht an die Qualität der bedingungslosen Liebe meines Großvaters herankamen. Durch sie fühle ich mich heute für diese Welt stark und gut genug. Mehr muss es nicht sein.

> Es ist vollkommen ausreichend, wenn eine Person an Sie geglaubt hat und dies vielleicht immer noch tut.

Auch meine Mutter hat mich nie zu stark an sich gebunden und mir dennoch das Gefühl vermittelt, willkommen auf dieser Welt zu sein. Durch diese Erfahrungen wurde ich dieser autonome und selbstregulierte Mensch, der im Grunde genommen schon immer wusste, was er wollte. Ich hoffe, für jeden Menschen, dass er an einem bedingungslosen Verbundenheitsgefühl mit mindestens einem Menschen anknüpfen kann, sei es auch nur der Lehrer oder die Lehrerin, der/die an uns glaubte. Damit wir an uns glauben, genügt bereits ein kleiner Funke an Wertschätzung, den andere Menschen in uns entzünden. Sollten Sie denken, dass Sie dieses Gefühl der bedingungslosen Liebe nie erfahren haben, dann denken Sie darüber nach, welche limitierenden Glaubenssätze Sie davon abhalten, zu sehen, zu hören und zu fühlen, wer an Sie glaubte oder im Moment an Sie glaubt?

Zur Ressourcenbewusstheit: Als Leitung einer vorurteilsbewussten und inklusiven Einrichtung hatte ich mich schon mit meiner Diskriminierungsbiografie auseinandergesetzt, so dass mir meine Stärken bewusst waren. Ich wusste, dass ich innere Stärke und Sicherheit hatte. Was ich jedoch nicht wusste, war, dass ich die Schwächen in mir bekämpfte. Durch den Inklusionsprozess lernte ich, mit meinen vorhandenen vielfältigen Ressourcen meine Schwächen in mir anzunehmen und zu „halten". Mir ist selten eine Herausforderung zu viel. Ich probiere Dinge einfach aus und sollte ich scheitern, habe ich es wenigstens versucht.

2.3 Der flexible Inklusionsbalken – eine Stärken- und Schwächen-Übung

Diese Übung stärkt Ihre Misserfolgsbewältigung. Über eigene Schwächen zu lächeln, nimmt ihnen den Schrecken. Stehen Sie zu Ihren Stärken und Schwächen. Das ist Inklusion. Stärken Sie Ihre Stärken und Sie schwächen Ihre Schwächen. Viele Menschen brauchen aber gerade die Bewusstmachung über die inneren Stärken. Eine authentische Stärke inkludiert beides. Erst die Inklusion der Stärken und Schwächen bringt inneres Glück, inneres Gleichgewicht und Wohlbefinden hervor. Wenn wir vor uns selbst nichts mehr vertuschen müssen, können wir auch offener mit unseren Stärken und Schwächen umgehen. Mit einer flexiblen inneren Stärke werden Sie in vielen Situationen gelassener reagieren können. Durch die folgende Übung werden vergessene oder unbewusste

Fähigkeiten bewusst. Alte Glaubenssätze weichen auf und verlieren an Macht. Das Neue braucht den Platz im Vordergrund. Das Alte wird neurologisch zwar nicht gelöscht, sondern mit neuen Synapsen überschrieben. Nichts, was in uns ist, wird gelöscht. Alles ist da. Welche Ressourcen haben Sie? Über das folgende Serien-Cartoon: *Der flexible Inklusionsbalken* können Sie leicht und mit etwas Humor Ihre Stärken herausfinden. Dies ist mein **graphisches Verständnis** von innerer Stärke und Freiheit. „Flexibel" nenne ich den Stärkebalken deshalb, weil in jeder Situation und zu jeder Zeit Schwächen auftauchen können. Diese zu verdrängen und zu vertuschen, bringt noch größere „innere Schatten" hervor als uns lieb ist. Wie bei diesem abgebildeten Serien-Cartoon hängen die schwachen inneren Teammitglieder[100] manchmal „in der Luft". Sie werden aber von den starken Teammitgliedern „mitgetragen" und „gehalten". Für das schwache Teammitglied welches in einer bestimmten Situation keinen Boden unter den Füßen hat, ist die Erfahrung sehr wertvoll, zu erleben und zu wissen, dass es von den anderen Teammitgliedern **angenommen**, **gehalten** und **mitgetragen** wird.

Der flexible Inklusionsbalken hat 12 Stärken versus 3 Schwächen. Sie tragen Ihr starkes *„Inneres Team"* (12 Stärken – Symbol für Vollkommenheit) immer mit sich herum. Je nach Stresssituation hängt immer mal wieder eine/einer in der Luft! Überlegen Sie sich eine zukünftige Situation, in der von Ihnen innere Stärke und Sicherheit erwartet wird, Sie aber deutliche Ihre Schwächen unterschwellig spüren und deshalb in Bezug auf diese Situation etwas verunsichert und beunruhigt sind. Vielleicht stellen Sie sich sogar die Frage, ob Sie dieser Aufgabe wirklich gewachsen sind?

Finden Sie für diese Übung zunächst drei **exklusive Stärken** und tragen Sie diese in das erste Cartoon-Bild in die Kleidung der drei Teammitglieder als **Stärkeemblem** ein. Was können Sie gut oder nahezu perfekt? Fühlen Sie den Stolz Ihrer inneren Stärke – Bescheidenheit ist in diesem Fall fehlt am Platz.

Abb. 8 – Zeichnung: Thomas Alwin Müller; Idee unbekannt – Übungstext: Theresia Friesinger

[100] Vgl. Schulz von Thun 2004, S. 117 ff

Denken Sie nun an eine hemmende, belastende und glückshinderliche Schwäche. Fühlen Sie, wie es Ihnen mit dieser Schwäche geht. Überlegen Sie weiter, welche zwei weitere Stärken (bis jetzt haben Sie dann schon 5!) diese eine Schwäche (die sein darf) mit Leichtigkeit „halten" können? Tragen Sie Ihre gefühlten Stärken und Ihre gefühlte Schwäche in die Kleidung ein:

Entdecken Sie noch zwei weitere Stärken und eine weitere Schwäche, die Sie nicht ohne Bauchweh annehmen können. Tragen Sie Ihre zweite Schwäche bei der hängenden „inneren Teamfrau" ein und entwickeln Sie in Bezug zu Ihren bis jetzt gefundenen sieben Stärken ein starkes und vielleicht auch ein tragendes und haltendes Gefühl.

Welche dritte Schwäche benötigt jetzt noch Unterstützung?

Welche neuen Stärken (mehr Selbstbewusstsein, inneres Gleichgewicht ...) ergeben sich, nachdem Ihnen Ihre Stärken und Ihre Schwächen bewusster geworden sind? Nehmen Sie sich Zeit, um Ihre Erkenntnisse aufzuschreiben.

2.4 Die Übertragbarkeit der Inneren-Dialog-Methode

Bettina, 62 J., gestand: *„Dass es so leicht ist, die Methode anzuwenden, hätte ich nie gedacht!"*. Ihre Erkenntnisantwort lautete: *„Ich bin für mich alleine komplett nutzlos!"*. Schon nach drei Fragen, berichtete sie mir, hätte sie ihre Antwort gefunden.

Bettina hatte chronische Schulterschmerzen, weil sie nicht nur ihre demente Schwiegermutter, sondern auch noch ihren dementen Mann pflegte. Bei unserem ersten Treffen konnte sie mir keine einzige Stärke nennen. Sie hatte ein geringes Selbstwertgefühl und den hartnäckigen Glaubenssatz: *„Ich habe keine Ressourcen!"*. Ein Leben lang hatte sie die unbewusste Überzeugung unbrauchbar und nutzlos zu sein, obwohl sie Übermenschliches leistete: Ihr Muster war die Selbstlosigkeit. Über Glaubenssatzänderungsformate konzipierte sie viele neue lebensbejahende Glaubenssätze, die ihr ihren wertvollen Nutzen belegten. Heute fühlt sie sich auch ohne ihre selbstlose Rolle wertvoll. Eine Frau mit einem selbstlosen Leistungsmuster: *„Nur in dem Maße wie ich Leistung bringe, bin ich für diesen Leistungsmoment wertvoll!"* verwandelte sich binnen kurzer Zeit in eine selbstbewusste und stimmig-authentische Frau mit einem gesunden Selbstwert: *„Ich will nie mehr zurück zu meinem alten Leben und ich weiß, es geht gar nicht!"*, sagte sie zu mir und es klang fröhlich und frei.

Ein anderes Beispiel ist Petra, 21 J., eine sehr intelligente und attraktive Frau. Für sie war alles ein Problem und ein Kampf. Sie war voller Hass auf die Welt und permanent damit beschäftigt, zu beschuldigen, zu diskriminieren, zu provozieren und zu verurteilen. Am meisten beschäftigte sie sich damit, sich selbst zu verurteilen. Sie empfand sich als hässlich und dumm. Sie berichtete mir, dass sie **nur** einen Durchgang gebraucht hätte. *„Ich bin wertlos für diese Welt!"* war ihre Erkenntnisantwort und sie schien darüber in keiner Weise überrascht zu sein. Sie sagte, dass diese Antwort sie nicht berühre, sie wäre ihr komplett egal, weil sie ja sowieso wertlos sei. Ich konfrontierte sie mit der gegenteiligen Meinung und sagte ihr, dass sie für mich ein sehr wertvoller Mensch sei. *„Ich?"* erwiderte sie angewidert: *„Ich bin nicht wertvoll! – Ich bin nutzlos! Ich bin ein Nichts und ein Niemand!"*. Ohne auf ihre vernichtende Selbstbewertung einzugehen, zählte ich ihr viele wertvolle Fähigkeiten wie Kreativität, hohe Kommunikations-, Reflexions- und Merkfähigkeit auf. Zusätzlich bestätigte ich ihr aus Überzeugung ihren sehr liebevollen Umgang mit Kindern. Meine Intention war, dass sie trotz ihrer Provokationen spürt, dass ihre Fähigkeiten wahrgenommen werden und sie in erster Linie als Mensch wertgeschätzt wird. Meine Konzentration auf ihre Regungen, Körperantworten und Aussagen ließen mich leicht ihre Strategien und Maskeraden durchschauen. Ich übersetzte ihre Gleichgültigkeit in Bezug auf ihre Entwicklung und ihre bewusst eingesetzten Provokationen in Gefühle und Bedürfnisse. Nach einiger Zeit hatte Petra für ihren plötzlichen „seelischen" Schmerz keine Erklärung. Sie kam zu mir und berichtete mir, dass sie viel weinen würde, sie aber keine Erklärung für ihren Schmerz hätte. *„Kann es sein, dass du deshalb so traurig bist, weil ich dich durchschaue?"*, fragte ich sie. *„Ja!"*, antwortete sie unter weiteren befreienden Tränen: *„Bis jetzt hat es noch keiner geschafft, hinter meine Fassade zu blicken. Bis jetzt hat es auch noch niemand wirklich interessiert, wie ich bin!"*.

Die erste Reaktion von Petra zeigt, dass diese Methode nichts bringen würde, wenn keine Bemühungen unternommen werden, dass ein Wirkungsreframing der Erkenntnisantwort einsetzt. Ihr aufgesetztes Muster war zunächst die Gleichgültigkeit. Sie provozierte über dieses Reaktionsmuster mit vielfältigen Angriffsstrategien aus ihrem angereicherten Verhaltensrepertoire. Liebevoll konsequent übersetzte ich ihre Provokationen in Gefühle und Bedürfnisse und teilte ihr von Anfang an mit, dass sie sich endlich die Erlaubnis erteilen solle, wenigstens ab und zu auch mal gut über sich zu denken. Erst als sie plötzlich sehr authentisch vor mir stand, gab sie zu: Etwas hätte sie bei dieser Aussage innerlich erschüttert. Damals hätte sie es aber nicht in Worte fassen können. Anstatt dessen dementierte sie lauthals: *„Wie kannst du mich mögen, wenn ich so unmöglich bin?“.* Meine Antwort lautete: *„Ich sehe, dass du ein wunderbarer Mensch mit vielen Fähigkeiten und Talenten bist und ich sehe, dass du dein Verhalten als unmöglich bezeichnest, dabei ist dein Verhalten nur ein Ausdruck deiner Seele.“.* Viele meiner Antworten, da sie mich ständig auf die Probe stellte, brachten sie irgendwann völlig aus dem Konzept, einfach deshalb, sagte sie, weil sie ein Leben lang gewohnt war, für gleichgültiges und provozierendes Verhalten Zurückweisung zu ernten. Zu keiner Zeit hätte sie dafür von einem Menschen Verständnis erwartet. Ihre Gleichgültigkeit und Provokationen sowie ihren Widerstand weichten nach und nach auf und sie erlaubte sich stimmige Worte jenseits aller negativen Strategien: *„Noch nie hat jemand zu mir gesagt, dass ich intelligent oder ein wunderbarer Mensch sei, aber ich glaube es sowieso nicht, auch wenn du es immer wieder beteuerst. – Mein Vater hat mich als Kind ständig für „dumm“ abgestempelt und jedes Mal, wenn ich ihm Zuneigung zeigte, wies er mich zurück. Irgendwann habe ich einfach damit aufgehört. Für ihn zählt nur diese verdammte Leistung und egal was ich tue, es ist nie gut genug.“.* Dieser noch etwas verbitterte Wortschwall war ihr erster Befreiungsschritt. Der Impasse (geistiger Geburtshelfer) war, dass ich ihr empathisch zuhörte und zusicherte, dass sie auch ohne Leistung und ohne die Bestätigung und Zuneigung ihres Vaters ein sehr wertvoller Mensch sei und sie sich deshalb trotzdem zu einem empathischen und autonomen Menschen entwickeln könne. *„Ja, genau das will ich!“*, sagte sie und ich spürte ebenso, sie weiß nun endlich, was sie wirklich will.

Sie entwickelte eine hohe Kooperationsbereitschaft und sie hatte nur noch ein Ziel: Sich selbst besser kennenzulernen. Nach der Durchführung der *Unbewussten Bedürfnisfindungsmethode* mit anschließenden Glaubenssatzänderungen saß ein höchst liebevolles Mädchen vor mir, das sich auch ohne Kampf- und Provokationsmuster wertvoll fühlte. Ihre Erkenntnis war, dass sie nicht kämpfen muss, um wertvoll zu sein. Der Reframingsprozess hatte zwar schon am ersten Tag unserer Begegnung begonnen und war durch dieses Wirkungsreframing hiermit beendet. Ihr dominantester Glaubenssatz: *„Ich muss mich immer wehren, ansonsten gehe ich in dieser Welt unter!“*, reframte sie in: *„So wie ich bin, bin ich richtig und wertvoll – Ich lebe in Frieden mit mir!“.* Sie lebt heute ihr Leben frei von Kämpfen und Provokationen. Sie braucht mich heute nicht mehr und das ist das Ziel jeder praktischen Durchführung meiner Coachings zur *Inklusiven Kommunikation.* Ich wünsche mir freie Menschen, weil ich weiß, dass nur freie Menschen, die Fähigkeit haben, keine weiteren innerlich verletzten Kinder mehr zu „produzieren“, die provozieren müssen, um sich einen Platz in dieser Welt zu erkämpfen. Innerlich freie und autonome Eltern sind empathisch und haben innerlich freie, autonome und empathische Kinder.

3 Die Innere-Dialog-Methode

„Wer mit sich selbst in Einklang lebt, kommt nicht in Versuchung, den anderen den Krieg zu erklären." Ernst Fresl

Die *Innere-Dialog-Methode* ist an das Impasse-Modell[101] der Gestalttherapie nach Perls und Perls, die Systemgedanken von Niklas Luhmann[102] und das Zwiebelschälprinzip[103] angelehnt.[104] Sie setzt an der Reflexion der Vorurteile, Grundannahmen, Glaubensmuster, Kernüberzeugungen, Reaktions- und Verhaltensmuster an. Vertiefend setzt sie sich ganz speziell mit der Identifizierung der Bedürfnisse[105] und mit dem unbändigen Drang, die Wahrheit über sich erfahren zu wollen, auseinander.

Jeder hat die Fähigkeit, seine Werte und Bedürfnisse zu erforschen.

Manche Menschen wünschen sich Unterstützung oder sie brauchen sogar Unterstützung, um ihre Probleme zu lösen, während andere sie alleine lösen möchten. Gerade deshalb beschreibe ich die *Innere-Dialog-Methode* auch als *Äußere-Dialog-Methode*, damit sie für beide Zielrichtungen geeignet ist. Mit dieser Methode kann bei jedem bekannten „Problem" angesetzt werden und jeder, der den **Willen zur Veränderung** hat, wird damit seine unbeliebten Reaktionsmuster identifizieren und reframen können.

Die Methode basiert auf der Annahme, dass der Mensch ein **fragendes und suchendes Wesen ist.** Sobald uns Menschen Fragen stellen oder wir uns selbst etwas fragen, gehen wir bewusst und unbewusst auf die Suche nach Antworten. Unser Suchsystem ist mit 30 Treffern pro Sekunde in unserem inneren Universum unterwegs, um Antworten zu generieren.[106] *„Richtig gefragt, ist halb gewonnen, denn es löst eine innere Handlungskette aus."*[107]

Die *Innere-Dialog-Methode* funktioniert mit den richtigen Fragen, welche die bisherigen Lebenserfahrungen widerspiegeln. Sie funktioniert mit jedem Problem und unabhängig davon, wann sich das Problem manifestierte. Niemand kennt Sie so gut, wie Sie selbst. Sie allein tragen Ihre Antworten in sich. Über diese Methode inszenieren Sie mit sich selbst einen inneren Gestaltdialog, mit dem Ziel, Ihre negativsten Kernüberzeugungen zu identifizieren. An den identifizierten Kernüberzeugungen sind in der Regel stark glückshinderliche Glaubenssätze verankert,

Die Erkenntnisantwort ist der Schlüssel zu Ihrem neuen Leben. Drehen Sie ihn einmal um 180 Grad um!

---

[101] Perls 1980, S. 95 ff
[102] Berghaus 2003
[103] Die Methode ist mit einer Zwiebel vergleichbar, die Schale für Schale geschält wird, bis die Zwiebel sich in ihrem Glanze zeigt.
[104] Vgl. Perls 2007
[105] Siehe Kap. 3.9 – *Unbewusste Bedürfnisfindungsmethode*
[106] Vgl.: KS, Oktober 2010, S. 54 – 55
[107] St. John 2010, S. 54 – 55

die nach einem Inklusionsprozess (Bewusstsein- und Annahmeprozess) anschließend reframt werden. Durch den Inklusionsprozess wird Belastendes aus der Vergangenheit aufgearbeitet und durch den Reframingsprozess wird das belastende Gefühl erträglicher und angenehmer. Aus einem Ungleichgewicht wird ein Gleichgewicht. Bei Glaubenssatzänderungsformaten, die ich in Empathiegruppen oder in Einzel- und Teamcoachings begleite, erlebe ich immer wieder die **Faszination der Geburt eines neuen Lebensgefühls.** Die Menschen haben plötzlich wieder ein Leuchten in den Augen, ein Lächeln im Gesicht und sie sehen **sichtbar** erleichtert und befreiter aus. Ihre Gesichtszüge wirken wesentlich entspannter (ähnlich wie die weichen Gesichtszüge von schwangeren Frauen), weil sich die unbewusste Anspannung durch das Reframing aufgelöst hat. Es gibt kaum ein schöneres Gefühl für mich als entspannte und selbstregulierte Menschen vor mir zu sehen. **Der Mensch wird immer mehr er selbst – ohne Maske.** Viele Menschen sind überglücklich, eine Alternative zum Unglücklichsein gefunden zu haben und sie sind motiviert, tatsächlich etwas in hrem Leben verändern zu wollen. So wir es war, wollen sie es nicht mehr haben.

Es gibt Menschen, die ihre Probleme ohne andere Menschen lösen wollen und können. Gerade dafür ist die Fragetechnik der *Inneren-Dialog-Methode* geeignet. Sie ist ein ehrlicher Dialog mit sich selbst. Die Methode ist so konzipiert, dass es nichts gibt, was nicht stimmen kann. Ihr liegt ein immanentes **Frage-Antwort-Gerüst** zugrunde, das im Kap. 3.4 beschrieben wird. Für sich allein ist die Methode nur Struktur oder eine Art Krücke, um nach einem Sturz wieder laufen zu lernen. Sie kann nur für sich allein gar nichts. Erst Ihre Antworten geben der Methode die notwendige Konsistenz. Sie selbst geben sich die Antworten auf Ihre Fragen und befreien sich mit Hilfe dieser Krücke selbst von Ihrem höchst belastenden Gefühl, wenn Sie gleich im Anschluss motiviert sind nach dem Inklusionsprozess (Annahme der Tatsache, dass es so ist) Ihre Erkenntnisse zu reframen. Sie sind es, die Ihre Antworten mit Annahme und neuen Entscheidungen, Aussagen und Glaubenssätzen verinnerlichen, so dass diese durch Ihre hartnäckige Übung mit der Zeit unbewusst werden können. Die neuen Erkenntnisse können je nach Glaubenssatzsystem ein sofortiges Wirkungsreframing bewirken. D. h. Sie fühlen den neuen Glaubenssatz sofort. Eine allgemeine Erkenntnis ist, dass der alte Ballast mit den vielen negativen Gedanken nicht mehr erwünscht ist, weil sie das lustvolle Leben stark beschränken. Die neuen Glaubenssätze werden in allen drei Zeitformen im Gehirn neu verankert, damit sie nachhaltiger synaptisch wirken können. Die Beschreibung dazu finden Sie in Kap. 3.4.5. – *Die 360-Grad-Entscheidungen zur Verstärkung des Sternenmoments.* Alle Vorgänge beim Inklusions- und Reframingprozess detailgetreu zu beschreiben, übersteigt jedoch den selektiven Rahmen eines Buches. Individuelles, wie viele SeminarteilnehmerInnen und Coachees berichten, braucht die praktische Erfahrung und muss im Tun erlebt werden.

Für sich allein ist die Methode nur Struktur.

Findet kein sofortiges Wirkungsreframing statt, weil noch die Ressourcen fehlen oder weil hartnäckige unbewusste Widerstände vorhanden sind, kann ein *ressourcenbewusstes Glaubenssatzänderungsformat* (siehe Kap. 3.8) hilfreich sein, nicht nur um die Ressourcen zu finden, sondern um die noch vorhandenen Widerstände aufzuweichen. Erst wenn **der persönliche Vorteil** des alten Glaubenssatz herausgefiltert ist: *„Wovor hat mich mein alter Glaubenssatz geschützt?"* und in den neuen Glaubenssatz in sinnvollerweise integriert wurde, kann das Gehirn die neuen Gedanken und

Emotionen neu und anders, regeln, koordinieren und strukturieren. Menschen streben immer nach Struktur, Bedeutung und Sinnhaftigkeit und wir brauchen den sinnvollen Anschluss an das schon Gelernte. Ist dieser Anschluss klar reguliert (alte Absicht des alten Glaubenssatzes ist in der neuen Absicht des neuen Glaubenssatzes integriert) und hat der Coachee den festen Veränderungswillen, dann braucht es nur noch die konsequente Übung, um die neuen Strukturen im Gehirn zu erweitern und zu verfestigen. Dabei ist es wichtig, sich Konkretisierungsfragen zu stellen: *„Was kann ich konkret tun, um meinen neuen Glaubenssätze in meinem Leben installieren zu können?" „Was brauche ich in kleinsten Schritten konkret dafür?" ...*

Ziel der *Inneren-Dialog-Methode* ist, herauszufinden, aus welchem tiefsten Kerngefühl Sie „ticken", schwingen, denken, fühlen und handeln. Ein negatives Kerngefühl ist der Ausdruck eines erlernten Daseins, aber nicht der wahre Ausdruck einer „Seele". Es ist das Gefühl des *inneren Kindes*, das früher und vielleicht auch heute noch in vielen Situationen vernachlässigt und übersehen wird. Mit der Methode können Sie beinahe jedes Problem lösen, wenn Sie anschließend bereit sind, Ihre gewonnenen Erkenntnisse zu reframen. Aus welchem Gefühl heraus Sie schwingen, hängt von Ihren Kindheitserfahrungen ab. Vielleicht wurden Sie zu streng erzogen und Ihr *inneres Kind* ist deshalb unsicher-distanziert? Vielleicht hat es deshalb wenig Selbstvertrauen, Selbststeuerung und Selbstachtung? Ihr aktuell tiefstes Bedürfnis (das Bedürfnis von höchster emotionaler Wichtigkeit) könnte dann die Selbstannahme[108] (Selbstanerkennung) sein. Bei jemand anderem könnte es der Wunsch nach Selbstverwirklichung sein, wenn er sich z. B. schon ausreichend wertschätzt. Was genau brauchen Sie, um sich zu verwirklichen? Über Reframingsfragen lernen Sie, sich nach und nach immer mehr so anzunehmen, wie Sie wirklich sind. Besonders über die *Methode der Praktischen Inklusiven Kommunikation*[109] finden Sie eindeutig heraus, was Sie brauchen, um Ihre unbewussten Reaktionsmuster in Ihr Persönlichkeitsprofil einschließen zu können (Inklusionsprozess).

Haben Sie schon ein gutes Selbstwertgefühl, aber Sie stellen vielleicht fest, dass z. B. Ihre Selbstachtsamkeit durch traumatische Trennungserfahrungen, Beziehungs- oder Arbeitsstress etwas in Mitleidenschaft gezogen wurde, dann können Sie über den Inklusions- und Reframingsprozess sich Ihr verlorenes Entspannungsgefühl zurückzuerobern. Sie sind vielleicht eine Stresstreppe hochgerannt und haben jetzt kaum noch Kraft wieder herunterzukommen. Sie lernen damit, ein Bewusstsein zu entwickeln, rechtzeitig auf den Erschöpfungszustand einzugehen. Durch die Methodenstruktur (Autonomieleiter) werden Sie effektiver herausfinden, was genau Ihr aktuell tiefstes Bedürfnis in den unterschiedlichsten Situationen ist. Vielleicht ist es die Selbstfindung? Es kann sein, dass Sie Ihre Bedürfnisse bereits sehr gut kennen, dennoch erlauben Sie sich nicht deren Erfüllung. Ihr tiefstes Bedürfnis könnte dann gerade die **Erlaubnis Ihrer Bedürfniserfüllungen** sein. Umso offener Sie sind, desto effektiver werden Sie Ihre negativen Kernüberzeugungen entlarven und passende Handlungsoptionen für sich generieren können. Diese in einen neuen „goldenen Rahmen" zu reframen, erleben viele Menschen als stark befreiend. Wenn etwas, was in unserem Kopf nicht

[108] Siehe Kap. 3.9 – *Unbewusste Bedürfnisfindungsmethode* am Beispiel: *Selbstannahme*.

[109] Siehe Kap. 3.10 – *Die Praktische Inklusive Kommunikation* – eigener Ansatz angelehnt an NLP (Stahl 1992) und andere Ansätze – Im Theoriebuch wird dieser Ansatz über die Autonomieleiter beschrieben. – Siehe Friesinger 2012, Theoriebuch, Kap. 4.1.5

sein durfte, plötzlich sein darf, entsteht innere Harmonie und Ausgeglichenheit. **Was Sie sich selbst erlauben, erlauben Sie auch anderen Menschen.** Was Sie sich selbst verbieten, verbieten Sie anderen und umgekehrt. Innerer Frieden führt zur inneren Freiheit.

3.1 Umsetzungsvoraussetzungen

Um die *Innere-Dialog-Methode* umzusetzen, benötigen Sie mitunter die folgenden unerlässlichen Voraussetzungen:

1. Den inneren Drang spüren, etwas verändern zu wollen.
2. Die Überzeugung entwickeln, die Veränderung umzusetzen.
3. Die Entscheidung treffen, tatsächlich etwas verändern zu wollen.
4. Die Bereitschaft und Offenheit entwickeln, stimmig-authentisch leben zu wollen.
5. Gute Reflexionsfähigkeit, evtl. um Unterstützung zur Identifizierung des *blinden Flecks* bitten.
6. Die Manifestationskraft: Die Methoden tatsächlich anwenden.
7. Ehrlichkeit und Authentizität zulassen.
8. Geduld, Milde und Nachsicht im Umgang mit sich selbst entwickeln. Fehler feiern können!
9. Bei Ängsten und Widerständen Unterstützung holen. Auf Unterstützung zurückgreifen zu können, ist innere Stärke und keine Schwäche.
10. Die Entscheidung treffen, das Vertrauen in sich selbst zu erhalten und nicht zu verlieren.

Ich greife drei Voraussetzungen auf, um diese näher zu erläutern. 1. **Die Entscheidung**. 2. **Die Überzeugung**. 3. **Die Manifestationskraft**.

3.1.1 Die Entscheidung

„Seien Sie sich bei jeder Entscheidung bewusst, welchem Bedürfnis es dient".[110] Die Entscheidung hängt vom Entscheidungswillen ab. Sich zu entscheiden, bedeutet: *„JA, ich will!"* zu sagen. Diese Entscheidung setzt Entschlossenheit voraus und auch das Bewusstsein sich gegen etwas anderes zu entscheiden. Es ist das JA zu sich selbst. Sie entscheiden sich für Ihre Ressourcen und für ein glückliches Leben, was zur Folge hat, dass Sie sich gegen Ihr altes Leben entscheiden. Sie entscheiden sich, sich selbst besser kennenzulernen. Jeder Mensch kann sich für seinen Selbstwert entscheiden und jeder kann sich seines Wertes gewahr werden. Seien Sie sich stets bewusst, welches Bedürfnis Sie sich mit Ihren Entscheidungen erfüllen. Entscheiden Sie sich für den Prozess Ihrer Selbsterkenntnis. Nach einer Untersuchung von Mihály Csíkszentmihályi, ungarischer Psychologe, drehen sich nur 8 % aller Gedanken um uns selbst. Und noch weniger machen sich die Menschen Gedanken über sich selbst.[111] Stechen Sie aus der Masse heraus und beginnen Sie, sich über sich selbst Gedanken zu machen. Es lohnt sich. Welche Ressourcen brach liegen, ist bei jedem einzelnen sehr individuell. Finden Sie Ihre heraus.

Entscheiden Sie sich für ein glückliches Leben. Auch gute Laune ist eine Entscheidung.

[110] Marshall B. Rosenberg zitiert in Mackenzie 2007, S. 75
[111] Vgl. Precht 2012, S. 271

Übung zur Entscheidungsfähigkeit: Um die Ressource: „Entscheidungsfähigkeit“ zu ankern, begeben Sie sich in eine Situation aus der Vergangenheit, in der Sie sehr entscheidungsfreudig waren: Entscheiden Sie sich, für diese Erinnerungen offen zu sein. Schließen Sie die Augen, atmen Sie mehrmals tief ein und aus und fühlen Sie sich in eine Situation aus Ihrer Vergangenheit ein, in der Sie sich sehr gut entscheiden konnten. Sie hatten dabei, nach der getroffenen Entscheidung, ein sehr gutes Bauchgefühl. Spüren Sie nach, wie es sich anfühlt, gute Entscheidungen zu treffen. Was sehen Sie? Was hören Sie? Was sagen Sie zu sich in dieser Situation im inneren Dialog? Was riechen Sie? Vielleicht gab es in dieser Situation auch etwas zum Schmecken? Was fühlen Sie? Wie fühlt es sich an, wenn Sie entscheidungsfreudig sind? Lokalisieren Sie körperlich Ihr Entscheidungsgefühl. Wie ist es? Ist es dynamisch, rotierend oder eher ruhig und gelassen? Gestalten Sie dieses Gefühl jetzt noch intensiver und dynamischer oder noch gelassener und ruhiger. Beschreiben Sie es. Was war Ihre Strategie? Wie haben Sie es gemacht, dass Sie sich so schnell entscheiden konnten? Wie verändert sich durch diese Reflexion Ihr Entscheidungsgefühl in der Gegenwart? Beschreiben Sie den Unterschied. Mit dem guten Entscheidungsgefühl im Bauch sprechen Sie nun die folgenden zehn Reframingssätze aus:

Selbsterkenntnis ist der erste Schritt zum Glück.

1. ***Ich entscheide mich** für ein glückliches Leben!*
2. ***Ich entscheide mich** für positive Gedanken, die in mir wohlwollende Gefühle erzeugen!*
3. ***Ich entscheide mich** für meine Selbstliebe!*
4. ***Ich entscheide mich** für meine Wertschätzung!*
5. ***Ich entscheide mich** für die Selbstempathie!*
6. ***Ich entscheide mich** für die inklusive und gesundheitsbringende Kommunikation!*
7. ***Ich entscheide mich**, meine unbewussten negativen Reaktionsmuster zu identifizieren und zu reframen – Dadurch lasse ich sie los!*
8. ***Ich entscheide mich**, mir neue Glaubenssätze zu erlauben, die mich glücklich machen!*
9. ***Ich entscheide mich**, für die Inklusion aller Gefühle!*
10. ***Ich entscheide mich** für meine innere Freiheit!*

Jeder Mensch besitzt die Fähigkeit, seine Potenziale zu finden, sofern er die Entscheidung trifft, sie finden zu wollen. Jeder hat die Fähigkeit, sich in sich selbst einzufühlen, sprich ein Selbstgefühl für sich zu entwickeln. In jedem Menschen liegt die Urquelle eines **unbefangenen Bewertungssystems.** Jeder hat deshalb die Kompetenz zur Selbstliebe und zur Authentizität. Wir brauchen, um uns gesund zu entwickeln bzw. um uns gesund zu bewerten, die Entscheidung, die eigene Selbstwertschätzung zu honorieren. Menschen, die sich wertschätzen, haben die immanente Fähigkeit, sich zu lieben – das innere Bewertungssystem hat demnach eine positive „Prägung“. Die Liebe ist, wie jeder weiß, der höchste Wert bzw. die höchste Form seelischer Lebendigkeit. Sie macht uns Menschen menschlich und überlebensfähig. Ohne die Erfüllung dieses Wertes würden wir nicht lange überleben. Entscheiden Sie sich für Ihre Selbstliebe. Entscheiden Sie sich für Ihr inneres Glück und Sie werden innerlich reicher sein, als Sie denken.

Abb. 9 – Selbstvertrauen

3.1.2 Die Überzeugung

Sind Sie der Überzeugung, dass Sie Herausforderungen meistern, dann werden Sie das Bewusstseinsreframing von glückshinderlichen Gefühlen zu lebensbejahenden Gefühlen mit Bravour meistern. Die Überzeugung, die wir in uns tragen, führt zu einer **inneren Gewissheit.** Mit der Überzeugung, den inneren Zweifel zu besänftigen, inszenieren wir viel effektiver den erwünschten ressourcenvollen Zustand als mit einem nagenden inneren Zweifel. Mit der richtigen Überzeugung generieren wir schneller neue, glücksbringende Glaubenssätze, die unser Leben erleichtern, als wenn wir stark an uns selbst zweifeln und kein Vertrauen in unsere Fähigkeiten haben. Um Überzeugungen effektiv umzusetzen, brauchen wir das Fundament von mindestens zwei Ressourcen: „Offenheit für neue Erfahrungen" und „Selbstvertrauen". Die folgende Übung stelle ich mit der Ressource „Selbstvertrauen" vor. Andere Ressourcen können ebenso damit aufgebaut (bewusst gemacht) werden.

Übung zum Selbstvertrauen: Um die Ressource „Selbstvertrauen" zu ankern, gehen Sie gedanklich in eine **vertrauensvolle Situation** aus Ihrer Vergangenheit. Zuvor entscheiden Sie sich, für Ihre Erinnerungen offen zu sein. Schließen Sie die Augen, atmen Sie mehrmals tief ein und aus, damit Sie sich in eine vertrauensvolle Situation besser einstimmen können. Welche Bilder sehen Sie? Was hören Sie? Wie sind die Stimmen? Wie ist Ihr innerer Dialog? Was sagen Sie zu sich in dieser Situation, in der Sie sich sehr wohl fühlten? Wie fühlt es sich an, sich und anderen Menschen zu vertrauen? Riechen Sie vielleicht einen vertrauensvollen Geruch? Schmecken Sie dabei sogar etwas Vertrautes und Vorzügliches? Wo lokalisieren Sie dieses vertrauensvolle Gefühl? Wenn Sie Ihr Vertrauensgefühl lokalisieren, dann organisieren Sie es in Ihrer kinästhetischen Vorstellung noch größer, intensiver, reichhaltiger und dynamischer. Wie verändert sich das Gefühl dadurch? Mit diesem Vertrauensgefühl sprechen Sie anschließend die folgenden zehn Reframingssätze aus:

---

1. ***Ich vertraue mir**, dass ich gute Entscheidungen für mein Leben treffe.*
2. ***Ich vertraue mir**, dass ich gute Umsetzungsideen entwickle.*
3. ***Ich vertraue mir**, dass ich meine neuen Umsetzungsideen und Glaubenssätze in Taten umsetze.*
4. ***Ich vertraue mir**, meine Ressourcen und Potenziale zu mobilisieren, um mein tiefstes, erfülltes und **emotional von hoher Wichtigkeit** besetztes Bedürfnis in mir zu finden und zu fühlen.*
5. ***Ich vertraue mir**, meine unbewussten negativen Reaktionsmuster zu identifizieren und die dazugehörenden limitierenden Glaubenssätze so zu verändern, dass sie mir Freude, Glück, Ausgeglichenheit und innere Freiheit bringen.*
6. ***Ich vertraue mir**, mich an meine Umsetzungsideen, bis sie zu einer unbewussten Kompetenz werden, immer wieder neu zu erinnern.*
7. ***Ich vertraue mir**, mit den Ergänzungsmethoden mein inneres Gefühl zu verstärken, um es für fest in mir verankern zu können.*
8. ***Ich vertraue mir**, mich 100 % anzunehmen und zu lieben. Ich bin überzeugt, dass es ohne Selbstempathie keine Empathie gibt. Nur wer sich selbst liebt, liebt auch andere Menschen.*
9. ***Ich vertraue mir**, dass ich die Ressource zur inneren Freiheit habe.*
10. ***Ich vertraue mir**, dass ich immer weiß, dass ich der wichtigste Mensch in meinem Leben bin.*

Kreieren Sie zusätzlich eigene Vertrauenssätze. Je nach individuellem Reaktionsmusterprogramm können andere Affirmationssätze hilfreich sein, um die notwendigen Ressourcen in Ihr Bewusstsein zu verankern. Solange neue und positiv reframte Glaubenssätze noch nicht die Qualität einer **unbewussten Kompetenz** haben, erleichtern Affirmationssätze unser Leben und unser TUN. Sie sind ein nützliches Handwerkszeug, um sich in das gewünschte Wohlfühlgefühl einzustimmen. Umso öfter Sie es tun, desto schneller werden neuen „Feldwege" im Gehirn zu befahrbaren „Autobahnen" ausgebaut. Ein Mensch mit einem hohen Selbstwert und mit einer guten Entscheidungskraft, hat entweder durch seine Sozialisation oder im Laufe der Zeit über harte Reframingsarbeit viele positive Glaubenssätze verinnerlicht, die ein stimmig-authentisches Leben zulassen.

3.1.3 Die Manifestation

Nur im aktiven Tun erschließt und verändert sich die Welt. Manifestation heißt Umsetzung (TUN) und Dinge offensichtlich machen. Nur durch Taten machen wir Erfahrungen und aus Erfahrung lernen wir am besten. Manifestation verändert. Entscheiden Sie sich für die tatsächliche Anwendung der Methoden. Entscheiden Sie, Ihre Veränderungsintelligenz auszubauen. Nur dann werden Sie den Erfolg haben, den Sie für sich selbst herbei ersehnen. Nur Lesen oder Hören allein reicht für eine nachhaltige Veränderung nicht aus. Sollten Sie Unterstützung bei der Umsetzung brauchen, dann holen Sie sich diese Unterstützung. Sie haben die Selbstregulationskraft dazu, wenn Sie sich dafür entscheiden. Sie ist angeboren. Durch Ihre bewusste Manifestationskraft geben Sie Ihrer Lebensenergie wieder ein positives Vorzeichen und Sie eliminieren Energien mit negativen Vorzeichen,[112] die sich im Laufe der Zeit eingeschlichen haben. Ihre Reframingsfähigkeit zu schulen, ist Ihre Manifestationskraft. Wie das genau funktionieren kann, wird in den anschließenden Kapiteln geschildert. Lassen Sie sich auf diesen spannenden Selbsterkenntnis- und Mobilisierungsprozess ein. Haben Sie Vertrauen in die Kraft Ihrer Potenziale und in die Kraft Ihrer Entscheidungen. Haben Sie Vertrauen in die Kraft Ihrer inneren Freiheit und in die Kraft Ihre Manifestation. Meine Überzeugung ist: *„Ich manifestiere, also bin ich.".*

Die stärkste Kraft ist
die Kraft der Selbstempathie.

3.2 Die *VAKOG*-Wahrnehmungsmethode und ihre Submodalitäten

Die *VAKOG-Wahrnehmungsmethode* ist eine Ressourcenmobilisierungsmethode und deshalb das erste größere praktische Format, das ich vorstelle. Eigene Ressourcen zu mobilisieren, ist wichtig, damit diese den Menschen wieder bewusster werden, weil sie mit der Zeit, wenn sie nicht genutzt werden, dem Bewusstsein entfallen. Die Methode nennt sich abgekürzt: *VAKOG.*[113] *VAKOG* steht als Akronym für: **V** = Visuell, **A** = Auditiv, **K** = Kinästhetisch, **O** = Olfaktorisch, **G** = Gustatorisch. Über die fünf Sinne nehmen wir uns selbst und unsere Umwelt wahr: Visuell über das Auge, auditiv über das Hören, kinästhetisch über das Gefühl, olfaktorisch über die Nase und gustatorisch über den Mund. *VAKOG* ist der integrierte Bestandteil aller Methoden. Sie ist eine Ressourcenaktivierungshilfe, durch die wir aus uns selbst „schöpfen". Sie dient der ganzheitlichen Wahrnehmung und hilft

---

[112] Siehe Kap. 5.2 – *Die Befreiungsimagination*

[113] Siehe auch Friesinger 2012, Theoriebuch, Kap. 2.1.

besonders die Strukturebene der Gedanken zu durchschauen. *VAKOG* aus dem Effeff zu beherrschen, ist das grundlegendste Instrument, um auf der Inhalts- und Strukturebene der Gedanken eine nachhaltige Veränderung zu bewirken. Jede Ressource kann mithilfe von *VAKOG* reaktiviert und über die Submodalitäten[114] verstärkt werden. Einzige Voraussetzung ist: Sie haben die Ressource in der Vergangenheit schon einmal vollständig positiv durchlebt, d. h. sie ist in Ihrem unbewussten oder sogar schon bewussten Gedächtnis präsent.

Mit etwas Übung kann die Ressourcenaktivierung alleine durchgeführt werden. Die Führung mit einem Coach (Vertrauensperson) ist empfehlenswert, weil die geführte Person (Coachee)[115] sich dann vollkommen auf die Reaktivierung der Ressource einlassen kann. Bei der Führung wird gewährleistet, dass der Coach über die Eckpunkte des Ereignisses vorher informiert wird, damit er zielgerichteter die Ressource begleiten kann. D. h. der Coach achtet auf Schlüsselwörter, die er in der Trance-Induktion (Affirmationen im Entspannungszustand) ausführlich beschreiben kann. Z. B. erzählte der Coachee im Vorfeld: *„Es war Winter und ich habe mich im Neuschnee geborgen gefühlt.“*. In Kenntnis dieses Kontextes kann dieses Winterbild bei der Führung besonders im kinästhetischen Bereich aufgegriffen werden: *„Du spürst die zarten Schneeflocken auf deiner Nase, auf deiner Hand ...“* ... Während der Durchführung beobachtet die Vertrauensperson die Physiologie[116] des Coachees. **Hinweis:** Der Coach steht bei der Führung neben dem Coachee. Er beobachtet genau (Pacing), wie es dem Coachee geht. An der Physiologie des Coachees (lächelt er oder schaut er bedrückt) kann abgelesen werden, ob eine Person ihre Ressource aktivieren konnte oder nicht. Der Coach lässt zwischen den einzelnen Wahrnehmungskanälen (Seh-, Hör-Kanal ...) ausreichend Zeit zum Sehen, Hören, Fühlen, Riechen und Schmecken.

Mithilfe des Metamodells der Sprache werden die Wahrnehmungskanäle ausgeweitet: *„Wie machst du es genau, dass du dir z. B. schöne, lustige oder ängstliche Bilder machst?“*. Durch die Reaktivierung der fünf Wahrnehmungsbereiche über die Submodalitäten: *„Gestalt(e) dir die Bilder größer, heller, intensiver ...!“* werden im Gehirn die vorhandenen Ressourcen effektiver erinnert, gesteuert und neu sortiert. Die Wahrnehmungskompetenz erweitert sich und dadurch kann eine Bewusstseinserweiterung eintreten. Wir sind in der Lage einzelne Bild- und Stimmsequenzen zu reframen (einfrieren, verkleinern, vergrößern, verdrehen, dynamisieren, verschwinden lassen ...), um damit das vorhandene Gefühl durch diese **bewusste Bildkontrolle** zu vertiefen oder zu „löschen“. Das passiert, weil die Struktur der Gedanken sich reorganisiert. **Die Submodalitäten können in kleinen und kurzen Sequenzen passgenau angehalten werden.** Beispielssätze, damit Sie eine Vorstellung erhalten, um die Strukturebene der Gedanken zu reframen, sind:

„Stopp deine inneren Bilder im Kopf!“ „Halt sie kurz an!“ „Welches Bild siehst du gerade?“ „Wie sieht es aus?“ „Stell dein inneres Bild (Film) auf den Kopf!“ „Entwerf(e) es in schwarz-weiß.“ „Gestalt(e) es größer oder kleiner.“ „Schick das Bild weit weg – hinter den Horizont, in das Weltall, hinter den Mond und hole es wieder zurück. – Was hat sich am Bild verändert, nachdem es diese

---

[114] Näheres unter Friesinger 2012, Theoriebuch, Kap. 4.2.3
[115] die Person, die gecoacht wird
[116] Hinweis: Das Wort „Physiologie“ wird in NLP für Körperausdruck, Mimik und Gestik verwendet. Siehe auch Stahl 1992.

lange Reise hinter sich hat?" „Wie hat sich das Gefühl dazu verändert?" „Was hat sich an den Stimmen neu eingestellt? Sind sie gleich geblieben?" „Wenn ja, wie genau merkst du es, dass es gleich ist?" „Wenn nein, wie erkennst du den feinen Unterschied?" „Was kannst du tun, dass mehr Begeisterung in das Bild kommt?" „Was kannst du tun, damit die Stimmen begeisterter sprechen?" „Bist du ein Teil vom Bild?" „Wenn ja, dann ‚beam' dich aus dem Bild heraus und beobachte dich liebevoll von außen." „Was hat sich dadurch verändert?" „Ist das Gefühl gleich geblieben, dann verändre etwas am Bild, bis sich das Gefühl verändert." „Mach es lustiger!" „Wechsle die Strategie!" „Rahm das Bild ein!" „Welchen Rahmen wählst du für dein Bild aus?" „Beweg das Bild hin und her." „Beam es weg und hole es wieder her!" „Dreht sich nun das Bild langsamer, schneller, eckiger, ovaler, im Kreis ...?" „Wie weit ist das Bild von deinem geistigen Auge entfernt?" „Gestalt(e) das Bild, wenn du dich wohl fühlst, noch größer, klarer, schärfer, bunter ...!" „Gestalt(e) das Bild, wenn du dich unwohl fühlst, noch kleiner, winziger, verwischter, verschwommener ...!" „Zaubre geistig ein Loch durch das Bild mit dem Unwohlgefühl. – Von hinten siehst du ein kleines Feuer, das sich durch das negative Bild durchbrennt. – Hinter dem Bild erscheint ein neues positives Bild – Wie genau sieht es aus?" „Schau es dir genau an!" „Wie siehst du oder wie sehen die Personen jetzt im Bild aus?" „Lächelst du?" „Wo hörst du deine Stimme?" „Wo hörst du die Stimmen der anderen?" „Wechsle die Seite, von woher die Stimmen kommen." „Leg deine Stimme auf die andere Seite deines Ohres, was verändert sich?" ...

Zu schade, dass von diesem Wissen wenig Gebrauch gemacht wird. Wir können störende Gedanken einfach über die Submodalitäten der Wahrnehmung verändern und der Störfaktor verbessert sich um ein Mehrfaches. Es ist Ihre Wahrnehmung. Sie haben die Macht, diese zu verändern. Nutzen Sie diesen Vorteil für sich. Lange dachte ich: Das ist doch euphemistisch! Eine Beschönigung der Tatsachen. Ist es aber nicht, weil es immer an unseren Interpretationen liegt, wie wir Menschen und Situationen interpretieren. Die Interpretationen Ihrer Wahrnehmungen können Sie durch die Modellierung von Submodalitäten zu Ihrem Vorteil verändern. Sie haben die Kraft und die Macht dazu. Tun Sie es!

Gewusst WIE
ist schon die halbe Miete.

Wann genau kann *VAKOG* eingesetzt werden? Eigentlich immer, wenn wir uns unwohl, unstimmig, inkongruent und unausgeglichen fühlen, weil negative Glaubenssätze unser Alltag versauern und verderben. Wir können die Methode aber auch einsetzen, wenn wir uns ausgesprochen wohl fühlen, um Wohlfühlgefühle zu verstärken: *„Gestalt(e) das Gefühl noch überragender, größer, schöner, außerordentlicher ...." „Dehn es noch weiter aus, so dass es über deine Poren weit aus dir hinausfließen kann!".* Beispiel für eine positiven Veränderung: Erinnern Sie sich an eine Situation, in der Sie misstrauisch waren. Mit Hilfe von *VAKOG* können Sie die Ressource: „Vertrauen" reaktiveren, indem Sie mit den Submodalitäten der Wahrnehmungskanäle hantieren. Erinnern Sie sich an Ihre vertrauensvollen Erlebnisse und malen sie sich diese so intensiv wie nur möglich aus. „Drehen" Sie an Ihren inneren Vorstellungsbildern so lange herum, bis diese gestochen scharf für Sie zu erkennen sind. Entscheiden Sie sich für das vertrauensvollste Vorstellungsbild. Setzen Sie, falls vorhanden, noch weitere Personen dazu, die Ihnen Vertrauen schenkten. Puzzeln Sie Ihre vertrauensvollen Personen zu einem einzigen Bild zusammen. **Das Gehirn macht das, was Sie wollen.** Platzieren Sie zusätzlich Ihren „inneren misstrauischen Kritiker" (den Sie ebenso spüren) auf eine

Hängematte, damit er tief und fest schlafen kann. Manche setzen ihre „inneren Antreiber“ in ein visualisiertes Koma oder schicken diese zum Sandeln in die Wüste. Sie können Ihrem „inneren Kritiker“ gedanklich ein Pflaster mit roten Herzchen auf den Mund verpassen, so dass Sie seine Stimme nicht mehr hören können. Vielleicht müssen Sie sogar bei dieser Vorstellung lächeln? Über innere Vorstellungsbilder zu lächeln, ist in der Regel ein befreiendes Gefühl. Nehmen Sie sich selbst nicht zu ernst. Geben Sie Ihrem Alltag mehr Humor. *„Humor ist der Knopf, damit uns nicht der Kragen platzt.“*, formulierte in einem Spruch Joachim Ringelnatz. Sagen Sie nicht nur zu anderen nette und witzige Sachen, sondern auch zu sich selbst. Sie können sich Ihre Vorstellungsbilder und inneren Stimmen so kreieren, wie Sie das möchten und wünschen. Durch neue aktivierten Ressourcen (Stimmungsmanagement, Selbstbestimmung, -kontrolle, -empathie, Humor, Leichtigkeit, Spaß ...) brauchen Sie den Schutz Ihres „inneren Kritikers“ nicht mehr so sehr. Sie können ohne Ihren „inneren Kritiker“ auskommen. Gestatten Sie ihm die Hängemattenpause, das Koma, das Sandeln oder andere innovative Dinge. Die restliche Angst sowie das letzte Misstrauen „halten“ Sie über Ihre aktivierten Ressourcen. Durch diesen bewusst gewählten inneren Vorgang, entwickeln Sie sich zu einem *liebevollen Erwachsenen*, der bestens für seine Bedürfnisse sorgen kann.

Falls nur wenige Ressourcen vorhanden sind, können diese Wenigen über das Reframing (Drehen und Schrauben) der Submodalitäten verstärkt werden. *„Modifizier das innere Bild. Stell es so groß, scharf, lebendig und bunt ein, dass es dir ein noch viel angenehmeres Gefühl gibt als in deiner Erinnerung.“ – „Fühl das Gefühl noch intensiver und weiter, als es in Wirklichkeit war. Stell dir die Situation nun ohne die Person vor, die dich verletzte. Wie ist das Bild jetzt? Was hast du nun für Fähigkeiten?“* ... Es können auch Tiere (Pferde, Hunde, Katzen ...) als Ressource zur Verfügung stehen oder unbekannte Menschen, die für Sie eine Vorbildfunktion hatten oder aktuell haben. Die Ressource wird dann „ausgeliehen“ und in sinnvoller Weise für sich selbst interpretiert. Jede Ressource kann übernommen werden, indem wir uns vorstellen, die erwünschte Eigenschaft des Vorbildes selbst zu besitzen (Modeling). Im Modelingprozess sehen, hören, fühlen, riechen und schmecken wir nahezu identisch wie das ausgewählte Subjekt. Das ist möglich, weil die Spiegelneurone uns diesen kognitiven Vorstellungsprozess ermöglichen.[117] Das Gehirn interpretiert diese ganzheitliche Vorstellung wie eine eigene Ressource. Sie denken und fühlen während der Übung, was Ihr ausgewähltes Vorbildsubjekt denken und fühlen könnte. Diese Übung ist nicht nur für die Menschen effektiv, die kaum Ressourcen haben, sondern gerade für Menschen, die einen starken Selbstzugang haben und sich gerade deshalb mit ihrer Persönlichkeitsentwicklung auseinandersetzen, weil sie motivational ständig vorankommen wollen.

Modellieren Sie Ihre negativen Gedankenbilder.

Es ist empfehlenswert, über *VAKOG* immer **nur eine Ressource** zu aktiveren, weil erfahrungsgemäß die Erinnerung an nur eine Ressource z. B. Humor: *„Wie bin ich, wenn ich Humor habe?“* klarer und eindeutiger im Gehirn repräsentiert wird. Mehrere Ressourcen auf einmal zu aktivieren, kann überfordern. Bei mehreren Ressourcen ist die Gefahr höher, dass sich negative Geschehnisse mit den assoziierten Gefühlen hinzumischen. Zwei Ressourcen, die getrennt über *VAKOG* aktiviert

[117] Siehe Friesinger 2012, Theoriebuch, Kap. 3.7.4

wurden, können später zu einem neuen Lebensgefühl ebenso über *VAKOG* wieder zusammengebracht werden. So können *Moments of Excellence*[118] entstehen. Ein *Moment of Excellence* ist, wenn eine oder mehrere Ressourcen mit mehreren Situationen (mindestens zwei aber nicht mehr als fünf) über *VAKOG* reaktiviert werden. Eine Reaktivierung bedeutet immer, dass die positive Erinnerung stark und präsent im Bewusstsein wieder reintegriert wurde. Viele sagen nach der Ressourcenaktivierung: *„Das hatte ich ja ganz vergessen!“*. Das Gefühl ist aufgefrischt, mehrfach verstärkt und kann jederzeit bei Bedarf abgerufen werden.

3.2.1 Vorbereitung für die praktische Durchführung der *VAKOG*-Wahrnehmungsmethode

Ich stelle die Methode mit einem Coach vor, jedoch mit etwas Übung geht es auch ohne. Es ist schließlich nicht immer jemand da, der uns zu unseren Ressourcen „führen“ kann, wenn wir diese brauchen. Wenn Sie die *VAKOG*-Methode zum ersten Mal durchführen, brauchen Sie zunächst ein Bewusstsein über Ihre Lebenszeitlinie (Timeline). Die nähere Erklärung hierzu finden Sie im nachfolgenden Text unter dem Punkt: „Zu 1“.

Zur Vorbereitung von *VAKOG* brauchen Sie ein DIN A 5 Kärtchen für Ihre Ressource, drei runde Kärtchen für die drei Zeitformen und einen Stift. Schreiben Sie auf die runden Kärtchen das Wort: „Gegenwart“, „Vergangenheit“ und „Zukunft“ und auf das DIN A 5 Kärtchen Ihre ausgesuchte Ressource. In folgenden Beispielsfall wäre es: „Sicherheit“. Die Kärtchen werden auf einer Zeitlinie auf den Boden gelegt und haben die **Funktion von Bodenankern**. Ein Bodenanker ist ein von Ihnen festgelegter stimmiger Ort in Ihrer Zeitlinie. Wenn Sie direkt auf die Bodenanker stehen, dann können Sie sich mit den früheren Situationen besser assoziieren und sich später gerade durch diese vollzogene körperliche Bewegung einfacher und schneller an die ressourcierte Situation erinnern. Zur Vorbereitung von *VAKOG* sollten sechs Vorschritte beachtet werden:

1. **Zeitlinie visualisieren.** Siehe unter dem Punkt: „Zu 1.“.

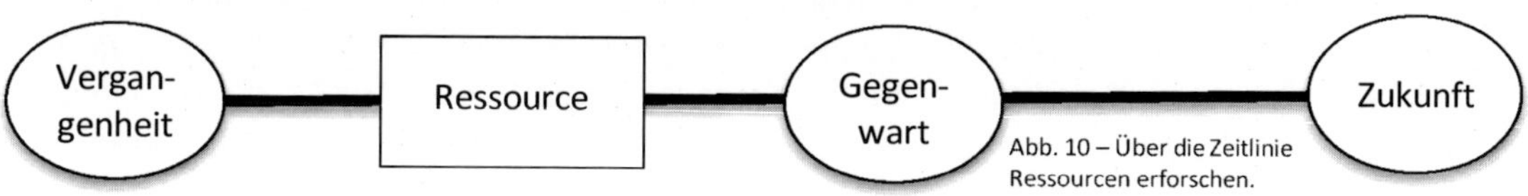

Abb. 10 – Über die Zeitlinie Ressourcen erforschen.

2. **Entscheidung für eine Ressourcenart.** Welche Ressource benötigen Sie gerade am meisten? (Vertrauen, Entscheidungsfähigkeit, Sicherheit, Liebe, Energie, Entspannung ...).
3. **Entscheidung für eine bestimmte Situation.** Wählen Sie eine Situation aus Ihrer Vergangenheit aus und überprüfen Sie, ob diese für die ausgewählte Ressource geeignet ist. Haben Sie sich z. B. für die Ressource „Sicherheit“ entschieden, fragen Sie sich, wenn Sie an die Situation denken, ob es wirklich eine sichere Situation war oder ob Sie nicht doch lieber eine andere sichere Situation aus Ihrer Vergangenheit auswählen wollen?

[118] Siehe Kap. 3.3.1 – NLP-Format – es werden drei bedeutungsvolle Momente über *VAKOG* geankert, damit es in zukünftigen schwierigen Momenten wieder aktiviert werden kann.

4. **Einordnung der Situation in die Zeitlinie.** Der Abstand wird immer vom Gegenwartspunkt aus, gefühlsmäßig stimmig in Richtung Vergangenheit festgelegt. Das Gleiche gilt für eine Situation, die in der Zukunft passieren wird und für die Sie die eine oder mehrere Ressourcen dringend brauchen.
5. **Geistige und gefühlsmäßige Vorbereitung für das Eintreten in die Situation:** Auf ein Kärtchen wird z. B. die ausgewählte Situation mit einem Stichwort aufgeschrieben. **Dieses Kärtchen ist dann der Bodenanker für die Ressourcenaktivierung**. D. h. wenn Sie auf oder neben dem Kärtchen stehen bleiben, dann sind Sie gedanklich und gefühlsmäßig wieder in dieser ressourcevollen sicheren Situation, die über die Wahrnehmungskanäle in einer intensiven und strukturierten Art und Weise Ihnen wieder bewusster wird.
6. **Vorgedanken zum Ankern des Gefühls.** Der Ankerpunkt und die -art werden vor der Ressourcenaktivierung festgelegt. Näheres hierzu im Kap. 3.3, Absatz 2 und 3.3.1.

Manche der sechs Vorschritte benötigen noch einer genaueren Erklärung.

Zu 1: Zeitlinie visualisieren: Wer seine Zeitlinie visualisiert, bekommt ein Gefühl für seine Zeitwahrnehmung. Er ordnet seine Lebensgeschichte strukturierter in das Kontinuum Zeit ein. Haben Sie sich Ihre Zeitlinie einmal visualisiert, dann brauchen Sie dies nicht jedes Mal zu tun.

Die ersten Fragen beziehen sich auf die Zeitlinie: *„Wie sieht meine Zeitlinie aus?" „Ist sie in meiner Vorstellung gerade, eckig oder gekrümmt?" „Wo ist in meiner Vorstellung vom Gegenwartspunkt aus betrachtet, die Vergangenheit und wo liegt die Zukunft?" ...*

Suchen Sie sich einen Raum aus, in dem Sie etwas Platz haben, um Ihre Zeitlinie zu legen. Legen Sie das Kärtchen mit dem Wort „Gegenwart" für Sie stimmig im Raum irgendwo auf den Boden. Wo liegt von der Gegenwart aus gesehen Ihre Vergangenheit? Liegt sie dahinter? Liegt sie vorne? Liegt sie daneben oder diagonal? Sobald Sie es wissen, dann legen Sie das Kärtchen „Vergangenheit" dort ab. Reflektieren Sie, ob das Kärtchen „Vergangenheit", von Ihrer Gegenwartsposition aus, für Sie stimmig im Raum auf dem Boden liegt. Wie geht es Ihnen mit dem Abstand, den Sie gewählt haben? Wollen Sie die Position des Kärtchens noch einmal verändern? Sobald es stimmig ist, dann wenden Sie sich Ihrer Zukunft zu. Wo liegt von Ihrer Gegenwartsposition gefühlsmäßig Ihre Zukunft? Legen Sie nach Ihrem aktuellen Gefühl auch das Kärtchen mit dem Wort „Zukunft" im Raum auf den Boden. Überprüfen Sie erneut die Stimmigkeit.

Weitere Fragen zur Zeitlinie beziehen sich auf Ihre Person: *„Wo genau befinde ich mich in meiner Zeitlinie?"*. Betrachten Sie Ihre Zeitlinie und reflektieren Sie: Wie sehen Sie sich in der Zeitlinie? Stehen Sie **in** Ihrer Zeit? Stehen Sie **zwischen** Ihrer Zeit? Oder stehen Sie **außerhalb** Ihrer Zeitlinie? Testen Sie es aus, indem Sie sich auf die Zeitlinie (in der Zeit), zwischen die beiden Zeitlinien (zwischen Vergangenheit und Zukunft stellen) oder ob Sie abseits (außerhalb der Zeit) von Ihrer Zeitlinie stehen, damit Sie ein stimmiges Gefühl für Ihre Position in Ihrer Zeitlinie erhalten.

Zu 2 und 3: Entscheidung für eine Ressourcenart und für die passende Situation: Sie entscheiden sich für eine Ressource, die Sie brauchen. Angenommen Sie entscheiden sich für die Ressource: „Sicherheit". Schreiben Sie auf ein DIN A 5 Kärtchen das Wort: „Sicherheit" auf. Anschließend suchen Sie sich eine Situation aus Ihrer Vergangenheit aus, in der Sie sich sicher fühlten. Ein Coach leitet z. B. mit den Worten den Test für die passende Situation ein: *„Wähle eine Situation aus deiner Vergangenheit aus, in der du dich sehr sicher fühltest. Gehe gedanklich in dieses sichere Ereignis aus deiner Vergangenheit zurück und überprüfe, ob die Situation für dich wirklich geeignet ist. – Ist sie sicher genug? Sollte durch diese kurze Erinnerungsepisode etwas Unangenehmes auftauchen, dann suche eine andere sichere Situation aus deiner Vergangenheit aus."*.

Zu 4: Einordnung der Situation in die Zeitlinie: Ist die Situation geeignet, dann legen Sie das Kärtchen „Sicherheit" nach Ihrem stimmigen Gefühl irgendwo zwischen Gegenwart und Vergangenheit so ab, dass es für Sie vom gefühlten Zeitabstand stimmt. Ein Coach könnte z. B. zum Coachee einleitend dazu sagen: *„Lege das Kärtchen ‚Sicherheit' auf deiner Zeitlinie so ab, dass es für dich vom Abstand und vom Gefühl stimmig ist. – Überprüfe noch einmal die Eignung und die Stimmigkeit. – Ist es so in Ordnung?"*.

Variationsmöglichkeit mit einem Gegenstand: *„Wenn du möchtest, suche dir ein Sicherheitsobjekt (Kissen, Stein ...) aus. Platzier es so, dass es dir, bezüglich des Abstands zu deinem Gegenwartspunkt, stimmig erscheint. Überprüf, ob dein Sicherheitsobjekt hinsichtlich Abstand und Form richtig liegt."*. Der Abstand kann jederzeit korrigiert werden.

Zu 5: Geistige und gefühlsmäßige Vorbereitung für das Eintreten in die Situation: Sollte ein Coach dabei sein, ist es wichtig, zu sagen, dass der Coachee sich direkt auf das Kärtchen „Sicherheit" draufstellen soll, um sich durch diesen Bewegungsschritt körperlich und symbolisch mit der vergangenen Situation assoziieren zu können. Für die Coachs ist es von Vorteil, wenn die Zeitkärtchen laminiert sind, weil diese mit der Zeit durch das Draufstehen zerstört werden. Dies ist für alle anderen Formate ebenso relevant. Als Begleittext könnte der Coach folgende Worte formulieren, dennoch sollte jeder in seiner Formulierung (Auswahl der Worte) völlig frei sein: *„Gehe nun langsam vom Bodenanker ‚Gegenwart' auf deine Ressource ‚Sicherheit' zu und freue dich, das Ereignis gedanklich und mit allen Sinnen noch einmal durchleben zu wollen. Bleib einen Schritt vor dem Bodenanker ‚Sicherheit' stehen. Wenn du möchtest, schließe deine Augen, atme tief ein und aus und konzentriere dich nun darauf, dass du mit dem nächsten Schritt in die vergangenen Situation hineinschreitest, die dir sehr viel Sicherheit gegeben hat. Bereit(e) dich darauf vor, dass du diese Situation noch einmal mit allen Sinnen erleben wirst. Wenn du bereit bist, dann stelle dich jetzt auf den Bodenanker ‚Sicherheit'."*. Damit beginnt nun die Bewusstmachung des Wertes „Sicherheit".

3.2.2 *VAKOG*-Durchführung in Verbindung mit dem Metamodell der Sprache

Der Coach kann mit dem visuellen Bereich starten, ist aber nicht an eine bestimmte Reihenfolge gebunden. Er kann mit den Wahrnehmungskanälen flexibel umgehen und den Wahrnehmungskanal bedienen, von dem er vermutet, dass er vom Coachee am intensivsten genutzt wird. Er könnte aber auch zum Zweck der Wahrnehmungsschulung einen anderen Wahrnehmungskanal wählen, weil er z. B. vom Coachee weiß, dass dieser ihn normalerweise meidet. Bei einem Vernunftmensch kann die Aktivierung des kinästhetischen Wahrnehmungskanals über die Submodalitäten (*„Fühle noch intensiver ..."*) bahnbrechend sein, weil dadurch das Gefühl viel stärker erlebt werden kann, als über die vertrauten anderen Kanäle, die schwerpunktmäßig frequentiert werden.

Für die jeweiligen Wahrnehmungsbereiche werden **visuelle, auditive, kinästhetische, olfaktorische oder gustatorische Wörter** verwendet, damit die Repräsentanzen im Gehirn (wie die Situation im Gehirn abgespeichert wurde) ausreichend ausgeschöpft werden.[119] Optionale Liveinduktionen können eine perfekte Reaktivierung inszenieren. Das bedeutet z. B.: Im visuellen Bereich kann über ein vom Coachee mitgebrachtes Foto oder gemaltes Bild die erwünschte Ressource noch detaillierter erinnert werden. Eine optionale Reaktivierung des auditiven Bereiches ist, wenn z. B. Musik oder bestimmte vertraute Töne (Lied, Vogelgesang, Meeresrauschen ...) abgespielt werden. Der Coach kann die Musik oder die Geräusche mit einem DVD-Player während der Reaktivierung im auditiven Bereich einspielen. Im kinästhetischen Bereich kann über einen für den Coachee emotional sehr wichtigen Gegenstand (Ring, Kette, Armbanduhr ...) die Ressource gefühlsmäßig verstärkt werden, indem der mitgebrachte Gegenstand in den Händen gehalten wird (haptische Aktivierung) oder indem er irgendwo in der Zeitlinie platziert wird. Eine optionale Reaktivierung im olfaktorischen Bereich wäre, wenn ein vom Coachee vertrauter Geruch inszeniert wird. Selbst im gustatorischen Bereich ist eine Liveinduktion möglich. Ein Coachee liebte es im Erdbeerfeld Erdbeeren zu pflücken und fühlte sich dabei innerlich frei. Er wünschte sich einen Freiheitsanker. Es war Sommer und ich hatte zufällig Erdbeeren zu Hause. Während der Ressourcenaktivierung aß er eine Erdbeere und sagte anschließend: *„So süß hat noch keine Erdbeere geschmeckt!“*.

Wenn alle Vorbereitung abgeschlossen ist, stellt sich der Coachee wie im oberen Beispielsfall direkt auf dem Bodenanker: „Sicherheit“ drauf. Der Coach kann z. B. mit dem folgendem Satz die Wiederbelebung (Ressourcierung) des Wertes „Sicherheit“ starten: *„Schließ, wenn du möchtest, deine Augen, damit du dich voll und ganz in dein Sicherheitserlebnis aus deiner Vergangenheit einstimmen kannst.“.*

1. **Aktivierung des visuellen Bereiches:** *„Nimm wahr, was du siehst? Nimm wahr, was du in dieser sicheren Situation alles erkennst. Schau dich mit deinem inneren Auge genau um. Erkenn(e) Details, die du gesehen und erlebt hast. Vielleicht siehst du einen Raum mit Menschen? Vielleicht siehst du dich mit Menschen in der Natur? Vielleicht entdeckst du etwas, was du schon vergessen hast? Mach dir die Bilder heute wieder deutlich bewusst!“ ...*

   Submodalitäten des visuellen Wahrnehmungsbereiches: *„Gestalt(e) dir die Bilder noch größer! Wie sieht das Bild aus? Ist es ein fixes Standbild? Wenn ja, dann mache ein bewegliches Bild daraus. Mach es dynamischer. Schau noch genauer und intensiver hin. Kneif deine Augen gedanklich zusammen und fokussiere deine visuellen Kräfte. Hol dir den Raum oder die Personen ganz nah zu dir heran, sodass es sich für dich sehr angenehm anfühlt. Hat eine Person aus deinem inneren Film dir auf wunderbare Art und Weise Sicherheit geschenkt, dann schaue dir diese Person jetzt viel detaillierter als sonst an. Wie sieht sie aus? Welche Gesichtszüge hat sie? Was hat sie für Haarfarbe? Augenfarbe ...? Vielleicht erkennst du etwas Neues? Schau noch genauer hin und fertige dir die Bilder noch schärfer, bunter, feiner ... Halt das schönste Bild in deinem inneren Film an. Knips ein Standbild daraus! Rahm es mit einem wunderschönen*

[119] Siehe Friesinger 2012, Theoriebuch, Kap. 2.1

Rahmen ein. Such dir den schönsten Rahmen aus. Zoom das Bild so groß, dass die Person oder die Situation, die dir Sicherheit gewährte, vor deinem geistigen Auge klar und deutlich erscheint. Entscheid dich, dieses Bild für immer in deiner Erinnerung zu behalten." ...

2. **Aktivierung des auditiven Bereiches:** *„Hör auf die Stimmen in deinen inneren Bildern oder in deinem inneren ablaufenden Film! – Hör genau hin. Vielleicht hörst du Klänge, Melodien, Geräusche, Töne ... Hör die Natur, die Dinge im Raum, die sich evtl. bewegten. Hör die Stimmen der Menschen, die mit dir gesprochen haben. Was genau haben sie gesagt, weil du heute noch dieses sichere Gefühl in dir hast? Kannst du noch den genauen Wortlaut wiedergeben? Kannst du auch deine eigene Stimme in diesem Raum hören? Hast du etwas gesagt? Wie hört sich das, was du gesagt hast, für dich heute an? Hörst du dabei auch deine Herzstimme?" ...*

   Submodalitäten des akustischen Wahrnehmungsbereiches: *„Hör noch genauer hin. Hör die Klänge und die Geräusche noch viel deutlicher als es in der Vergangenheit der Fall war. Dreh den Klang noch lauter und schöner als in deiner Erinnerung. Solltest du ein Lied hören, stelle den Ton ein, dass es für dich angenehm ist. Nimm die Melodie und die Schwingungen intensiver wahr als in deiner Vergangenheit. Dreh den Ton wieder leiser, bis das Lied verstummt. Hör deine innere Herzstimme noch deutlicher! Hol dir die Stimmen der Menschen, die dir Sicherheit gaben nah an dein Ohr heran. Lass sie liebevoll flüstern und höre genau hin, was dir die Stimmen zugeflüsterten. Vielleicht sagten sie: ‚Du bist nicht allein. – Du bist in Sicherheit. Du bist sicher bei mir! Es passiert dir nichts!' – Hör, wie gut dir diese Stimmen tun, die dir nun wieder deutlich im Ohr präsent sind. Entscheid dich, diese Stimmen in deinem Ohr nicht verstummen zu lassen, wenn du sie brauchst. Folge noch intuitiver allen sicheren Tönen und Stimmen aus deiner Vergangenheit. Vielleicht hörst du noch etwas." ...*

3. **Aktivierung des kinästhetischen Bereiches:** *„Fühl in dich hinein und spüre, was du dich damals, als du Sicherheit erfahren hast, gefühlt hast. Konzentrier dich auf alle deine Empfindungen. Kannst du ein sicheres Gefühl in deinem Körper lokalisieren? Gib mir ein Zeichen, wenn du das Gefühl in deinem Körper lokalisieren kannst." ...*

   Submodalitäten des kinästhetischen Wahrnehmungsbereiches: *„Fühl noch intensiver, was du damals gefühlt hast. Lass das Gefühl sehr weit werden, so dass es deinen ganzen Körper durchflutet. Du bist tief entspannt und fühlst das sichere, wohle und geborgene Gefühl. Und je mehr ich darüber rede, desto entspannter und sicherer fühlst du dich. Fühl die Sicherheit und die Kraft, die bestimmte Personen oder die wunderbare Situation, die du ausgesucht hast, dir gegeben haben, noch deutlicher und bewusster als in deiner Vergangenheit. Tauch tief in dieses Gefühl der Sicherheit mit der Gewissheit ein, du bist nicht allein. Wenn niemand da ist, bist immer noch du da und kannst dir, deine sichere Hand reichen. Genieß das Gefühl, dass du heute ganz für dich da bist. Heute hast du so viel Kraft, Zeit und Begeisterung dieses Gefühl zu spüren. Kannst du fühlen, wie das Gefühl der Sicherheit immer tiefer und weiter wird? Wo spürst du es genau in deinem Körper? Wie fühlt es sich an, wenn es sich so tief und weit ausgebreitet hat?" ...*

Der Coach lässt sich das Gefühl beschreiben, dadurch wird ein aktuelles Bewusstsein über das Gefühl geschaffen. Er kann noch die Induktion einer zweiten Haut[120] vermitteln: *„Stell dir vor, du hast um dich herum einen sicheren Anzug. Dieser Anzug ist wie deine zweite Haut. Du entscheidest, nichts Negatives durch deinen Sicherheitsanzug durchzulassen. Du bist der Gestalter dieser zweiten Haut. Öffne die Poren deiner zweiten Haut, wenn du Sicherheit fühlst und schließe die Poren dann wieder, wenn du dich von anderen bedroht oder unsicher fühlst. Wie genau sieht dein Sicherheitsanzug aus? Hast du eine Idee?"* ...

Der Coach wartet grundsätzlich auf die Zustimmung und auf die Ideen des Coachees. Sollten diese wider Erwarten ausbleiben, dann erst werden neue Submodalitäten eingesetzt. *„Gestalt(e) das Gefühl in dir riesengroß. Lass dein Gefühl über dich hinausdehnen, so dass du auch um deinen Körper herum das Gefühl fühlen kannst. Du kannst dein Gefühl, kraft deiner Gedanken, wenn du es willst, auch außerhalb von dir fühlen. Dehn es so weit aus, wie du es willst! Der Anzug deiner zweiten Haut könnte sich wie eine weiche, zarte, durchsichtige Folie anfühlen, die um deinen Körper herum sanft, harmonisch und zärtlich schwebt. Die Folie hat Löcher, die du mit der Kraft deiner Gedanken öffnen und schließen kannst. Je nach Stimmung kann die Folie sehr weit um dich herum schweben und du öffnest dabei sehr weit deine Poren."* ...

4. **Aktivierung des olfaktorischen Bereiches:** *„Sollte ein bestimmter angenehmer Geruch deine Erinnerung kreuzen, dann konzentriere dich auf diesen Geruch. Nimm ihn noch einmal durch bewusstes Ein- und Ausatmen über deinen Geruchssinn in dich genüsslich auf. ..."*

   Submodalitäten des olfaktorischen Wahrnehmungsbereiches: *„Riech deinen für dich sehr angenehmen Geruch noch intensiver als in deiner Erinnerung. Lass ihn in diesem Raum einfließen. Stell dir vor, er ist überall und du genießt das wohlige angenehme Gefühl, ihn noch einmal tief einzuatmen. Lass dich von deinem Gefühl treiben, diesen wunderbaren Geruch einzuatmen, so dass er in deinem Bewusstsein für immer tief verankert bleibt."* ...

5. **Aktivierung des gustatorischen Bereiches:** *„Falls es etwas zum Schmecken gab, genieße in deiner Vorstellung noch einmal diesen herrlichen Geschmack sehr bewusst und intensiv."*...

   Submodalitäten des gustatorischen Wahrnehmungsbereiches: *„Schmeck in deiner Vorstellung den Geschmack so intensiv bis dir das Wasser im Munde zusammenläuft. Mach ihn noch süßer, fruchtiger, zarter, dezenter, schärfer, prickelnder, spritziger ..."* ...

Andere „sichere" Ereignisse (weitere Situationen) aus der Vergangenheit können ebenso über *VAKOG* aktiviert werden, damit sich das „vergessene" sichere Gefühl im Coachee wieder manifestieren kann. Nach drei reaktivierten Ereignissen ist in der Regel das Sicherheitsgefühl gestärkt. Dieser Verstärkungsmoment kann als *Moment of Excellence*[121] bezeichnet werden. Er kann über Ankermethoden, die im folgenden Kapitel beschrieben sind, konditioniert werden, damit das erwünschte Sicherheitsgefühl jederzeit abrufbar ist, wenn wir es brauchen.

---

[120] Dazu mehr im Kap. 5.22
[121] Siehe Kap. 3.3.1

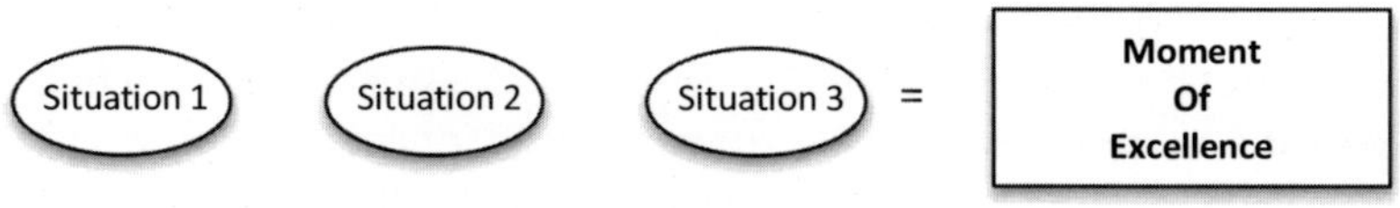

Abb. 11 – Über *VAKOG* mehrere schöne Momente ankern.

3.3 Die vielfältigen Ankermethoden

Die Ankermethoden sind ein wichtiges Instrumentarium, um neue Glaubenssätze zu verinnerlichen. Sobald Sie nach den entsprechenden Reframingsmethoden Ihr neues Gefühl fühlen, können Sie dieses auf unterschiedliche Arten immer wieder neu ankern. Deshalb beschreibe ich zuerst die Ankermethoden, bevor ich das Frage-Antwort-Gerüst der *Inneren-Dialog-Methode* sowie andere Reframingsmethoden erkläre, damit Sie das Ankern beherrschen, wenn Sie es bedingt durch die Wirkung des Reframings (Fixierung des neuen Gefühls) brauchen.

Das Ankern basiert auf einem konditionierten Gefühl, welches wir aktiveren können, wenn wir es wünschen. Die Lerntheorie von Skinner und Bandura[122] beschreibt, dass Lernen nach dem Prinzip des Reiz-Reaktions-Vorgangs (Konditionierung) funktioniert. Der bekannt gewordene *Pawlowsche Hund*[123] bestätigte diese Konditionierung. Nachdem Pawlow seinem Hund immer Futter in Verbindung mit einem Klingelton gab, produzierte dieser schon beim Ertönen des Klingeltons **vor** der Fütterung Speichel. Wir sind alle auf irgendeiner Art und Weise konditioniert. Durch Konditionierung sind wir ständig in irgendeiner Form visuell, auditiv, kinästhetisch, olfaktorisch und gustatorisch geankert, deshalb sind die Wahrnehmungskanäle unsere Ankerwerkzeuge. Beispielhaft stelle ich zwei eigene konditionierte Ankerbeispiele aus meinem Leben vor: Werde ich zufällig an Amsterdam erinnert, dann denke ich automatisch an Anne Frank und an meine ehemalige Schulfreundin, weil ich mit ihr das Anne-Frank-Haus vor 25 Jahren besucht habe (hauptsächlich visuell und kinästhetischer Wahrnehmungskanal). Zieht z. B. ein Kokosgeruch an meiner Nase vorbei, dann denke ich sofort an den Familienurlaub in der Karibik (bevorzugt: olfaktorisch-kinästhetisch).

Diese Konditionierung kann bewusst **für die Inszenierung von magischen Gefühlen** genutzt werden. Mit Ankermethoden können diese reaktiviert (geankert), mental und körperlich manifestiert und verstärkt werden. Das beste magische Gefühl fügt sich in der Regel aus den besten Ressourcen zusammen und wird als *Moment-of-Excellence*[124]-Gefühl bezeichnet. Wir können jederzeit schöne Erlebnisse – Magic Moments – ankern, besonders wenn es uns „schlecht" geht. Leider sind viele Menschen oft stark negativ geankert. Ein negativer Anker kann durch einen positiven Anker über die Struktur- und die Inhaltsebene der Gedanken reframt werden. **Dieses Wissen ist Gold wert.** Belastende Bilder und negative Erlebnisse in der Wahrnehmungskette können durch neue Vorstellungsbilder und innere angenehmere Dialoge verändert und das stimmige-positive Gefühl dazu geankert werden. Selbst traumatische Gefühle können auf der Strukturebene der Gedanken aufgelöst werden, ohne dass allzu tief im Inhalt herumgestochert und -gestöbert wird.

---

[122] Metzger, Raimund (1966) Die Skinner'sche Analyse des Verhaltens: ein integrativer Ansatz für die klinische Psychologie, Pfaffenweiler: Centaurus-Verl.-Ges. / Bandura, Albert (1962). *Social Learning through Imitation*. University of Nebraska Press: Lincoln, NE.

[123] benannt nach Iwan Petrowitsch Pawlow, russischer Mediziner

[124] NLP-Ausdruck

Geankert werden können Gerüche, Wörter, Sätze, Gedankenimaginationen, Geräusche, Lieder, Gesichter, Momente, Landschaften, Tiere, Menschen oder ganzheitliche Situationen, die ein positives Gefühl in der Vergangenheit auslösten. Um Gefühle zu verstärken, können die Anker einer bestimmten Funktion zugeordnet werden: Sternenanker (Anker für den *Moment of Excellence*), Freiheitsanker, Leichtigkeitsanker, Energieanker, Lachanker, Schutzanker (*Second-Skin*-Anker),[125] Motivationsanker, Stressanker, Zieleanker, Ruheanker, Entspannungsanker, Aufräumanker ...

Wir haben sogar die Fähigkeit, komplette Rollen zu ankern. Wollen wir den Humor eines Kabarettisten ankern, dann können wir dies über schöne innere Vorstellungsbilder tun. Durch die Fähigkeit des Rollenankerns entwickeln Menschen mehr Empathie, weil sie dabei lernen, sich besser in ihre Mitmenschen einzufühlen. Sie fühlen, was andere fühlen. Gefährlich wird es, wenn mit der Rollenübernahme extrem übertrieben wird, weil dann die Menschen nicht mehr sie selbst (Imitations-, Clown-, Helfermuster ...) sind. Sie tragen dann bedingt durch ihre Muster den Maßanzug eines anderen. Dieser „sitzt" einfach nicht so gut, als wenn es der eigene wäre.

Ein kinästhetischer Anker wird, wie es der Name schon sagt, **körperlich fixiert.** Er kann, in herausfordernden Stresssituationen, gefühlsbelastete Menschen wieder in ihr inneres Gleichgewicht bringen. Der Anker wird **vor** der Wiederbelebung der Ressource über die *VAKOG*-Übung **mit Hilfe eines Druckpunktes an einer bestimmten Körperstelle** ausgewählt. Dieser Druckpunkt wird dann später bewusst aktiviert, wenn das beruhigende Gefühl gebraucht wird. Wählen Sie gut erreichbare und neutrale Stellen am Körper aus, damit das Ankern leicht umzusetzen ist. Beispiel für Druckpunkte: **Daumen und Zeigefinger zusammenpressen**, Oberschenkel, Hand, Finger, Ohr, Nase, Bauch, Brust ... drücken. Sie können auch ein emotional besetzter Gegenstand wie Ring, Uhr, Armband, Kette ... auswählen und den Gegenstand mit der ganzen Hand anfassen oder mit den Fingern reiben. Für das Setzen eines kinästhetischen Ankers sind **fünf Kriterien** zu berücksichtigen:

1. **Genauigkeit:** Die genaue Stelle, Dauer und Druckintensität vorab festlegen und ausprobieren.
2. **Einzigartigkeit**: Die Ankerstelle auf Neutralität testen. Der Ankerplatz darf nicht schon mit negativen Erfahrungen besetzt sein. Das ist dann der Fall, wenn uns z. B. früher jemand immer an der Schulter antippte und wir das nicht mochten, dann kann diese Stelle zum Ankern ungeeignet sein, weil wir dabei an das alte frustrierte Gefühl erinnert werden. Es sei denn, diese Stelle wurde durch neue schon wirksame Glaubenssätze „neutralisiert". Wer sich an einer Stelle mehrfach ankert, sollte wissen, dass Gefühle sich auch gegenseitig stören können.
3. **Intensität:** Die Energie des Ankers sollte so intensiv wie möglich sein. Die Intensität kann über die Submodalitäten (siehe Kap. 3.2.2) gesteuert werden.
4. **Passender zeitlicher Ablauf des Ankerns:** Die Druckstelle des Ankers wird kurz vor dem Gefühlshöhepunkt gesetzt. Das Wohlfühlniveau kann an der Physiologie des Coachees abgelesen werden.
5. **Pflege**: Besonders der kinästhetische Anker braucht regelmäßige Pflege. D. h. an der jeweiligen Körperstelle wird der Anker immer wieder in herausfordernden Situationen und Momenten

[125] Siehe Kap. 5.22

ausgelöst, weil er ansonsten seine Wirkung verliert oder schlicht und einfach vergessen wird. Mit einem regelmäßig gepflegten Anker kommen Menschen schneller in das erwünschte positive Reaktionsmuster zurück. Sie sind der Gestalter Ihres *Moment-of-Excellence*-Ankers und Sie haben die Verantwortung für dessen Pflege.

3.3.1 Der kinästhetische Anker in Bezug auf den *Moment of Excellence*

Es ist individuell sehr verschieden, wie stark das Ressourcen- und Gefühlsgedächtnis sich reaktivieren lassen, weil es davon abhängt, wie stark Gefühle in der Vergangenheit von den uns wichtigen Bezugspersonen erfüllt oder frustriert wurden. Dennoch hat jeder Mensch positive Gefühlsressourcen. Jeder Mensch kann auf positive Situationen und Erfahrungen in seinem Leben zurückgreifen. Es gibt kaum **einen** Menschen auf dieser Welt ohne Ressourcen. Sollte jemand glauben, dass er keine Ressourcen hat, dann hat er einen perfekt funktionierenden Glaubenssatz, der heißt: *„Ich habe keine Ressourcen.“.* Es gibt aber keinen einzigen negativen Glaubenssatz, der sich nicht zum Reframen eignet. Selbst dieser negative Ressourcenglaubenssatz kann dahingehend verändert werden, dass der *Moment of Excellence* im Leben dieser Menschen zum Vorschein kommen kann.

Gut Geübte können in Sekundenschnelle ihre Ressourcen, die sie benötigen, aktiveren. Werden wir angegriffen, dann können bei entsprechender Übung die manifestierten Ressourcen (z. B. innere Gelassenheit oder innerer Energieschub) blitzartig aktiviert werden. Wir reagieren dann mit weniger Aggression, sondern mit dem geankerten Wunschgefühl. Bei entsprechender Pflege entsteht irgendwann darüber eine unbewusste Kompetenz. Jeder kann in seinen erwünschten Bereichen eine **unbewusste Kompetenz** entwickeln, wenn er etwas wirklich aus tiefster Überzeugung möchte. Nur selten liegen kognitive Beschränkungen vor, warum jemand etwas nicht tun kann. Es liegt meisten an der ausgrenzenden Kommunikation mit uns selbst. Wer positive unbewusste Kompetenzen bewusst aufbaut, empfindet das Leben als weniger anstrengend. Eine Herausforderung wird anders interpretiert als eine belastende schwierige Situation. Wer Situationen als schwierig bewertet, wird sie auch als schwierig erleben. Wer immer sagt, das ist mir zu viel, wird jede weitere Aufgabe als weitere Belastung erleben und dabei resignieren.

3.3.1.1 Vorbereitung für den *Moment of Excellence* in zwei Schritten

Schritt 1: Um einen kinästhetischen Anker erfolgreich über den *Moment of Excellence* körperlich und mental zu manifestieren, ist es notwendig über *VAKOG* in einen ressourcenvollen Zustand einzutauchen.[126] Suchen Sie sich Ihre **drei schönsten Vergangenheitsmomente** aus. Ich nenne solche Momente „Sternenmomente“, weil ich einmal unter einem wunderschönen Sternenhimmel mitten im Winter – es war Montagabend – mit einer Freundin in dem einzigen offenen Lokal einer verschlafenen Stadt, in der kaum einer Montagabend zum Essen ausgeht, in der Gartenlaube wunderschön zu Abend gegessen habe. Lassen Sie sich bei der Suche nach Ihren drei passenden Momenten ausreichend Zeit. Diese Übung ist sehr wertvoll. Lassen Sie sie nicht außer Acht. Wenn Sie Ihre Entwicklung

> Welcher Moment im Ihrem Leben war der Schönste?

[126] Siehe Kap. 3.2

ernst nehmen, dann werden Sie nicht nachgeben, bis Sie Ihren *Moment of Excellence* im Ihrem Leben gefunden haben. Diesen können Sie dann mit der folgenden Ankermethode kinästhetisch ankern. Sie finden diese Momente in Ihrem Erinnerungsrepertoire schneller, wenn Sie sich mental und mit dem Herzen darauf einstimmen. Gehen Sie nicht von Worst-Case-Beispielen aus: *„Ich finde keinen schönen Moment!"*. Eine Ausrede ist und bleibt eine Ausrede. Sollte es tatsächlich so sein, dass jemand keinen einzigen schönen Moment finden kann, dann brauchen diese Menschen dringend therapeutische Hilfe. Sie jedoch lesen dieses Buch und allein schon deshalb haben Sie ausnahmslos Ressourcen. Bei einem Coaching zum *Moment of Excellence* benötigte der Coachee eine Stunde, um sich auf seine schönen Momente einlassen zu können, weil er in letzter Zeit sehr viel Negatives durchlebt hatte. Ich ging auf seiner Zeitlinie mit ihm zurück bis zu der Zeit, als die schlimmen Dinge in seinem Leben **noch nicht passiert waren.** Erst von dort aus konnte er wieder seine schönen Lebensmomente annehmen und finden. Geben Sie nicht gleich auf! Schöne Momente sind da, auch wenn sie etwas verschüttet sind. Nachdem Sie mindestens drei schönste Lebensmomente erinnert haben, gehen Sie diese der Reihe nach mit *VAKOG* durch.

Schritt 2: Entscheiden Sie sich für Ihren intensivsten Moment. Sie werden es fühlen, welcher Moment der Intensivste ist. Ein guter Coach kann es an den Gesichtszügen ablesen. Sie werden deutlich spüren, welcher Moment Sie am meisten innerlich bewegte. Dieser Moment ist Ihr Moment von höchster emotionaler Wichtigkeit. Legen Sie **vor** der Übung die Körperstelle fest, an der Sie sich ankern möchten. Probieren Sie aus, welche Stelle am Körper passt. Falls Sie mit Ihrem schönsten Moment eine Melodie verbinden, dann können Sie diese als Hintergrundmusik zur Verstärkung einsetzen. Sollten Sie mit Entspannungsübungen oder Trancen (z. B. Progressive Muskelentspannung nach Edmund Jakobson,[127] Autogenem Training ...) noch ungeübt sein, dann hören Sie vorher zum Entspannen eine CD mit leiser instrumentaler Musik. Ebenso die Imagination im Kap. 5.1: *Die ‚innere Sonne' zum Leuchten bringen* ist als Vorentspannungsübung gut geeignet.

Mach es dir bequem, schließe deine Augen und lenke deine Aufmerksamkeit zu deinem Atem. Atme drei Mal tief ein und aus. Sollten Gedanken kommen, lass sie wieder ziehen. Lass sie wie Wolken davonziehen. Es ist leicht, Gedanken loszulassen. Die Lebensenergie fließt aus der Unendlichkeit sanft und sicher zu dir. Atme sie ein und aus. Sie fließt durch deinen Körper hindurch, hinab zu deinen Zehenspitzen und über deine Fußsohlen bis tief in die Erde hinein, sodass du dich von ihr getragen und gehalten fühlst. Atme noch einmal tief ein und aus und fühl dich mit der Energie des Himmels und der Erde zutiefst verbunden. Solltest du noch Geräusche im Außen wahrnehmen, dann entspanne jetzt umso tiefer, desto lauter die Geräusche im Außen sind. Spür, wie entspannt du trotz Geräusche bist und wie du trotz der vielleicht noch störenden Gedanken immer entspannter und entspannter wirst. Du bist jetzt sehr tief und sicher mit der Energie des Himmels und mit dem Kraftboden der Erde verankert. Atme über deine Fußsohlen bis tief in die Erde hinein und verwurzle dich noch mehr mit ihr. Im Kreislauf deines Atems wirst du jetzt immer entspannter und leichter, je länger du noch weitere Geräusche im Außen wahrnimmst.

---

[127] Entspannung und Meditation – Progressive Muskelentspannung, Muskelentspannung nach Edmund Jacobson – Audio-CD zum Abbau von Stress, www.entspannungstechniken.eu/Progressive-Muskelentspannung.php

In diesem entspannten Zustand wende dich nun wieder deinem schönsten „Sternenmoment" aus deiner Vergangenheit zu. Lass diesen Sternenmoment noch einmal vor deinem geistigen Auge vorbeiziehen. Schau dir diesen wunderbaren Moment in deinem Leben noch einmal genauer an. An welchem Ort warst du? Warst du allein? Welche Personen waren dabei? Was hast du erlebt? Was hat dich begeistert? Was macht diesen Ort für dich so besonders? Was macht dich an diesem Ort so besonders? Lass dir Zeit, um diese schönen Momente noch einmal zu erleben.

Aktivierung des visuellen Bereiches: Nimm wahr, was du siehst. Schärf die aufkommenden Vorstellungsbilder so lange bis sie für dich klar und ganz deutlich sind. Falls dir die Bilder vor deinem geistigen Auge noch zu klein erscheinen, dann zoome sie etwas größer. Zeichne dir große Bilder! Zoom sie riesengroß, so dass du sie jetzt sehr deutlich sehen kannst. Was erkennst du nun auf dem Bild, was du zuvor vielleicht noch nicht entdeckt hast? Assoziier dich mit deinen inneren Bildern. Das bedeutet: Du bist Teil deines inneren Bildes. Such dir das schönste Bild aus und erzeuge daraus ein Standbild. Rahm es in einen für dich ansprechenden Rahmen ein. Wo möchtest du dieses Bild hinstellen? Gestalt(e) es einfach so, wie es für dich am schönsten ist.

Vielleicht siehst du aber einen inneren Film? Du spielst in deinem inneren Film die Hauptperson. Positionier alle Mitspieler und Protagonisten in deinem Film so, wie es dir gefällt. Wie sehen die Farben in deinem inneren Film aus? Sind es intensive oder eher zarte Farben? Wie sehen die Menschen aus? Zoom sie so nah an dich heran, so dass du sie gut sehen kannst. Genieß den Anblick der Personen, die dir gut tun.

Aktivierung des auditiven Bereiches: Nimm wahr, was du um dich herum hörst. Hör genau hin. Die Stimmen, Klänge, Geräusche ... um dich herum vermitteln dir ein gutes Gefühl. Dreh die Lautstärke so, dass es wohlwollend in deinen Ohren klingt. Vielleicht willst du, dass die Stimmen flüstern? Mach es so, wie es für dich angenehm klingt. Vielleicht hörst du auch etwas Liebevolles, was du zu dir selbst sagst? Wenn ja, dann friere diesen wunderschönen Satz ein. Was genau hast du zu dir gesagt? Wiederhol den Satz für dich einige Male und höre, wie vertraut dir deine eigene Stimmfarbe ist. Kannst du deinen Satz deutlich hören? Schreib ihn geistig auf ein großes Blatt Papier auf. Zeichne die Buchstaben so groß, dass du sie gut erkennen kannst. Kannst du den ganzen Satz mit deinem geistigen Auge sehen? Entscheid, dass du dich später daran erinnerst, wenn du diesen Satz wieder brauchst. Stell dir vor, du bist in einem sehr hohen Raum mit einer wunderbaren Stimmresonanz. Hörst du vielleicht jetzt noch weitere Stimmen oder Klänge, die du zuvor noch nicht gehört hast und die dir ein gutes Gefühl vermitteln?

Aktivierung des kinästhetischen Bereiches: Nimm wahr, was du gerade fühlst. Lass dir Zeit für dein Gefühl. Lenk deine Aufmerksamkeit genau an die Stelle, an der du dein Gefühl vermutest. Lokalisier dein Gefühl im Körper und beschreibe es für dich. Fühl, was dabei passiert und verbinde dich heute noch bewusster als sonst mit deinem Gefühl. Halt es in dir. Erfreu dich an deinem Gefühl. Stell dir nun vor, dass du dein Gefühl wie ein Gummiband breiter, weiter, höher und länger auseinanderziehst. Wie verändert es sich dadurch? Fühlst du es jetzt vielleicht intensiver, dynamischer, prickelnder, hüpfender ...? Dehn dein Gefühl, soweit du es dir vorstellen kannst jetzt aus. Lass es einmal um die Erde ziehen und wieder zurück. Stell dir auch vor, du holst dein Gefühl aus deinem Herzen heraus, du schaust es interessiert an, drehst es in deinen Händen herum und setzt es wieder in dein Herz ein. Warum nicht? Es funktioniert, wenn du es willst. Alles was du willst, ist energetisch möglich. Probier es einfach aus. Es ist schön sich vorzustellen, dein wunderbares Gefühl in deiner Hand zu halten. Wie fühlt sich dein Gefühl in deiner Hand an? Stell dir nun auch vor, dein Gefühl ist für immer in deinem Herzen, weil du es dort hineinlegst. Wie fühlt sich diese Vorstellung für dich an? Stell dir vor, du zeigst dein Gefühl auch anderen Menschen. Stell dir vor, du bist offen und frei für dein neues Gefühl. Wie fühlst du dich dann?

Aktivierung des olfaktorischen Bereiches: Nimm wahr, was du in dieser Situation riechst. Lass diesen für dich wohltuenden Geruch direkt an deiner Nase vorbeiziehen. Nimmst du vielleicht noch einen anderen Geruch wahr? Ist es vielleicht der Geruch einer Blume, eines Baumes, eines dir vertrauten Raumes oder einer dir vertrauten Person? Die Natur ist reich an Gerüchen. Stell dir vor, du bist auf einem Gewürzbasar und du riechst die vielseitigen Geruchssorten. Bedien dich aus diesem Basar der natürlichen Aromen und Gerüche. Vielleicht fügst du noch einen weiteren exotischen Geruch hinzu? Riech das gesamte Aroma. Spür, wie gut es dir geht, wenn du diesen Geruch in der Nase hast. Atme noch einmal tief ein und rieche dein Geruch in der dir höchstmöglichen Intensität. Wie verändern sich dadurch dein Gefühl und deine inneren Vorstellungsbilder?

Aktivierung des gustatorischen Bereiches: Nimm wahr, was du schmeckst. Die Welt ist übervoll von tausend Geschmacksnoten. Bedien dich aus diesem Basar! Mit deinen geistigen Geschmacksknospen kostest du voller Genuss alles, was dir in den Sinn kommt. Vielleicht erinnerst du dich wieder an einen Geschmack, an den du schon lange nicht mehr gedacht hast? Lass ihn dir noch einmal auf der Zunge zergehen.

Das Bedürfnis deiner höchsten emotionalen Wichtigkeit ist in diesem Moment komplett erfüllt. Fühl deinen Sternenmoment. Alles, was in dir gerade lebendig ist, fühlt sich im Hier und Jetzt vollkommen erfüllt, richtig und gut an. Lass dieses Gefühl über dich hinauswachsen und spüre, wie es selbst außerhalb von dir existieren kann. Denk dir deine wohlwollenden Gefühle dieses Sternenmoments weiter, höher, tiefer, friedlicher ... und lasse sie weit über dein Bewusstsein hinausziehen. Spür, wie dein Gefühl in dir und um dich herum ist. Fühl diese exzellente innere Wohlfühlzone. Fühl, wie stark du bist, weil du mit der Energie des Himmels verbunden und mit der Energie der Erde verwurzelt bist. Fühl die Qualität deines einzigartigen Gefühls. Fühl die Erfülltheit in dir, die sich ebenso auch außerhalb von dir befindet. Fühl die innere Freiheit in dir. Dein Gefühl so auszugestalten und zu fühlen, wie du es dir von Herzen erträumst, ist die Kraft der inneren Freiheit.

Vielleicht fühlt sich dein Gefühl schwerelos und frei an? Vielleicht fühlt es sich sicher an? Wie auch immer es ist, es ist richtig und gut. Vielleicht ist dein Gefühl nur für einen kurzen Moment vorhanden? Sollte es so sein, dann inszeniere es Kraft deiner Gedanken länger und weiter. Stell dir vor, du besitzt dieses schöne und leichte Gefühl viel länger als in Wirklichkeit. Stell dir vor, du fühlst dein Gefühl eine ganze Stunde, einen ganzen Tag, eine ganze Woche, einen ganzen Monat oder vielleicht ein ganzes Jahr lang? Vielleicht ein ganzes Leben? Stell dir vor, dein inneres Wohlbefinden ist als Permanenzgefühl gut und sicher in dir verankert. Es ist immer da, wenn du es brauchst. Es ist besonders dann da, wenn es in deinem Alltag wieder hektischer und unruhiger wird. Dieses Gefühl ist ein Gefühl von tiefster Begegnung und Wertschätzung dir selbst gegenüber. Mit diesem starken Gefühl kannst du alle Gefühle, die Unwohlsein auslösen, exzellent in dir schwerelos „halten".

Lenk jetzt noch einmal deine ganze Aufmerksamkeit verstärkt auf dein exzellentes Gefühl. Sei bereit, deinen Sternenanker zu verankern. Drück dich etwa sechs bis sieben Sekunden lang an der Stelle, die du zuvor ausgewählt hast. Drück die Stelle mit einem festen Finger-, Daumen oder Handflächendruck erst dann, wenn sich das Gefühl **kurz vor dem Gefühlshöhepunkt** befindet. Spür gleichzeitig den Druck deiner Hand und dein Gefühl. Lass den Druck wieder los und das Gefühl noch etwas ausklingen. Fühl, wie wohlwollend es sich anfühlt, wenn es noch nachwirken kann.

Entwickle die Gewissheit in dir, dass wenn du den Anker später an der gleichen Stelle betätigst, dass dein Herzgefühl wieder aktiviert wird. Dein Gefühl ist bewusst und unbewusst in dir verankert und wird immer da sein, wann immer du es brauchst. Du kannst es vor jeder herausfordernden Situation auslösen, wenn du daran denkst. Du kannst es steuern, wenn du es willst. Freu dich, dass du dein Gefühl immer in deinem Herzen trägst, wenn du es benötigst. Vielleicht spürst du noch sanft deine Druckstelle von vorhin, aber vielleicht ist sie schon verschwunden? Später in der Realität, wenn du dein Sternengefühl nicht mehr so intensiv fühlst, kannst du es wieder auslösen, indem du dich für sechs bis sieben Sekunden an der ausgewählten Körperstelle erneut drückst. Pfleg den Anker und sensibilisiere dich dafür und du wirst dein Sternengefühl in einer abgeschwächten Form spüren können. Damit es tatsächlich funktioniert, braucht es vorerst die bewusste Übung. Freu dich auf dieses neue Experiment. Freu dich, neue Dinge auszuprobieren. Entscheid dich, deinen Sternenanker zu hegen und zu pflegen.

Verabschied dich nun von deinem *Moment of Excellence* und freue dich auf dein integriertes Sternengefühl. Du bist nicht mehr allein, weil dein Herzgefühl bei dir ist. Entscheid dich, aus diesem neuen Herzgefühl heraus zu leben und zu sein. Gesteh dir diese Vielfalt des Seins von Herzen zu.

Öffne langsam deine Augen und werde dir des Raumes wieder bewusst, indem du dich befindest. Streck deine Glieder aus und fühl dich auch im Alltag von der Energie des Himmels und der Erde getragen. Atme bewusst dein Sternengefühl ein und aus. Leb in der Gewissheit des unbesiegbaren Sommers in dir. Nimm dein Gefühl mit in einen wundervollen Tag. Es ist dein Tag. Kein anderer lebt deinen Tag. Sei wach für deinen Tag und sei gewiss, jeder Tag ist ein Sternentag.

3.3.1.2 Wichtiger Hinweis zum richtigen Ankern:

Der richtige Zeitpunkt zum Ankern ist kurz vor dem angesteuerten Gefühlshöhepunkt. Wann der genaue Zeitpunkt ist, wird jeder selbst fühlen. Ein erfahrener Coach kann den passenden Zeitpunkt anhand der positiven Physiologie des Coachees ablesen. Nachdem der Anker gesetzt ist, wird eine Reduktion (Zurückführung) eingeleitet. Die geführte Person wird vorbereitet, sich langsam von der Situation zu verabschieden. Wird jemand zu abrupt aus der Entspannung herausgerissen, klingt das Gefühl nicht optimal aus und verliert an Effekt. Die Nachklangresonanz ist aber für die Konditionierung und Reaktivierung des Ankers sehr wichtig.

Die effektivsten Anker werden in Life-Situationen erzeugt. Liveanker wirken am intensivsten. Bei einer indischen Massage ankerte (manifestierte) ich mein Entspannungsgefühl. An das real erlebte

Gefühl kommt die bestgeführte *VAKOG*-Methode nicht heran, weil diese immer konstruiert ist. Ankern Sie sich möglichst in Live-Momenten, in denen Sie das Gefühl real fühlen. **Sie müssen aber daran denken, es zu tun.** Sobald Sie ein Ankerbewusstsein und etwas Übung haben, werden Sie sich die Gefühle ankern, die Sie am dringendsten in bestimmten Momenten Ihres Lebens benötigen. Fühlen Sie sich gefangen, dann ist ein Freiheitsanker hilfreich. Fühlen Sie sich allein, dann brauchen Sie einen Verbundenheitsanker ... Es gibt aber auch Menschen, **die sich körperlich nicht gut ankern können**. Bei diesen Menschen fehlt die Fähigkeit, über Berührung Gefühle zu initiieren oder sie benötigen tatsächlich aufgrund der hohen Gefühlsintensität in Live-Situationen Liveanker. Wer mit Delphinen im Meer schwimmt und sich in diesem Moment kinästhetisch ankert, wird diesen Anker intensiver nachempfinden, als wenn die Delphinszene über *VAKOG* rekonstruiert wird.

3.3.2 Der Separator

Der Separator ist die Schnittstelle zwischen Vorstellung und Realität. Er wird eingesetzt, um den gesetzten und körperlich manifestierten Anker nach Wirksamkeit zu testen. Sobald die Zurückführung abgeschlossen ist, wird eine unverfängliche Frage gestellt, die nichts mit der Situation gemeinsam hat: *„Wie war das Wetter gestern? – Was hast du gestern gegessen?“* ... Eine bewährte Methode sind auch Bewegungen: Im Kreis drehen oder hüpfen. Durch Separatoraktionen wird der Coachee spielerisch aus der zuvor gefühlten Physiologie herausgerissen. Danach wird der Anker wieder aktiviert, um zu testen, ob er wirkt. Der Coachee löst das Gefühl wieder aus, indem er sich an der Ankerstelle wieder drückt (aktiviert). Kann das Gefühl wieder „leise“ und „sanft“ nachgespürt (ausgelöst) werden, dann hat er sich erfolgreich geankert. Wer das Ankern trainiert, wird in entsprechenden herausfordernden Situationen, aber auch in Kontemplationsmomenten, seine Sternenmomente, wann immer er es möchte, reaktivieren können.

3.4 Das Gerüst der Inneren-Dialog-Methode

Die *Innere-Dialog-Methode* ist ein **Frage-Antwort-Gerüst** mit drei Protagonisten:

1. Sie selbst (**Ich**)
2. Sie selbst als **Interviewer**
3. Sie selbst als **Beobachter** ersten Grades (Meta-Position).[128]

Die Methode wird im Assoziations- und im Dissoziationszustand durchgeführt (Dissoziationsübung Kap. 5.7). Als „Ich“ und als „Interviewer“ sind Sie im Bild assoziiert (mitten drin). Als „Beobachter“ sind Sie dissoziiert (außerhalb des Bildes). Kreieren Sie zu Ihren Erfahrungen passende Fragen, um Ihre Erkenntnisantwort/en finden zu können. Stellen Sie sich Fragen, die zu Ihren schon bewussten Reaktionsmustern passen, wenn Sie diese schon kennen. Wer fragt, gewinnt. Es gibt keine falschen Fragen. Mithilfe des **Frage-Antwort-Gerüstes** werden unbewusste Erkenntnisantworten aufgedeckt. Es wird etwas bewusst, was vorher noch unbewusst war. Das erste Frage-Antwort-Gerüst bezeichne ich als **erster Tiefgang**. Die Antwort nach dem ersten Durchgang (Tiefgang) ist der

[128] Berghaus 2003, S. 47 – 51. *„Selbstbeobachtung heißt operieren und beobachten, dass man operiert.“* Der bekannte Systemiker Niklas Luhmann spricht auch von *„Beobachtung erster, zweiter und dritter ... Ordnung.“*

Schlüssel (Aufhänger) für die nächste Tiefgangfrage. **Somit setzt sich ein Durchgang aus drei Teilen zusammen: Frage – Antwort – Schlüssel.** In der ehrlichen Antwort liegt der Schlüssel für die nächste, tiefer liegende Frage. Wie viele Tiefgänge bis zu der Erkenntnisantwort gebraucht werden (oft sind es aber mehrere) und wie lange jemand dazu braucht, um sich seine Fragen authentisch zu beantworten, hängt von der Fragestellung ab, von der Bereitschaft auftauchende Widerstände loszulassen, von der Offenheit, vom inneren Veränderungsdruck und von der Ehrlichkeit der Antwort (Kongruenz). Diese Kompetenzen bezeichne ich als Veränderungsintelligenz. Sie sind erlernbar. Alles ist erlernbar, weil unser Gehirn **plastisch** ist. Lernen heißt Veränderung und die Veränderung funktioniert dann am effektivsten, wenn jemand tatsächlich das Richtige für seine Entwicklung lernen will. Wenn er KÖNNEN und nicht nur WISSEN will.

Frage → Antwort → Schlüssel für die nächste Frage.

$\text{Tiefgang}_1 = \text{Frage}_1 + \text{Antwort}_1 = \text{Schlüssel}_1$
$\text{Tiefgang}_2 = \text{Frage}_2 + \text{Antwort}_2 = \text{Schlüssel}_2$
$\text{Tiefgang}_3 = \text{Frage}_3 + \text{Antwort}_3 = \text{Schlüssel}_3$
$\text{Tiefgang}_n = \text{Frage}_n + \text{Erkenntnisantwort/en}$

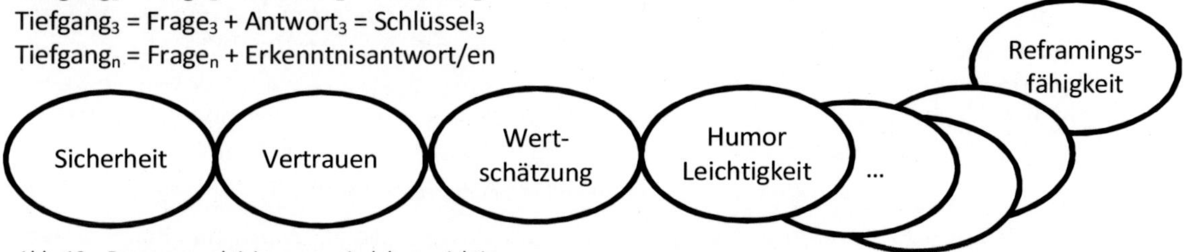

Abb. 12 – Ressourcenaktivierungen sind dann wichtig, wenn Menschen den positiv gewendeten Glaubenssatz immer noch nicht fühlen können.

Der letzte Tiefgang wird mit „n" gekennzeichnet, weil die Anzahl der Tiefgänge bei jedem unterschiedlich ist. Wer sehr reflektiert ist, kann schon mit einem Tiefgang auf seine Erkenntnisantwort/en treffen. In der Regel benötigen Menschen mehr als zwei oder drei Tiefgänge. Nach der/den Erkenntnisantwort/en werden Ressourcenaktivierungen über *VAKOG*, die zum Bewusstseins- und Wirkungsreframing führen können, mit entsprechenden Reframingsmethoden (Korrektur der alten Glaubenssätzen: *Die 180 Grad-Wendung des Gefühls*) durchgeführt.

Nach der Erkenntnisantwort werden Ressourcen mobilisiert.

Jeder innere Dialog (Gestaltdialog) fängt mit einer Problemfrage an: *„Um was geht es mir eigentlich?" „Wie bin ich eigentlich?"*. Vielleicht ahnen Sie schon durch einen unbewusst formulierten *Impasse* von anderen (Partner, Freunde, Fremde ...) Ihre Reaktionsmuster? Vielleicht hat z. B. jemand zu Ihnen gesagt: *„Ist dir schon aufgefallen, dass du Probleme immer wegschiebst und verdrängst?"*? Solche Hinweise könnten der Anlass sein, die *Innere-Dialog-Methode* mit folgender Frage zu starten: *„Warum verdränge ich immer meine Probleme?"*. Wie Sie Ihre „richtigen" Antworten finden, erfahren Sie in Kap. 3.4.3 und 3.4.4., wenn Sie konsequent und strukturiert das **Frage-Antwort-Gerüst** durchgehen. Verdrängen Sie nicht weiter. Eignen Sie sich JETZT das Wissen an und tun Sie es.

Ohne Wissen können Sie sich nicht verändern.

3.4.1 Die Eingangsfrage

Jede Tat beginnt mit einem ersten Gedanken. Sollten Sie so gar keine Idee haben, mit was Sie starten könnten, dann starten Sie z. B. mit folgenden Gedanken: *„Wie fühle ich mich? – Was brauche ich, um glücklich und innerlich frei zu sein?“.* Haben Sie in Ihren Selbstfindungsprozess Vertrauen. Wenn Sie mit Entscheidungskraft, Bereitschaft und Offenheit auf die Suche nach Ihrer Einstiegsfrage gehen, dann werden Sie die richtige Einstiegsfrage in Form von W-Fragen: Wieso, weshalb, warum, wo, wie, wer, was, wozu, wohin, womit und wodurch ... finden. Die Eingangsfrage kann mit einem Problem in Verbindung stehen, mit einer Gewohnheit, mit einem schon bewussten negativen Reaktionsmuster oder sogar mit der Infragestellung der eigenen Identität: *„Warum bin ich* ***eigentlich*** *so, wie ich bin?“.* Die erste Frage ist somit die **Eingangstüre** zur Befreiung. Sie kann mit jeder beliebigen Frage, bezugnehmend zu einem allgemeinen Störfaktor oder direkt zum inneren Mangel, gestartet werden: *„Was hindert mich daran, glücklich zu sein?“.* Vielleicht denkt jemand: *„Ich bin z. B. schüchtern. Diese Eigenschaft kann nicht von jetzt auf nachher verändert werden.“*? Sie werden es nicht ändern können, solange die Menschen die Überzeugung haben, dass sie es nicht ändern können. Erst wenn sie die Erkenntnisantworten zulassen und die glückshinderliche Gefühlsschwingung bekannt ist, warum jemand schüchtern ist, kann diese Schwingung über ein Inklusions- und Reframingsprozess verändert werden.

> Die erste Frage ist die Eingangstüre zur Befreiung.

> Stellen Sie W-Fragen in Verbindung mit Ihren Lebenserfahrungen.

Um zügig **authentische Antwort**en finden zu können, wiederholen Sie die Worte der Eingangsfrage und fügen Sie nach dem Komma ein „Weil“ dazu. Z. B.: *„Ich bitte niemanden um Hilfe,* ***weil*** *...“.* Durch diese **vorangestellte Präposition** springt bei einer offenen und gewillt-bereiten Haltung die Antwort fast ins Gesicht. Die erste Antwort ist der erste Impasse[129] zu Ihrer Befreiung. Lassen Sie nun nicht locker. Nach der ersten Antwort liegt der Schlüssel (Aufhänger) für Ihre nächste Frage schon auf der Hand.

Beim Schüchternheitsproblem (wenn es als Problem empfunden wird) wird z. B. mit der Eingangsfrage gestartet: *„Warum bin ich eigentlich schüchtern?“.* **Hinweis:** Diese Methode betreibt keine Ursachenforschung. Die Frage ist eher: Was brauchen die Menschen für Ressourcen und Fähigkeiten, damit sie diese Eingangsfrage authentisch beantworten können? Sie könnten z. B. ihren „inneren Widersacher“ mit einem bewussten Entscheidungsprozess zum Ausruhen in die „Sauna“ oder auf eine „Hängematte“ schicken, damit dieser bei der Beantwortung der Frage nicht unwillkürlich eingreift oder sogar Informationen verfälscht und abschottet. Sie könnten sich entscheiden, ihrem „inneren Wahrheitssucher“, diesmal mit **penetranter Absicht** den Vortritt zu geben. Der „innere Wahrheitssucher“ arbeitet sehr intuitiv und detailliert und wird die erste ehrliche Antwort auf die Eingangsfrage offenbaren. Gerade diese erste Antwort ist der Hauptschlüssel für die tiefer liegende Frage, um die tiefer liegende Antwort zu finden. Wer dies so lange tut, bis die Erkenntnisant-

[129] geistiger Geburtshelfer

wort oder -antworten (manchmal sind es mehrere letzte Antworten, die gleich tief liegen) gefunden wurden, der erfährt gleichzeitig seine unbewusste glückhinderliche Gefühlsschwingung.

3.4.2 Die Erkenntnisantwort

Zur Aufdeckung der Erkenntnisantwort/en ist eine stimmig-authentische Haltung erfolgsversprechend. Wer das Frage-Antwort-Gerüst konsequent durchzieht, kommt an den Erkenntnisantwort/en nicht vorbei. In der letzten Antwort sind in der Regel irrationale Glaubenssätze verborgen, die das Wohlbefinden stark verhindern. Oft werden gleichzeitig mehrere Kernüberzeugungen (negative Glaubenssätze) identifiziert. Diese letzte Antwort offenbart z. B. den Grund der Schüchternheit bzw. warum diese Menschen sich oft frustriert oder „ungewollt fühlen". Genau diese Gefühlsschwingung in der Erkenntnisantwort, wenn sie bewusst wird, kann um 180 Grad gewendet werden. Dazu gibt es passende **schnellwirkende** Reframingsmethoden[130] sowie **ausführliche** Glaubenssatzänderungsformate, die im Kap. 3.8 beschrieben sind.

Sobald die Erkenntnisantwort oder -antworten bekannt sind, kann Kraft des eigenen Willens ein bewusst inszeniertes Bewusstseinsreframing mit dem richtigen Wissen gestartet werden. Die Dauer der *Inneren-Dialog-Methode* bzw. die Dauer bis zum erfolgreich abgeschlossenen Bewusstseinsreframing ist abhängig von den inneren Blockaden und Widerständen sowie von dem Willen, die neuen Glaubenssätze tatsächlich umsetzen zu wollen. Wer es tut, verstärkt den Prozess des Tuns. **TUN ist ein sich selbst verstärkender Prozess.** Die Identifizierung der Widerstände ist deshalb wichtig, weil ansonsten die unbewussten negativen Reaktionsmuster mit den verankerten Glaubenssätzen nicht erkannt werden. Sie werden bewusst übersehen, verdrängt und weggedrückt.

> Ihr Erfolg lebt von der Umkehrung Ihrer Erkenntnisantwort/en.

Nach der Offenlegung der Gefühlsschwingung in der Tiefenstruktur erfolgt der Annahmeprozess und dann folgt erst die eigentliche Reframingsarbeit. Der Reframingserfolg lebt von **der erfolgreichen glaubhaften Umkehrung** der Erkenntnisantwort/en. Der Mensch muss es glauben, dass es so ist, dann glaubt es auch sein Unbewusstes. Als Beispiel stelle ich die Erkenntnisantwort von Daniel, 28 J., vor, die lautete: *„Ich bin schüchtern, weil ich wertlos bin und kein Glück verdiene!".* Sein Instant-Reframing (sofortige und intuitive Perspektivenveränderung) reframte er durch entsprechende Ressourcenaktivierungen: *„Ich bin mutig, wertvoll und verdiene Glück!".* Die Gefühlsschwingung Glück zu verdienen, hatte für ihn eine andere Qualität, als Glück nicht zu verdienen. Heute ist der ehemals sehr schüchterne Daniel ein offener Mensch. Ein Mensch, der etwas zu sagen hat, der auf andere Leute spontan zugeht und der heute zu 100 % weiß, dass er wertvoll ist und Glück verdient.

> Wie ist Ihre Strategie, um an Ihrer Entwicklung dranzubleiben?

Erfahrungsgemäß schmerzt die Erkenntnisantwort am meisten. Es wird etwas bewusst, was vorher so vielleicht noch nie gesehen, gehört, gefühlt oder kommuniziert wurde. Sie wird daran erkannt, dass es nichts mehr bringt, weiter zu fragen. Der „innere Aufzug" ist tief unten am Boden der

---

[130] Siehe Kap. 3.7.3 – *Die vier Framing- und Reframingsfragen* und Kap. 3.7.4 – 3.7.5

Wahrheit angekommen. Tiefer geht es nicht! **Die gefundene Erkenntnisantwort ist der Schlüssel zu einem neuen Leben.** Jetzt sind Sie am Zug. Sie können diesen Schlüssel einmal um 180 Grad drehen. Die *180-Grad-Wendung des Gefühls*[131] setzt genau an dieser Stelle an. Über den *Moment of Excellence*[132] werden Sie die passenden Gefühlsressourcen erkennen, die Sie für Ihr glückliches Leben benötigen. Befreien Sie Ihr *inneres Kind* aus seiner Lähmung. Treten Sie mit ihm in Kontakt. Sprechen, spielen und lachen Sie mit Ihrem *inneren Kind*. Nehmen Sie es wahr und beschützen Sie es. Sie sind heute erwachsen und können dem kleinen Wesen den Schutz und die Liebe schenken, die es in der Vergangenheit so stark vermisste. Heute haben Sie die Ressourcen dazu. Heute sind Sie stark und bei Weitem nicht so hilflos wie damals als kleines Kind.

Am Boden der Wahrheit setzt die **Transformation des Gefühls** an. Visualisieren Sie in Ihrem „inneren Aufzug" einen Notfallknopf. Durch das Drücken des „Knopfes" wird der rettende Entscheidungsgedanke aktiviert: *„Stopp! Ich will so nicht mehr weitermachen!"*. Mit Bewusstseinsreframing (Das Unwohlgefühl herumdrehen und neu denken!), Ressourcenaktivierungen und Glaubenssatzänderungen, besonders bei hartnäckigen irrationalen Glaubenssätzen, sowie mit weiteren Ideensammlungen für nächste Schritte (siehe Ergänzungsmethoden) kann mit der entsprechenden Umsetzungsbereitschaft der „innere Aufzug" stetig aber sicher wieder nach oben fahren. Dort oben wartet ein viel freieres Leben auf Sie als unten im „Kellergehirn" – Reaktionen aus dem Stammhirn. Das Leben ist das, was Sie daraus machen. Sie sind der Gestalter Ihrer Gedanken und Ihres Lebens. Glauben Sie es?

Falls Sie nach der Erkenntnisantwort/en glauben, keine Ressourcen zu haben, dann setzen Sie die Methode der *180-Grad-Wendung des Gefühls* ein: Beim erwähnten Schüchternheitsproblem stellt sich folgende Frage: *„Was bedeutet für mich die 180-Grad-Wendung von ‚schüchtern'?"*. Für jeden bedeutet der Umkehrschluss etwas anderes. Für den einen ist es „Mut" und für den anderen „Zuversicht". Jede brauchbare Ressource kann über *VAKOG* aktiviert werden. Sollten Sie an einen Punkt kommen, an dem Sie das Gefühl haben, mit den beschriebenen Methoden nicht weiter zu kommen, dann **verzichten Sie nicht auf Unterstützung**. Sich Hilfe gerade in Momenten des gefühlten Rückschritts oder der Stagnation zu holen, ist innere Stärke. Die Standardfrage in vielen Unsicherheitsmomenten lautet: *„Was brauche ich jetzt?"*. Vielleicht brauchen Sie möglicherweise ein bisschen mehr Selbstvertrauen, welches Sie z. B. schon mit etwas mehr Engagement für eine Sache oder mit einer bewussten Handlungstätigkeit erhalten? Jeder findet selbst heraus, aus welchem Gefühl er schwingt, wenn er z. B. „schüchtern", „geizig", „neidisch" oder „unendlich wütend" ist und welches annehmbares Bewusstseinsreframing er nach seiner/n Erkenntnisantwort/en benötigt. Wichtig ist, dass Sie es anerkennen, dass es so ist, egal was es ist. Inkludieren Sie das, was Sie im „Kellergehirn" vorfinden. Es gehört zu Ihnen. Die lösungsorientierte Umdeutung ist bei jedem individuell und kann nicht 1:1 übertragen werden.

---

[131] Siehe Kap. 3.7.2
[132] Siehe Kap. 3.3.1

Für den Umkehrschluss eines negativen Glaubenssatzes gibt es kein Patentrezept. Jede Antwort ist individuell und hängt von den Vorerfahrungen sowie von der positiven Absicht des identifizierten negativen Reaktionsmusters mit den dazu negativ verankerten Glaubenssätzen ab. Fragen Sie sich: *„Wovor schützte mich mein alter Glaubenssatz?"*. Lautet die Antwort: *„Er schützte mich vor weiteren Verletzungen."* oder: *„Er gab mir Sicherheit."*, dann **muss** diese positive Absicht in den positiven Glaubenssatz integriert werden z. B. über die Frage. *„Schützt der neue Glaubenssatz mich nun ebenso vor weiteren Verletzungen und gibt er mir Sicherheit?"*. Wenn die Frage mit JA beantwortet werden kann, dann ist die Inklusion der alten Absicht im neuen Glaubenssatz gelungen (siehe auch Kap. 3.8, Schritt 6.). Die **sehr wichtige** zu findende positive Absicht des alten Glaubenssatzes ist dann im neuen Glaubenssatz sicher integriert. Der alte Glaubenssatz verliert dadurch seine glückshinderliche Wirkung. Der Neue hat die Chance verinnerlicht und gelebt zu werden. Inklusion ist Glück. **Für mich ist Glück eine bewusste Entscheidung:** *„Ich bin versöhnt, mit dem was ich habe und mit dem, was ich gerade nicht habe. Ich bin konform mit meinen Glücks- und Unglücksmomenten und gebe mein Bestes, mehr Glücksmomente in meinem Leben zu inszenieren."*. Ein dauerhaftes Glück gibt es m. E. nicht, selbst wenn wir das Glücksgefühl als unbewusstes Permanenzgefühl in uns verankert haben. Es gibt aber die dauerhafte glückliche Entscheidung, die uns wieder an das Glück und an unser intrinsisches motiviertes Glücksgefühl erinnert. Üben Sie sich in dieser Entscheidung.

Wem z. B. bewusst wird, dass er sehr misstrauisch oder extrem neidisch ist, weil er sich stark unsicher fühlt, der kann sich mit *ressourcenbewussten Glaubenssatzänderungen* optimal reframen, so dass er sich wieder sicherer, wertvoller und angenommener fühlt. Es scheint so, als ob das negative Reaktionsmuster (Unsicherheits- und Neidmuster) proportional zur veränderten Gefühlsschwingung verschwindet. Durch die Offenlegung der Erkenntnisantwort/en erkennen die Menschen vielleicht zum ersten Mal im Leben, dass ihnen eine gute Portion Selbstwert fehlt. Ich erlebe oft, dass Menschen sich sträuben, sich einzugestehen, dass ihnen tatsächlich eine gute Portion Selbstwert fehlt. Sie glauben, dass z. B. das Bedürfnis nach „Sicherheit" oder „Anerkennung" das Bedürfnis ihrer höchsten emotionalen Wichtigkeit sei. Sicherheit und Anerkennung spielt immer dann eine große Rolle, wenn der Selbstwert „im Keller" ist. Bei Menschen, die sich völlig wertlos fühlen, steht „Selbstwertschätzung" oder „Selbstannahme" in der Wertehierarchie meistens ganz oben, ohne dass es ihnen bewusst ist. Sie haben zwar eine Menge Bewusstseinsreframingsarbeit vor sich, aber sie werden Erfolg haben, wenn sie konsequent an ihrer Persönlichkeitsentwicklung „dranbleiben". Strategien des Dranbleibens zu entwickeln, ist ein wichtiger Meilenstein in der Persönlichkeitsentwicklung. Was ist Ihre Strategie, um an Ihrer Persönlichkeitsentwicklung dranzubleiben? Überlesen Sie diese Frage nicht, sondern lassen Sie sich für die Beantwortung dieser Frage etwas Zeit. Wie ist Ihr Gefühl, wenn Sie an etwas dranbleiben? Wenn Sie diese Frage ohne weiteres beantworten können, dann gehen Sie über *VAKOG* in das Gefühl des Dranbleibens. Setzen Sie sich einen Anker, um an Ihrer Persönlichkeitsentwicklung dran bleiben zu können. Sie brauchen ihn immer dann, wenn Sie denken, dass Sie wieder mal einen Rückschritt gemacht haben oder gerade, warum auch immer, etwas auf der Stelle treten.

3.4.3 Konkretisierung der Inneren-Dialog-Methode bei einem Schutzmuster

Zur Konkretisierung der *Inneren-Dialog-Methode* stelle ich das Reaktionsmuster von Marion, 42 J., vor. Marion ist eine sehr attraktive und erfolgreiche Modedesignerin. Sie hat, von außen betrachtet, allen Grund zufrieden und glücklich zu sein. Die Modebranche ist allerdings von Neidverhalten geprägt, sodass sie verstärkt das Gefühl hatte, sich vor ihren MitkonkurrentInnen schützen zu müssen. So staute sich demnach in ihr ein rigides Schutzmuster an, welches mit dem folgenden limitierenden Glaubenssatz: *„Ich muss mich immer schützen!"*. verbunden war. Nach einer kurzen Erläuterung hat Marion die Methode ohne Hilfe durchgeführt und mir anschließend ihre Erkenntnisantwort mit den für sie passend gefundenen Reframingssätzen mitgeteilt. In Eigenregie identifizierte sie ihre unbewusste Grundschwingung ihres schon bewussten Schutzmusters mit nur fünf Durchgängen. Sie startete mit folgender Eingangsfrage:

1. *„Warum schütze ich mich eigentlich immer vor anderen?"*
Antwort: 1. *„Weil ich von anderen nicht abgewiesen werden möchte!"*
Schlüssel ist: *„Abgewiesen werden."* Die tiefer liegende Frage, angelehnt an die Antwort, lautet:
2. *„Warum möchte ich von anderen nicht abgewiesen werden?"*
Tiefer liegende Antwort: 2. *„Weil ich nicht enttäuscht werden möchte!"*
Schlüssel ist: *„Möchte nicht enttäuscht werden."* Die weitere tiefer liegende Frage, angelehnt an die vorausgegangene Antwort, lautet:
3. *„Warum möchte ich nicht enttäuscht werden?"*
Noch tiefer liegende Antwort: 3. *„Weil ich nicht verletzt werden möchte."*
Schlüssel ist *„Möchte nicht verletzt werden."* Die weitere tiefer liegende Frage, angelehnt an die vorausgegangene Antwort, lautet:
4. *„Warum möchte ich nicht verletzt werden?"*
Noch tiefer liegende Antwort: 4. *„Weil ich nicht stark genug bin, der Verletzung zu widerstehen."*
Schlüssel ist: *„Sich nicht stark genug fühlen, um der Verletzung zu widerstehen."* Demnach lautet die weitere tiefer liegende Frage, angelehnt an die nun folgende Erkenntnisantwort:
5. *„Warum bin ich nicht stark genug, der Verletzung zu widerstehen?"*
Erkenntnisantwort: 5. *„Weil ich mich nicht so annehmen kann, wie ich bin."*

Die negative Grundschwingung ihres Schutzmusters ist, das Gefühl der mangelnden Selbstannahme. Sie wäre zwar darüber etwas geschockt gewesen, gestand sie, aber sie konnte die Wahrheit gut annehmen: *„Ja, so und nicht anders ist es."*. Ihre *180-Grad-Wendung des Gefühls* lautete: *„Ich nehme mich an, so wie ich bin! – Ich liebe mich, so wie ich bin!"*. Marion hatte viele Ressourcen, die sie mobilisieren konnte. Sie wollte sich mit 42 Jahren, nach zwei Studiengängen, endlich so annehmen, wie sie ist. Sie wollte endlich ein authentisches Leben führen, ohne dass ein tickendes Schutzmuster im Hintergrund sie daran hinderte. Sie generierte weitere neue Glaubenssätze: *„Ich vertraue mir, mich anzunehmen, so wie ich bin." „Ich nehme mich mit meinen Schwächen an, so wie ich bin." „Ich liebe mich, auch wenn andere mich bewerten!" „Ich habe alle Fähigkeiten, die ich brauche, um in der Modewelt glücklich zu sein." „Ich bin stark, wenn ich Verletzlichkeit zeige." „Ich bin offen und frei!"* ... Heute bewältigt Marion ihr anspruchsvolles Modeleben aus diesem reframten Offenheitsgefühl heraus. Marion liebt Hüte. Sie sagte mir: *„Es ist schon ein Unterschied,* *ob ich immer auf der Hut bin oder ob ich so lebe, dass keine Windstärke meinem Hut etwas anhaben kann.".* Wie die Fragen konzipiert werden, ist nicht relevant. Marion hätte sich z. B. im dritten Durchgang ebenso fragen können: *„Warum habe ich Angst, enttäuscht zu werden?" „Warum ist es mir so wichtig, nicht enttäuscht zu werden?" „Wovor schützt mich meine Angst, nicht enttäuscht zu werden? ..."*. Relevant sind die ehrlichen Antworten. Sie sind der Schlüssel zum Glück. Für das Umdrehen des Schlüssels sind Sie verantwortlich. Sie brauchen kein Glück dazu, sondern Wissen und Können. Können erlangen Sie durch Übung. Üben Sie.

Immer nur auf der Hut sein, ist anstrengend. Verändern Sie Ihre Grundschwingung zum Positiven.

3.4.4 Konkretisierung der Inneren-Dialog-Methode bei einem Helfer- und Anerkennungsmuster

Manuela, 48 J., hatte ein Helfer- und Anerkennungsmuster. Das Helfermuster war ihr bereits bekannt, jedoch nicht die dahinter verborgene glückshinderliche Gefühlsschwingung. Das Anerkennungsmuster mit der dazugehörenden Gefühlsschwingung, aus der sie agierte und reagierte war ihr nicht bewusst. Deshalb startete sie die *Innere-Dialog-Methode* mit dem ihr schon bekannten Helfermuster.

1. Einstiegsfrage: *„Warum helfe ich immer anderen, wenn ich jedoch selbst Hilfe brauche, bitte ich niemanden um Hilfe?"*
2. Antwort: *„Ich bitte niemanden um Hilfe, weil ich dann anderen gegenüber Schwäche zeige."*
3. Schlüssel der Antwort für die nächste W-Frage ist: *„Schwäche zeigen".*

Neue W-Frage: *„Warum möchte ich anderen gegenüber keine Schwäche zeigen?"*
1. Antwort: *„... weil ich dann zugeben müsste, dass ich etwas nicht kann oder dass ich überfordert bin."*
2. Schlüssel der Antwort für die nächste W-Frage ist: *„Etwas nicht können"* und *„Überforderung".*

1. Neue W-Frage: *„Warum möchte ich nicht zeigen, dass ich etwas nicht kann oder überfordert bin?"*
2. Antwort: *„... weil die anderen dann denken könnten, dass ich doch nicht so gut bin, wie sie immer von mir dachten oder wie ich es ihnen in der Vergangenheit vorspielte."*
3. Schlüssel der Antwort für die nächste W-Frage ist: *„Nicht so gut sein" und „vorgespielt".*

1. Neue W-Frage: *„Warum spiele ich anderen etwas vor?"*
2. Antwort: *„... weil ich nicht so gut bin, wie ich es vor anderen gerne sein will."*
3. Schlüssel der Antwort für die nächste W-Frage ist: *„Nicht so gut sein, wie ich es vor anderen gerne sein will."*

1. Neue W-Frage: *„Warum will ich besser sein, als ich eigentlich bin?"*
2. Antwort: *„Damit ich Anerkennung bekomme."*
3. Schlüssel der Antwort für die nächste W-Frage ist: *„Anerkennung."*

1. Neue W-Frage: *„Warum ist mir Anerkennung so wichtig – Warum brauche ich Anerkennung?"*
2. Antwort: *„... **weil** ich ohne sie nichts bedeute."*
3. Schlüssel der Antwort für die nächste W-Frage: *„Ich bedeute nichts ohne Anerkennung!"*

1. Neue W-Frage: *„Warum bedeute ich ohne die Anerkennung nichts?"*
2. Antwort: *„... weil ich nur dann etwas Wert bin, wenn ich etwas für andere tue!"*

3. Schlüssel der Antwort für die nächste W-Frage: *„Etwas für andere tun, um wertvoll zu sein!“*

1. Neue W-Frage: *„Warum bin ich nur dann etwas wert, wenn ich für andere etwas tue?“*
2. Erkenntnisantwort: *„... weil ich für mich allein einfach nur wertlos bin!“*

Mit ihren 48 Jahren war es Manuela bis zu diesem Zeitpunkt nicht bewusst, wie wertlos sie sich in Wirklichkeit fühlte. Diese Erkenntnis schmerzte sie sehr, aber sie konnte diese Erkenntnis gut annehmen und sie hatte den absoluten Veränderungswillen. Ihre Erkenntnisantwort reframte sie über die *180-Grad-Wendung des Gefühls* in: *„Ich bin wertvoll!“*. Weitere **Erkenntnisfragen** können helfen, neue Glaubenssätze zu generieren: *„Was will ich eigentlich? – Was ist mein Ziel? – Will ich mich auch dann wertvoll fühlen, wenn ich nichts für andere tue?“*. Manuela setzte ebenso ihren neuen Glaubenssatz in Relation zu ihrem alten Glaubenssatz – D. h. sie integrierte die alte Absicht in den neuen Glaubenssatz. Den alten Glaubenssatz: *„Ich bin nur wertvoll, wenn ich etwas für andere tue!“*, formulierte sie entsprechend um in: *„Ich bin wertvoll, wenn ich für mich sorge!“ „Ich bin auch dann wertvoll, wenn ich NEIN sage.“*. Weitere **Konkretisierungsfragen**, die sie sich stellte waren: *„Was muss ich konkret tun, damit ich mich wertvoll fühle, auch wenn ich NEIN sage? – Was ist meine Selbstverpflichtung und meine Eigenverantwortung dabei?“*. Konkretisierungsfragen werden vom Drang, etwas tatsächlich verändern zu wollen, angetrieben. Manuela hatte die Ressource „Selbstwertschätzung“. D. h. sie kannte das Gefühl „wertvoll zu sein“. Sie konnte Ihr wertvolles Gefühl über *VAKOG*[133] reaktivieren und dazu neue passende Glaubenssätze zur Beantwortung ihrer Konkretisierungsfragen generieren: *„Wenn ich gut für mich sorge, dann sorge ich auch für andere. Durch das Helfermuster, kompensiere ich nur meinen Mangel und bin nicht wirklich beim anderen.“ „Ich allein trage die Verantwortung für mein Selbstwertgefühl!“ „Wenn ich für mich wertvoll bin, dann bin ich auch für die anderen wertvoll.“ „Mein Nein ist wertvoll.“* ... Heute lebt sie ein Leben jenseits ihres Helfer- und Anerkennungsmusters: *„Es ist so schön zu helfen, weil ich helfen will und nicht weil ich mich innerlich zur Hilfe angetrieben fühle.“*, sagte sie lächelnd zufrieden.

3.4.5 Die 360-Grad-Entscheidungen zur Verstärkung des Sternenmoments

Dieses Format entwickelte ich aus der Erfahrung heraus, dass eine einmal getroffene Entscheidung nicht immer ausreicht, um eine Veränderung einzuleiten. **Wir brauchen Wiederholung, Fixierungen und Verstärkungen und zwar in allen drei Zeitdimensionen.** Dadurch sortiert und interpretiert das Gehirn die Informationen neu. Mit diesem Format wird das schönste Gefühl (Sternengefühl)[134] über drei Entscheidungen gleich mehrfach im Gehirn neu konsolidiert und fixiert. Die folgenden Entscheidungen sind wichtige innerpsychische Prozesse, welche die erwünschte Veränderung beschleunigen. Schon bei der ersten Entscheidung wird das Sternengefühl einmal um die eigene Zeitachse geschleudert. Es wird über die drei Zeitdimensionen um 360 Grad herumgedreht und dadurch seine Eigendynamik erhöht. Durch weitere Entscheidungen zur Inklu-

Ihr Bewusstsein wird Ihre Entscheidung aufnehmen und nicht mehr vergessen.

[133] Siehe Kap. 3.2
[134] siehe Kap. 3.3.1.1

sion, Würdigung und Loslassen der Reaktionsmuster und durch die Entscheidung zu mehr Offenheit in der Gegenwart und Zukunft werden weitere 360-Grad Selfcommitments verankert.

1. **Die Entscheidung in Bezug auf die Vergangenheit zu vergeben und in Bezug auf das Jetzt und die Zukunft loszulassen.** Diese unterschiedlichen Entscheidungen in den drei Zeitformen, um negative Reaktionsmuster mit den dazu verankerten Glaubenssätzen **aufzugeben** intensivieren in dreifacher Weise das neue Gefühl (Vergebung in der Vergangenheit, Loslassen der alten Überzeugungen in der Gegenwart und das Verstärken der neuen Überzeugungen in der Zukunft).
2. **Die Entscheidung die alten Reaktionsmuster mit den dazugehörenden Glaubenssätzen zu inkludieren, zu würdigen und loszulassen.** Das neue Gefühl wird mit dem bisherigen Reaktionsmuster und den dazu verankerten Glaubenssätzen verbunden (Inklusion), damit es nicht wieder unbewusst bekämpft wird. Die alte Absicht muss in der neuen Überzeugung enthalten sein (Inklusion). Nach einem Würdigungs- und Loslassensritual wird der alte Glaubenssatz in einem „geistigen Antiquariat" abgelegt. Dieses „geistige Antiquariat" wird nach individuellen Vorstellungen ausgestaltet. Das Alte war bis jetzt gut und dienlich. Nach den vielen neuen Erkenntnissen und Entscheidungen hat das Alte im Vordergrund keine Berechtigung mehr, weil neue Glaubenssätze das Leben bereichern und im Vordergrund wirken sollen.
3. **Die Entscheidung in Bezug auf die Ressource „Offenheit für neue Erfahrungen" mit *VAKOG* über die drei Zeitdimensionen zu aktivieren.** Dadurch wird die Offenheit in Bezug auf neue Glaubenssätze geschult. Dieser Vorgang fixiert das neue Gefühl, besonders wenn unbewusste negative Reaktionsmuster wie aus dem Nichts wieder auftauchen und das Verhalten manipulieren und dominieren.

Die dreifache Fixierung in Bezug auf die drei Zeitdimensionen des neuen Gefühls stabilisiert neu installierte Glaubenssätze.[135] Gönnen Sie sich, für diese dreifache Fixierung, ein Wohlstand an Zeit. Den Text dazu, der nur zu Ihnen passt, können Sie sich vorher konzipieren oder Sie entscheiden spontan, das zu sagen, was Ihnen einfällt. Verlassen Sie sich auf Ihre Intuition. Es werden die richtigen Worte auftauchen, wenn Sie sich darauf einlassen. Alles ist eine Entscheidung. Auch diese. Natürlich kann es sehr wirkungsvoll sein, wenn eine Vertrauensperson dieses Format mit Ihnen durchführt, aber Sie entscheiden, was das Richtige für Sie in diesem Moment ist: *‚Brauche ich Hilfe oder schaffe ich es alleine?'* Zur Konkretisierung werden beispielhaft die oben aufgeführten **drei Entscheidungen** in Bezug auf das zuvor dargestellte Helfer- und Anerkennungsmuster vorgestellt.

1. **Die Entscheidung in Bezug auf die Vergangenheit zu vergeben und in Bezug auf das Jetzt und die Zukunft loszulassen.** Der ganze Prozess funktioniert über die Zeitlinie. Mit dem *Moment of Excellence*-Gefühl blickte Manuela Richtung **Vergangenheit** und traf folgende Entscheidungen: *„Ich bin wertvoll, auch wenn ich jetzt zurückblicke und sehe, dass vieles in der Vergangenheit sich nicht wirklich gut anfühlte. Wer weiß, für was es gut ist, dass es noch Ungeklärtes in meinem Leben gibt. Ich schließe das Ungeklärte in meinem Leben ein und bejahe es.*

[135] Siehe Kap. 3.8 – 3.9

Ich war wertvoll, auch wenn ich NEIN sagte. Ich vergebe den Menschen, die mich verletzt haben, weil ich viel aus diesem Schmerz lernte. Mir ist es heute bewusst, dass diese Menschen sich selbst für nicht wertvoll genug empfinden, weil sie ansonsten mir gegenüber Wertschätzung gezeigt hätten. – Jeder Mensch verdient Wertschätzung".

Manuela vergegenwärtigte ihr Sternengefühl mit der **Gegenwart**: *„Ich entscheide mich in der Gegenwart für mein wertvolles Gefühl! Was auch immer geschehen ist, ich fühle jetzt mein wertvolles Gefühl. Ich werde jedes Mal in der Gegenwart prüfen, ob ich etwas aus eigenem Antrieb tue oder ob ich etwas tue, damit ich erneut Anerkennung erhalte, um meinen inneren Mangel an Selbstwert auszugleichen. Ich bin heute weniger auf die Anerkennung angewiesen, weil ich meinen Selbstwert anerkenne. Ich tue nichts mehr für andere, wenn ich es nicht möchte. Ich bin wertvoll und sorge gut für mich. Ich bin wertvoll, wenn ich NEIN sage!".*

Manuela besiegelte ihr Sternengefühl mit der **Zukunft**: *„Ich bin für immer und ewig wertvoll, unabhängig davon, was in der Zukunft passiert. Ich bin wertvoll, selbst wenn Menschen mich nicht immer wertschätzend behandeln! Ich bin wertvoll, auch wenn ich keine Anerkennung bekomme und wenn ich NEIN sage, weil es mich überfordert. Ich sorge in Zukunft gut für mich. Ich weiß, wenn ich gut für mich sorge, dann wird es mir gut gehen und ich kann dann auch gut für andere Menschen sorgen. Ich weiß, ich werde meinen Wert nie mehr aus den Augen verlieren.".*

2. **Die Entscheidung die alten Reaktionsmuster mit den dazugehörenden Glaubenssätzen zu inkludieren, zu würdigen und loszulassen:** *„Ich entscheide mich, mir zu vergeben, dass ich in der* ***Vergangenheit*** *mein Helfer- und Anerkennungsmuster nicht loslassen konnte, weil ich Anerkennung brauchte. Meine dazu verankerten Glaubenssätze haben mich vor Verletzungen geschützt. Ich entscheide mich, im* ***Hier und Jetzt*** *und auch für die* ***Zukunft*** *meine glückshinderlichen Reaktionsmuster mit den noch unbewussten und schon bewussten Glaubenssätzen anzuerkennen, zu würdigen, um sie für immer loslassen zu können, wann immer diese wieder auftauchen. Ich entscheide mich, ein Bewusstsein dafür zu entwickeln. Ich entscheide mich, die gute Absicht meiner alten Glaubenssätze in meine neuen Glaubenssätze aufzunehmen, so dass der frühere Schutz meiner alten Glaubenssätze in den neuen Glaubenssätzen fest integriert ist. Ich weiß, dass meine neuen Glaubenssätze mich mehr denn je vor weiteren Verletzungen schützen werden. Ich bedanke mich bei meinen alten Glaubensätzen für den Schutz, den sie mir bis heute leisteten! – Heute habe ich eine Alternative zu ihnen. Ich entscheide mich, im Hier und Jetzt meine alten Glaubenssätze in einem ‚geistigen Antiquariat' zu würdigen. Ich habe in meinem Kopf eine alte Truhe visualisiert. Dort lege ich meine alten Muster hinein, weil ich sie nicht mehr brauche. Ich verschließe die Truhe mit einem alten Schloss. Den Schlüssel des Schlosses lege ich in meinem Herzen ab.".*

3. **Die Entscheidung in Bezug auf die Ressource „Offenheit für neue Erfahrungen" über *VAKOG* zu aktivieren.** Über *VAKOG* stimmte sich Manuela in ihre Ressource „Offenheit für neue Erfahrungen" ein und aktivierte ihr offenes Gefühl für neue Erfahrungen: *„Ich entscheide mich für meine Offenheit, die ich aus meiner* ***Vergangenheit*** *bestens kenne. Ich bin im* ***Hier und Jetzt*** *offen für meine neuen Glaubenssätze. Ich fühle meine Offenheit für neue Erfahrungen. Ich ent-*

scheide mich, in der ***Zukunft*** *offen und neugierig auf meine neuen Erfahrungen zu bleiben. Ich freue mich auf die Möglichkeiten, die sich aus meinen neuen Glaubenssätzen und den vielen neuen Erfahrungen ergeben werden. Ich bin offen, für mein neues, freies, leichtes und wertvolleres Leben. – Ich entscheide mich, dieses Gefühl nie wieder zu vergessen!".*

Manuela spricht heute noch von ihrem Sternenmoment. Sie handelt heute aus ihrem neuen Selbstwertgefühl und sie kann stimmig-authentisch sagen, was sie meint, fühlt und braucht. Das noch Ungeklärte in ihrem Leben hat sie inkludiert. Sie formuliert positiv, was sie nicht möchte. Sie kann heute ein Nein verteilen und verträgt auch ein Nein, ohne dass ihr Selbstwert leidet.

3.5 Grundsätzliches zur Inneren-Dialog-Methode

Die Suche nach den richtigen Fragen und das Zulassen der ehrlichen Antwort ist die Voraussetzung, dass die *Innere-Dialog-Methode* gelingt. Deshalb sind diesen beiden Aspekten zwei Unterkapitel gewidmet.

3.5.1 Die Suche nach den richtigen Fragen

„Solange man weitersucht, kommen auch die Antworten."[136] Herauszufinden, aus welchem Gefühl wir „ticken", ist jede Mühe wert. Die Suche nach den richtigen Fragen bezeichne ich als **Wahrheitsfindungsfragen.** Seien Sie neugierig auf sich selbst. Seien Sie neugierig auf Ihre Fragen und auf die dahinterliegenden Antworten. Seien Sie auf Ihre Erkenntnisantwort/en neugierig. Sobald Ihnen Ihre letzte Erkenntnisantwort vorbewusst (Ahnung) oder bewusst wird, haben Sie Ihre Grundüberzeugung, aus der Sie schwingen, denken, fühlen und handeln, entlarvt. Sie identifizieren vielleicht dadurch noch weitere Geschwistermuster, die Ihrem identifizierten Muster anhängen: Bei einem Helfermuster ist das Anerkennungs- und Rückzugsmuster nicht weit entfernt.[137]

Seien Sie neugierig auf sich selbst.

Fangen Sie an, sich Fragen zu stellen, um sich selbst besser kennenzulernen. Freuen Sie sich auf diese Selbsterforschungsreise ins eigene Ich. Nach Richard David Precht[138] ausgedrückt, könnten wir uns fragen: *„Wer bin ich, und wenn ja wie viele?".* Können wir das überhaupt jemals wissen? Wahrscheinlich nicht, aber wir können uns annähernd erforschen, um herauszufinden: *„Wer bin ich eigentlich?" „Bin ich der, der ich bin?" „Welche Teile in mir, die ich nicht kenne, gibt es noch?" „Wie geht es meinem ‚inneren Kind'?" „Wie geht es meinem inneren Jugendlichen (den gibt es tatsächlich auch in uns!)?" „Wie geht es meinem ‚Eltern-Ich'?"*[139] *„Ist der ‚liebevolle Erwachsene' in mir überfordert?" „Hat er überhaupt etwas zu sagen?"* ... Wir können, wenn wir wollen, herausfinden, warum wir so fühlen, wie wir fühlen und wir können aktiv werden, wenn wir die Antworten unbedingt wissen wollen. **Erkenntnis- und Zielfragen:** *„Was will ich tatsächlich?"* und **Konkretisierungsfragen:** *„Was kann ich konkret tun?" „Wie kann ich mich selbst verpflichten?"* ... können unterstützen, ein neues Bewusstsein zu entwickeln, wie wir wirklich sein wollen. Eine tiefgreifende

[136] Joan Baez zitiert in Mackenzie 2007, S. 163
[137] Vgl. Friesinger 2012,Theoriebuch, Kap. 7.2.2.1 – *Reaktionsmustertabelle*
[138] Precht 2007
[139] das Eltern-Ich ist der Teil in mir, der die Handlungen der Eltern internalisiert hat. Siehe auch Friesinger 2012, Theoriebuch, Kap. 3.4

Methode wie das Bewusstsein noch stärker sensibilisiert werden kann, ist z. B. die *Unbewusste Bedürfnisfindungsmethode,*[140] die Sie im Kap. 3.9 kennenlernen können.

An welcher Stelle Sie auch immer mit Ihren Fragen ansetzen, Sie kommen bei konsequenter Anwendung, selbst wenn lange Pausen dazwischen liegen, immer zum Ziel, **wenn Sie Ihre Fragen liebhaben** und wenn Sie diese passend zu Ihren Lebenserfahrungen kompetent auswählen. Das Beispiel von Manuela zeigt, dass sie sich ein Leben lang für andere abrackerte, aber wenn sie selbst in Not war, konnte sie keine Unterstützung zulassen. Deshalb lautete ihre logische Eingangsfrage: *„Warum helfe ich immer anderen, wenn ich jedoch selbst Hilfe brauche, bitte ich niemanden um Hilfe?“.* Bereits bei der Fragestellung werden Sie spüren, ob es die richtige Frage ist oder nicht, weil Sie intuitiv die Antwort schon erahnen. Viele Menschen, die noch Widerstände haben, antworten zunächst mit: *„Ich-weiß-es-nicht!“.* Wird diese Antwort zur Standardantwort, dann haben die Menschen eine typische Widerstandsreaktion entwickelt, die wiederum mit der *Inneren-Dialog-Methode* aufgelöst werden kann.[141] Die Eingangsfrage würde dann lauten: *„Wovor schützen mich meine ‚Ich-weiß-es-nicht-Antworten‘ eigentlich?“.* Intuitiv kann nachvollzogen werden, dass die Antwort eigentlich im Hintergrund da ist. Sie ist vielleicht etwas verborgen oder verschüttet, aber niemals so tief verbuddelt, dass sie nicht mit etwas Anstrengung ausgebuddelt werden kann.

Kenntnisse über das *Metamodell der Sprache*[142] unterstützen Sie zusätzlich, sich noch passgenaueren Einstiegs- und Folgefragen zu stellen. *„Was genau sehe, höre, denke und fühle ich, wenn ich mit ‚Ich-weiß-es-nicht!‘ antworte?“ „Was sage ich zu mir im inneren Dialog?“ „Wie kann ich die inneren Bilder verändern, damit ich eine Antwort zulassen kann?“* ... Sollten Sie ein oder mehrere Reaktionsmuster schon kennen oder vermuten, dann konzipieren Sie dazu passende Fragen. Stellen Sie sich zu Beginn möglichst viele Fragen und fragen Sie nach allem, was Sie beschäftigt, auch wenn Sie noch keine Antwort wissen. Lassen Sie jede Frage zu! Damit Sie sie nicht vergessen, schreiben Sie diese auf. Selektieren Sie nach Wichtigkeit. Entscheiden Sie sich für eine Frage. Welche eignet sich am besten als Eingangsfrage? Zur Veranschaulichung habe ich Fragen zu drei Reaktionsmustern zusammengestellt.

Erinnern Sie sich an Ihre Fragen und verfolgen Sie detektivisch Ihre Ahnung.

Fragen zu einem Helfermuster: *„Warum helfe ich immer anderen?“ „Warum biete ich meine Hilfe an, obwohl mich der andere nicht einmal gefragt hat?“ „Warum bin ich mir selbst gegenüber gleichgültig, obwohl ich doch bedacht bin, anderen zu helfen?“ „Was bringt es mir tatsächlich, anderen helfen zu wollen?“ „Warum habe ich das Gefühl, immer zu kurz zu kommen?“ „Warum kann ich nicht NEIN sagen?“ „Warum ist es mir so wichtig, dass ich gebraucht werde?“ „Wieso denke ich, dass die anderen mehr wert sind als ich selbst?“ „Wieso versuche ich, die Ziele anderer zu verwirklichen?“ „Warum habe ich selbst keine Ziele?“ „Warum bin ich in vielen Momenten meines Lebens so selbstlos und ärgere mich dann, wenn andere nicht sehen, dass es mir schlecht geht?“ ...*

[140] Siehe Kap. 3.9 – *Unbewusste Bedürfnisfindungsmethode* – Wie möchte ich sein? – Auch Wertefindungsmethode genannt!
[141] Siehe Friesinger 2012, Theoriebuch, Kap. 7.3 und Kap. 6.5.1.2
[142] Siehe Friesinger 2012, Theoriebuch, Kap. 4.2.3

Fragen zu einem Anerkennungsmuster: *„Warum suche ich ständig nach Anerkennung?" „Warum ist mir Anerkennung von anderen so wichtig?" „Warum muss ich allen zeigen, was ich kann?" „Was fehlt mir, dass ich mit meinen Fertigkeiten angeben muss?" „Warum gehe ich innerlich oft in Konkurrenz zu meinen Mitmenschen?" „Warum bin ich neidisch auf andere?" ...*

Fragen zu einem Misstrauensmuster: *„Warum bin ich so extrem misstrauisch?" „Warum bin ich in Situationen misstrauisch, in denen ich eigentlich Vertrauen haben könnte?" „Warum denke ich, dass andere mich immer nur hintergehen oder betrügen wollen?" „Warum glaube ich, dass es keiner wirklich gut mit mir meint?" „Was ist eigentlich los mit mir, dass ich so unsicher und ängstlich bin und niemandem traue?" „Warum muss bei mir immer alles ordentlich sein?" „Wieso möchte ich immer anderen gefallen?" „Woran liegt es, dass ich habe keine Erinnerung an früher habe?" ...*

Haben Sie die *Innere-Dialog-Methode* einmal gestartet, dann ist es wichtig, dass Sie sich **gleich im Anschluss** Ihre tieferliegende Frage stellen, wenn Sie diese wissen und als passend einordnen. Hinterfragen Sie Ihre Haltungen und setzen Sie sich bewusst mit sich selbst auseinander. Dann wird in Ihnen ein **unbewusster Suchvorgang** automatisch starten. Ihr **innerer Sucher** wird loslegen und Ihre Ahnung detektivisch verfolgen. An der Stelle, an der Sie nicht weiterwissen, wird Ihr Unbewusstes weiterarbeiten. Vertrauen Sie darauf, dass es so ist. **Es kann sein, dass aus heiterem Himmel, plötzlich die Antwort auftaucht.** Seien Sie sich dessen gewiss, dass die *Innere-Dialog-Methode* ein wichtiger Prozess für Ihre persönliche Weiterentwicklung ist. Suchen Sie Ruhe, Gespräche und Gelegenheiten, bei denen Sie Ihren Fragen nachgehen können. Gönnen Sie sich die Entspannung, die Sie brauchen und geben Sie sich *Now-Moments* (Herzens- und Sternenmomente) hin.[143] Wenn Sie sich in einem Entspannungszustand befinden, denken Sie an Ihre Frage, auf die Sie noch keine Antwort wissen. Sie geben dadurch der intuitiven Wahrheit in Ihnen, eine Chance sich zu zeigen. Denken Sie kurz vor dem Einschlafen und in der Aufwachphase an Ihre Frage. Das ist die Zeit, in der Ihr Unbewusstes Antworten optimal generieren kann.

> Denken Sie kurz vor dem Einschlafen und in der Aufwachphase an Ihre Fragen.

<u>DIE FRAGEN SELBST LIEBHABEN</u>

„ ... und ich möchte Sie, so gut ich es kann, bitten, Geduld zu haben gegen alles Ungelöste in Ihrem Herzen und zu versuchen, die Fragen selbst liebzuhaben wie verschlossene Stuben und wie Bücher, die in einer sehr fremden Sprache geschrieben sind. Forschen Sie jetzt nicht nach den Antworten, die Ihnen nicht gegeben werden können, weil Sie sie nicht leben könnten. Und es handelt sich darum, alles zu leben. Leben Sie jetzt die Fragen. Vielleicht leben Sie dann allmählich, ohne es zu merken, eines fernen Tages in die Antwort hinein ..." Rainer Maria Rilke

3.5.2 Die ehrlichen Antworten.

Haben Sie etwas Geduld, wenn Sie nicht sofort die Antwort auf eine Frage wissen. Gehen Sie mit der Frage im Hinterkopf spazieren. Manchmal braucht es Tage für die Antwort. Aber vergessen Sie dabei Ihre Frage

> Vergessen Sie Ihre Fragen nicht und verfolgen Sie detektivisch Ihre Ahnung.

[143] Siehe Kap. 5.16

nicht. Die ehrliche Antwort finden Sie am besten, wenn Sie alleine sind. Dann ist kein weiteres unbewusstes negatives Reaktionsmuster aktiv, welches Sie vielleicht vor Angriffen beschützen muss. Manuela fand die ehrliche Antwort auf ihre Eingangsfrage, nachdem das Verdrängungsmuster „ausgesteckt“ war (siehe Rückschau Kap. 3.4.4). Gerade deshalb fiel ihre erste Antwort auf ihre Eingangsfrage wie folgt aus: *„Ich bitte niemanden um Hilfe, weil ich dann anderen gegenüber Schwäche zeige.“.* Mit ihrem aktiven Verdrängungsmuster wäre diese Antwort sicherlich gewohnheitsgemäß anders ausgefallen.

Durch die authentischen Antworten können alte, längst vergessene Wunden aufbrechen. Verdrängen Sie keine Gefühle, die plötzlich auftauchen. Sie gehören zu Ihnen und zu niemandem sonst. Heißen Sie alle auftauchenden Gefühle, wie auch immer sie sich zeigen, mit Ihrem Herzen herzlich willkommen. Wer soll Ihre Gefühle fühlen, wenn Sie sie nicht fühlen? Ihre Gefühle haben einen Anspruch auf Daseinsberechtigung, Raum, Annahme, Achtsamkeit, Würdigung und Wertschätzung. Erst durch die Erlaubnis aller Gefühle (Inklusion), kann der identifizierte Schmerz befreit werden, so dass diese Gefühle sich nach und nach transformieren können. Dann haben auch die neuen Reframingssätze eine Verwirklichungschance. *„Wie soll ich meine Angst annehmen oder gar lieben können?“*, fragte mich eine Klientin, und sie reagierte sehr einsichtig, als sie erfuhr: *„... weil deine Angst, wie ein ausgeschlossenes Kind, ebenso dazugehören will.“.* Sie sah ein, wie wichtig der Prozess der Annahme ist. Sie gab ihrem Angstgefühl sogar den Namen eines ihr bekannten Kindes. Dieses fühle sich immer ausgeschlossen, berichtete sie, und es würde gerade deshalb viel Aufmerksamkeit benötigen, wie eben auch ihr Angstgefühl. Mit diesem Bild konnte sie zum ersten Mal ihrer Angst freundlich begegnen und mit den neuen Inklusionsgedanken die Angst in ihr mit Liebe „halten“. Alle „Gefühlskinder“ gehören dazu. Keines ist ausgeschlossen. Das ist Inklusion. Mit diesem Wissen reduzierte sich ihre Angst um ein Erhebliches. Sie sagte: *„Ich werde nie mehr wollen, dass die Angst weggeht, weil sie mir dann noch mehr im Nacken sitzt.“.*

Neulich war ich in einem Hochseilpark. Die Aufgabe war: Einen hohen Mast Stufe um Stufe nach oben zu klettern. Mit jeder Stufe wurde es mir mulmiger, weil ich, seit ich Kinder habe, mich mit Höhenangst konfrontiert sehe. Davor kannte ich das Gefühl nicht. Ich nehme die Höhenangst an, weil sie einfach da ist. Warum sie da ist, interessiert mich weniger, weil ich im Ratedschungel ende. Als ich oben am Mast angekommen war, lautete die Anweisung: Springen. Ich stand eine gefühlte Ewigkeit dort oben und konnte nicht springen. Die letzte Frage vor der eigentlichen Erkenntnisantwort kann sich so anfühlen, wie kurz vor dem Springen. Sie kann sich so anfühlen wie ein Sprung in den freien Fall. Viele Menschen berichten, dass sie vor der letzten Antwort die größte Angst entwickelten. Diese aber zu überwinden, ist Befreiung. Sie befürchten, der Wahrheit nicht ins Gesicht sehen zu können. Es ist aber wesentlich schlimmer, die Antwort nicht zu kennen, weil wir gerade nicht „springen“. Was hätte ich versäumt, wenn ich nicht gesprungen wäre? Mir wäre ein unvergessliches und befreites Gefühl entgangen. Wäre ich wegen meiner Höhenangst vom Mast wieder heruntergeklettert, hätte ich selbstverständlich diese Erfahrung inkludiert und mir nichts vorgemacht: *„Ich habe mich nicht getraut, aber beim nächsten Mal entwickle ich mehr Mut!“.* Es war für mich aber eine wunderbare Erfahrung, mich getraut zu haben. **Wenn Sie Ihre Antwort zulassen und kennen, dann sind auch Sie gesprungen.** Trauen Sie sich, zu springen.

Springen Sie! Wagen Sie den Schritt ins Leere. Sie sind nicht allein. Das Lebensseil ist vergleichbar mit dem Sicherungsseil im Hochseilpark und es fängt Sie auf. Es bringt Sie sicher zur Erde zurück. Nach der Antwort kann für Sie ein neues und befreites Leben beginnen, vorausgesetzt Sie kommen ins Handeln und „springen“! Erst die Antwort zeigt Ihnen den Weg hinaus aus dem Labyrinth und gibt Ihren neuen Lebensweg frei. Wenn Sie „springen“, dann sind Sie nicht mehr ohnmächtig. Kommen Sie durch Ihre persönlichen Fragen ins Handeln. Wie oft haben Sie sich schon mit den Fragen anderer auseinandergesetzt? Ist es nicht an der Zeit, sich Ihren eigenen Fragen zu widmen?

3.6 Die Wirkung der Inneren-Dialog-Methode

Während der Methodendurchführung kann ein inneres Gefühlsvakuum aufbrechen. Alles, was in diesem Vakuum eingeschlossen ist, kann zum Vorschein kommen. Unbewusste Gefühle aus dem Hintergrund treten plötzlich in den Vordergrund. Dies ist kein abschreckender, sondern ein sehr gesunder Vorgang. Stellen Sie sich vor, Sie spielen Verstecken, aber keiner sucht Sie. Sie verharren in Ihrem Versteck, ohne die Erfolgsaussicht gefunden zu werden. Wären Sie nicht überglücklich, wenn plötzlich doch jemand da wäre, um Sie aus dem Versteck zu erlösen? Wenn versteckte und verdeckte Gefühle aus ihrem Versteck befreit werden oder endlich „herauskriechen“ dürfen, dann ist das Befreiung. Viele haben ihr Versteck schon längst vergessen, obwohl es da ist. Auch diese Erfahrung ist Ihnen sicherlich bekannt. Sie suchten sich z. B. für die Weihnachtsgeschenke Ihrer Liebsten ein gutes Versteck im Haus aus. Am Heiligabend suchen Sie dann vergebens das Geschenk, weil Sie das Versteck so gut versteckt haben, dass Sie es nicht mehr finden. Wie sehr freuen Sie sich, wenn Sie vielleicht Wochen, Monate oder sogar Jahre später das Versteck ganz unverhofft wieder entdecken? Die versteckten Antworten, die sich aus dem Selbsterkenntnisprozess ergeben, bringen ähnliche Befreiungsreaktionen hervor: *„Endlich habe ich das Versteck gefunden!“*.

Mit dieser Methode wird nicht mehr neu versteckt, sondern die Verstecke werden offensichtlich. Die versteckten Antworten sind gefunden und angenommen: *„So und nicht anders ist es!“*. Sie werden dankend gewürdigt, damit sie nachhaltig reframt werden können. Durch das passende Reframing (alte positive Absicht des alten Glaubenssatzes in den neuen Glaubenssatz mitintegrieren) kann der neue Glaubenssatz in die Persönlichkeit integriert werden. **Das gute Gefühl ist immer ein Indikator für ein gelungenes Reframing.** Wenn alles sein darf, ist es auch möglich alles Offensichtliche zu reframen. Nur das weiterhin Versteckte, hat keine Chance erkannt und verändert zu werden. Mit der Erlaubnis der gefundenen Reaktionsmuster mit den dazugehörenden Gefühlen finden gleichzeitig ein Inklusionsprozess und ein Reframingsprozess statt. Ein Inklusionsprozess ohne Reframingsprozess wäre nur die halbe Miete und keine Entwicklung. Ein ganzheitlicher, abgeschlossener, inklusiver Prozess (Alle acht Räume der *Praktischen Inklusiven Kommunikation* durchlaufen) entfaltet nach und nach seine Wirkung. Viele Coachees und Anwender der *Inneren-Dialog-Methode* und der *Praktischen Inklusiven Kommunikation* (in meinen Fortbildungen und Empathiegruppen) bestätigen dies immer wieder. Wer es ausprobiert, weiß dass es funktioniert.

> Wer passend reframt, fühlt sich anschließend gut!

Durch die Bewusstwerdung der Gefühlsschwingung kann bei manchen Menschen ein sofortiges Wirkungsreframing einsetzen. Das bedeutet: **Die Menschen fühlen sofort eine Verbesserung ihrer Lebensqualität.** Das sind in der Regel Menschen, die ohnehin viele Ressourcen haben. Sie wurden nur lange Zeit vernachlässigt oder wurden nicht mehr vom Inhaber „gesehen". Durch die Bewusstwerdung der aktuellen Gefühlsschwingung werden diese „übersehenen" Ressourcen dann unmittelbar nach der/den Erkenntnisantwort/en wieder in vollem Zuge aktiviert. Das neue Gefühl taucht aus dem Hintergrund auf und ist fühlbar präsent. Andere Menschen wiederum brauchen Zeit, um sich zunächst einmal mit der gesamten Theorie auseinanderzusetzen. Doch eines ist ebenso gewiss. Selbst die Theorie **wirkt** unbewusst.

Das neue Gefühl sowie auch nur der Wunsch nach Befreiung können stark irritieren. Die Irritation rührt daher, dass das Alte noch vorhanden ist bzw. noch nicht gänzlich „überschrieben" ist, während das Neue noch nicht vollständig oder nur als Wunsch im Gehirn repräsentiert ist. Die neuen Gefühlsbahnen brauchen Zeit, um sich zu „bahnen". Bis aus den zarten Feldwegen im Gehirn wieder breitspurige Autobahnen werden, dauert es einfach seine Zeit. Neue Gewohnheiten und Handlungsschemata müssen erst gebildet werden. Hierbei kommt es aber definitiv auf die Emotionalität an. Wie stark ist der emotionale Anreiz zur Veränderung verankert? Umso höher der Emotionsfaktor, desto schneller werden die Erkenntnisse (Umkehrschluss der Glaubenssätze) aus der *Inneren-Dialog-Methode* wirken. Lernen verändert. Handeln verändert. Wir verlassen aufgrund unseres Willens zur Veränderung bewusst die *Panikzone*, um in die *Wachstumszone* des Lernens aufzusteigen. Zur Belohnung kommen wir dann in die genussvolle und angenehme *Komfortzone*.[144] Diese Belohnung ist es, die uns täglich antreibt, zu lernen und es ist nicht, nach dem Hirnforscher Manfred Spitzer, das Geld.[145] Die Belohnungszentren im Gehirn sind immer dann aktiviert, wenn wir Neues hinzu lernen und wenn wir von dem, was wir lernen, begeistert sind. Sie sind dann am meisten aktiviert, **wenn wir diese Begeisterung anschließend in einem sozialen Kontext (Freunde …) teilen.** Das Belohnungszentrum ist, nach den neuen Erkenntnissen der Hirnforschung, durch das Dividieren der Begeisterung viel stärker aktiviert, als wenn wir **nur für uns** etwas Neues kaufen. Die Wirkung beim Neukauf von Produkten ist, nach Spitzer, schon nach 10 Sekunden verloren und es bedarf wieder eines neuen Kaufaktes, damit das Belohnungssystem abermals nur für eine sehr kurze Zeit anspringt. Spitzer nannte diesen egoistischen Vorgang: *„Eine hedonistische Tretmühle.",*[146] die jenseits von Glück funktioniert.

Wie oft verlassen Sie Ihre Komfortzone?

Was brauchen Sie, damit Sie Mut zum Verlassen Ihrer Komfortzone entwickeln?

Damit wir uns entwickeln können, brauchen wir Mut, um unsere gut eingerichtete Komfortzone bewusst verlassen zu wollen. Das ist die Herausforderung. Haben wir diese Herausforderung erfolgreich gemeistert, landen wir mit einem „guten" Gefühl wieder in der Komfortzone. So funktioniert Lernen. Das Verlassen der Komfortzone ist immer mit Irritation und Unsicherheit verbunden, weil wir leicht in die Panikzone rutschen können. Verwirrung und Irritation sind typische Verände-

---

[144] Aussage ist angelehnt an das Lernzonenmodell – Panikzone, Wachstumszone und Komfortzone. Wir müssen die Panikzone verlassen, um lernen zu können. Sobald wir den neuen Stoff gelernt haben, befinden wir uns wieder in der Komfortzone. Diese verlassen wir dann bewusst wieder, um Neues zu lernen.

[145] Prof. Dr. Manfred Spitzer, Vortrag bei der Auftaktveranstaltung des Vereins: GeistundGeld e. V. am 20.07.2012 in Stuttgart – „Braucht der Geist Geld? Oder, vielmehr: Braucht das Geld Geist?" nähere Informationen unter: www.geistundgeld.org

[146] Ebd.

rungssignale und zeugen von Veränderungsintelligenz: *„Trotz Unsicherheit traue ich mich!"*. Dieser Zustand wird oft als unerträglich empfunden und deshalb steigen viele aus. Sie machen beim Lernvorgang nicht mit und stagnieren. Wer es „ertragen" kann, entwickelt die Gewissheit, dass Irritationen vorbei gehen, sobald das Neue wieder einen komfortablen Platz in der Komfortzone gefunden hat: *„Ich weiß jetzt wie es geht! – Es war eigentlich gar nicht so schwer!"*. Ja, lernen ist leicht, wenn niemand uns das Lernen durch Druck und Bewertung vermiest. Das Neue braucht grundsätzlich die Erlaubnis der Repräsentanz im Gehirn. Das bestätigt die Annahme, dass Glück eine Entscheidung ist. Ein geeignetes und erlaubtes Bewusstseinsreframing ist dieser wichtige Satz für das persönliche Lebensglück: *„Ich erlaube mir Glück!"*.

Erlauben Sie sich Glück?

3.7 Was sind Glaubenssätze?

„Sobald du dir vertraust, sobald weißt du zu leben."[147] Kein Glaubenssatznetzwerk gleicht dem anderen, weil keiner genau die gleichen Erfahrungen durchlebt hat – nicht einmal Zwillinge. Glaubenssätze sind Gedanken, Aussagen und Annahmen, von denen wir glauben, dass sie wahr sind. Dazu gehören Regeln, Gesetze, Verbote, Gebote, Richtlinien, Sprichwörter, Rollenbilder, Mythen, Geschichten, Märchen ... Wir sind überzeugt, dass sie auf uns zutreffen, weil sie uns als Kind und als Jugendlicher sowie manchmal auch noch im Erwachsenenalter tausend Mal von unseren Bezugspersonen introjeziert (eingetrichtert) wurden. Jeder hat im Laufe seiner Sozialisation viele tausende Glaubenssätze und Haltungen von den Bezugspersonen unreflektiert übernommen. Diese haben unsere Entwicklung bedeutsam „geprägt". Wir sind aber nicht „geprägt". Wir können uns ändern. Es ist vielleicht an der Zeit, diese unreflektierten Haltungen zu emanzipieren. Reflektieren Sie, ob diese heute noch Gültigkeit haben? Unsere Bezugspersonen haben aus ihrer allerbesten Option gehandelt. Das bedeutet aber nicht, dass es immer gut war. Entwickeln auch Sie über einen Bewusstseinsprozess (Hören Sie hin, was Sie zu sich selbst sagen!) ein Gefühl für Ihre limitierenden und absoluten Glaubenssätze, die zum Teil bis zum Fanatismus ausarten können. Ich werde oft gefragt: *„Ist das nun ein Glaubenssatz oder nicht?"*. Ein **limitierender Glaubenssatz** schränkt uns immer in irgendeiner Form in unserer Bedürfnisbefriedigung ein. Er impliziert immer eine **Wenn-dann-Verknüpfung**: *„Erst wenn ich den Job habe, dann renoviere ich meine Wohnung."*. Wir alle haben viele ausgrenzende (nicht-inklusive) Glaubenssätze in Bezug auf uns selbst und in Bezug auf andere Menschen im Laufe der Zeit verinnerlicht oder selbst generiert. Es wird Zeit, diese zu hinterfragen, weil sie unseren inneren Frieden stören. Wenn Bedürfnisse verschüttet und „ungesehen" bleiben, das frustriert auf Dauer jeden Menschen, sei er noch so behütet aufgewachsen. Es gibt deshalb so viele Depressionen und andere „Modekrankheiten", weil die meisten Menschen in dieser hektischen Zeit nicht gelernt haben, auf ihre Bedürfnisse zu achten.

Glaubenssätze sind Überzeugen, die wir glauben.

Unsere Glaubenssätze sind in unserem Glaubenssatznetzwerk verankert,[148] das durch unsere Erfahrungen beeinflusst ist. Das was wir über uns und andere glauben, hat in uns Macht und wird

[147] aus Faust (Aussage von Mephisto) von J. W. Goethe
[148] Vgl. Friesinger 2012, Theoriebuch, Kap. 7.1

wahr. Wir haben die Macht, unsere Glaubensätze zu verändern. Wir können heute die Menschen, die glauben, uns verletzen zu müssen, mit neuen Glaubenssätzen **entmachten.** Einige negative Glaubenssätze können so dominant sein, dass sie in unserem Glaubenssatznetzwerk die vielen vorhandenen positiven Glaubenssätze stark in Mitleidenschaft ziehen können. Deshalb ist es von enormem Vorteil für die Persönlichkeitsentwicklung, das Versteck der dominantesten Glaubenssätze ausfindig zu machen. Der Glaubenssatz, der am meisten einschränkt, ist oft identisch mit der nach der Durchführung der *Inneren-Dialog-Methode* gefundenen Erkenntnisantwort.[149] Wer seine Erkenntnisantwort erkennt, hat in der Regel seinen negativsten Glaubenssatz (Kernüberzeugung) entlarvt. Was jedoch nicht ausschließt, dass noch viele andere dominante Geschwisterglaubenssätze vorhanden sind. Menschen generieren in allen Lebensbereichen und Lebensrollen Glaubenssätze, die nicht immer aus einem einzigen Grundgefühl stammen. **Jedes Reaktionsmuster hat seine eigene Glaubenssatzverkettung.** Diese zu entketten, kann ein langer Weg bedeuten, der sich aber lohnt, weil er sich das Ziel einer angemessenen Befreiung auf die Fahne schreibt. Eine vollständige Befreiung aufgrund unserer Verstrickungen und Multi-Millionen Synapsen ist m. E. nicht möglich, wie ich schon an mehreren Stellen darauf hinwies. Entlarven Sie Ihre irrationalen Glaubenssätze, die Sie zwar als Kind, Jugendlicher und selbst im Erwachsenenalter bis heute schützten, die Sie aber in Ihrer Weiterentwicklung in der Gegenwart stark hemmen. Wurden Sie z. B. als Kind ausgelacht und Sie hatten damals keine Strategien, um sich zu wehren, dann haben Sie sich, um sich zu schützen, die unterschiedlichsten Reaktionsmuster wie Rückzug, Gegenangriff, Gleichgültigkeit, Clownverhalten ... angeeignet. Stellen Sie sich nun in Bezug auf diese Reaktionsmuster realistische Fragen: *„Brauche ich dieses Reaktionsmuster noch oder bin ich stark genug, um zu sagen, dass dieses Verhalten mich gerade verletzt?“.* Fragen Sie sich: *„Wann wurde ich das letzte Mal tatsächlich erniedrigt oder ausgelacht?“ „Wann habe ich mich zum letzten Mal so wehrlos wie damals als Kind gefühlt, als mir gesagt wurde: ‚Du kannst das nicht!‘ ‚Stell dich nicht immer so in den Mittelpunkt!‘ ‚Du bist total bescheuert.‘?“ ...*

Vertrauen Sie in die Machbarkeit Ihrer neuen Glaubenssätze.

Sollte es vorkommen, dass Sie als erwachsene Person ausgelacht werden, dann können Sie heute doch anders reagieren, als damals als Sie noch klein, wehr- und strategielos waren. Sie haben im Laufe der Zeit Strategien und Ressourcen entwickelt, wie Sie sich z. B. argumentativ bewähren können. Sie brauchen nur den Mut, diese Strategien zu nutzen. Dieser Mut kann mit neuen Glaubenssätzen antrainiert werden. Als Kind hatten Sie weniger Schutz- und Spielraum und noch keine ausgefeilte kommunikative Fähigkeit. Heute haben Sie jedoch mehr Strategien und Möglichkeiten als Sie denken. Sie sind stärker, als Sie denken! Sie sind nicht hilflos. Sie sind nur dann hilflos, **wenn Sie sich selbst hilflos machen.** Sich dies bewusst zu machen, kann schon die **erste Hilfe zur Selbsthilfe** sein. Ich schreibe mit Absicht diese Sätze so und nicht anders. Meine stimmige Anweisung ist: Raus aus der Hilflosigkeit und hinein in das Geschehen. **Die anderen haben doch nur eine Plattform, wenn Sie Ihnen diese Plattform bieten.** Verblüffen Sie z. B. mit Kontern wie: *„Schön, dass Sie gerade über mich lachen, ich lache auch gerne über mich. Sie auch*

[149] Siehe Kap. 3.4.2

über sich? Wenn ja, dann haben wir ja etwas Gemeinsames zum Lachen.". An diesem Satz, wenn er authentisch ist, sind viele weitere positive Glaubenssätze aufgehängt, die machbar sind, wenn Sie es wollen. Wir brauchen den Glauben an diese Machbarkeit. Manche Situationen könnten und sollten wir, sogar vielleicht mit etwas mehr Humor nehmen, weil viele Situationen **oft zu ernst** interpretiert werden. Wie wir etwas interpretieren, hat wiederum viel mit unseren einschränkenden Glaubenssätzen zu tun. Über sich selbst lachen zu können, ist eine selbstbewusste Fähigkeit. *„Ich kann nicht alles und ich bin manchmal ungeschickt, na und?"* Auch dieser Glaubenssatz ist ein Glaubenssatz und ein Entlastender noch dazu. Mit einer lockeren Fehlerkultur gehen Sie anders mit sich selbst um, wenn andere vermeintlich oder tatsächlich über Sie lachen. Lachen Sie einfach mit. Sollten Sie sich jedoch verletzt fühlen, dann können Sie im Selbsteinfühlungsprozess für sich herausfinden, was Sie z. B. noch an Ressourcen benötigen, wenn jemand über Sie lacht. Wenn Sie Ihre Ressourcen wissen und diese aktiveren, dann können Sie sehr konkret und zeitnah Ihren inneren unangenehmen und unfreien Zustand beenden. Sie müssen **kein** lustiger oder schlagfertiger Typ sein, der immer den „richtigen Konter" parat hat. Das wäre aufgesetzt und nicht authentisch. Sie haben eine viel bessere Fähigkeit. Sie können die Situation später und vorbereitet wieder aufgreifen und mit den betreffende(n) Person(en) darüber sprechen. Auf diese Weise drücken Sie dann wertschätzend noch einmal aus, was genau Sie verletzte. **Selten wird jemand erneut ausgelacht, wenn er seine Gefühle und Werte kommuniziert.** Ich habe das bis jetzt noch nie erlebt. Gibt es aber bestimmt auch, weil es in unserer Welt kaum etwas gibt, was es nicht gibt. Es ist nur die Frage, wie wir damit umgehen. Wie sieht es in der „Seele" dieser Menschen aus, wenn sie bei einer Verletzungsoffenheit noch mit „brennenden Pfeilen" werfen? Das ist dann immer meine Frage, die mich tröstet, wenn ich von solchen Dingen höre. Über die acht Räume der *Praktischen Inklusiven Kommunikation*[150] haben Sie beim Fremdeinfühlungsprozess ein ganzheitliches Instrument an der Hand, um so präzise wie möglich herauszufinden, welche Wertemuster bei den Pfeilwerfenden frustriert sind, weil sie den Drang verspüren, Menschen zu verletzen, auszulachen oder bloßzustellen, wenn diese ihre Verletzlichkeit zeigen. Was könnte deren eigentliches Motiv sein? So erkennen Sie den feinen Unterschied zwischen dem, was jemand tut und dem, was ihn motiviert. Dies führt dazu, dass Sie vielleicht wieder in die Verständigungsebene eintauchen und für die Differenzen Lösungen finden, sofern beide Seiten dies wollen.[151] Wir können alles, was wir erleben, kommunizieren, wenn es echt ist. Diese Echtheit kommt in der Regel beim anderen an. Geht auch der andere in die Empathie, dann wird er einlenken, indem er vielleicht sagt: *„War doch gar nicht so gemeint!".* Das ist Heilung und Selbstheilung zugleich. Wir können dafür sorgen, dass

Sie sind stärker,
als Sie denken!

[150] Siehe Friesinger 2012, Theoriebuch, Kap. 4.1.4 – *Das Acht-Räume Modell der Inklusiven Kommunikation* und zur Übung Kap. 3.10 – 3.11 im Praxisbuch. Die tatsächliche Praxis kann am besten in einem Seminar zur *Inklusiven Kommunikation – Fühlen, was wir brauchen* erlernt werden. Die acht Schritte live zu erleben, ist in den Empathiegruppen nicht nur für den Durchführenden vom großen Vorteil, sondern auch für die Zuschauer. *„Ich lerne genauso viel, wie wenn ich selbst dran wäre, weil ich ähnliche Glaubenssätze habe und ich deshalb sehr viel für mich herausziehen kann."* ist ein generelles Statement vieler TeilnehmerInnen. Eine E-Mail von vielen nach einem VHS-Kurs in Leinfelden-Echterdingen: *„Ich möchte mich ganz herzlich für den VHS-Abend in Leinfelden bei Ihnen bedanken. Für mich war das ein sehr befreiendes Erlebnis, das mich in meiner persönlichen Entwicklung ein großes Stück weiterbringt. Die Erkenntnisse und Zielvereinbarungen begleiten mich und werden weiter wirken. Danke für dieses wunderbare Geschenk!"* Heidi Emmerich

[151] Vgl. *Die Inklusive Kommunikation* in Friesinger 2012, Theoriebuch, Kap. 4.1

wir Heilung über eine gelungene Empathie erfahren. Es ist gut für die „Seele!", wenn uns jemand sein Bedürfnis nach Wiedergutmachung zeigt. Ist es nicht oft das einzige, das wir wollen, selbst wenn es nur ein Kopfnicken mit der Einlenkungsbotschaft: *„Ich verstehe dich!"* ist?

Glaubenssätze aus der Kindheit bleiben oft bis ins hohe Erwachsenenalter aktiv.

Viele unrealistische Glaubenssätze aus der Kindheit bleiben oft bis ins hohe Erwachsenenalter konstant, wenn wir nichts daran ändern. Viele Erwachsene brauchen deshalb ein neues Bewusstseinsreframing über ihre Glaubenssätze, so dass sie eine neue Initiation in ihrem Leben entwickeln können. Leider ist das Wissen über das Bewusstseinsreframing noch viel zu wenig bekannt. *„Bevor ich dich kannte, wusste ich nicht, was Reframing ist und hatte keine Vorstellung, dass ich diese Fähigkeit habe."*, sagte eine überglückliche Klientin, die erkannte, wie wichtig die Reflexion ihrer Vorurteile und Gedanken für sie sind.

Heute sind wir nicht mehr das schutzlose Kind von früher. Als Erwachsene haben wir die Verantwortung für unsere Gedanken. Heute können wir unser Statement vertreten oder eine neue Perspektive einnehmen, was uns als Kind nicht immer gelungen ist. Die Angst, die uns früher im Nacken saß, können wir heute noch zusätzlich auf der Strukturebene der Gedanken nachhaltig reframen. Über ein Gefühls- und Bedürfniswissen kann jeder lernen, mit Angst- und Unzulänglichkeitsgefühlen umzugehen. Ein inklusiver Hinweis in Konfliktsituationen an meine Klienten ist immer: **Sagen Sie, was Sie fühlen, bevor Sie gar nichts sagen.** Sagen Sie z. B.: *„Ich bin jetzt so platt und überrascht, ich weiß gar nicht, was ich sagen soll."*. Diese Sätze sind viel hilfreicher, als gar nichts zu sagen und in der Ohnmacht zu verharren. Leider bleiben viele Menschen im Erwachsenenalter, wie die ausgewachsenen Elefanten, angeseilt stehen, obwohl sie die Kraft hätten, sich von ihrer Fußfessel zu befreien.[152] Keiner braucht sich kleinzuhalten.

Viele Menschen brauchen das Bewusstsein, dass sie nicht mehr klein sind. Im Erwachsenenalter greifen besonders in Stresssituationen noch die ursprünglich erlernten Verhaltensmuster, weil unser Gehirn im Gefühlsgedächtnis alle Gefühle abspeichert. Wir können uns oft nicht mehr an den Inhalt des Streites erinnern, aber wir wissen noch genau, wie wir uns fühlten. Deshalb reagieren Erwachsene immer noch mit ihrem kleinen, bedürftigen und wertlosen Gefühl aus der Kindheit. Dabei nähren Menschen ihre aktuellen Emotionen immer wieder aus den alten Schmerzerfahrungen heraus und schaffen es nicht, die Negativspirale zu durchbrechen. Dabei hätten sie aus der Erwachsenenperspektive heute die Kraft und das Wissen dazu. Sicherlich scheint es für viele beinah unmöglich zu sein, ein rigides Schutz- oder Abhängigkeitsmuster loszulassen, weil hartnäckige einbetonierte Glaubenssätze daran hängen. Im Gehirn ist nichts unmöglich. Der **passende** Gedanke kann die komplette Innenwelt verändern. Eine Klientin sagte: *„Ich bin nur bei dir, weil du im Seminar* ***einen einzigen Satz*** *sagtest, der mich so betroffen machte!"*. Es war der Satz, den Sie nun schon etliche Male gelesen haben, aber Wiederholung schaden bekanntlich nicht: Ohne Selbstempathie keine Empathie! Lernen Sie die Selbstempathie, dann kommt die Empathie von ganz allein.

[152] Siehe Elefantengeschichte im Kap. 6.2

Neue Glaubenssätze brauchen die Wiederholung und die Erfahrung, dass sie besonders in herausfordernden Situationen nützlich sind, damit sie real werden können. Doch so lange diese Menschen denken, dass es nicht einfach ist, wird es auch nicht einfach sein und werden. Sie brauchen zunächst ein Bewusstseinsreframing: *„Es ist leicht, loszulassen!"*. Wir können die alten Bahnen in unserem Gehirn neu „bahnen", wenn wir nur oft genug konkrete Schritte unternehmen, um die neuen Glaubenssätze anzuwenden. Wir sind unseren unbewussten negativen Reaktionsmustern nicht ein Leben lang ausgeliefert, wenn wir das nicht wollen. Wir müssen nicht den vielen „Lügen" unserer Vergangenheit, wer auch immer diese aus seinem Nicht-Wissen heraus, ausgesprochen hat, glauben. Wir können die erlernten negativen Strategien verändern und neue neuronale Netzwerke im Gehirn aufbauen und verbinden, so dass die alten Netzwerke nicht mehr „befahrbar" sind. Informationen, die nicht bedient werden, treten in den Hintergrund und werden „stillgelegt", weil wir sie nicht mehr synaptisch „erregen". Um neue neuronale Netzwerke zu „bahnen", ist es notwendig, die tiefliegenden und glückshinderlichen Kerngefühle zu identifizieren und über Bewusstseinsprozesse zu verändern. Finden Sie nun Ihre vielleicht schon **vor**bewussten Glaubenssätze in Bezug auf Ihre beiden Lebenskontexte: Privates und berufliches Umfeld heraus. Was denken, glauben und fühlen Sie in diesen Lebenskontextbereichen? Notieren Sie je fünf Glaubenssätze, die Ihr Leben im privaten und beruflichen Umfeld bereichern oder nicht bereichern.

	Bereichernde Glaubenssätze:	Nicht bereichernde Glaubenssätze:
Privates Umfeld	1.	
	2.	
	3.	
	4.	
	5.	
Berufliches Umfeld	1.	
	2.	
	3.	
	4.	
	5.	

Vorbewusste Glaubenssätze sind Glaubenssätze, die uns bewusst werden, wenn wir darüber nachdenken. Ein Glaubenssatzbrainstorming kann weitere Glaubensätze offenbaren, die bisher so noch nicht bewusst waren. Glaubenssätze können von irrationalen bis entpersonalisierten Aussagen begleitet sein. Cornelia, 52 J., Anti-Aggressionstrainerin, hatte den Auftrag, vor dem Glaubenssatzänderungsformat ihre Glaubenssätze aufzuschreiben. Diese fielen wie folgt aus: *„Ich fühle mich manchmal nicht in meinem Körper!" „Ich bin tollpatschig!" „Ich gebe immer nach!" „Ich habe nie*

Zeit!" „Ich habe Angst vor Erfolg!" „Ich setze mich unter Druck!" „Ich bin ein Niemand!" „Ich bin ein Schwein!" .... Ihr dominantester Glaubenssatz war nicht zu überhören, weil eine besondere Betonung darauf lag. Es war der zuletzt erwähnte Glaubenssatz, den sie mir eigentlich, wie sie sagte, vorenthalten wollte: *„Ich bin ein Schwein!"*. Ihre Stiefeltern hätten sie als Kind oft mit dem Ausdruck: *„Du Schwein!"* beschimpft und wenn sie *„nicht lieb"* war, berichtete sie, wurde sie *„nach einer guten Tracht Prügel in eine dunkle Kammer eingesperrt."*. Sie wusste nie, wie lange es dauert, bis sie wieder aus der Kammer befreit wird, sagte sie und musste dabei schwer schlucken. Schon nach einer Stunde intensiver Reframingsarbeit war schön zu hören und zu sehen, wie ihre Gedanken sich mehr und mehr „reinigten": *„Ich war wertvoll und bin wertvoll, weil ich Licht im Herzen habe! – Wenn ich Licht im Herzen habe, dann fühle ich meinen Körper." „Ich habe Zeit für mich!" „Ich verdiene Erfolg!" „Das Leben ist heute leicht, weil das Licht in mir leicht ist!"* ... Sie war schon als Kind, wie sie erzählte, sehr kreativ. Sie erinnerte sich, wie sie im Dunkeln das Licht in ihrem Herzen anzündete, um die Dunkelheit auszuhalten. Dieses Beispiel zeigt, dass Kinder eigentlich viele Ressourcen haben, die sie besonders in schweren Momenten zum Überleben einsetzen. Was auch immer andere sagen, wir müssen es nicht „abkaufen". Lassen Sie keine Kompensationen von anderen in Ihren Kopf hinein! Sie sind nicht die Glücksstrategie für andere Menschen, nur weil diese nicht für ihre Bedürfnisse sorgen. Sie können Verständnis aufbringen, aber übernehmen Sie niemals die Verantwortung für die negative Glückstrategie Ihrer Mitmenschen. Jeder ist für sich selbst und für sein Glück verantwortlich.

3.7.1 Das empathische Wirkungsreframing bei Glaubenssatzänderungen

Gundula, 67 J., pensionierte Lehrerin, erzählte mir, ihr Vater hätte ihr verboten, als Kind vor anderen zu weinen. Er hätte ihr eingeimpft, Gefühle zu zeigen, sei peinlich. Sie hatte folgende Glaubenssätze: *„Ich darf nicht weinen und schon gar nicht auf Beerdigungen." „Weinen ist peinlich und ein Zeichen von Schwäche." „Ich muss stark sein und darf niemals anderen meine Gefühle zeigen."* ... Allein durch meine empathische konträre Haltung: *„Wenn es irgendwo gesellschaftlich erlaubt ist, zu weinen, dann ohne Zweifel auf Beerdigungen. – Wo denn sonst, wenn nicht dort?"* und *„Gefühl zu zeigen, ist ein Zeichen von innerer Stärke!"*, konnte sie schon nach wenigen Minuten den Reframingsprozess ihrer neuen Glaubenssätze einleiten. Ihre fixierten und paradoxen Glaubenssätze haben ihr ganzes Leben lang stark eingeschränkt und belastet. Sie offenbarte mir, seit ihrer Kindheit noch nie vor einem Menschen geweint zu haben. Sie hätte auch nicht bei der Beerdigung ihrer beiden Brüder geweint, weil sie überzeugt war, gerade in solchen Momenten vor anderen Menschen Stärke zeigen zu **müssen**. Auch ihre beste Freundin hätte sie am Abend vor deren Tod nicht im Krankenhaus besucht, weil sie große Angst davor hatte, beim Anblick ihrer sterbenden Freundin ihren Gefühlen ausgeliefert zu sein. Das wäre für sie damals undenkbar gewesen, sagte sie. *„Was wäre gewesen, wenn du geweint hättest?"*, fragte ich sie. Sie antwortete: *„Das geht doch nicht! Ich kann doch nicht vor ihr und ihrem Mann weinen, wenn sie im Sterben liegt. Deshalb bin ich lieber zu Hause geblieben. Nun mache ich mir große Vorwürfe, weil ich mich nicht von ihr verabschiedet habe!"*, erklärte sie zermürbt. Ihr neues Bewusstseinsreframing in Bezug auf ihre Glaubenssätze lautete: *„Auf Beerdigungen zu weinen, ist richtig." „Ich ehre diesen Menschen durch meine Traurigkeit." „Es ist gut und richtig, Gefühle zu zeigen." „Weinen, ist ein Zeichen von Stärke."*

... Der „unechte" Widerstand gegen das Weinen löste sich nach der Konzipierung der neuen Glaubenssätze auf. Sie fing zum ersten Mal **vor** einem anderen Menschen zu weinen an. Diese Geschichte bewegte mich ebenso, dass ich mit ihr (mit)weinen musste. Mein Leid war die Trauer um Menschen wie Gundula, die durch unrealistische Glaubenssätze, sich ihr Leben so außergewöhnlich schwer gestalten, obwohl aus logischer Sicht das Leben für diese Menschen tausendmal leichter sein könnte. Vielleicht steckte auch noch mein früheres Leid darin, dass ich subjektiv betrachtet für mich eine gefühlte Ewigkeit (40 Jahre) brauchte, bis ich endlich die Eigenverantwortung für das Gefühl nicht nur vom Kopf, sondern auch vom Herzen begriff und erst dadurch lernte, selbstbewusster zu leben und zu handeln? Selbstbewusstsein bedeutet in diesem Sinn: In bin mir meiner authentischen Gefühle und Bedürfnisse bewusst und kommuniziere sie echt!

Am Anfang des Coachings hatte Gundula verhärtete Gesichtszüge und eine verkrampfte Körperspannung. Ihre Bewegungen waren kantig und hektisch. Nach dem geglückten Wirkungsreframing saß eine entspannte Frau mit weichen Gesichtszügen und strahlend blauen Augen vor mir. Sie lachte und weinte gleichzeitig vor Freude. Sie fühlte sich besser, weil sie sich von ihrem lebenslangen *„inneren Knechter"* befreit hatte. Er wurde reframt und für immer in die Wüste geschickt. Wir überlegten gemeinsam, wie sie ihr „Versagensgefühl" gegenüber ihrer verstorbenen Freundin wieder gut machen könnte. *„Hast du eine Idee?"*, fragte ich sie. Sie meinte, es würde ihr helfen, wenn sie den Mann ihrer verstorbenen Freundin gleich nächste Woche besuche, um ihm den wahren Grund mitzuteilen, warum sie damals im Krankenhaus seine Frau nicht besucht hatte. Sie wolle ihm sagen, wie viel seine Frau ihr als Freundin bedeutet hat und auch heute immer noch bedeute. Immer noch halb lachend und halb weinend sagte sie: *„Wenn ich bei ihm weinen muss, dann weine ich einfach so wie jetzt bei dir. Es ist gar nicht so schlimm, wie ich dachte, vor anderen Menschen zu weinen. Außerdem zeige ich ihm damit, wie wichtig mir meine Freundin ist und wie sehr ich sie vermisse."*. Ihre ursprüngliche Kernüberzeugung **war nicht mehr da.** Sie war verschwunden. Ist es so einfach? Ja, oft ist es so einfach. Ich sage den Menschen, die zu meinen Seminaren kommen immer wieder, dass es einfach ist. Die meisten Menschen haben aber große Angst, ihre eigenen Gefühle zu fühlen. Sie verbarrikadieren sich deshalb lieber hinter ihren gewohnten Reaktionsmustern mitsamt den dazugehörenden irrationalen Glaubenssätzen und Unwohlgefühlen, die im Hintergrund lauern wie hungrige Wölfe. **Das Leid ist, gerade die Gefühle nicht fühlen zu wollen.** Sie zu fühlen, ist Befreiung. Doch auch vor der Freiheit, haben viele Menschen Angst, deshalb verharren sie lieber in ihren Abhängigkeiten, Grenzen, Ambivalenzen und in ihren antrainierten und verinnerlichten Haltungen, die sie mehr hemmen als fördern.

> Leid ist, Gefühle nicht fühlen zu wollen. Gefühle zu fühlen ist Befreiung.

Freiheit heißt Verantwortung. Ohne Verantwortung keine Freiheit. Viele Menschen erlauben sich keine Freiheit. Sie genehmigen sich in ihrem Leben keine Leichtigkeit, Lockerheit und Sorglosigkeit. Ständig plagt sie ihr schlechtes Gewissen, obwohl sie eigentlich gar nichts „verbrochen" haben. Oder sie müssen sich ständig Sorgen machen. Sicherlich kennen Sie Menschen, die sich ständig sorgen müssen. *‚Das Leben ist schwer, hart und bitter!'* behaupten sie und ihr Leben ist tatsächlich „schwer", „hart" und „bitter". Erst wenn sie die Gelegenheit zu einem stimmigen Reframing nutzen könnten, würde sich ihr Sorgen-Machen-

> Freiheit heißt Verantwortung.

Gefühl nachhaltig verändern. Sie würden erkennen, dass ihre Gedanken, ihr Leben entwerfen und bestimmen. Wir tragen die Verantwortung für den Entwurf und für die Freiheit unseres Lebens.

Julia, 54 J., Bürokauffrau, hatte ihr Leben lang eine innere „Blockade", wenn Menschen ihr gegenüber zu dominant wirkten. Ihre „Blockade" war selbst in der etwas stockenden Aussprache **hörbar**. Sie hatte ein genaues Bild von ihrer Blockade (Tennisball in der Brust) und sie konnte das Gefühl dazu perfekt widergeben. *„Wenn du diese Blockade wegmachen könntest, wäre das ein Wunder!"*, sagte sie in der Empathiegruppe. Nach einer Stunde lachte Julia nur noch über ihre frühere „Blockade". Ihre gesamte Haltung zeugte von neuen Gedankenbänden. Selbst ihr Sprachfluss war runder, leichter und fließender. Sie ging auf die Terrasse, breitete ihre Arme aus, lachte und rief: *„Ich bin leicht!" – „Ich fühle mich frei!"*. Was war geschehen? Wie konnte das Reframing sofort wirken? Ich reframte Julia auf der Strukturebene ihrer Gedanken, so dass ihre „Blockade" für sie nicht mehr nachvollzieh- und demnach auch nicht mehr spürbar war. Der große „Beschützer" ihrer Blockade war in ihrem symbolischen Ausdruck eine Eisglocke, die über sie gestülpt war und sie gefangen hielt. Sie selbst sah sich in dieser Eisglocke erstarrt und eingefroren. Mit der Symbolkraft einer imaginierten „inneren Sonne" konnte sie ein neues Vorstellungsbild zulassen. Ihre „innere Sonne" brachte die Eisglocke zum Schmelzen, so dass diese sich in einen klaren See um sie herum verwandelte. Das Symbolbild des Sees gefiel ihr sehr gut. Wasser wäre schon immer ihr Element gewesen, sagte sie, weil sie sich im Wasser leicht und frei fühle. Ihre neue Selbstinduktion war, dass sie selbst diese Blockade mit der Sonnenkraft ihres Herzens auflösen kann, wann immer diese (noch) auftaucht, um dann wieder innerlich frei im „inneren klaren See" schwimmen zu können. *„Kann es sein, dass du eine gute Portion Leichtigkeit brauchst?"*, fragte ich sie. *„Ja!"* atmete sie sichtbar erleichtert auf: *„Ich brauche Leichtigkeit!"*. Julia hatte sich ein Leben lang ihre Leichtigkeit nicht erlaubt. Durch die Veränderung ihrer Bild- und Gedankensequenzen über die Submodalitäten der Wahrnehmung, konnte sie sich ihre größte innere Ressource endlich erlauben (Inklusion). Mit der Zauberfee-Methode[153] generierte sie ein Symbol für ihre Leichtigkeit, um ihr leichtes Gefühl effektiver ankern zu können, wenn sie es braucht. Ihr restlicher Gefühlsschmerz floss, wie sie berichtete, in den klaren See hinein und der „Tennisball" in der Brust war verschwunden. Sie fühlte ihn nicht mehr. *„Wenn ich mir die Auflösung meines Tischtennisball-Gefühls erlaube und gar nicht mehr an eine Blockade glaube, dann gibt es diese auch nicht."*, sagte sie glücklich. Ich bat sie, das Wort „Blockade" in ihrem Sprachschatz nicht mehr zu gebrauchen: *„Es gibt keine Blockade. Die gibt es nur, wenn du denkst, dass du eine Blockade hast."*. Wir vereinbarten, dass sie jeden Tag drei konkrete Dinge tut, die sich für sie „leicht" anfühlen. Gemeinsam mit der Empathiegruppe wurden noch viele weitere „leichte" Ideen für ihr Selfcommitment entwickelt.

Symbole heilen unsere unbewussten Verletzungen und zeigen uns ein neues Problem-Löse-Verhalten.

[153] Die Zauberfee-Methode ist einfach und effektiv: 1. Welches Symbol hat dein alter Glaubenssatz? 2. Schicke oder werfe dieses Symbol deines alten Glaubenssatzes in deiner Vorstellung weit weg. Hinter dem Horizont ist eine Zauberfee. 3. Sie fängt dein altes Symbol auf und schickt dir ein neues Symbol für deinen neuen Glaubenssatz zurück. Was kommt zurück? Diese Methode funktioniert, weil wir magisches Denken lieben.

3.7.2 Die 180-Grad-Wendung des Gefühls

Wichtiger Hinweis zu den verschiedenen Reframingmethoden: Die unterschiedlich konzipierten Reframingsmethoden kommen der Heterogenität der Menschen entgegen. Jemand bevorzugt vielleicht die schnellere Methode, während andere sich intensiver mit einem Thema auseinandersetzen wollen. Manche Glaubenssätze sind so hartnäckig, dass sie ein ausführlicheres Reframing benötigen. Andere können allein schon durch das Einsetzen von Symbolen, wie die oben erwähnte Zauberfee-Methode, im Handumdrehen reframt werden.

„Eine der letzten inneren Freiheiten ist die Wahl der Einstellungen zu den Dingen!“[154] Um Glaubenssätze erfolgreich zu reframen, ist es wichtig, sich in positiven Aussagen zu üben. Gedanken werden gestretcht, damit diese ein besseres Gefühl zulassen. Wir haben immer mehr die Wahl, anders zu denken. Wir erlauben es uns immer mehr, anders zu denken. Durch den Umkehrschluss von Gedanken wird das Gefühl symbolisch um 180 Grad gewendet. Auch hier eignet sich die Zauberfee-Methode: *„Gib deinem belastenden Gefühl ein Symbol. Schick dieses Symbol Richtung Horizont. Dort fängt eine Fee für dich dein Symbol auf und schickt dir für deinen neuen Glaubenssatz ein neues Symbol. Was kommt zurück?“*. Ein Symbolreframing wirkt oft sofort und nachhaltig. Genau diese sofortige Wirkung nenne ich: **Wirkungsreframing.** Bei einem Bewusstseinsreframing wird nur das erwünschte Gefühl nur bewusst, ohne dass es wirklich gefühlt wird. Es ist ausschließlich der Wunsch da, es fühlen zu wollen. Durch Übung wird kann nach und nach ein Wirkungsreframing eintreten. Die positiven Glaubenssätze „rutschen“ mit der Zeit ins Unbewusste und ein neues Gefühl wird geboren. Das funktioniert aber nicht ohne Arbeit und ohne inszeniertes Dranbleiben am Thema. Eine Klientin formulierte es so: *„Noch vor kurzem konnte ich meinen neuen Glaubenssatz nicht einmal aussprechen. Jetzt gehört er für immer zu mir.“*. Üben Sie, Ihre negativen Aussagen und Glaubenssätze um 180 Grad zu wenden. Nicht jeder gewendete Glaubenssatz hört und fühlt sich für die Menschen gleich an. Die Aussage: *„Ich bin nutzlos!“* wirkt gewendet bei jedem anders, weil sie bei jedem eine andere Bedeutung hat.

> Üben Sie sich in positive Aussagen.

> Wirkungsreframing ist die fühlbare Geburt eines neuen Gefühls, dass sofort Wirkung zeigt.

Hilfestellung beim Reframen: Damit das Reframing gelingt, eignen Sie sich folgende Reframingssätze an: *„Es ist leicht, Neues zu denken.“ „Es ist leicht, eine neue Perspektive einzunehmen.“ „Es ist leicht,* ***positiv*** *zu denken.“ „Es ist leicht, die Dinge* ***auch mit etwas Humor und Leichtigkeit*** *auszudrücken.“ „Es ist leicht, nicht alles so ernst zu nehmen.“ „Es ist leicht, wertschätzender zu kommunizieren.“ „Es ist leicht, die Inklusive Kommunikation zu erlernen, um sie an sich selbst und im Kontakt mit anderen anzuwenden.“ „Es ist leicht, meine Begeisterung zu entfachen.“ „Das Leben ist leicht!“ „Ich tue meine Arbeit mit Liebe, Begeisterung und Leichtigkeit.“*. Üben Sie, die im Kap. 3.7 gefundenen nicht bereichernde Glaubensätze, in Positive zu wenden und schreiben Sie Ihr assoziiertes Gefühl dazu auf.

> Es ist leicht Neues zu denken, wenn wir es uns erlauben.

[154] Viktor Frankl, eigens für ihn wurde 1970 eine Professur für Logotherapie in San Diego (Kalifornien) eingerichtet. Als jüdischer Psychologe war er im KZ. Er ist Autor des Buches: *„...trotzdem Ja zum Leben sagen: Ein Psychologe erlebt das Konzentrationslager“*. Der Titel enthält das Zitat aus dem Refrain der Lagerhymne: Das Buchenwaldlied von Fritz Löhner-Beda.

	Negative Glaubenssätze mit dem dazu assoziierten Gefühl.	Gewendete Glaubenssätze mit dem dazu assoziierten Gefühl.
1.		
2.		
3.		
4.		
5.		

„Mut wächst mit dem Beginnen!" heißt z. B. ein Glaubenssatz, der beim Manifestieren von neuen Glaubenssätzen hilfreich sein kann. Achten Sie dabei besonders auf das Gefühl, das sich durch die neue Sichtweise einstellt und entscheiden Sie sich, in Zukunft verstärkt auf positive und stimmig-authentische Gedanken, Aussagen und Glaubenssätze zu achten. Je schneller Sie Sätze reframen können, desto mehr Wahlmöglichkeiten in Ihrem Reaktionsmusterrepertoire zu reagieren, werden Sie entwickeln. Zur Konkretisierung einige Beispiele:

Negative Gedanken/Aussagen/Glaubenssätze:	Positive und stimmig-authentische Gedanken/Aussagen/ Glaubenssätze:
„Ich will nicht mehr rauchen!"	*„Ich möchte gesund leben!", „Ich möchte frische Luft im Wohnzimmer haben!" ...*
„Mache nicht so viele Fehler!"	*„Jede Erfahrung macht mich reicher.", „Ganz viel war richtig!", „Fehler bereichern!", „Fehler sind Helfer!", „Ich liebe Fehler!" „Celebrate the mistakes! (Feiere den Fehler)", „Erster Fehler des Tages – toll!" ...*
„Komm nicht zu spät zur Arbeit!"	*„Sei pünktlich!", „Die Arbeit freut sich auf dich!" ...*
„Pass auf!"	*„Tu die Dinge mit Aufmerksamkeit.", „Sei aufmerksam und gute Reise!", „Take care!", „Ich freue mich, dich bald wiederzusehen!" ...*
„Nicht nachlassen!"	*„Dranbleiben!", „Mut wächst mit dem Beginnen!", „Lass uns beginnen!", „Vertrau dem Prozess.", „Mach weiter so!" ...*
„Sei kein Angsthase!"	*„Du kannst auf dich vertrauen.", „Sie mutig und halte die Angst in dir!", „Sag dir: ‚Ich nehme meine Angst an!'", „Was ist das Gegenteil deiner Angst? – Konzentrier dich nur auf das Gegenteil, dann wird die Angst weniger oder verschwindet ganz. – Vielleicht ist es die Leidenschaft, etwas auszuprobieren?" ...*
„Das Geschäft ist nicht gut gelaufen!"	*„Sie/wir haben noch Verbesserungspotenzial!", „Wir reflektieren, was war und werden das verändern. – Wir schaffen das! – Wir bekommen das hin!", „Ich denke darüber nach, wie es besser werden kann." ...*
„Leider ist meine Zusammenstellung erst jetzt fertig!"	*„Ich habe alles gegeben und bin jetzt fertig!", „Ich habe viel Zeit in meine Zusammenstellung investiert, die ich jetzt abgeben möchte." ...*
„Ich komme nicht raus aus meinem Problem!"	*„Ich finde eine Lösung!", „Es gibt immer eine Alternative oder Wahl!", „Ich verändere die Perspektive!", „Es gibt für*

	jedes Problem mindestens drei Lösungen!", „Wer die Lösung noch nicht hat, hat sie noch nicht gefunden, aber es gibt die Lösung!", „Es wird einen Ausweg geben!" ...
„Tut mir leid, dass ich nicht da war!"	*„Beim nächsten Mal bin ich dabei!", „Es war bestimmt interessant ohne mich.", „Ich wurde an einer anderen Stelle gebraucht!" ...*
„Sei nicht wütend!"	*„Was fühlst du, weil du so wütend bist?", „Wut ist gut, wenn wir sie anschauen!", „Entdeck(e) die Kraft deiner Wut! – Was verbirgt sich in Wahrheit dahinter?", „Bitte lass uns in Ruhe darüber reden." ...*
„Sei nicht so voreilig!"	*„Ich brauche Zeit zum Nachdenken.", „Ich brauche für gute Entscheidungen etwas Zeit!", „Neue Sichtweisen können dich bereichern." ...*
„Ich bin unfähig, die Dinge so zu formulieren wie sie sind!"	*„Ich drücke aus, was und wie ich etwas empfinde.", „Ich beginne zu lernen, die Dingen so zu sagen, wie ich sie empfinde (fühle und brauche).", „Bevor ich gar nichts sage, sage ich wenigstens mein Gefühl z. B.: ‚Ich bin gerade so entsetzt, über das, was ich gehört habe.'" ...*
„Ich bin zu dick!"	*„Ich achte auf meinen Körper!", „Ich esse gesund." ...*
„Wie blöd ist der/die denn?"	*Humor mit Leichtigkeit verpackt: „Das ist ja eine interessante Meinung, die Sie da haben. Könnten Sie mir bitte sagen, wie Sie darauf kommen?", „Ich erkenne die Meinung anderer an!", „Ich trenne den Wert eines Menschen von seinem Verhalten!", „Jeder hat sein Modell und seine Sichtweise von Welt!", „Hinter seiner Einstellung steckt ein positives Bedürfnis." ...*
„Ich habe so hohe Erwartungen an mich!"	*„Ich genüge!", „Meine Leistungen genügen mir!", „Ich kann es auch sein lassen. – Ich kann loslassen." ...*
„Ich bin so ungeduldig!"	*„Ich lasse mir Zeit für meine Entwicklung!" ...*
„Du regst mich auf!"	*„Ich brauche eine Pause, um herauszufinden, worum es mir gerade geht." „Ich brauche Zeit zum Nachdenken!" ...*
„Ich kann das nicht, das ist so schwer!"	*„Es ist leicht, neue Herausforderungen anzunehmen!", „Wenn die Aufgabe mich überfordert, dann sage ich es oder lasse es sein.", „Ich gebe mein Bestes!" ...*
„Der bekommt es sowieso nicht hin!"	*„Jeder handelt nach seinen Erfahrungen und Fähigkeiten!", „Jeder handelt immer mit seiner aktuellen allerbesten Option!", „Er gibt sein Bestes!" „Er ist noch in der Entwicklung!" „Er zeigt Mut und nimmt die Herausforderung an!" „Auch die Erfahrung des Scheiterns ist sinnvoll!" ...*
„Ich hasse Konflikte!", „Ich scheue Konflikte!"	*„Konflikte sind der Normalfall!", „Konflikte sind Entwicklungschancen!", „Jede Begegnung bringt mich weiter." ...*
„Ich bin ganz durcheinander und zerstreut!"	*„Irritation ist gut für das Gehirn. – Die Synapsen sortieren sich neu!", „Ich brauche mehr Struktur und Ordnung." ...*
„Ich fühle mich so leer!"	*„Leere ist gut, weil ich die Leere brauche, um Ideen zu haben. In der Leere „entzünden – feuern" neue Synapsen.", „Ich kann meinen Blick wieder auf Neues und Spannendes richten." ...*
„Ich habe keine Zeit! – Ich bin im Stress!"	*„Ich bin mir wichtig und habe Zeit für mich!", „Ich lerne, mich zu organisieren." ...*
„Ich will niemanden verletzen!"	*„Ich übernehme die Verantwortung für meine Gefühle.", „Ich drücke aus, was ich empfinde und was ich brauche!" ...*

„Lass mich einfach in Ruhe!“	*„Ich bin gerade sehr beschäftigt. – Ich komme später auf dich zu.“, „Ich befasse mich gerade mit etwas anderem!“ …*
„Wo bleibt denn deine groß angepriesene Empathie!“	*„Zeig mir, wie Empathie funktioniert!“, „Da ich noch am Lernen und üben bin, würde es mir gut tun, wenn du nicht auf meinen Schwächen herumreitest.“ …*
„Ich fühle mich hintergangen.“	*„Ich bin irritiert, weil ich keine Information habe.“ …*

Um Synergieeffekte zu erzielen, besprechen Sie die Liste auch mit Freunden. Nach Viktor Frankl ausgedrückt, werden Sie noch mehr Wahlmöglichkeiten haben, um wertschätzend und stimmig-authentisch zu denken und zu kommunizieren. Reframen Sie Ihre Glaubenssätze mit der Gewissheit, dass Sie immer die Wahl haben, Dinge auch anders zu denken, zu fühlen und zu glauben. Wir fühlen, was wir denken und umgekehrt. Wie oft formulieren wir am Tag etwas negativ? Negative Gedanken führen dazu, dass wir uns unwohl und frustriert bis ohnmächtig fühlen. Achten Sie auf Ihre täglichen negativen Gedanken, Aussagen und Glaubenssätze in Bezug auf sich selbst und in Bezug auf Ihre Mitmenschen und formulieren Sie diese in Zukunft bewusst positiver.

Bei den Reframingsübungen gibt es in meinen Fortbildungen oft TeilnehmerInnen, die aus der oberen Liste mit viel Mühe gerade mal ein bis zwei Sätze reframen können. Doch selbst die gefundenen Reframingssätze hören sich nicht wirklich inklusiv an. *„Pass auf!“* in *„Sei vorsichtig!“* zu reframen, kann z. B. ebenso negativ besetzt sein, wenn ein Mensch mit einem starken Misstrauensmuster zu kämpfen hat. Ein Reframingssatz ist dann gelungen, wenn er sich gut anfühlt und keine anderen negativen Reaktionsmuster intuitiv spürbar sind. *„Soll ich jetzt alles nur noch positiv formulieren?“* sind die in diesem Zusammenhang oft gestellten Fragen. Beim Reframing geht es nicht darum, alles euphemistisch (beschönigt) zu sehen, sondern es geht darum, ein Bewusstsein zu entwickeln, welche Haltungen wir unseren Kindern mit Pass-auf!-Sätzen und Achtungssätzen – „Achtung Schule beginnt!“ – vermitteln. Diese werden von Generation zu Generation weitergereicht. Reframing ist, die Wahl zu haben. Viele Menschen haben diese Wahl nicht. Sie reagieren immer gleich. **Reframing ist eine Musterunterbrechung.** Unterbrechen Sie Ihre Alltagsgedanken mit neuen Mustern und Sie werden sehen, dass es Spaß machen kann und sogar mehr Humor in den Alltag bringt. Wer zusätzlich noch auf Pseudogefühle[155] achtet, kann leichter negative Aussagen in Positive reframen. Sich hintergangen fühlen, ist z. B. kein natürliches Gefühl. Es ist eine Interpretation. Die Frage ist: Welches Gefühl steckt hinter der Interpretation „Sich-hintergangen-fühlen“? Ist der Mensch vielleicht traurig, weil er gesehen, gehört, wahrgenommen und wertgeschätzt werden möchte? Will er mehr mitbestimmen und -gestalten? Sicherlich hat sich jeder schon mal hintergangen, missverstanden, benachteiligt oder ausgeschlossen … „gefühlt“. Es gilt herauszufinden, welche tatsächlichen inneren Bilder, Stimmen und Gefühle hinter Interpretationswörtern wie „Sich-hintergangen-fühlen“, „Sich-missverstanden-fühlen“, „Sich-benachteiligt-fühlen“ … gesehen, gehört und gefühlt werden? Wie fühlen wir uns wirklich, wenn wir uns „hintergangen fühlen“, „missverstanden fühlen …“? Um die Strukturebene der Gedanken reframen zu können, wäre Fragen sinnvoll wie: *„Wie mache ich es, dass ich so denke?“ „Welche Formen*

Unterbrechen Sie Ihre Muster!

[155] Siehe Friesinger 2012, Theoriebuch, Kap. 4.1

nehmen meine Vorstellungsbilder in mir an, wenn ich mich ‚hintergangen fühle'?" „Welche frustrierten Bedürfnisse führen dazu, dass ich mich ‚hintergangen- oder missverstanden fühle'?". Sobald wir die Gedankensequenzen in Bezug auf alte limitierte Glaubensätze über die Submodalitäten der Wahrnehmung verrücken, verzerren und verdrehen, wird das Gefühl schon etwas entspannter. Wenn wir auch noch bemüht sind, über die Inhaltsebene konkret nachzuforschen, was wir tatsächlich brauchen, dann können wir effektiver **in Stresssituationen** handeln und diese Handlung befreit, weil wir aus der Erstarrung, Ohnmacht (sich innerlich ausgeliefert fühlen) und Stagnierung ausbrechen. Das „seelische" Gleichgewicht stellt sich wieder ein.

Durch die 180-Grad-Wendung einer Aussage kann mit etwas Gefühls- und Bedürfniswissen das Mangelbedürfnis bewusst werden. Wer diesen Mangel behebt, ist auf einem guten Weg, seine Herzenssehnsüchte zu erfüllen. Selbst wenn Sie das Theoriebuch nicht kennen, haben Sie dennoch ein natürliches und intuitives Wissen über Ihre Gefühle und Bedürfnisse in die Wiege gelegt bekommen. Entwickeln Sie zu dieser Natürlichkeit wieder Vertrauen. Entscheiden Sie sich, mehr auf Ihr Herzgefühl zu hören. Das achtsame Zuhören ist der direkte Zugang zu Ihrer Herzintelligenz. Darin befindet sich das intuitive Wissen, das Sie über sich selbst haben. Jeder besitzt diese Herzintelligenz, weil Geist, Körper und „Seele" eins sind. Erst wenn die Herzintelligenz genutzt wird, folgen Schritte zur Veränderungsintelligenz. Die folgenden **vier konstruierten Aussagen** demonstrieren in acht Schritten, wie negative Glaubenssätze in Positive umgeschrieben werden können, sobald die frustrierten Bedürfnisse dahinter identifiziert sind. Es kann nachvollziehbar erlebt werden, wie sich durch die Gedankenkraft Gefühle verändern können. Dennoch ist jede Wendung, je nach Gewichtung der eigenen Werte, immer individuell zu betrachten. Die 180-Grad-Wendung einer Aussage offenbart sich aber grundsätzlich als der wichtige Indikator zu den frustrierten Bedürfnissen.

Vertrauen Sie Ihrer Natürlichkeit.

Aussage 1: *„Ich fühle mich hintergangen!"*

Schritt 1: Gefühl zur Aussage identifizieren – Trauriges und verletztes Gefühl.

Schritt 2: Aussage wenden – Die um 180 Grad gewendete Aussage könnte lauten: *„Ich möchte mitbestimmen, wahrgenommen und wertgeschätzt werden."*. Diese Aussage ist der Indikator zum frustrierten Bedürfnis. Die unerfüllten Bedürfnisse springen direkt ins Auge und sind im nächsten Schritt verfasst.

Schritt 3: Unerfüllte Bedürfnisse – Mitbestimmung; Gesehen-, Gehört-, Wahrgenommen werden; Respekt; Wertschätzung ...

Schritt 4: Konkretisierungsfrage – *„Was kann ich tun, damit die Bedürfnisse nach Mitbestimmung, Gesehen-, Gehört-, Wahrgenommen und Wertschätzung erfüllt werden?"*

Schritt 5: Erkenntnisantwort – *„Es liegt in meiner Verantwortung, gehört, gesehen, wahrgenommen, wertgeschätzt zu werden und zu sagen, dass ich respektiert werden möchte, dass ich mitbestimmen und -gestalten möchte." „Ich sage in die Runde: ‚Ich möchte mich am Gespräch beteiligen.'"*. Dieser Satz wäre demnach für die obere Tabelle ein idealer Reframingssatz. Durch diese Übung erhalten Sie ein Gespür, was es für Sie und für Ihr weiteres Leben bedeuten könnte, diese Reframingsfähigkeit zu haben. Der Satz ist dann stimmig, wenn Sie den Glaubenssatz verinnerlichen: *„Das was ich zu sagen habe,* *ist es wert, gehört zu werden.“*. Sollten Sie diesen wertvollen Glaubenssatz noch keinem Glauben schenken, dann brauchen Sie erst einmal ein Bewusstsein über diejenigen Glaubenssätze, die Sie daran hindern, sich an Gesprächen zu beteiligen. Sobald Sie diese identifiziert haben, können Sie diese dann passend reframen. Jeder Mensch, der keine genetisch bedingte kognitive Störung hat, kann lernen, zu reframen.

Schritt 6: Bedürfniserfüllung – *„Ich habe in Eigenverantwortung dafür gesorgt, dass ich gesehen und gehört werde und dass ich mitreden und -gestalten kann.“*

Schritt 7: 180-Grad-Wendung des Gefühls – Wertvolleres, leichteres, ausgeglichenes ... Gefühl.

Schritt 8: Entscheidung treffen, das Gefühl der Mitbestimmung über Ankermethoden **zu ankern**.

Aussage 2: *„Ich muss immer das tun, was andere sagen!“*

Schritt 1: Gefühl zur Aussage identifizieren – Enttäuschtes, resigniertes Gefühl.

Schritt 2: Aussage wenden –*„Ich werde eigene Ideen einbringen!“*.

Schritt 3: Unerfüllte Bedürfnisse – Eigeninitiative; Eigensinn; Kreativität ...

Schritt 4: Konkretisierungsfrage – *„Was kann ich tun, damit meine Bedürfnisse nach Eigeninitiative, Eigensinn und Kreativität erfüllt werden?“*

Schritt 5: Erkenntnisantwort – *„Ich brauche mehr Mut und Handlungsfähigkeit, um die Initiative zu ergreifen!“* Weitere Bedürfnisfrage aufgrund der letzten Erkenntnisantwort könnte sein: *„Was kann ich tun, damit ich den Mut aufbringe, um die Initiative ergreifen zu können?“.*
Erkenntnisantwort, die zur Bedürfniserfüllung führen kann: *„Ich vertraue meinen Fähigkeiten und sage zu mir: ‚Ich weiß, ich kann das!‘. Ich bin kreativ und das gibt mir Mut. Meine Ideen und kreativen Beiträge sind ebenso wertvoll, wie die der anderen.“.*

Schritt 6: Bedürfniserfüllung – *„Ich sorge in Eigenverantwortung, dass ich meine Ideen einbringe.“*

Schritt 7: 180-Grad-Wendung des Gefühls – Gefühl von Sinnhaftigkeit, Potenzialentzündung, Selbstregulierung, Selbstgestaltung ...

Schritt 8: Entscheidung treffen, das Gefühl der Sinnhaftigkeit **zu ankern**.

Aussage 3: *„Du bist ein Egoist!“*

Schritt 1: Gefühl zur Aussage identifizieren – Frustriertes und verletztes Gefühl.

Schritt 2: Aussage wenden – *„Ich möchte, dass du mir zuhörst und siehst, was ich brauche.“.*

Schritt 3: Unerfüllte Bedürfnisse – In der Bedürftigkeit und Verletzlichkeit gehört und gesehen zu werden; Achtsam aufgenommen werden; wertschätzender Umgang; Gleichwertigkeit ...

Schritt 4: Konkretisierungsfrage – *„Was kann ich tun, damit meine Bedürfnisse erfüllt werden?“*

Schritt 5: Erkenntnisantwort – *„Es liegt in meiner Verantwortung, dass ich sage, was ich brauche. Z. B. dass ich mir einen wertschätzenden Umgang wünsche! – Ich mache mir bewusst, dass meine Bedürfnisse gleichwertig mit den Bedürfnissen anderer sind.“*

Schritt 6: Bedürfniserfüllung – *„Ich habe in Eigenverantwortung dafür gesorgt, dass ein wert-schätzender Umgang möglich ist.“*

Schritt 7: 180-Grad-Wendung des Gefühls – Gefühl von Gleichwertigkeit und von innerer Stärke, die trotz der Darstellung der Verletzlichkeit vorhanden ist. Deshalb auch das Gefühl von Entität (Ausleben der Ganzheit) ...

Schritt 8: Entscheidung treffen, das Gefühl der Gleichwertigkeit **zu ankern**.

Aussage 4: *„Du zeigst keine Gefühle!"*

Schritt 1: Gefühl zur Aussage identifizieren – Irritation, Traurigkeit, Verzweiflung ...
Schritt 2: Aussage wenden – *„Ich brauche Offenheit und die Bereitschaft von dir, dass du deine Gefühle und Bedürfnisse offenbarst."*.
Schritt 3: Unerfüllte Bedürfnisse – Offenheit; Beziehung; Tiefgang; Zweisamkeit – die Verbundenheit mit einem Menschen intensiver ausleben zu können – Leidenschaft; Gleichwertigkeit; Gleichbehandlung ...
Schritt 4: Konkretisierungsfrage – *„Was kann ich tun, damit meine Bedürfnisse nach Offenheit und Verbundenheit erfüllt werden?"*
Schritt 5: Erkenntnisantwort – *„Es liegt in meiner Verantwortung, dass ich meinem Partner sage, was ich brauche!"* Weitere Bedürfnisfrage aufgrund der letzten Erkenntnisantwort könnte sein: *„Was kann ich tun, damit ich sagen kann, was mir in der Beziehung fehlt?"* **Erkenntnisantwort, die zur Bedürfniserfüllung führt:** *„Ich sage meinem Partner klipp und klar, dass ich in der Beziehung mehr Gefühlsoffenheit und Leidenschaft brauche."*.
Schritt 6: Bedürfniserfüllung – *„Ich habe in Eigenverantwortung dafür gesorgt, dass mein Partner sich Gedanken über meine und seine Bedürfnisse macht."*
Schritt 7: 180-Grad-Wendung des Gefühls – Freude über den Mut, das Problem angesprochen zu haben, Vorfreude über die bevorstehen Veränderung, Erleichterung, Selbstwertschätzung, einen neuen Impuls und Bedeutung für die Beziehung initiiert ...
Schritt 8: Entscheidung treffen, das freudige Gefühl der Verantwortungsübernahme **zu ankern**.

Hinweis: Manchmal bedarf es mehrerer Zwischenschritte wie bei Aussage 2 und 4 im Schritt 5. Wer z. B. mehr Offenheit von seinem Partner in einer Beziehung braucht, ist wahrscheinlich selbst ein offener Mensch und hat mit der Verschlossenheit des Partners (Schutzmuster), eine hohe Herausforderung zu meistern: Klären Sie: *„Welche Bedürfnisse sind bei mir und bei meinem Partner frustriert?" „Wie fühlt mein Partner sich in der Partnerschaft, weil er so verschlossen ist?" „Was braucht er von mir, damit er mehr Offenheit zeigen kann?"* ... Als Einstiegsübung drehen Sie einfach um 180 Grad die folgenden allgemeinen Aussagen um. Finden Sie, unabhängig ob Sie davon betroffen sind oder nicht, empathisch das Gefühl und die frustrierten Bedürfnisse heraus. Überlegen Sie sich konkrete Schritte dazu, die Sie wirklich umsetzen würden. Fühlen Sie nach, wie sich die erfüllten Bedürfnisse anfühlen könnten, wenn Sie die Handlung umgesetzt haben.

> Betrachten Sie Probleme als Herausforderung.
> Ein Problem ist immer auch eine Entwicklungschance.

Viele Menschen, die ich auf ihrem Weg zu mehr Autonomie und innerer Entscheidungsfreiheit begleite, wie z. B. Selina, Chef-Sekretärin eines Verbandes, 33 J., sagte angestrengt, aber begeistert: *„Seit ich dich kenne, habe ich kein einziges Buch mehr gelesen. Ich habe mich nur noch mit meinen Glaubenssätzen beschäftigt."*. Sie hat eine sehr gute Selbstregulation und -kontrolle. Das bedeutet: Sie hat eine hohe Selbstdisziplin in Bezug auf ihre Persönlichkeitsentwicklung, die mit der oben beschriebenen Hartnäckigkeit identisch ist. Wer hartnäckig bleibt und herausfindet, was genau sein

Problem ist, indem er immer tiefer in seinen Tiefenstrukturen herumwühlt, wird zielsicher die ersehnten authentischen Antworten finden, die dann neu über vielfältige selbstempathische individuell angepasste Reframingsmethoden, „programmiert“ werden können.

In der Vergangenheit erlernter negativer Glaubenssatz	Welches Gefühl wird zum negativen Glaubenssatz assoziiert?	Frustriertes Bedürfnis: *„Was fehlt mir?“* *„Was benötige ich?“*	Konkrete Handlung evtl. schon mit neuem Glaubenssatz und Gefühl
„Ich bin nicht o.k.!“			
„Ich werde nicht geliebt!“			
„Immer redest du dazwischen!“			
„Ich bin zu nichts nütze!“			
„Du setzt nur deine Interessen durch!“			
„Niemand hört mir zu!“			
„Ich werde nie ernst genommen!“			
„Ich muss mich immer anpassen!“			
„Ich bin nicht gut genug!“			
„Ich habe Glück nicht verdient!“			
„Ich bin wertlos!“			
…			
…			
…			

3.7.3 Die vier Framing- und Reframingfragen

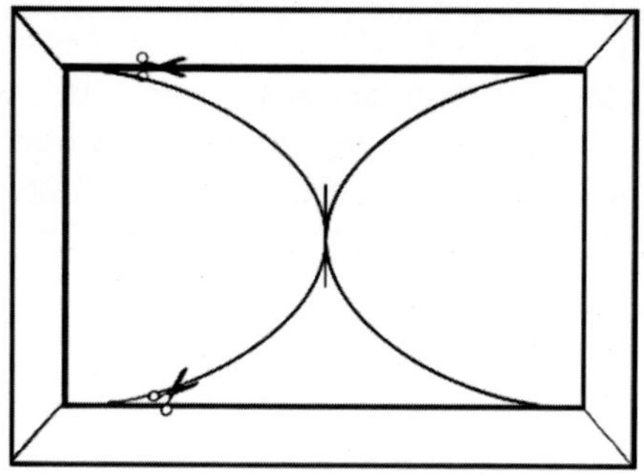
Abb. 13 – Schablone für das Framing und Reframing

Dauer der Reframingübung: ½ Stunde – ¾ Stunde.

Diese Methode ist eine effektive Reframingmethode, die ich manchmal in Seminaren einsetze. Framing heißt: Einrahmen und Reframing bedeutet: Dem Bild einen neuen Rahmen geben. Zeichnen Sie sich den Rahmen wie abgebildet auf ein dickeres DIN A 4 Blatt Papier. Über den Rahmen schreiben Sie als Überschrift ihren alten Glaubenssatz, den Sie framen und reframen wollen. Die Übung beginnt, indem Sie **oben in den Rahmen** unter Punkt 1. *„Was ist in mir los?"* hineinschreiben. Was denken, glauben oder vermuten Sie, ist aufgrund Ihres negativen Glaubenssatzes in Ihnen los? Was bewegt Sie? Was sorgt Sie? Was irritiert Sie? Was stört Sie? Was „stinkt" Ihnen gewaltig?

Unter Punkt 2 schreiben Sie **senkrecht rechts seitlich** in den Rahmen hinein, was Sie aufgrund Ihres negativen Glaubenssatzes fühlen. Schreiben Sie alle Gefühle auf, die Ihnen dazu einfallen, selbst wenn es Interpretationsgefühle sind. **Unten** im Rahmen unter Punkt 3: *„Welche Gedanken-Botschaft habe ich, weil ich so fühle?"* schreiben Sie Ihre Gedankenbilder und -botschaften auf. Was sagen Sie sich ständig im inneren Dialog? Welche Vorstellungsbilder haben Sie dabei? Unter Punkt 4 schreiben Sie **senkrecht links seitlich** auf, welche Bedürfnisse, aufgrund Ihrer Gedankenbotschaften bzw. Ihres negativen Glaubenssatzes, in Ihnen unerfüllt sind. Mit diesem letzten Punkt haben Sie Ihren alten Glaubenssatz eingerahmt (geframt). Vielleicht haben Sie auch den Grund, warum Sie ihn „besitzen", erfahren? Sobald Sie das Framing (Einrahmung und Bewusstmachung ihres alten Glaubenssatzes) abgeschlossen haben, setzen Sie sich einen Separator (siehe auch Kap. 3.3.2) z. B. mit der Frage: *„Wie genau ist mein schönster Urlaub verlaufen?"*, um aus Ihrem Unwohlseingefühl, welches Sie vielleicht aufgrund Ihres negativen Glaubenssatzes haben, wieder auszusteigen.

Wenden Sie sich nun dem Bild im Rahmen zu: Der Innenteil mit den beiden Bögen. Dieser ist in vier Teile gegliedert. Versuchen Sie nun Ihre Gedanken zu reframen. **Rotieren Sie Ihre Gedanken.** Geben Sie Ihren Gedanken einen neuen Rahmen, indem Sie neue Gedanken zulassen, die Ihnen gut tun. Wenden Sie um 180 Grade Ihre ursprünglichen Gedanken, indem Sie sich auf Ihre Ressourcen konzentrieren. Was können Sie gut? Schreiben Sie unter Punkt 1 **links im Innenteil** Ihre neue Gedankenbotschaft auf, die Sie für Ihren neuen Glaubenssatz benötigen würden. Denken Sie auch über die Vorteile dieser neuen Botschaft nach. **Rechts im Innenteil** schreiben Sie unter Punkt 2, die konkrete Handlungsstrategie, wie Sie diese Botschaft für sich verändern möchten, damit es Ihnen in Zukunft mit dieser Strategie nachhaltig besser geht.

Abb. 14 – Ausgeschnittener Glaubenssatz - Suchen Sie ein schönes Plätzchen für ihn aus!

Unten im Innenteil unter Punkt 3 überlegen Sie, welches Gefühl Sie sich wünschen bzw. wie Sie sich fühlen möchten. Unter Punkt 4 **oben im Innenteil** testen Sie, wie Sie sich jetzt dabei fühlen? Wie ist Ihre Stimmung, wenn Sie an Ihre neuen Gedankenbotschaften denken? Vielleicht sind es sogar mehrere Glaubenssatzbotschaften?

Lassen Sie Ihren neuen Glaubenssatz in Ihr Herz!

Schneiden Sie anschließend mit einer Schere den Rahmen ab (siehe Schere 1 oben im rechten Bild), so dass nur noch der Innenteil übrig bleibt. Entsorgen Sie den Schnipselrahmen mit der Gewissheit, dass Sie Ihren Glaubenssatz in dieser Form so nicht mehr benötigen. Schneiden Sie dann die Bögen aus (siehe Schere 2), aber schneiden Sie diese **oben am Schnitt** (siehe Linienmarkierung) nicht durch, sondern lassen Sie etwa fünf Zentimeter aus, damit Sie die Bögen in der Mitte zusammenfalten können.

Schreiben Sie auf der Rückseite des Papiers Ihren neuen Glaubenssatz auf. Ist er noch identisch oder hat er sich etwas verändert? Malen Sie den ausgeschnittenen Bogen in Regenbogenfarben aus und stellen Sie ihn z. B. auf Ihren Schreibtisch, damit Sie ihn jeden Tag gut sehen können, zumindest so lange bis Sie Ihren Glaubenssatz wieder verinnerlicht haben. Viel Spaß bei der Umsetzung. Der Reframingsschlüssel heißt TUN.

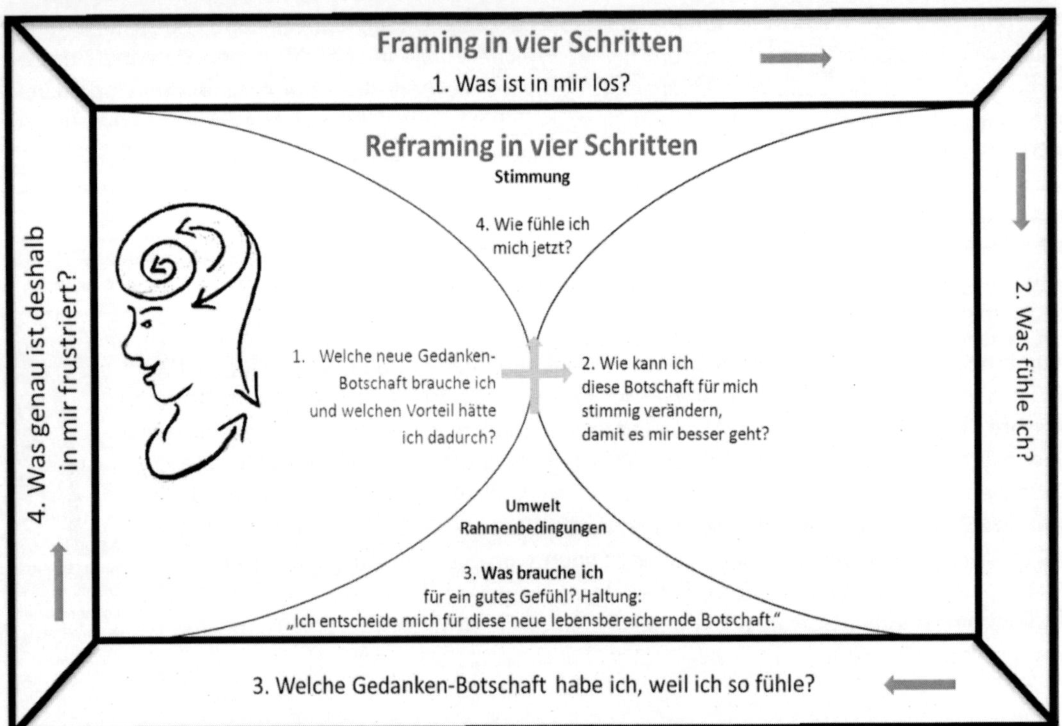

Abb. 15 – Vier Framing und Reframingsfragen für mehr innere Sicherheit, Souveränität und Stärke.

3.7.4 Das Feuerbild – Fünf Schritte zur Eliminierung alter Glaubenssätze

Dauer der Reframingübung: ¼ Stunde – ½ Stunde.

Schritt 1: Denken Sie an eine für Sie sehr belastende Situation, die mit einem alten Glaubenssatz verbunden ist. Wie fühlen Sie sich? Beschreiben und lokalisieren Sie über *VAKOG* das Gefühl. Rahmen Sie Ihr Gedankenbild geistig in einen alten Rahmen ein und platzieren Sie das Bild mental vorerstmal auf Ihre linke Seite. Setzen Sie sich einen Separator über die Frage: *„Was war mein schönstes Erlebnis in meinem letzten Urlaub?"*, um aus dem Unwohlgefühl wieder auszusteigen.

Schritt 2: Denken Sie an einen neuen Glaubenssatz, den Sie schon verinnerlicht haben. Was und wie empfinden Sie dabei? Beschreiben und lokalisieren Sie über *VAKOG* das Gefühl. Rahmen Sie nun Ihre Situation oder Ihr Gedankenbild mit den Personen oder mit den Gegebenheiten in einen anderen Rahmen ein. **Der neue Rahmen sollte sich vom anderen unterscheiden.**

Platzieren Sie das Bild mental auf Ihre rechte Seite. Fühlen Sie nach, welche Seite sich für Sie besser anfühlt. Sollte die Richtung der platzierten Bilder nicht stimmig sein, dann wechseln Sie die Seiten. Es gibt nicht nur Rechts- und Linkshänder, sondern auch gleichseitige[156] und beidhändige Menschen.

---

[156] Diese Erklärung ist mir in diesem Kontext wichtig, weil die Unkenntnis darüber negative Auswirkungen besonders auf die betroffenen Kinder hat. Gleichseitig heißt: Das Sprachhirn ist auf der rechten oder linken Seite im Gehirn und die Schreibhand ebenso auf derselben Seite wie das Sprachhirn. Normalerweise liegen diese diagonal zueinander. Deshalb müssen die Informationen einen Umweg im Gehirn machen. Die Informationen fließen erst auf die andere Hirnseite und dann diagonal. Normalerweise werden bei Rechts- oder Linkshänder die Bewegungen und Tätigkeiten in der Regel mit der gegenüberliegenden Körperhälfte ausgeführt. Doch auch hier sind sich die Hirnforscher heute nicht mehr so einig wie früher. Eines jedoch ist sicher: Die Konstellation der Gleichseitigkeit und Beidhändigkeit hat die Natur ebenso erschaffen, um Genialität hervorzubringen. Ein berühmter Beidhänder war der Maler Michelangelo. Viele berühmte Fußballer sind ebenso beidhändig (Santa Cruz, Mario Gómez ...). Auch die sogenannten ADHS-Kinder haben überwiegend eine Gleichseitigkeit und haben deshalb Schwierigkeiten mit dem Verwechseln von Buchstaben, weil es den direkten Weg von der Visualisierung im Gehirn zur Ausführung der Handbewegung nicht gibt. Diese geringe Visualisierungsrepräsentanz im Gehirn, weil sie sich schwerpunktmäßig auf ihr Gehör verlassen, führt dazu, dass sie geistig nicht „sehen" können, dass das Wortbild z. B. den Buchstaben „h" beinhaltet. Sie verwechseln deshalb oft ähnlich aussehende Buchstaben, wie z. B. „b" und „d", und sie sind somit in unserem Schulsystem im großen Nachteil. Wenn Sie Ihr Kind beobachten, dann werden Sie merken, dass es mit der linken Hand vielleicht ebenso gut schreiben könnte wie mit der rechten. Sollte es so sein, dann üben Sie keinen Druck aus. Lassen Sie Ihr Kind entscheiden, welche Hand es bevorzugt. Zu viele Eltern legen immer noch Wert auf eine Rechtshändigkeit, weil sie glauben, diese sei besser für ihr Kind. Spätestens in der sechsten Klasse, wird Ihr Kind sich in Deutsch wesentlich verbessert haben und in der neunten Klasse ist alles vergessen. Diese Beobachtungen stammen von der Sprachexpertin Vera B. Birkenbihl. Darüber hinaus möchte ich noch ein Bewusstsein schaffen, dass viele Äußerungen wie: *„Heute bin ich mit meinem linken Fuß aufgestanden."* keine inklusiven Sätze sind. Rechts und links brauchen die Gleichbehandlung. Ein Linkshänder würde nicht sagen: *„Heute bin ich mit dem rechten Fuß aufgestanden."* Auch lapidare Äußerungen wie: *„Das mache ich mit links."* sind gegenüber ihrer linken Hand diskriminierend.
Mir fiel das erst auf, als ich eine Ausschreibung verfasste, die leider auch gedruckt wurde, in der ich geschrieben hatte: *„Dann können Sie Ihre negativen Glaubensmuster ‚links' liegen lassen."*. Warum eine Seite von uns diskriminieren, nur weil wir gesellschaftlich so determiniert wurden? Nach dieser Erfahrung werde ich in Zukunft ein stärkeres Bewusstsein dafür entwickeln.

Abb. 16 – Schneller Wechsel der geistigen inneren Bilder

Schritt 3: Wenn Sie ein Rechtshänder sind, dann platzieren Sie zunächst das Bild mit den negativen Glaubenssätzen links. Sind Sie ein überzeugter Linkshänder, dann platzieren Sie es rechts. Sollten Sie evtl. eine noch unbekannte Gleichseitigkeit haben, dann werden Sie schnell merken, welche Seite sich für Sie besser anfühlt. Haben Sie eine rechte Gleichseitigkeit, dann kann es sein, dass sich das Bild besser auf der rechten als auf der linken Seite anfühlt. Dasselbe gilt auch für eine linke Gleichseitigkeit. Sobald ihre beiden Bilder stimmig rechts oder links platziert sind, führen Sie diese wieder zusammen, so dass das Bild mit dem neuen Glaubenssatz **direkt vor ihrem Gesicht ist** und das Bild mit dem alten Glaubenssatz, in einem engen Abstand davor. Sie können, wenn Sie mögen, diese Bilder geistig mehrmals von hinten nach vorne versetzen und umgekehrt. Sobald Sie diese geistige Leistung vollbracht haben, platzieren Sie Ihre zwei unterschiedlichen Bilder wieder auseinander, aber diesmal tauschen Sie den Platz. Das Bild mit den negativen Glaubenssatz kommt auf die Seite mit Ihrem guten Gefühl und umgekehrt.

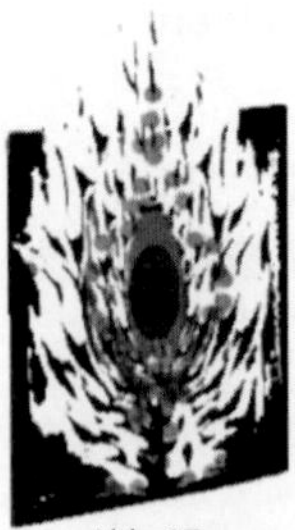

Abb. 17 – Das Feuerbild

Schritt 4: Ziehen Sie beide Bilder wieder in der gleichen Konstellation zusammen. Holen Sie sich über *VAKOG* das Bild mit dem positiven Glaubenssatz wieder vor ihr geistiges Auge. Gestalten Sie über die Submodalitäten der Wahrnehmung das Gefühl diesmal intensiver. Wenn das Gefühl kurz vor dem Höhepunkt ist, dann vertauschen Sie ein letztes Mal die Bilder, in dem Sie noch einmal kurz an die belastende Situation denken. In Ihrer Visualisierung entdecken Sie, aber dieses Mal sofort, **mitten in Ihrem negativen Bild plötzlich einen kleinen feuerroten Punkt.** Dieser winzige Punkt brennt sich mitten durch das Bild zu einem großen schwarzen Loch durch. Das Loch wird immer größer und größer. Es wird immer heißer und heißer. Es zischt und das Bild brennt lichterloh. Sie könnten sich auch vorstellen, dass Sie selbst durch das brennende Bild hindurchschreiten und von diesem inneren Bild für immer befreit sind. Vielleicht sehen Sie noch vor Ihrem geistigen Auge die funkelnde Asche des Bildes?

Schritt 5: Ökocheck:[157] Sie denken nun an die belastende Situation von vorhin. Wie ist das Gefühl jetzt, wenn Sie die Situation erneut betrachten? Was hat sich verändert? Sollte der Effekt noch nicht ausreichend sein, können Sie die Übung wiederholen. Achten Sie dabei darauf, dass Sie über *VAKOG* (siehe Kap. 3.2 – 3.2.2) noch weitere Ressourcen aktivieren.

Der Trick, warum diese Übung bei vielen Menschen funktioniert, ist einfach. Das angenehme Gefühl des *Moments of Excellence* bleibt in der Regel länger in Resonanz als das frustrierte Gefühl. Der Nachklang des guten Gefühls, das sich mit der belastenden Situation kreuzt, verändert die Struktursequenzen der belastenden Situation und das Belastende wird nicht mehr so intensiv erlebt. Durch Zugabe von amüsanten und geistreichen Sequenzen bekommt die belastende Situation noch eine Brise Humor, Lockerheit und Leichtigkeit.

[157] Das ist ein NLP-Ausdruck und bedeutet: Vergleich zum früheren Gefühl

3.7.5 Die Sonnenspitzenmethode

Manche Methoden entstanden Dank meiner kreativen Coachees. Monika, 45 J., Professorin für Naturwissenschaften, hat nach dem *Acht-Räume-Modell der Praktischen Inklusiven Kommunikation* den neuen Glaubenssatz entwickelt: *„Ich habe alle Ressourcen, die ich brauche. – Ich bin die Sonne.“*. Sie hatte besonders in der Welt der Akademiker oft ein Versagensgefühl und viel zu wenig Vertrauen in ihre Ressourcen, obwohl diese massig vorhanden waren. Nach dem Coaching hatte sie das starke Bedürfnis, ihre „innere Sonne“ endlich zum Leuchten zu bringen. *„Kannst du mir nicht eine Sonne mit vielen Strahlen am PC gestalten, dann schreibe ich mir alle Ressourcen hinein?“* Sie bestellte 36 Sonnenspitzen.

Durchführung: Schreiben Sie in die Mitte der Sonne Ihren neuen Glaubenssatz hinein. Dann überlegen Sie sich dazu passende Ressourcen und Fähigkeiten, die Sie schon haben oder vielleicht noch entwickeln möchten und tragen Sie diese in die Sonnenspitzen ein. Kopieren Sie die Sonne auf gelbes Papier und schneiden Sie sie aus. Hängen Sie Ihre Sonne auf.

Abb. 18 – Sie haben mehr Sonnenspitzen als Sie denken. Welche Ressourcen und Fähigkeiten brauchen Sie für die Umsetzung des neuen Glaubenssatzes? Mut? Humor? Reframingsfähigkeit? Gute Erfahrungen? ...

3.7.6 Sieben Schritte zum Reaktionsmusterreframing

Ich hatte ein Bildungsneidmuster. Bedingt durch meine Biografie hatte ich keine Fachhochschulreife und konnte nicht gleich studieren. Aus diesem Grund empfand ich gegenüber Akademikern, mehr als mir lieb war einen Bildungsneid. So entwickelte ich schon vor Jahren mein erstes Reaktionsmusterreframing, noch lange bevor ich etwas von den positiven Absichten der Reaktionsmuster wusste, welche in die neuen Reaktionsmuster mit eingeschossen werden müssen.[158] Das ergab sich von selbst. **Es ist also nicht wichtig, alles zu wissen, aber es ist wichtig, es zu tun.** Im Theoriebuch finden Sie eine Tabelle mit möglichen Reaktionsmustern. Bestimmt haben Sie das eine oder andere Muster bei sich schon identifizieren können oder eine Ahnung davon entwickelt. Für diese Übung können Sie sich ein oder höchstens zwei Muster aussuchen, welche Sie belasten. Ideal ist, wenn es ähnliche Reaktionsmuster sind, die mit verwandten Glaubenssätzen verbunden sind. Z. B. spüren Sie deutlich, dass Sie neidisch sind, weil Sie ein Wettbewerbsdenken haben. Dann haben Sie höchstwahrscheinlich, je nach Ausprägung, ein Neid- und Konkurrenzmuster im Laufe Ihrer Sozialisation verinnerlicht. Viele weitere Synapsen sind an diese Art von Denkmustern (Informationsfelder) gekoppelt, die nach und nach stillgelegt werden können.

Schritt 1: Welches Reaktionsmuster möchte ich reframen? Art des Musters festlegen.
Schritt 2: Was fühle ich, wenn dieses Reaktionsmuster aktiv ist? Sich der Gefühle bewusst werden.
Schritt 3: Was brauche ich, um es annehmen zu können? Welche Ressourcen habe ich, um das Reaktionsmuster nicht mehr weiter in mir zu bekämpfen? Wer z. B. ein hohes Erwartungs- oder Imitationsmuster hat, muss sich erst einmal eingestehen, dass dies so ist (Inklusion).
Schritt 4: Was brauche ich, um dieses Reaktionsmuster für mich stimmig und authentisch reframen zu können? Welche Fähigkeiten habe ich, um ein anderes glückbringenderes Reaktionsmuster zu entwickeln? Sind nur wenig bewusste Fähigkeiten vorhanden, dann überlegen Sie bitte, was Sie brauchen, um diese Fähigkeiten zu entwickeln. Die Ressourcen dazu haben Sie! Eine Methode, um Ressourcen unverzüglich finden zu können, heißt: **Tiefchunking.** Chunking bedeutet: **Das Aufgliedern von Werten und Erfahrungen in immer kleinere Etappen.** In diesem konkreten Fall bedeutet es, dass Sie immer tiefer und konkreter nachfragen: *„**Was brauche ich konkret**, damit ich einen stärkeren Willen entwickeln kann?“ – „Ich brauche Kraft.“ – „Habe ich genügend Kraft?“ – „Nein.“ – „**Was brauche ich konkret**, damit ich genügend Kraft entwickle?“* ... Das Tiefchunking ist erst beendet, wenn Sie zufrieden sind, weil Sie die innere Gewissheit haben, dass die Antwort jetzt stimmig ist. Manchmal ist es notwendig, dass Sie nur Ihre „inneren Anteile“ anschauen und diese annehmen – nach Schulz von Thun.[159] Erst nach diesem Annahmeprozess können die widerstrebenden inneren Anteile erfolgreich reframt werden. Falls Sie z. B. einen penetranten „inneren Perfektionisten“ haben, brauchen Sie zunächst die Anerkennung, dass der Perfektionist in Ihnen wohnt und Ihnen manchmal innerlich den Krieg erklärt. Sie brauchen die innere Bereitschaft, den Perfektionisten in einen „inneren Gönner“ zu verwandeln. Er könnte z. B. einfach mal 365 Tage Urlaub im Jahr machen. Er kommt nur dann „zurückgeflogen“, wenn Sie ihn wirklich brauchen. Wer braucht

[158] Siehe Kap. 3.8 – *Das ressourcenbewusste Glaubenssatzänderungsformat*: Schritt 6
[159] wie das *Innere Team* bei Schulz von Thun und siehe auch Friesinger 2012, Theoriebuch im Kap. 4.1.4.8.

schon einen unbewussten penetranten Perfektionisten und Antreiber in seinem inneren Team, der uns nicht einmal eine einzige Pause am Tag gönnt und uns bis zur Erschöpfung umtreibt?
Schritt 5: Wie könnte das Reaktionsmuster mit dem dazugehörenden Glaubenssatz reframt werden? Der neue Glaubenssatz wird abschließend über den Ökocheck noch einmal überprüft. Das bedeutet: *„Wie fühle ich mich mit dem neuen Glaubenssatz?"*. Ist das Gefühl noch unstimmig, wird weiter nach der passenden Formulierung gesucht. Achten Sie auf **astreine** positive Reframingssätze. Viele entwickeln „die Halblebigen", wie ich sie scherzhaft nenne, die sich nicht wirklich besser anfühlen, wenn wir sie aussprechen oder wenn wir bewusst nachfühlen, wie sich der neue Glaubenssatz anfühlt. Der Indikator, ob der Reframingssatz gelungen ist, ist immer das stimmige und authentische Gefühl. Sie wissen und spüren es intuitiv.
Schritt 6: Konkretisierungsfrage: *„Was kann ich tun, um diesen Glaubenssatz umzusetzen?"*. Entwickeln Sie möglichst viele Umsetzungsideen. Wie Selfcommitments konzipiert werden, haben Sie im Theoriebuch erfahren oder Sie können es im Praxisbuch (Kap. 3.10 – 3.11 – Raum 6) nachlesen.
Schritt 7: Eine Entscheidung über die drei Zeitdimensionen treffen, den Glaubenssatz oder die Glaubenssätze (falls es mehrere sind) tatsächlich umsetzen zu wollen (siehe Kap. 3.4.5).

3.7.7 Glaubenssätze aus der Vergangenheit mit Gegenbeispielen entmachten

1. Bauen Sie sich eine Zeitlinie mit einem Gegenwarts- und Vergangenheitspunkt auf. Nehmen Sie, wie bei der *VAKOG*-Übung, Kärtchen als Bodenanker. Es funktioniert aber auch mental.
2. Sie entscheiden sich für ein Reaktions- oder Verhaltensmuster, dass Sie immer wieder in Ihrer Entwicklung behindert und blockiert.
3. Lassen Sie dazu Sätze „auftauchen". Wie ist Ihr innerer Dialog? Welche Bilder sehen Sie?
4. Gehen Sie in Ihrer Zeitlinie zurück, in der Sie vermuten, dass Sie diese Sätze oder inneren Bilder zum ersten Mal gehört und gesehen haben. Assoziieren Sie sich über *VAKOG* mit dieser vergangenen Situation. Wie war das Gefühl damals? Gefühl beschreiben und lokalisieren.
5. Ist das Gefühl zu stark, dann dissoziieren Sie sich wieder. Treten Sie aus dem Bild heraus und beobachten Sie sich von außen. Wie ist das Gefühl jetzt? In der Regel verbessert sich durch den Dissoziationsvorgang das belastende Gefühl.
6. Welche Ressource hätten Sie damals gebraucht? Machen Sie sich bewusst, dass Sie heute diese Ressource haben. Machen Sie sich über den *Moment of Excellence* Ihre Ressourcen bewusst, die Sie benötigen, um sich in der Assoziation gelassener zu fühlen. Brauchen Sie z. B. mehr Leichtigkeit und Humor, dann gehen Sie über *VAKOG* in eine beschwingte und humorvolle Situation (Gegenbeispiel) und vergegenwärtigen Sie sich Ihrer Humorressource. Suchen Sie sich noch weitere Gegenbeispiele, in der Sie sich z. B. erfolgreich mit einem neuen Glaubenssatz durchgesetzt haben. Gehen Sie erst dann wieder in die Assoziation zurück, wenn Sie Ihre Ressourcen spüren oder wenn Sie mindestens ein Gegenbeispiel ausfindig machen konnten. Suchen Sie so lange, bis Sie mindestens ein Gegenbeispiel aus einer gelungenen, vergangenen Situation gefunden haben. Wer seine Aufmerksamkeit darauf lenkt, wird beim Entdecken Erfolg haben.
7. Ausgestattet mit Ressourcen und hoffentlich mit genügend positiven Gegenbeispielen assoziieren Sie sich nun wieder mit der belastenden Situation aus der Vergangenheit. Dabei sagen Sie

aber sehr klar, selbstbestimmt und deutlich: *„Heute habe ich Ressourcen und Gegenbeispiele dabei. Heute bin ich erwachsen. Heute habe ich andere Möglichkeiten. Heute habe ich viele Strategien. Heute habe ich meine Ressourcen: Humor, Mut, Entscheidungsfähigkeit, Selbstvertrauen ... dabei (eigene Ressourcen bzw. Gegenbeispiele aufzählen), die ich als Kind noch nicht hatte. Heute habe ich das Wissen und die Erfahrung. Heute habe ich die Gewissheit, dass ich auch anders reagieren kann. Das beweisen mir meine Ressourcen und Gegenbeispiele. Heute kann ich mit Verletzungen anders umgehen. Heute kenne ich die Selbstverantwortung für das Gefühl. Heute bin ich nicht mehr von der Bewertung anderer abhängig. Ich kenne meinen Wert. Heute kann ich antworten. Heute kann ich meine Meinung vertreten. Heute bin ich frei."* ...

8. Rückführung über die Zeitlinie zum Gegenwartspunkt. *„Wie ist es jetzt?"*
9. Wie und was ist heute anders als damals in der belastenden Situation? Was denken, fühlen und sagen Sie heute? Welcher Satz trifft am besten auf Sie zu? Wie fühlen Sie sich jetzt? Schreiben Sie sich die neuen Reframingssätze auf.

3.7.8 Negative Glaubenssätze mit sieben Schritten wegtanzen

„Wie bescheuert hört sich das an?" war mein erster nicht-inklusiver Gedanke, als mir jemand erzählte, dass diese Methode tatsächlich funktioniert. Ich habe dazugelernt. Für musikalische Menschen wird diese Methode wahrscheinlich sogar ein Genuss darstellen. Probieren auch Sie es einfach aus, bevor Sie darüber „losschimpfen."☺ Sie brauchen dazu braunes und grünes Tonpapier, Stift, Percussion-Musik und Ihre Lieblingsmusik.

Schritt 1: Schreiben Sie mindestens drei begrenzende Glaubenssätze auf braunes Papier auf. Knüllen Sie das Papier zu „Samen" zusammen. Legen Sie Ihre Glaubenssätze auf den Boden.
Schritt 2: Tanzen, trommeln (mit den Händen) und stampfen (mit den Füßen) Sie zur Percussion-Musik Ihre „Samen-Glaubenssätze" in den Boden hinein.
Schritt 3: Tanzen Sie so lange weiter, bis in Ihnen das Gefühl aufkommt, dass Ihre begrenzenden „Samen-Glaubenssätze" nun fest im Boden „eingestampft" sind.
Schritt 4: Stoppen Sie die Musik und legen Sie Ihre Lieblingsmusik ein. Die Erfahrung zeigt, dass sich langsame Musik hierfür gut eignet. Durch die Kraft der Erde und die Freiheit Ihres Tanzausdrucks sowie durch die Kreativität Ihrer Gedanken werden nun die lebensbegrenzenden Samengedanken in positive Gedanken verwandelt. Visualisieren Sie, wie aus dem Samen langsam ein wunderbarer Baum emporwächst, der Ihnen Freude, Freiheit und Gelassenheit bringt. Er wird auch „Schatten" spenden, wenn Sie „Schatten" brauchen. Visualisieren Sie dazu noch, dass die neuen Glaubenssätze **wie Blätter an den Bäumen** hängen. Bewundern Sie Ihre neuen Glaubenssätze.
Schritt 5: Bei dieser Beschreibung gehe ich von mehreren Glaubenssätzen aus, weil die Erfahrung zeigt, dass es oft mehrere sind. „Pflücken" Sie Ihre neuen Glaubenssätze vom Baum des Lebens. Tanzen und bewegen Sie sich beim Pflücken Ihrer „Blätter" zu Ihrer Lieblingsmusik.
Wie sehen sie aus? Wie hören sie sich an?
Schritt 6: Führen Sie ein *Future Pace* durch. Das bedeutet: Welche neue Alternativen bringen Ihnen Ihre positiven Glaubenssätze für die Zukunft? Fühlen Sie, wie Sie mit ihnen wirken und wie Sie in herausfordernden Situationen mit ihnen reagieren werden.

Schritt 7: Zeichnen Sie Baumblätter auf grünes Papier auf. Wenn möglich verwenden Sie bitte keine Schablone. Da jeder Ihrer Glaubenssätze anders konzipiert sein wird, wäre es schön, wenn die Blätter unterschiedlich ausfallen. Schreiben Sie Ihre Glaubenssätze auf und schneiden Sie noch zum Schluss die Baumblätter aus. Hängen Sie Ihre grünen Blätter zu Hause an eine Stelle auf, die Sie täglich sehen. Genießen und würdigen Sie Ihr neues Freiheitsgefühl. Es gehört Ihnen.

3.7.9 Vollständiges Blitzreframing in vier Schritten

Diese Übung ist für Fortgeschrittene, weil sie schon ein gutes Wertebewusstsein voraussetzt. Ich liebe diese Methode, weil ich am stärksten von ihr profitierte und weil sie in der kürzesten denkbaren Zeit umgesetzt werden kann. Dauer der Reframingübung: ¼ Stunde – ½ Stunde.

Schritt 1: An den negativen Glaubenssatz denken und sich fragen: *„Möchte ich so sein?“*. Bei „Ja“ können Sie Ihren Glaubenssatz behalten, weil Sie durch die Antwort keinen Grund haben, ihn zu verändern. Ist die Antwort „Nein“, dann folgt der zweite Schritt.
Schritt 2: Stellen Sie sich die tiefste Chunkingfrage, die ich persönlich kenne: *„Um was geht es mir **eigentlich** wirklich?“*. Stellen Sie sich diese Frage genau so und nicht anders. Das Wort „eigentlich“ ist bei diesem tiefen Aufgliederungs- und Entdeckungsprozess sehr wichtig.[160]
Schritt 3: Sollten Sie es nicht herausfinden, dann fragen Sie sich noch zusätzlich: *„Was brauche ich gerade eigentlich am meisten?“*. Gestehen Sie es sich ein, dass es so ist. *„Ja, das brauche ich!“* Geben Sie zu, um was es Ihnen wirklich geht. Erst nach diesem Eingeständnis (Annahme der inneren Realität) können neue Überzeugungen entstehen (Inklusion). Die authentische Wahrheit so auszusprechen, wie sie „eigentlich“ wirklich ist, hat eine sehr befreiende Wirkung.
Schritt 4: Die neuen Glaubenssätze aufschreiben und anwenden, bis sie unbewusst werden. Sie werden es spüren, wenn ein Glaubenssatz im Unbewussten zu wirken beginnt. Mein oben beschriebener Bildungsneid (siehe Kap. 3.7.6) war plötzlich nicht mehr da. Ein „perfektes“ Gefühl!

3.8 Das ressourcenbewusste Glaubenssatzänderungsformat

Dieses Reframingsformat ist angelehnt an Robert Dilts, für den ganzheitliche Methoden zur Bewusstseinserweiterung einen hohen Stellenwert in seiner Arbeit darstellen. Ich empfehle dieses ausführliche Format mit einer Vertrauensperson, die diese Inhalte kennt oder mit einem NLP-Coach durchzuführen. Dennoch ist es so beschrieben, dass Sie es – mit dem Vorwissen des Theoriebuches – auch allein durchführen können. Das Reframing von Glaubenssätzen basiert auf die Bewusstwerdung (Bewusstseinsreframing) der eigenen Ressourcen. Durch gezielte, offene und systemische Fragen sind Sie eingeladen, Ihre Glaubenssätze zu reflektieren und zu fühlen. Das Fühlen des erlernten und glückshemmenden Glaubenssatzes über *VAKOG* (*„Was sehe ich? Was höre ich? Was fühle ich? ...“*) bringt ein Bewusstsein über die Tragweite seiner Wirkung hervor. Im späteren Ökocheck hat dann das Fühlen des neuen Glaubenssatzes oberste Priorität. Durch die Verstärkung der Emotionen in den drei Zeitdimensionen kann nachhaltiger gewährleistet werden, dass die neuen Synapsen „anfeuern“. Es ist wie in einem Kamin mit Holz, welches noch Restfeuch-

---

[160] Friesinger 2012, Theoriebuch, Kap. 3.5. Im Wort „eigentlich“ steckt das eigene Selbst und das Ich.

te hat. Zunächst brennt das Holz „Ewigkeiten“ nicht. Es qualmt und raucht nur langsam vor sich hin, doch plötzlich fängt es an, zu flüstern, zu knacken und zu lodern. Das Feuer brennt plötzlich lichterloh. Entzünden auch Sie Ihr Feuer der Begeisterung für Ihre neuen Glaubenssätze und Sie werden diese nie wieder missen wollen.

Zunächst wird herausgefunden, welcher Glaubenssatz sich am idealsten zum Reframen eignet, sodass sich möglichst viel im Glaubenssatznetzwerk neu koordinieren kann. Deshalb ist es sinnvoll, eine Liste mit positiven und negativen Glaubenssätzen zu erstellen. Durch das Aufschreiben der Glaubenssätze werden innere Ambivalenzen und die verrücktesten Verbindungen zwischen den Glaubenssätzen bewusst: *„Ah, weil ich so denke, deshalb erlaube ich mir das nicht!“.* Schon durch die Auseinandersetzung mit der Glaubenssatzliste wird erkannt, welche weiteren unbewussten Glaubenssätze sich dahinter verbergen könnten. Bei Doreen, 33 J., offenbarte sich ihr Lebensthema erst, nachdem sie acht negative Glaubenssätze aufgeschrieben hatte: *„Wenn ich mir meine Glaubenssätze so anschaue, dann wird mir klar, dass ich mich in jedem Moment meines Lebens in Frage stelle.“.* Ihr dominantester unbewusster Glaubenssatz: *„Ich stelle mich immer in Frage!“* reframte sie mit diesem noch zu beschreibenden Format in: *„Ich bin frei, auch wenn ich mich in Frage stelle.“.* Sechs Monate später verschwand sogar der Nebensatz. *„Mein Glaubenssatz ...“*, sagte sie: *„... ist nun nur noch: Ich bin frei!“.* Das beweist die Annahme, dass Menschen in der Regel nur in kleinsten Schritten Ihre Veränderung zulassen können. Gut Ding braucht Weile.

Ich habe mir mit der Zeit eine „Lesefähigkeit“ in Bezug auf Glaubenssätze angeeignet. Wenn ich eine Glaubenssatzliste studiere, die ich **vor** dem Coaching den Coachees in Auftrag gebe, dann benötige ich immer seltener zur Identifizierung der negativsten Kernüberzeugung die *Innere-Dialog-Methode*. Die Erkenntnisantwort/en „springen“ mir fast ins Gesicht. Werden auch Sie Experte Ihrer Glaubenssätze. Um Experte zu werden, braucht es selbstverständlich viel Zeit. Aber diese Zeitinvestition lohnt sich, unabhängig wie alt Sie sind und unabhängig wie lange Sie noch glauben, leben zu „dürfen“. Ich bin davon überzeugt, dass z. B. krebskranke Menschen nach erfolgreichen Glaubenssatzänderungen länger leben, obwohl ich keine wissenschaftlichen Studien dazu kenne, außer das Autonomietraining[161] nach Grossarth-Maticek, in dem es im Wesentlichen ebenso um die unbewusste Aufdeckung von Glaubenssätzen geht und deren positiven Veränderung. Die Menschen, die meine Coachings verlassen, sind nicht mehr dieselben wie zuvor.

Wir brauchen eine Lesefähigkeit über unsere eigenen Glaubenssätze.

Viele Resonanzen zeugen von dieser unglaublichen Wirkung. Diese Wirkung ist auch der Grund, warum ich Empathiegruppen begleite und zwei Bücher darüber schreibe. In der folgenden Tabelle ist das Glaubenssatznetzwerk von Regina, 32 J., Kunsttherapeutin aufgelistet. Sie kam auf drei positive und auf fünfzehn negative Glaubenssätze. Nach nur einer einzigen *ressourcenbewussten Glaubenssatzänderung* hatte sie anstatt drei, zwölf neue glücksbringende Glaubenssätze und nur noch sechs von fünfzehn negative Glaubenssätze auf ihrer Liste stehen.

Vervielfältigen Sie Ihre positiven Glaubenssätze.

[161] Grossarth-Maticek 2000

Positive Glaubenssätze	Negative Glaubenssätze
„Ich bin kreativ!“	„Ich fühle mich vor anderen immer klein!“
„Ich kann Fachliches gut kommunizieren!“	„Ich bin nicht in jeder Situation wertvoll!“
„Ich bin sportlich!“	„Ich liebe mich nicht genug!“
	„Ich habe Angst im Mittelpunkt zu stehen!“
	„Ich habe Angst vor Menschen zu reden!“
	„Ich bin mir nicht wichtig!“
	„Ich liebe mich nicht genug!“
	„Ich bin nicht liebenswert!“
	„Ich verdiene kein Glück!“
	„Ich bin zu dick!“
	„Ich vertraue Menschen nicht!“
	„Keiner will mir etwas Gutes!“
	„Vorsicht ist die Mutter der Porzellankiste!“
	„Ich habe Angst, ausgelacht zu werden!“
	„Ich habe Angst vor Bewertung!“

Zur Bearbeitung entschied sie sich für den Glaubenssatz: *„Ich kann mich nicht durchsetzen!“*. Nach der Wiederbelebung ihrer Ressourcen entstanden folgende neue Glaubenssätze: *„Ich bin wertvoll, auch wenn ich mich **nicht** durchsetze.“ „Ich bin wertvoll, auch wenn ich mich durchsetze.“ „Ich bin wertvoll!“ „Ich bin besonders!“ „Ich bin trotz meiner Ambivalenz wertvoll!“* ... Sie formulierte ihre neue Denkweise so: *„Ich habe jetzt eine neue Lebensstimmung.“*. Der Glaubenssatz: *„Ich bin wertvoll, auch wenn ich mich durchsetze.“* **war ihr sehr wichtig,** weil sie sich oft unwohl fühlte, wenn sie es mal schaffte, sich durchzusetzen. Auch in diesem Fall war signifikant, dass Regina die Umsetzung ihrer Glaubenssätze in kleinste Schritte formulierte. Heute nach über zwei Jahren hat sie ein gutes Gefühl, wenn sie sich in Konfliktsituationen durchsetzt. Ihr Selbstwert ist nun davon nicht mehr betroffen. Ihr neuer Glaubenssatz lautet: *„Das was ich sage, hat Bedeutung – Ich gestalte damit mein Leben!“*.

Durchführung des Glaubenssatzformates in 10 Schritten / Dauer: 2 – 3 Stunden.

Schreiben Sie auf DIN A 6 Kärtchen die folgenden Positionen (Bodenanker) auf, wie sie nachfolgend in 10 Schritten aufgeführt werden. Schritt 1: „Glaubenssatz zum Reframen“, Schritt 2: „Selbstcoach“, Schritt 3: „Sternenmoment“, Schritt 4: „Mein Netzwerk“, Schritt 5: Zweifel“, Schritt 6: „Alte Absicht“, Schritt 7: „Basar“, Schritt 8: „Inklusion“, Schritt 9: „Offenheit“, Schritt 10: „Loslassen“. Legen Sie die Bodenanker wie in Abb. 19 aufgezeichnet auf den Boden.

Schritt 1: Erstellen Sie eine Liste Ihrer positiven und negativen Glaubenssätze. Danach wählen Sie den Glaubenssatz aus, der Sie am meisten „zwickt“. Erkennen Sie vielleicht einen übergeordneten Glaubenssatz? Lesen Sie zwischen und hinter den Zeilen Ihrer Glaubenssätze. Schreiben Sie alles auf, was Ihnen einfällt, ohne nachzudenken, ob das nun ein Glaubenssatz ist oder nicht. Entscheiden Sie sich für einen Glaubenssatz. Notieren Sie diesen auf ein Kärtchen. Sie brauchen noch weitere leere Kärtchen, auf denen Sie später Ihre neuen Glaubenssätze verfassen können.

Sammlung: Mein Glaubenssatznetzwerk:

Negative Glaubenssätze	Positive Glaubenssätze
1.	1.
2.	2.
3.	3.
4.	4.
5.	5.

Schritt 2: Der Bodenanker „Selbstcoach" wird zur Selbstberatung und Abstimmung benötigt. Legen Sie als erstes die Beraterposition fest. Sie wird etwas außerhalb des Kreises (siehe Abb. 19) platziert und ist die sogenannte Meta-Position. Diese Position kann bei jedem Schritt in Anspruch genommen werden. Wer im Verlauf des Glaubenssatzänderungsprozesses noch Ressourcen braucht oder stark zweifelt, ob er die richtigen Ressourcen gefunden hat, kann immer wieder in diesen Coachbasar eintreten – zum Markt der kreativen Möglichkeiten – um weitere Ideen zu entwickeln. Anschließend wird assoziiert überprüft, ob diese sich stimmig anfühlen.

Schritt 3: Dieser Bodenanker ist ein konstanter Anker.[162] Aktivieren Sie über *VAKOG* Ihre stärkste Ressource und halten Sie diese im Hintergrund aktiv, damit sie Ihnen jederzeit bewusst wird, wenn Sie sie brauchen. Gestärkt durch Ihre exzellente Ressource z. B. „Selbstvertrauen" und der bewussten Entscheidung: *„Ich entscheide mich, den alten Glaubenssatz loszulassen!"* sind Sie bestens ausgestattet, um den Glaubenssatzänderungsprozess voller Selbstvertrauen erfolgreich durchführen zu können. Anstatt „Selbstvertrauen" könnten Sie auch eine andere Ressource wie: „Freude" oder „Harmonie" auswählen. Das ist sinnvoll, wenn Sie (noch) die Überzeugung haben, dass es Ihnen an Selbstvertrauen etwas mangelt. Angereichert und geankert mit Ihrem schönsten „Sternenmoment", positionieren Sie sich dann auf den Bodenanker: „Mein Netzwerk" und werden Sie sich dabei bewusst, dass dieser Prozess persönlichkeitsverändernd sein kann.

Schritt 4: Das Kärtchen mit Ihrem ausgesuchten negativen Glaubenssatz wird zum Kärtchen: „Mein Netzwerk" dazugelegt. Sie können es aber auch in der Hand halten. Auf diesem Bodenanker „Mein Netzwerk" machen Sie sich über *VAKOG* Ihr Glaubenssatznetzwerk noch einmal so gut wie möglich gedanklich z. B. mit den Worten bewusst: *‚Ich sehe diesen Glaubenssatz im Zusammenhang mit meinen anderen negativen Glaubenssätzen und spüre nach, wie diese in mir wirken.'. ‚Ich konzentriere mich nun nur noch auf den einen Glaubenssatz, den ich mir ausgesucht habe und nehme wahr, was ich sehe und höre, während ich daran denke!' ‚Ich nehme wahr, was ich fühle, während ich an meinen Glaubenssatz denke!' ‚Vielleicht rieche oder schmecke ich sogar etwas?'* ...

[162] Ein Bodenanker besteht aus runden, ovalen oder rechteckigen DIN A 5 Blättern. Auf diesen werden die entsprechenden Ressourcen oder die einzelnen Punkte des Formates aufgeschrieben. Die Bodenanker werden auf den Boden gelegt. Es ist sinnvoll, auf die Bodenanker draufzustehen, damit die Menschen sich mit den einzelnen Ressourcen erden können. Durch diese bewusste körperliche Bewegung wird die Identifikation mit der Erinnerung am effektivsten gewährleistet. Siehe auch Erklärung im Kap. 3.2.1.

Beschreiben und lokalisieren Sie das Gefühl in Ihrem Körper. Sollten Sie sich stark belastet fühlen, dann setzen Sie sich einen Separator, damit das Gefühl etwas abklingen kann. Ansonsten belassen Sie es, so wie es ist. Es ist Ihr Gefühl. Es gehört zu Ihnen und es ist heute besser als sonst „auszuhalten", weil Sie zuvor die Ressource „Selbstvertrauen" oder eine andere excellente Ressource im Hintergrund aktiviert haben.

Schritt 5: Mit Ihrem aktuellen Gefühl und dem Kärtchen in der Hand gehen Sie dann von Schritt 4 auf Schritt 5 zu. Spüren Sie dabei, wie der Zweifel wächst, ob der alte Glaubenssatz noch Relevanz und Bedeutung hat. Bleiben Sie direkt auf dem Bodenanker „Zweifel" stehen. Sollten Sie noch großen Zweifel haben, dann überlegen Sie, was Sie brauchen, um Ihren Zweifel reduzieren zu können. Spüren Sie dabei, wie Sie Ihren alten Glaubenssatz immer mehr und mehr in Frage stellen. Spüren Sie, den Drang ihn loszulassen? Über *VAKOG* können Sie eine Vorstellung über Ihren „inneren Zweifler" entwickeln. Was tut er? Was spüren Sie genau, wenn Sie zweifeln? Beschreiben Sie das Gefühl? Können Sie den „inneren Zweifler" in Ihnen Anbetracht der mobilisierten Ressourcen im Hintergrund heute „ertragen", annehmen und anerkennen? Wer zweifelnd seinen alten Glaubenssatz würdigen kann und ihn dennoch in Frage stellt, bekommt gleichzeitig Lust diese Herausforderung zu meistern, etwas Neues zu entdecken und erfahren zu wollen. Er verspürt gleichzeitig die Motivation, Neues zu wagen: *‚Ich vertraue darauf, den alten Glaubenssatz loslassen zu können, auch wenn ich noch an mir zweifle und nicht so genau weiß, wie es weitergeht!'.* Evtl. braucht es noch weitere Ressourcen: *‚Was brauche ich, um den Zweifler in mir anzuerkennen?' ‚Was brauche ich, um ihm weniger Macht einzuräumen?'.* Sind alle notwendigen Ressourcen aktiviert, um auch noch den letzten Zweifel „mitnehmen zu können", dann folgt der nächste Schritt.

Wovor schützt Sie Ihr Zweifel?

Schritt 6: Gehen Sie in Ihrem Tempo mit dem Kärtchen in der Hand auf den Bodenanker „Alte Absicht" zu. Überlegen Sie dort, was genau die **positive Absicht** oder der **positive Aspekt** Ihres Glaubenssatzes ist. Diese positive Absicht ist der **persönliche Vorteil Ihres Glaubenssatzes.** Stellen Sie sich dabei folgende Fragen: *„Was genau hat mir mein alter Glaubenssatz erfüllt?" „Wofür war er mir dienlich?" „Was ist der Vorteil daraus?" „Wovor genau hat er mich beschützt?"* ... Es gibt diesen immanenten Vorteil in jedem negativen Glaubenssatz. Diesen herauszukitzeln ist außerordentlich wichtig. War es z. B. die Angst vor Ablehnung? War es vielleicht die Angst vor den eigenen hohen Erwartungen? War es die Angst, die Erwartungen anderer nicht zu erfüllen? Welche Bedürfnisse erfüllten Sie sich dadurch? War es z. B. das Bedürfnis nach Geborgenheit, Sicherheit oder nach Kontinuität im Verhalten? Diesen Vorteil (Schutz) **muss** im neuen Glaubenssatz mit verankert werden, **damit er Gültigkeit hat.** Er braucht die Inklusion der alten Absicht, damit er verwirklicht werden kann. Sobald Sie die positive Absicht wissen, wird das Kärtchen mit dem alten Glaubenssatz **hier abgelegt.** Es ist empfehlenswert die positive Absicht Ihres Glaubenssatzes aufzuschreiben, damit die Ideen nicht verloren gehen.

Was war der Vorteil Ihres alten Glaubenssatzes?

Zwischenschritt: Falls Sie die positive Absicht nicht auf Anhieb herausfinden, wechseln Sie vertrauensvoll zur Position „Selbstcoach". Sie sind z. B. Ihre beste Freundin oder Ihr bester Freund. Schlüpfen Sie geistig aus sich heraus. Dabei sehen Sie sich „mental" auf dem Bodenanker „alte Absicht" stehen. Sie „sehen“, wie Sie grübeln. Aus dieser dissoziierten Metaperspektive finden Sie vielleicht den Vorteil effizienter heraus. Sie beraten sich dabei selbst und unterbreiten Vorschläge: *„Kann es sein, dass der Glaubenssatz dich vor Zurückweisung schützte?“*. Beraten Sie sich nicht nur auf der Werteebene, sondern werden Sie sehr konkret: *„Hat er dich vielleicht vor deiner Angst zu versagen, z. B. vor einer bestimmten Person, beschützt?“*. Wechseln Sie wieder zurück zu Schritt 6, um zu überprüfen, ob sich der gefundene Vorteil assoziiert richtig und stimmig anfühlt.

Der alte Schutz wird in den neuen Glaubenssatz eingeschlossen = Inklusion.

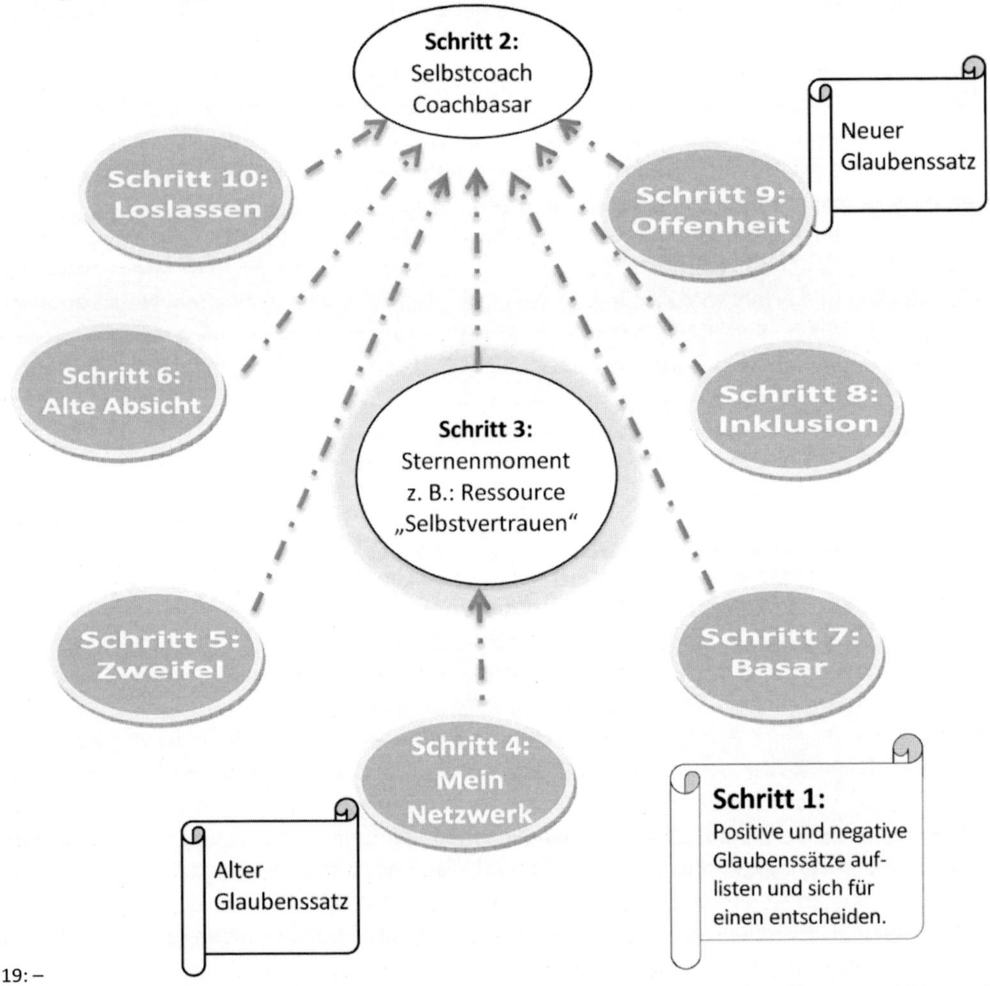

Abb. 19: – *Ressourcenbewusstes Glaubenssatzänderungsformat* angelehnt an Robert Dilts mit ergänzenden Inklusions- und Wertegedanken

Schritt 7: Ist die positive Absicht herausgearbeitet und für Sie stimmig, dann gehen Sie in Ihrem Tempo vom Bodenanker „Alte Absicht“ zum Bodenanker „Basar“. **Hier konzipieren Sie entsprechend Ihrer Ressourcen die neuen Glaubenssätze** (meistens sind es mehrere). Am Anfang ist der „Basar“ noch leer. Gerade dieser leere Zustand ist ideal, um neue Ideen zu initiieren. Es ist so, als sitze man vor einem leeren Blatt Papier und der Auftrag lautet: *„Schreiben Sie Ihre neue Lebensgeschichte auf!“*. Zu diesem Schritt habe ich Hilfsfragen konzipiert, damit sich das leere Blatt Papier schneller füllen kann: *„Welche Ressourcen habe ich, um meinen alten Glaubenssatz erfolgreich zu wenden?“ „Was brauche ich?“ „Was ist mir wichtig?“ „Welche Fähigkeiten habe ich?“ „Wie wäre ich ohne meinen alten Glaubenssatz?“ „Welche weiteren Ressourcen würden mir noch weiterhelfen, die ich erst noch finden oder entwickeln möchte?“ „Welche würden mich am effektivsten weiterbringen?“ „Was ist meine Vision? Was begeistert mich?“ „Für was brenne ich?“ „Was brauche ich, um mir diese Vision zu erfüllen?“ ...*

Gehen die Ideen aus, kann die Beraterposition in Anspruch genommen werden. Als dissoziierter Berater können Sie effizienter weitere Vermutungen finden: *„Wenn ich dich so dastehen sehe, kann es sein, dass du vielleicht mehr Gelassenheit, Humor, Freiheit, Sicherheit, Kongruenz, Authentizität, Selbstberuhigungskompetenz, Stimmungsmanagement, ein stärkeres Bewusstsein über deine Reaktionsmuster, Glaubenssätze, Denkweisen ... brauchst?“*. Ein Mann sprach im Einzelcoaching z. B. sehr inkongruent. Er brauchte mehr Kongruenz in der Stimme. In der Beraterposition konnte er seine Inkongruenz „hören“. Diese Erkenntnis braucht dann den Übungswillen. *„Kann es sein, dass du darin mehr Übung brauchst?“*, fragte ich als Zweitberaterin. Das ist der Vorteil von Synergieeffekten, wenn ein Coach oder eine Vertrauensperson anwesend ist. In den Empathiegruppen bediene ich mich gerne dieses Formates, weil ich dann viele MitberaterInnen habe, die geniale Idee entwickeln: *„Kann es sein, dass du einen inneren Spiegel brauchst, damit du dich selbst sehen kannst, wenn du sprichst?“* ... Folgende neue Glaubenssätze entstanden: *„Ich sehe mich! – Ich nehme mich wahr! Ich sorge für mich! Ich freue mich, zu üben! Ich entwickle ab heute ein Bewusstsein für meine Gedanken, Sprache, Gefühle und Bedürfnisse.“* ... Sie merken, dass es nicht an Ideen fehlt, wenn Sie sich gemeinsam mit anderen auf dieses Format einlassen.

> Wir brauchen einen **authentischen Stolz!** Vom unechten Stolz gibt es genug: *„Nein, ich spreche sie nicht mehr an, da habe ich auch meinen Stolz!“*.

Ergänzungsgedanken zum Schritt 7: Schon mit den ersten Ideen wird ein neues Glaubenssatzkonzept verfasst. Es ist aber noch ein Konzept und keine Konzeption. Schreiben Sie alles auf leeren Kärtchen, was Ihnen einfällt, damit Sie es nicht vergessen. Vielleicht sind Sie überrascht, dass Sie so viele Ressourcen haben? Vielleicht spüren Sie, dass Ihnen noch Ressourcen wie z. B.: Entscheidungsfähigkeit, Reframingsfähigkeit, Verantwortung, Verbundenheit – mehr Kontakt, Liebe, Geborgenheit, Authentizität, Loslassen können, Mut zum Starten, Elan, Kraft, Freiheit, Handlungsfähigkeit, Umsetzungsbereitschaft, Begeisterung für die Arbeit, für das Leben und für die vorhandenen Ressourcen, Humor, Offenheit, Leichtigkeit, Daseinsberechtigung und Stolz fehlen? Ja – auch STOLZ brauchen wir! Unsere Gesellschaft besitzt viel zu wenig von diesem salutogenen und authentischen Stolz! Ein Lehrer, der nicht stolz auf sein Können ist, ist kein guter Lehrer. Kreieren Sie **neue wirkungsvolle und „knackig-kurze“ Glaubenssätze**. Integrieren Sie Ihre intensivste Emotion und Idee in Ihren wirkungsvollsten neuen Glaubenssatz. Sie werden augenblicklich fühlen, welcher der Wirkungsvollste ist. Genau diesen schreiben Sie auf ein **Zauberkärtchen** z. B. mit speziellem Papier- oder Stiftfarbe auf.

Schritt 8: Mit den neuen Glaubenssätzen in der Hand gehen Sie dann auf den Bodenanker Inklusion" zu. Dort wird überprüft, ob die alte positive Absicht im neuen Glaubenssatz enthalten ist. *„Ist der Vorteil meines alten Glaubenssatzes im neuen Glaubenssatz enthalten?"* Erst wenn dies der Fall ist, ist die Glaubenssatzänderung (fast) abgeschlossen. Es fehlt noch das würdige Loslassen des alten Glaubenssatzes. Sollte die Inklusion noch nicht „rund" sein, wird wieder die Beraterposition in Anspruch genommen. *„Was brauchst du noch an Ressourcen, damit die positive Absicht im neuen Glaubenssatz mit enthalten ist?" „Was wäre dir unbedingt dabei noch wichtig?"* ... Der Glaubenssatz wird dann so umgeschrieben, bis die neue Absicht inkludiert ist. Das merken Sie daran, wenn er sich für Sie im assoziierten Zustand stimmig und authentisch anfühlt.

Schritt 9: Gehen Sie mit Ihren neuen Glaubenssätzen in der Hand langsam auf den Bodenanker „Offenheit" zu. Fühlen Sie mit jedem Schritt, wie Ihre Offenheit steigt, Ihren neuen Glaubenssatz umsetzen zu wollen. Fühlen Sie auf dem Bodenanker „Offenheit" über *VAKOG* Ihr offenes Gefühl in Bezug auf Ihre neuen Glaubenssätze. Spüren Sie, wie die Bereitschaft in Ihnen steigt, durch Ihre authentische Offenheit Neues zu wagen und zu erleben. **Legen Sie Ihre neuen Glaubenssätzen** und evtl. Ihr Zauberkärtchen **hier ab** und nehmen Sie wieder, mit der Gewissheit den alten Glaubenssatz in Liebe und Freiheit loslassen zu können, in Richtung „alte Absicht" Ihren Kurs auf. Dort nehmen Sie das Kärtchen mit dem alten Glaubenssatz, welches auf dem Boden liegt, wieder in die Hand.

Schritt 10: Gehen Sie in einem bewusst gewählten Tempo auf den Bodenanker „Loslassen" zu, um von dort aus Ideen zu entwerfen, wie der alte Glaubenssatz würdig verabschiedet werden kann. Lesen Sie Ihren alten Glaubenssatz ein letztes Mal vor und legen Sie ihn dann ab. Denken Sie an seine positive Absicht. Mit diesen positiven Gedanken angereichert, bedanken Sie sich bei Ihrem alten Glaubenssatz für den guten Schutz, den er Ihnen bis heute gewährte. Er leistete lange Zeit nach seinen Möglichkeiten seine allerbesten Dienste. Würdigen Sie diese gute Absicht, indem Sie z. B. sagen: *„Du hast mir lange Zeit Gutes getan und viele Vorteile verschafft, aber heute kann ich dich in Liebe loslassen, weil ich Neues wage. Ich suche nun in einem ‚geistigen Antiquariat' einen passenden inneren Ort für dich, wo du für immer gut aufgehoben bist!".* Überlegen Sie, wie und wo Ihr alter Glaubenssatz einen würdevollen oder vielleicht auch lustigen Platz in Ihrem inneren Ort finden kann, damit er keine Macht mehr über Sie hat. Gibt es dort vielleicht eine verschlossene Truhe, eine Geheimschublade oder wollen Sie ihn geistig „verbrennen" und in eine Urne stecken? Vielleicht haben Sie das Vorstellungsbild eines Kellers, einer Wüste, eines Museums oder einer alten verstaubten Bücherei? Vielleicht wollen Sie das Kärtchen mit dem verfassten alten Glaubenssatz tatsächlich irgendwo in einem Keller oder Raum verstauen? Vielleicht wollen Sie ihn in einem Garten vergraben oder ihn in den Biomüll werfen, damit er wieder zu Erde werden kann? Sie werden für sich die idealste Lösungsidee finden!

Hinweis: Viele legen am Ende dieses Schrittes ihr Kärtchen **unter** den Bodenanker, damit es optisch nicht mehr sichtbar ist oder sie lassen es noch ein kleines Stückchen hervorblitzen, einfach weil der alte Glaubenssatz gefühlsmäßig noch Bedeutung hat. Schließlich war er lange Zeit ein Teil der Persönlichkeit. Manche zerreißen das Kärtchen und entsorgen es auf die unterschiedlichsten Arten. Wiederum andere falten es würdevoll zusammen, um es an einen bestimmten Ort bei sich zu Hause zu platzieren oder zu verstecken. Einige zücken sogar das Feuerzeug und verbrennen das Kärtchen vor Ort. Egal wie es ist, alles ist richtig und gut, wenn die Gedanken und die Handlungen wertschätzend bleiben. Mit einem brennenden Glaubenssatzkärtchen wurde symbolisch bei einem Coachee sein letzter Schmerz in Zusammenhang mit diesem Glaubenssatz mit verbrannt. Er jubelte, nachdem nur noch Asche im Garten lag: *„Jetzt erst fühle ich mich so richtig befreit.“*. Von der Beraterposition aus, kann der ausgesuchte mentale oder tatsächliche Ort auf Stimmigkeit überprüft und gegebenenfalls Korrekturen vorgenommen werden.

Nach diesem Würdigung- und Verabschiedungsprozess gehen Sie anschließend zurück zum Bodenanker „Offenheit“. Dort nehmen Sie Ihre neu verfassten Glaubenssätze erneut in die Hand. Fühlen Sie haptisch die Kärtchen, auf denen Ihr ab jetzt gültiges neues Lebenskonzept verfasst ist. Lenken Sie Ihre Aufmerksamkeit auf Ihr Offenheitsgefühl für Ihre neuen Glaubenssätze und erlauben Sie sich diese. Gehen Sie mit diesem Gefühl in Ihrem bewusst gewählten Tempo wieder zurück zum Bodenanker „Mein Netzwerk“. Spüren Sie dort unter Anwendung von *VAKOG*, wie sich Ihre neuen Glaubenssätze anfühlen. Dieses neue Wohlfühlgefühl kann geankert werden. *‚Ich nehme wahr, was ich sehe und höre, während ich an meine neuen Glaubenssätze denke! Ich nehme wahr, was ich dabei fühle! Ich nehme wahr, was ich rieche oder vielleicht auch schmecke?‘* ... Ankern Sie das Gefühl nach der kinästhetischen Ankermethode (Kap. 3.3.1) kurz vor dem Höhepunkt. Setzen Sie sich einen Separator (Kap. 3.3.2) und testen Sie, ob das Gefühl immer noch spürbar ist, wenn Sie es erneut an der Körperstelle aktivieren.

Am Ende des Formates werden **Konkretisierungs- und Reflexionsfragen** gestellt. Danach wird noch ein **Ökocheck in der Zukunft** durchgeführt und ein **Stimmigkeitscheck** eingeleitet.

1. Konkretisierungsfragen sind: *„Wie genau will ich meine Glaubenssätze verinnerlichen?“ „Was will ich konkret dafür tun?“*. Entscheiden Sie sich, Ihren neuen Glaubenssatz zu verinnerlichen und ihn nicht mehr zu vergessen. Wie wollen Sie konkret mehr Entscheidungskompetenz entwickeln? Welches Symbol könnte Ihnen dabei helfen? Falls Ihnen die Ressource „Entscheidungsfähigkeit“ fehlt, dann reaktivieren Sie diese über *VAKOG*, damit Sie diese wichtige Ressource in Ihre Persönlichkeit inkludieren können. Erst wenn Sie spüren, dass Sie Entscheidungskraft aus vergangenen Erlebnissen haben, werden Sie diesen folgenden neuen Glaubenssatz glauben können: *„Ich entscheide mich für meine Freiheit!“ – Ich bin frei!“*. Viele Menschen können von erlernten Prinzipien nicht loslassen und verharren in alten Denkweisen. Ein Coachee sagte: *„Ich brauche meine Maske und meinen inneren Widerstand.“*. Eine Konkretisierungsfrage auf der Beraterposition war: *„Was kannst du konkret tun, um deinen alten stark behindernden Glaubenssatz loslassen zu können?“*. Coachee: *„Ich muss ein Bewusstsein entwickeln, dass ich stark bin, auch wenn ich Authentizität zeige.“*. Der prägnante Glaubenssatz lautete: *„Ich bin durch Authentizität und Stimmigkeit stark.“*. Er braucht nun seine Masken nicht mehr. Der Lebensfasching ist vorbei.

Jeder hat die Ressource:
Entscheidungsfähigkeit!

2. Reflexionsfragen sind: *„Was hat sich verändert?" „Was ist anders?" „Wie ist mein Gefühl jetzt? Nehme ich einen Unterschied wahr?" „Wie genau ist dieser Unterschied zu vorhin?" „Habe ich eine Idee, wie ich diesen Unterschied feiern kann?" „Was sind meine Erkenntnisse?" „Ich entscheide mich, meinen neuen Glaubenssatz und mein Gefühl dazu nie mehr zu vergessen."* ...

3. Ökocheck in der Zukunft: Ist eine Veränderung spürbar, dann inszenieren Sie, ausgestattet mit Ihren neuen Glaubenssätzen, ein **Zukunftsszenario**. Stellen Sie sich unter Anwendung von *VAKOG* vor, wie eine zukünftige herausfordernde Situation gelingen wird. Wie geht es Ihnen mit Ihren neuen Glaubenssätzen in der Zukunft? Klären Sie für sich noch die Zielfrage: *„Was ist mein Ziel in Bezug auf meine neuen Glaubenssätze?".* Wenn Sie Ihr Ziel kennen, dann werden Sie Ihre neuen Glaubenssätze, nachhaltiger als Sie denken, verinnerlichen können.

4. Stimmigkeitscheck: Als letzten Schritt überprüfen Sie noch einmal auf der Beraterposition, ob der ganze Prozess für Sie stimmig war und immer noch ist. Sollte noch etwas unstimmig sein, dann nehmen Sie sich diese Unstimmigkeit als Glaubenssatz bei nächsten Mal vor. Es bringt nichts, alles auf einmal zu reframen. Diese Haltung überfordert. Konzentrieren Sie sich auf das Wesentliche. Wer weiß, vielleicht löst Ihr Unbewusstes die Unstimmigkeit von selbst auf?

Am Ende dieses Kapitels möchte ich Ihnen eine Analogie unterbreiten. Stellen Sie sich vor, dass ein **langes Rohr** Ihr alter Glaubenssatz ist. Schauen Sie durch das Rohr hindurch. Was sehen Sie? Im Prinzip nehmen Sie mit dem Rohr die Welt nur in dem Umfang wahr, den das Rohr zulässt. Sie können zwar Ihren Kopf hin und her, nach oben und nach unten mit dem Rohr bewegen, dennoch haben Sie immer nur einen kleinen Ausschnitt Ihres möglichen Wahrnehmungspotenzials. Ihr Wahrnehmungspotenzial können Sie ausreizen, wenn Sie das „Rohr" loslassen und ablegen. Malen Sie sich aufgrund dieser Analogie ein Zukunftsszenario aus, welche Möglichkeit Sie ohne Ihren alten Glaubenssatz – ohne das sichtfeldeinschränkende „Rohr" hätten. Wie fühlen Sie sich, wenn Sie diese Möglichkeiten nutzen? Entscheiden Sie sich, Ihr altes „Rohr" (Glaubenssatz) in ein „geistiges Antiquariat" mit dem dazu passenden Anker für immer abzulegen! Anke, 45 J., sagte mit einem entschlossenen Ton: *„Genug ist genug!".* Sie ankerte sich mit dem Film *Enough* mit Sandra Bullock und verbrannte ihren Glaubenssatz. Die Asche kehrte sie auf, um diese in eine Urne zu stecken. Immer wenn sie das Gefühl hat, wieder rückfällig zu werden, sagt sie: *„Du steckst jetzt in der Urne!".* Wir brauchen Bilder und Symbole, um Emotionen nachhaltiger zu verändern. Zu Beginn des Coachings wirkte sie unscheinbar, gebückt und ihre Knie waren (unbewusst) durchgeknickt. Sie hatte nur ein Quäntchen Selbstwertschätzung, dennoch gelang es ihr, schon nach kurzer Zeit die Befreiung aus ihren negativen Glaubenssätzen, die sie ein Leben lang knechteten. Das ist ihr aber nur gelungen, weil sie wirklich „hart" an sich gearbeitet hat. Sie sagte: *„Ich habe mich nur noch mit mir selbst beschäftigt.".* Heute streckt sie ihre Knie durch, ihre Kopfhaltung ist nach vorne gerichtet und sie geht aufrecht durch das Leben.

Ein ähnliches weiteres Beispiel aus dem Einzelcoaching war Bernhardt, 44 J., ein stattlicher gut aussehender über zwei Meter großer Mann und ein erfolgreicher Unternehmer. Dennoch hatte er einen „psychisch gebückten" Rücken. Er litt unter starken Kopfschmerzen und Schulterverspannungen. Er sagte, er setze sich ein Leben lang schon immer auf Fachtagungen in die hinteren

Reihen, damit er niemanden mit seiner Größe störe. Können Sie den Glaubenssatz „heraushören“? Saß er doch mal in einer Sitzung gezwungenermaßen vorne, berichtete er, mache er sich aus Rücksicht auf die anderen auf seinem Stuhl klein und krumm. Dasselbe galt auch im Stehen und beim Gehen. Nie stand er in Stehgesprächsrunden aufrecht, weil er immer kleiner sein wollte, als er in Wirklichkeit war. Er hasste es, überall der Größte zu sein. Dies war kein Wunder, weil sein Vater in seiner Pubertät ihm wiederholt mitteilte: *„Mach dich nicht so wichtig. – Du bist noch lange nicht so groß, wie du aussiehst!“.* Sein Vater war, seinem Bericht zufolge, um einiges kleiner als er. Die Gene hätte er mütterlicherseits geerbt. Mühsam aber stetig lernte Bernhardt seine Größe anzunehmen und zu lieben. Er lernte, dass seine Größe richtig ist und dass er stolz auf seine Größe sein darf. Er erlaubte sich seine Größe! Das ist Inklusion. Er durchschaute im Laufe des Coachingsprozesses den „Überlegenheitskomplex“[163] seines Vaters und so konnte er ihm für die zugefügten psychischen Verletzungen nach und nach verzeihen, mitunter auch weil er massenweise positive Glaubenssätze generierte. Sein Rekord hat bis heute noch niemand übertroffen. Es schrieb 58 neue Glaubenssätze auf. Heute sitzt er auf allen Stühlen gerade und das macht ihn innerlich stark sowie auch sein Rücken wieder gerade. Mit bester Laune sagte er: *„Es ist ein gutes Gefühl, aufrecht im Leben zu stehen und zu gehen!“.*

Erlauben Sie sich Ihre innere Größe!

Wichtiger Hinweis: Halten Sie **Datum** und **Uhrzeit** Ihrer Glaubenssatzänderung fest, damit werden die neuen Glaubenssätze für Sie noch verbindlicher. Ich wünsche Ihnen Durchhaltevermögen und Begeisterung bei der Umsetzung. Auch wenn es „schwierig“ erscheint, es ist leicht, Glaubenssätze zu reframen. Sie werden es glauben können, wenn Sie es tun!

3.9 Die Unbewusste Bedürfnisfindungsmethode

Abb. 20 – Herzstück

„Das tiefste Bedürfnis der Menschen ist, das Bedürfnis sein Getrenntsein zu überwinden und das Gefängnis seines Alleinseins zu verlassen.“[164]

Diese Methode ist das **Herzstück** meiner praktischen inklusiven Arbeit. Es handelt sich dabei **um die Aufdeckung des Bedürfnisses von höchster emotionaler Bedeutung.** Dieses ist in der Regel unbewusst. Nach unzähligen Bedürfnisfindungen in meinen Seminaren und Einzelcoachings sowie auf Teamfortbildungen (Partner- und Gruppenformat) gebe ich mein Wissen darüber nun preis. In Verbindung mit der inklusiven Sprache ist dieses Wissen das Fundament eines glücklichen Lebens. Die Übung kann alleine oder mit einer Vertrauensperson durchgeführt werden. Sie baut auf der Vorstellung auf, dass wir Dingen und Situationen **Bedeutung und Sinn** beimessen. Aus dieser Bedeutung und Sinnhaftigkeit heraus kreieren sich unsere Motivationen, Bedürfnisse, Sehnsüchte, Glaubenssätze, Überzeugungen, Annahmen, Gewohnheiten, Zwänge, Wünsche, Vorstellungen, Visionen und Ideen. Diese manifestieren sich über unsere Reaktions-, Verhaltens- und Haltungsmuster und sind in unseren Handlungen sichtbar.

Ihr wahres Wesen offenbart sich, wenn Sie Ihre Bedürfnisse kennen.

[163] Nach Watzlawick
[164] Erich Fromm

3.9.1 Umsetzung der Unbewussten Bedürfnisfindungsmethode

Abb. 21 – Ein Topf voller Ressourcen – Ent-Deckeln Sie sich!

Die Methode ist so beschrieben, dass Sie diese alleine durchführen können, jedoch vorausgesetzt, dass Sie durch das Studium des ersten Buches: *Fühlen, was wir brauchen* schon ein gutes Gespür und Intuition für Ihre Bedürfnisse entwickelt haben. Ansonsten ist es empfehlenswert, diese Methode mit einem Wertefindungscoach[165] oder mit einer Vertrauensperson Ihrer Wahl durchzuführen, welche die Inhalte beider Bücher schon kennt.

Material: Sechs bis zwölf DIN A 6 (bunte) Kärtchen, zwei Stifte in unterschiedlichen Farben, Bleistift und Radiergummi. Sie können sich für einen Gegenstand (möglich sind auch mehrere) entscheiden. Wählen Sie den Gegenstand unter der Fragestellung: *„Was ist mir im Leben wichtig?“* aus. Anstatt Gegenstände können Sie auch Geschichte/n, Metapher/n oder eine oder mehrere positive Situation/en aus Ihrem Leben unter derselben Fragestellung auswählen. Weitere Kärtchen für neue Glaubenssätze zurechtlegen, die darüber automatisch aufgedeckt werden. **Dauer der Methode:** 2 – 3 Stunden.

Hinweis: Es sollten nicht mehr als drei Gegenstände, Geschichten, Metaphern oder positive Situationen ausgewählt werden. Wer sich für eine einzige Situation entscheidet, der kann sie noch modifizieren und sich diese in unterschiedlichen Varianten vorstellen: *„Wie würde die Situation aussehen, wenn es Frühling, Sommer, Herbst, Winter, Abend, windig und regnerisch ... ist?“ – „Hole dir noch Personen oder Tiere dazu.“* ... Jede Situation kann aus verschiedenen Perspektiven betrachtet werden. Wesentlich ist, dass Personen oder Tiere ausgewählt werden, die ein gutes Gefühl vermitteln. Stellen Sie sich deshalb vorab die Frage: *„Welche Bedeutung hatte und hat diese Situation immer noch für mich?“*. Machen Sie sich die Situation über *VAKOG* bewusst, um sicher zu gehen, dass sie auch wirklich geeignet ist.

Sieben Schritte zur Unbewussten Bedürfnisfindung

1. Gegenstand/Gegenstände, Geschichte/n, Metapher/n oder Situation/en unter der Fragestellung: *„Was ist mir im Leben wichtig?“* aussuchen.
2. Dazu mindestens fünf oder höchstens 12 Bilder assoziieren. An was erinnert mich der Gegenstand noch? Fallen Ihnen keine Bilder z. B. zu Ihrem ausgesuchten Gegenstand mehr ein, dann können Sie auch Metaphern, Sprüche, positive Kurzaussagen wie z. B. „unbesiegbarer Sommer“, die für Sie von Bedeutung sind ... und sogar Werte dazu assoziieren. Die Assoziationen werden auf die **Vorderseite der Kärtchen** geschrieben.
3. Als nächster Schritt werden zu den Bildern, Metaphern, Aussagen, Sprüchen, Werten ... die dahinterliegenden **Bedürfnisse identifiziert** (zur Identifizierung der Bedürfnisse siehe Bedürfnisfindungsfragen beim Konkretisierungsbeispiel im folgenden Text unter Schritt 3). Diese werden auf

[165] Ausbildung zum Unbewusste Wertefindungscoach unter www.friesinger-theresia.de/seminare/ausbildung. Einsetzbar in jedem Coaching. Auch für Business-Coachings geeignet. Die Namen der schon ausgebildeten Wertefindungscoachs erfahren Sie bei Anfrage.

die **Rückseite der Kärtchen** aufgeschrieben. Es können pro Bild, Metapher, Spruch, Wert ... mehrere Bedürfnisse identifiziert werden, die dann zu Oberbegriffen zusammengefasst werden. Tauchen bei den unterschiedlichen Bildern ähnliche Bedürfnisse auf, dann werden diese **nur einmal** festgehalten.

4. Nach der Identifizierung der Bedürfnisse werden die Kärtchen in eine **erste Reihenfolge** unter der Fragestellung gebracht: *„Welches Bedürfnis ist mir aktuell am wichtigsten?“ „Welches Bedürfnis hat für mich die höchste emotionale Bedeutung?“ ...*
5. Die Reihenfolge wird reflektiert: *„Warum ist mir dieses Bedürfnis am wichtigsten?“ „Warum ist mir das Bedürfnis nach ... weniger wichtig, weil ich es an die letzte Stelle platziert habe?“ ...* Nach der Reflexion, die in der Regel eine halbe Stunde dauert, wird den Menschen erst bewusst, was sie wirklich brauchen, um sich ihre Bedürfnisse zu erfüllen. Es wird ihnen bewusst, was ihnen zu den vorgefundenen Bedürfnissen eigentlich noch fehlt, weil sie es vielleicht in der Kindheit vermissten. Dieser Prozess ist schon ein Teil der unbewussten Bedürfnisfindung. Die identifizierten Bedürfnisse sind ja schon bewusst geworden. **Aber** erst durch die Reflexion (mit entsprechenden Reflexionsfragen) kann sich eine neue Reihenfolge ergeben. Erst dadurch kann das unbewusste Bedürfnis (manchmal sind es auch mehrere) wirklich aufgedeckt werden (erscheinen). Ein typischer Satz durch die Umstellung der Reihenfolge ist: *„Das war mir bis jetzt nicht bewusst!“.*
6. Die neue Reihenfolge wird noch einmal nach Stimmigkeit überprüft und ein letztes Mal ausgewertet. Dann erst kommt die eigentliche Frage, die das tiefste Unbewusste aufdeck(l)en soll. Die Frage lautet: *„Was brauche ich eigentlich wirklich, um mir dieses Bedürfnis zu erfüllen?“.* Stellen Sie sich in diesem Fall die Frage genau so und nicht anders. Dies herauszufinden, kann ein Befreiungsgefühl auslösen. *„Ist es vielleicht deine Erlaubnis des Bedürfnisses nach Sinn, Erfolg ... dein zurzeit wichtigstes Bedürfnis?“ ...* Die Menschen wissen plötzlich, was Sie bewegt, was Sie wirklich brauchen und was Sie ab jetzt tun können, um sich dieses gerade bewusst gewordene Bedürfnis endlich zu erfüllen. Manchmal ist es nicht mehr und nicht weniger als **die Erlaubnis** dieses Bedürfnisses! Dazu folgt später das Beispiel mit einem Künstler.
7. Es folgen weitere Selfcommitmentfragen (Konkretisierungsfragen): *„Was kann ich konkret tun, damit ich mir in Zukunft dieses Bedürfnis erlaube?“ ...* Zur Veranschaulichung der einzelnen Schritte beziehe ich mich nun **nur** auf einen **Gegenstand.**

Schritt 1 – Gegenstandsuche: Fällt Ihnen spontan ein Gegenstand ein, der Ihnen von besonderer Wichtigkeit ist? Dann nehmen Sie diesen Gegenstand. Wenn nicht, dann gehen Sie z. B. mit der erwähnten Fragestellung im Hinterkopf: *„Was ist mir im Leben wichtig?“* durch Ihre Wohnung, um einen für Sie passenden Gegenstand zu finden. Vielleicht liegt ein Gegenstand, der Ihnen viel bedeutet, vergessen in einer Vitrine oder in einer Schublade? Es können Schmuckstücke (beliebt sind Ringe, Ketten, Armreifen ...), Edelstein, Uhr, Schlüsselanhänger, Talisman, altes Spielzeug, Kuscheltier, Bild, Kissen, selbst ein altes Tapetenmuster war schon dabei ... sein. Sie können auch spazieren gehen, um nach einem passenden Gegenstand Ausschau zu halten. Lassen Sie sich von der Natur inspirieren. Geben Sie sich dem Augenblick hin und bringen Sie den Naturgegenstand (Feder, Wurzel, Kastanie, Baumrinde, Stein, Blatt, Ast, Glasstückchen ...) mit, der Ihnen direkt ins

Auge gesprungen ist. Vielleicht hat er in Ihnen ein angenehmes Gefühl ausgelöst und Sie haben ihn deshalb ausgewählt? Jeder Gegenstand, den Sie auswählen, ist der RICHTIGE.

Schritt 2 – Bildassoziationen. Schreiben Sie die Bezeichnung Ihres Gegenstandes auf eine Karte: Z. B.: „Armband". Diese Karte haben Sie nun schon. Legen Sie diese dann auf die Seite. Als nächstes betrachten Sie den ausgewählten Gegenstand genauer. Betrachten Sie ihn so, als würden Sie ihn zum ersten Mal sehen. Legen Sie Ihren Gegenstand auf den Boden, auf eine Fläche oder bedecken Sie Teile des Gegenstandes mit einem Tuch. Assoziieren Sie zu Ihrem Gegenstand spielerisch mindestens fünf und höchstens zwölf weitere Bilder (siehe Assoziationsfragen). Anstatt Bilder können Sie wie schon berichtet auch Aussagen, Metaphern, Sprüche und Werte assoziieren. Die gefundenen Assoziationen schreiben Sie bitte auf weitere Kärtchen auf, so dass Sie mindestens sechs bunte Kärtchen, einschließlich der Karte mit Ihrem Gegenstand, vor sich liegen haben. **Allgemeine Hinweise zur Bildersuche:** Achten Sie auf die Unterschiedlichkeit der assoziierten Bilder, damit diese sich nicht allzu sehr ähneln. Fallen Ihnen keine weiteren Bilder ein, können Sie den Gegenstand räumlich etwas variieren. Falls er nicht zerbrechlich ist, könnten Sie ihn auch auf den Boden fallen lassen. Welches Bild assoziieren Sie jetzt? Legen Sie ihn z. B. etwas weiter weg oder auf eine wellige Ebene. Manchmal liegt der Gegenstand nur einen Tick anders und Sie erzeugen schon wieder neue Assoziationen. Spielen Sie mit Ihrem Gegenstand in der Hand und gewinnen Sie dadurch neue Bildideen. Ein Armband z. B. kann je nach Beschaffenheit gerollt, gekreiselt oder anders gewickelt werden. Es kann als Krone benutzt werden, zum Durchblicken und zu noch vielem mehr. Jedes Mal, wenn Sie ein neues Bild assoziieren und das Neue für Sie von Bedeutung ist, ist es das passende Bild.

Schritt 3 – Identifizierung der Bedürfnisse von hoher emotionaler Wichtigkeit: Hinter den vorgefundenen Bildern werden nun die passenden Bedürfnisse identifiziert (siehe Konkretisierungsbeispiel im folgenden Text). Besonders das *Metamodell der Sprache*[166] unterstützt, passende Bedürfnisfindungsfragen zu stellen: *„Was **genau** erfüllt es dir, wenn du an das Bild des Igels, Berges, Edelsteins, Engels ... denkst?"*. Je nach Bedeutungszusammenhang und Glaubenssatzsystem werden zu den einzelnen Bildern die unterschiedlichsten Bedürfnisse identifiziert. Zum Bild eines Berges können z. B. Werte oder Bedürfnisse wie „Stärke", „Wille", „Lebenskraft", „Durchsetzungsvermögen" ... identifiziert werden. Diese werden in einem Zwischenschritt zu Oberbegriffen z. B. das Bedürfnis nach „Autonomie" zusammengefasst. Andere ähnlich klingende Bedürfnisse wie z. B. nach Kontakt, Liebe, Geborgenheit, Gemeinschaft, Kooperation und Freundschaft können zum Oberbegriff „Verbundenheit" zusammenfließen. Welcher Oberbegriff der Richtige ist, entscheidet selbstverständlich der Coachee. Oberbegriffe werden in einer anderen Farbe geschrieben oder eingekreist.

Wenden Sie sich bei der Identifizierung der Bedürfnisse **zunächst Ihrem Gegenstand zu.** Welches Bedürfnis erfüllen Sie sich, wenn Sie an Ihren Gegenstand denken? Fragen Sie sich: *„Was erfülle ich mir, wenn ich an meinen ausgesuchten Gegenstand denke?* Notieren Sie dieses Bedürfnis auf die Rückseite der Karte, **auf der die Bezeichnung des Gegenstandes bereits draufsteht.** Entscheiden

[166] Siehe Friesinger 2012, Kap. 4.2.3

Sie sich nun, mit welchem assoziierten Bild Sie die Übung weitermachen möchten. Fangen Sie mit der Bildassoziation an, die Ihnen am leichtesten fällt.

Konkretes Beispiel zur Identifizierung des Bedürfnisses mit einem Wertefindungscoach: Robert, 38 J., war spazieren und hatte eine „Kastanie“ mitgebracht, *„weil sie so schön die Hand schmeichelt“*, sagte er. Zu Kastanie assoziierte er das Bild eines „Igels“. Zur Identifizierung des Bedürfnisses stellte ich ihm eine Auswahl von Bedürfnisfindungsfragen zur Verfügung: *„Welche Bedeutung steckt für dich in dem Bild des Igels?“ „Was ist dir daran wichtig?“ „Was erfüllst du dir, wenn du an dein assoziiertes Igelbild denkst?“ „Welches Bedürfnis ist erfüllt, wenn du an einen Igel denkst?“ „Inwieweit ist das Bild des Igels für dich eine Antwort auf die Frage: ‚Was ist mir im Leben wichtig?‘“*. Seine Antwort lautete: *„Im Leben ist mir wichtig, dass ich eine Arbeitsstelle habe.“*. Die weitere Folgefrage zur Identifizierung des Bedürfnisses lautete: *„Welches Bedürfnis ist für dich erfüllt, wenn du eine Arbeitsstelle hast?“*. Seine Antwort war: *„Sicherheit!“, „Anerkennung!“ „Schutz!“ ...*

Jemand könnte z. B. zu seinem Gegenstand ein weiteres Wertebild wie: z. B. „Weichheit“ assoziieren, weil eine Feder ihn an Weichheit erinnert. Dann würden Sie zunächst auf der Vorderseite den Wert „Weichheit“ schreiben. Um das passende Bedürfnis zu identifizieren, wird weiter nachgefragt: *„Wenn du an den Wert ‚Weichheit‘ denkst, was ist dir daran wichtig?“ „Welches Bedürfnis erfüllst du dir damit?“ „Welche Bedeutung steckt für dich im Wert ‚Weichheit‘?“* ... Wird z. B. zu „Weichheit“ das Bedürfnis nach Verbundenheit identifiziert, dann wird auf der Weichheitskarte auf der Rückseite das Wort „Verbundenheit“ aufgeschrieben.

Schritt 4 – Bedürfnisse in eine Reihenfolge bringen: Legen Sie Ihre Bedürfniskärtchen in eine erste Reihenfolge aus. **Das Bedürfnis, das Ihrer Meinung nach am wenigsten erfüllt ist, wird an die erste Stelle gelegt.** Das (vermeintlich) wichtigste Bedürfnis soll nach oben gelegt werden und das (vermeintlich) weniger Bedeutungsvollere liegt in der Bedürfnishierarchie zuletzt. Die identifizierten Bedürfnisse werden anhand von ersten **Reflexionsfragen** in eine Bedürfnishierarchie gebracht und zunächst nur mit Bleistift nummeriert: *„Welches Bedürfnis ist dir am wichtigsten?“ „Welches kommt an zweiter, dritter ... Stelle?“ „Welches Bedürfnis ist dir weniger wichtig?“ „Welches Bedürfnis ist gerade am meisten erfüllt?“ „Welches ist gerade am wenigsten erfüllt?“ „Welches Bedürfnis erlaubst du dir am wenigsten?“ ...*

Schritt 5 – Reflexion der Bedürfnisse – evtl. neue Reihenfolge: Zur ersten Reihenfolge werden weitere Reflexionsfragen gestellt. Durch die Begründungen und die Auseinandersetzung mit den eigenen Bedürfnissen entsteht mehr Klarheit über diese oft unbewusste Ebene. *„Fällt dir noch ein Bedürfnis ein, das du noch hinzufügen möchtest, weil du es dir so sehr wünschst?“ „Gibt es ein Bedürfnis, das du weglassen möchtest, weil es dir nicht mehr so wichtig erscheint?“ „Welches Bedürfnis hat dir in der Kindheit gefehlt bzw. welches war am wenigsten erfüllt?“ „Warum hast du z. B. die ‚Sicherheit‘ an die erste Stelle gelegt?“ „Warum liegt z. B. das Kärtchen ‚Verbundenheit‘ an dritter Stelle?“ „Warum hast du z. B. die ‚Selbstannahme‘ an letzter Stelle platziert?“ „Wie schätzt du es ein, ist bei dir das Bedürfnis nach ‚Selbstannahme‘ vollkommen erfüllt?“* ... Lautet die Antwort „Nein“, dann wird weiter nachgeforscht: *„Wieso liegt es deiner Ansicht nach dann an letzter*

Stelle?" „Was glaubst du, was brauchst du noch an Ressourcen, damit du dich mehr annehmen, mehr wertschätzen, mehr lieben ... kannst?" ...

Konkretisierung mit dem Metamodell der Sprache: Ralf, 39 J., Bankkaufmann hat das Kärtchen ‚Sicherheit' und ‚Anerkennung' an die oberen beiden Stellen gelegt. Er sagte nach der Reflexion: *„Ich kannte eigentlich mein Thema, aber ich wollte es nicht wahrhaben."*. Die Konkretisierungsfrage war: *„Was **genau** brauchst du, um dir das Bedürfnis nach ‚Authentizität' zu erfüllen?"*. Er hatte es an zweitletzter Stelle platziert. Ich fragte weiter: *„Was glaubst du, musst du dich erst sicher fühlen und Anerkennung von anderen erhalten, um authentisch zu sein? Klingt das für dich logisch?" – „Nicht wirklich." – „Möchtest du nach nochmaliger Überlegung die Reihenfolge ein weiteres Mal verändern?" „Was brauchst du **wirklich**, damit du dir das Bedürfnis nach ‚Sicherheit' und ‚Anerkennung' erfüllst?" – „Selbstliebe?"* – fragte er zögerlich. *„Was **genau** fehlt dir, weil du es dir noch nicht erfüllt hast? – Was brauchst du konkret, damit du deine ‚Selbstliebe' fühlen kannst?"* ... **Die Antwort auf diese letzte Frage ist in der Regel die unbewusste Bedürfnisfindung**! Er brauchte ein **Bewusstsein**, wie wichtig seine Selbsterkenntnis, -wahrnehmung und -wertschätzung für seine Selbstliebe ist. Erst dann kann er authentisch leben. Diese Erkenntnis stellte sein ganzes Leben im glücklichen und positiven Sinne auf den Kopf.

Hinweis: In der Reflexion setzen sich die Menschen damit auseinander, warum sie ihre Bedürfnisse so und nicht in einer anderen Bedeutungsreihenfolge sortiert haben. Die „richtige" Reihenfolge ergibt sich zu guter Letzt immer aus der immanenten Logik der Menschen. *„Klingt logisch, zuerst muss ich mich wertschätzen, dann kann ich mich lieben, damit ich mich sicher fühlen kann. Danach kann ich auch offen und authentisch sein."* Diese Logik ist individuell und nicht übertragbar, weil sie vom Glaubenssatzsystem der Person abhängt. Den Personen wird durch diese Reflexion bewusst, wie stark ihre Bedürfnisse polarisieren können. Sie finden heraus, wie stark ihre Glaubenssätze ihre Bedürfnisse hemmen oder erlauben. Sie finden heraus, ob sie mehr in Richtung Freiheit oder in Richtung Unfreiheit gepolt sind. Nur wenn die Personen es als stimmig und logisch empfinden, dann stimmt auch die Logik der Reihenfolge. Ein Künstler wünschte sich „Bewunderung". Das Bewunderungskärtchen lag anfänglich an erster Stelle. Nach der Reflexion war ihm klar, dass er sich erst den Erfolg erlauben muss, um den Bewunderungsmodus genießen zu können. *„Ich erlaube mir jetzt endlich im Mittelpunkt zu stehen und Erfolg zu haben."*, sagte er, weil er bis dato nicht wusste, dass er seinem Erfolg durch seine einschränkende Glaubenssätze selbst im Weg stand. In ihm lebten gegenteilige innere Anteile, die ihm zuflüsterten, dass es nicht gut sei, Erfolg zu haben und sich immer so „aufzuspielen"! Er besaß aber viele kreative Ressourcen (Humor, Wiedererkennungswert ...) und auch die notwendige Eloquenz, um seine Ziele verfolgen zu können. Was ihm aber tatsächlich fehlte, war seine eigene Genehmigung zum Erfolg. **Die Erlaubnis zum Erfolg** und nicht Bewunderung, **war sein unbewusstes Bedürfnis von höchster emotionaler Wichtigkeit.** Nachdem er sich die Erfolgserlaubnis in kleinsten Schritten über willensstarke Selfcommitments erteilte, stand seinem Ruhm plötzlich nichts mehr im Wege.

Schritt 6 – Stimmigkeit und Auswertung: Bedeutet nachspüren, wie sich die neuen Erkenntnisse anfühlen. Fragen Sie sich: *„Ist die neue Reihenfolge in sich schlüssig und stimmig?" „Wie geht es mir jetzt?" „Was sind meine Erkenntnisse?" ... „Sind die gefundenen Bedürfnisse stimmig?"*

Falls nicht, wird weiter sortiert und reflektiert, bis das Gefühl stimmt. Wer sein Kärtchen „Selbstwertschätzung" von den hinteren Rängen doch noch an die oberste Stelle platziert, hat die noch zu reframende Erkenntnis gewonnen: *„Ich fühle mich nicht wertvoll genug."*. Ein Bewusstseinsreframing ist: *„Ich bin es mir wert, wertvoll zu sein!" „Was brauche ich, um mich wertvoll zu fühlen?" „Brauche ich das Bild eines „inneren Spiegels", damit ich mich selbst sehen kann, wie wertvoll ich bin?"* ... Auch wenn Menschen diese Sätze noch nicht fühlen, ist es wichtig, dass das Unbewusste diese frohen Botschaften endlich mal zu hören bekommt.

Schritt 7 – Es werden Konkretisierungsfragen gestellt: *„Was brauchst du, um dir das Bedürfnis nach Selbstwertschätzung zu erfüllen? – Was kannst du konkret dafür tun?"*. Es werden Handlungsideen gesucht und entwickelt, damit der bewusst gewordene innere Mangel endlich beseitigt (reframt) werden kann. Konkretisierungsbeispiel in Bezug auf Ralf: *„Was brauchst du, damit du deine Selbstliebe wirklich umsetzen kannst?"*. Er antwortete: *„Ich brauche mein Eingeständnis, wie wichtig die Selbstliebe in Wirklichkeit ist und dass davon alles weitere abhängt. Das war mir in diesem Ausmaß noch nie bewusst. Das wird sich ab jetzt ändern. Ich bin die Nr. 1!"*. Weitere Konkretisierungsfragen können helfen, den roten Lebensfaden zu finden, der im Laufe der Zeit verloren gegangen ist: *„Was brauchst du konkret, um dir dein emotional wichtigstes Bedürfnis z. B. nach Selbstwertschätzung, Selbstannahme, Verbundenheit ... zu erfüllen?" „Welche weiteren limitierenden Glaubenssätze könnten noch die Erfüllung deines Bedürfnisses verhindern?"* ...

Nach der *Unbewussten Bedürfnisfindungsmethode* erlebe ich die Menschen strahlend und glücklich, weil sie endlich wissen, was sie brauchen. Die Reflexion ist Selbstklärung und -findung zugleich. Durch die Einordnung nach Vorrangigkeit der Bedürfnisse wird den Menschen bewusst, an welcher Stelle ein Mangel ist oder sie erkennen, was sie eigentlich (im tiefsten Sinne) am dringendsten brauchen. In der Praxis zeigt sich, dass wenn Bedürfnisse wie: „Selbstannahme", „Selbstliebe", „Selbstempathie", „Selbstbestimmung", „Selbstmanagement" „Selbstklärung", „Selbstfindung", „Selbstwertschätzung", „Selbsterkenntnis" ... zunächst in den untersten Rängen einsortiert werden, dass diese durch die Reflexionsfragen ziemlich schnell nach oben wandern, es sei denn, die Menschen haben tatsächlich einen hohen Selbstwert und sie brauchen neue Selbstverwirklichungswerte. Viele hadern mit ihren Entscheidungen und spüren doch, dass es die Richtigen sind. Die Aufdeckungsfrage zur unbewussten Bedürfnisfindung lautet dann in der Regel: *„Was brauchst du, um dich zu lieben, um dich selbst zu finden, um dich selbst kennenzulernen, um dich selbst wertzuschätzen ...?"*. Wer einen guten Kontakt zu seinen Bedürfnissen hat, sortiert die Bedürfnisse nach meiner Erfahrung relativ zügig, authentisch und präzise. Manchmal werden kaum Bedürfnisse wie „Liebe", „Wertschätzung" und „Verbundenheit" zu den Bildern assoziiert, weil diese Menschen im Großen und Ganzen ausgeglichen sind. Sie entwickeln Luxuswerte wie z. B. Freiheit, Kontemplation (Hingabe, Ruhe und Muße), Perspektivenwechsel, Soziales Engagement ... Initiierung von sinnstiftenden Projekten ...

3.9.2 Auswertung einer Unbewussten Bedürfnisfindungsmethode

Schritt 1: Romina, 33 J., Lehrerin, hat sich die Matrjoschka (russische Puppe) ausgesucht: *„Sie weckt in mir viele Erinnerungen. Sie ist leer genau so groß, als wenn sie voll ist. Wir sehen nicht, ob sie voll oder leer ist. Wir können nicht sehen, wie viele Kinder sich darin verbergen."*.

Schritt 2: Zur Matrjoschka hat sie neun Bilder und Werte assoziiert (siehe Abb. 22 – Vorderseite).

Schritt 3: Zu ihren Assoziationen identifizierte sie mehrere Bedürfnisse, die zum Teil zu Oberbegriffen zusammengefasst wurden (siehe Abb. 22 – Rückseite).

Schritt 4: Die Bedürfniskärtchen wurden von Romina in eine erste Reihenfolge gebracht:

Erste Reihenfolge	Neue Reihenfolge
1. **Sicherheit**	1. **Selbstwertschätzung**
2. Selbstliebe	2. Selbstliebe
3. Selbstwertschätzung	3. Selbstannahme
4. Selbstannahme	4. Akzeptanz der Gegensätzlichkeit
5. Akzeptanz der Gegensätzlichkeit	5. Offenheit
6. Offenheit	6. Andersartigkeit/Faszination des Fremden
7. Andersartigkeit/Faszination des Fremden	7. Herausforderungen annehmen
8. Lebenskraft	8. Sicherheit
9. Herausforderungen annehmen	9. Lebenskraft

Schritt 5: Nach der Reflexion – *„Ist mir die Sicherheit wirklich so wichtig?"* – sortierte sie ihre Prioritäten neu (siehe obere Tabelle rechte Spalte).

Schritt 6: Überprüfen der Stimmigkeit und Auswertung.

Schritt 7: Das oberste Bedürfnis der neuen Reihenfolge wird hinterfragt: *„Was brauchst du konkret, damit du dir dein wichtigstes Bedürfnis nach Selbstwertschätzung erfüllst?"*. Diese Antwort ist oft die Auf- bzw. die Entdeckung des gesuchten unbewussten Bedürfnisses mit der höchsten emotionalen Bedeutung und fällt bei jedem individuell aus. Romina entwickelte mehrere Selbstverpflichtungen und Handlungsoptionen (siehe Kap. 3.9.3).

Auswertung: Im Reflexionsprozess erkannte Romina, dass in der „Selbstwertschätzung", die von ihr so sehr gewünschte „Sicherheit" integriert ist (Inklusion). *„Wenn ich mich wertschätze, liebe ich mich viel mehr und dann bin ich demzufolge auch sicherer."* Aufgrund ihres reflektierten Denkens legte sie das Kärtchen „Selbstwertschätzung" nach den ersten Reflexionsschritten überzeugt an die erste Stelle. Anfänglich wollte sie sich nicht eingestehen, was für eine große Rolle ihre mangelnde „Selbstwertschätzung" in ihrem Leben spielt. Ihr war, wie sie sagte, „Liebe in der Partnerschaft" sehr wichtig, weil sie ihren mangelnden Selbstwert davon nährte. Es wurde ihr durch die Reflexion bewusst, dass sie sich über die Liebe ihrer Partner bestätigte und definierte, um ihren Selbstwertmangel zu kompensieren. Brachen die Partnerschaften weg, dann war sie auf sich selbst zurückgeworfen und empfand eine große innere Leere.

Assoziierte Bilder/Metaphern	Identifizierte Bedürfnisse
Vorderseite **Matrjoschka Kinder**	**Rückseite** **Wertschätzung** **Achtung der Einfachheit**
Vorderseite **Große Matrjoschka**	**Rückseite** **Sicherheit/Schutz**
Vorderseite **Kontrast**	**Rückseite** **Akzeptanz der Gegensätzlichkeit** **Vollkommenheit**
Vorderseite **Zwiebeltürme**	**Rückseite** **Andersartigkeit** **Faszination des Fremden**
Vorderseite **Das kleinste Matrjoschkakind**	**Rückseite** **Selbstannahme der eigenen Entwicklung**
Vorderseite **Russland**	**Rückseite** **Herausforderungen annehmen**
Vorderseite **Runde, weiche Form**	**Rückseite** **Liebe zu mir und zu allem, was mich umgibt**
Vorderseite **Singen**	**Rückseite** **Offenheit**
Vorderseite **Baum**	**Rückseite** **Lebenskraft/Energie** **Vergänglich und doch nicht vergänglich Beständigkeit (SPIRIT – Lebenssinn)**

Abb. 22 – Die assoziierten Bedürfnisse zu einem Gegenstand

Romina leidet, wie sie berichtete, an starken Verlustängsten. Sie wünsche sich auch, dass das Leben nicht endlich sei, sagte sie. Sie wisse aber kognitiv, dass es keine absolute Sicherheit darüber gebe, ob es nach dem Tod weitergehe oder nicht. Wenn sie aber heute ihrem Leben Sinnhaftigkeit und Bedeutung gebe, weil sie an ein Leben nach dem Tod glaube, dann wisse sie, dass sie mit Sicherheit auch über den Tod hinaus durch diesen Sinn und durch ihre heutige Aufgabe wirken könne. Das Bedürfnis nach „Sicherheit“ sehe sie nun unter einem neuen Aspekt. Sie lege, ähnlich wie ein Baum mit starken Wurzeln, mit ihrer „Lebenskraft“ jetzt ein starkes Fundament an. Dieses Fundament würde ihr ein gutes Sicherheitsgefühl vermitteln. Deshalb könne sie jetzt das Bedürfnis nach „Sicherheit“ an die zweitletzte Stelle mit gutem Gewissen legen. An der letzten Stelle stehe deshalb die Lebenskraft, weil diese ihr nun mehr denn je Sicherheit vermittle. Ihre Lebenskraft impliziere alle ihre Bedürfnisse. Diese Vorstellung gebe ihr wieder Hoffnung und beruhige sie. Sie wisse, wenn sie sich sicher fühle, dann könne sie die Herausforderungen des Lebens auch gut annehmen. Sie schrecke nicht vor Herausforderungen zurück, sagte sie, weil sie wisse, dass sie kreativ sei.

Romina fasziniert das Andersartige. Um auf „das Unbekannte“ zugehen zu können, brauche sie jedoch die Ressource „Offenheit“, die in den herausfordernden Momenten bei ihr nicht immer vorhanden sei. Auf der einen Seite fasziniere sie „das Fremde/Unbekannte“, aber auf der anderen Seite mache es ihr auch Angst, gestand sie sich ein. Mit ihrer neuen Lebenskraft wolle sie diese Angst zukünftig in ihr „halten“ können und offen neue Herausforderungen annehmen. Deshalb liege das Bedürfnis nach „Offenheit“ genau in der Mitte ihrer Bedürfnisreihenfolge. Das fühle sich für sie stimmig und authentisch an. Sie ergänzte weiter: Sie wisse, dass sie ein Mensch sei, der sehr offen sein kann, wenn sie sich wohl und geborgen fühle. Doch sobald sie denke, dass jemand sie bewerte oder ihr gegenüber Vorurteile zeige, verschließe sie sich. Sie würde dann immer leicht unsicher werden, fühle sich nicht ungewollt und ihr Selbstwert leide entsprechend.

Romina ist ein Mensch mit vielen inneren Ambivalenzen. Diese dominierten schon immer ihr Leben. Sie annehmen zu lernen, bedeute für sie, ein weiterer Schritt in Richtung „Herausforderungen annehmen“ zu unternehmen. Wenn sie sich so annehmen könne, wie sie ist, könne sie auch ihre Ambivalenzen mit ihrer neuen inneren Stärke gut „halten“ und von ihr profitieren, sagte sie. Deshalb sei es für sie stimmig, dass das Kärtchen „Selbstannahme“ **vor** der „Akzeptanz der Gegensätzlichkeit“ liege. Annehmen könne sie sich nur, wenn sie sich liebe, und lieben, könne sie sich nur, wenn sie sich wertschätze, sagte sie. Diese immanente Logik war für sie schlüssig und überzeugend. Diese Logik kann von unten nach oben oder von oben nach unten durchgespielt werden. *„Wenn ich mich wertschätze, liebe ich mich, dann kann ich mich annehmen und dann kann ich auch die Gegensätze in mir besser akzeptieren.“ ...*

Jede unbewusste Bedürfnisfindung ist einmalig und anders. Jede Auswertung, selbst bei ähnlichen Werten, fällt aufgrund der unterschiedlichen Erfahrungen und der Bedeutung dieser Erfahrungen **vollkommen verschieden aus**. So viele Menschen es gibt, so viele Bedürfniskonstellationen und Bedeutungen gibt es. Stellen auch Sie sich Ihren Reflexionsfragen und schreiben Sie Ihre eigene Auswertung. Durch das Schreiben wird vieles deutlicher, klarer und bewusster.

3.9.3 Selfcommitments nach der unbewussten Bedürfnisfindung

Während der Übung werden limitierende Glaubenssätze bewusst. Ein erster Schritt besteht darin, die Entscheidung zu treffen, die gefundenen Glaubenssätze verändern zu wollen. In Übereinstimmung mit den Bedürfnissen werden diese dann reframt. Der negativste Glaubenssatz von Romina lautete: *„Mir fehlt eine gute Portion Selbstwertschätzung.“*. Dieser reframte sie zu: *„Ich bin wertvoll!“ „Ich bin wertvoll, auch wenn ich gegensätzlich bin!“ „Ich liebe mich, so wie ich bin“ „Ich nehme mich so an, wie ich bin“ „Ich bin in jeder Situation wertvoll, auch wenn ich Fehler mache!“ „Ich bin wertvoll, auch wenn ich unsicher bin!“ „Herausforderungen anzunehmen, macht mich glücklich!“ „Ich bin offen und frei, wenn ich mich liebe!“ „Ich wertschätze mich und nehme Herausforderungen an!“ „Ich wertschätze mich und ‚halte‘ meine Angst in mir, wenn ich Herausforderungen zu meistern habe!“ ...* Als weiterer Schritt werden konkrete Umsetzungsideen gesucht, damit die Glaubenssätze eine Chance haben, sich synaptisch zu integrieren. Dazu wird das emotional wichtigste Bedürfnis in die Fragestellung mit eingebunden: *„Was brauchst du konkret, um dein Selbstwertgefühl zu steigern?“*. Rominas 8 Ideen waren:

1. Ich entscheide mich, mein Bestes zu tun, um mich in jedem Moment wertvoll zu fühlen.
2. Ich male ein Bild von einer Situation, in der ich mich besonders wertvoll fühlte.

3. Ich werde das Bild einrahmen und in der Wohnung aufhängen. Ich mache daraus noch eine Postkarte und verschenke diese. Ich sage meinen Freunden, was mir diese Postkarte bedeutet. Sie werden sich mit mir freuen und mich in meinem neuen Wert bestärken.
4. Ich ankere mich über die Matrjoschka oder über einen Gegenstand, der mir viel bedeutet. Z. B. bastle ich mir eine Perlenkette. Sie ist dann mein kinästhetischer Anker.
6. Ich sage oft: *„Ich fühle mich so, als ob ich einen schweren Stein im Magen hätte.“*. Ich werfe „symbolisch“ meinen beschrifteten Wutstein, der schon zwei Jahre im Regal steht, einen tiefen Abgrund hinunter. Mit dem Glaubenssatz: *„Es ist leicht, die Schwere in mir zu halten!“* nehme ich das Gefühl der Schwere mit Leichtigkeit an.
7. Ich schreibe mir einen wertvollen Brief.
8. Ich setze einen Gedanken-STOPP ein, sobald negative Gedanken auftauchen.

Der Wertefindungscoach unterbreitet ebenso Vorschläge, wenn er den *blinden Fleck* „sehen“ erkennt. Romina ist sehr sozial und musikalisch. Sie war mit folgenden 13 Ideen einverstanden:

1. Assoziier ein Lied oder eine Melodie zu deinem Gefühl.
2. Geh gedanklich durch deinen Wertschätzungsbasar und entdecke weitere Fähigkeiten von dir. Kreier(e) dir einen wunderschönen inneren Ort über Phantasiereisen, Wertschätzungs-affirmationen ... mit deinen Talenten und Potenzialen.
3. Zähl 25 Dinge auf, die du gut kannst und auf die du stolz bist. Erzähl sie einem Freund. Wenn du dabei ein wertschätzendes Gefühl hast, dann ankere es dir.
4. Schreib deine neuen Glaubenssätze auf. Häng sie so auf, dass du sie jeden Tag sehen, lesen und leben kannst.
5. Entwickle weiterhin neue Glaubenssätze, die dein emotional wichtigstes Bedürfnis erfüllen.
6. Erzähl deiner Angst von deiner neuen Wertschätzung. Erzähl ihr, wie wertvoll du bist und sie wird energetisch kleiner werden.
7. Sei dir bewusst, dass dein Selbstwert niemals von der Bestätigung anderer abhängt. Du selbst erteilst dir deinen Selbstwert. Freu dich jedoch über jede Wertschätzung, die du bekommst, aber mache dich nicht von ihr abhängig. Du bist für dich allein wertvoll.
8. Verzeih dir sofort, wenn du es nicht schaffst, wertschätzend zu dir oder zu anderen zu sein. Es ist o.k.!
9. Schreib wertschätzende Briefe an andere Personen. Wer Wertschätzung sät, bekommt Wertschätzung zurück.
10. Tu dir jeden Tag etwas Gutes.
11. Lächle Menschen, die nicht lächeln, auf der Straße an. Sei freundlich zu ihnen, auch wenn diese es nicht sind. Es wird ihnen gut tun und dir auch.
12. Deklarier das Thema „Wertschätzung“ zu deiner Chefsache!
13. Sag so vielen Menschen wie möglich, dass sie wertvoll sind, so hilfst du mit, dass sich so viele Menschen wie möglich durch dich wertvoller fühlen.

Indem wir auch Verantwortung für die Wertschätzung anderer übernehmen, fühlen wir uns durch diese kooperative und sinnvolle Tat ebenso wertvoller, solange es nicht in ein überzogenes Einfühlungsvermögen Richtung Selbstlosigkeit übergeht. Romina ist heute eine sichere und innerlich erstarkte Frau, die sich im gesunden Maße wertschätzt und den Herausforderungen ihres Lebens nicht mehr aus dem Wege geht. Ihre innere Ambivalenz fühle sie kaum noch, weil sie gelernt hat, diese als zu ihr gehörend anzuerkennen, sagte sie glücklich. Wer seine Gefühle annehmen kann, gibt ihnen keinen Grund mehr, für ihre Daseinsberechtigung zu demonstrieren. Wer seine Bedürfnisse nicht kennt, setzt oft auf das „falsche Pferd". Ich stelle im Folgenden noch zwei Ausschnitte von Beispielen vor, um die Relevanz und die Bedeutung der Methode aufzuzeigen.

Klaus, 47 J., Unternehmer, stellte fest, dass sein Bedürfnis nach „Geborgenheit", das er an letzter Stelle platzierte, eigentlich an der ersten Stelle stehen sollte: *„Sie erzählten mir, dass Sie im Alltag sehr zurückhaltend und eher sachlich orientiert sind. Ist es nicht erstaunlich, dass Ihr aktuell tiefstes Bedürfnis, von dem Sie sich wünschen, dass es erfüllt sei, gerade die Geborgenheit ist?". – „Ja, das ist schon erstaunlich. – War mir so nicht bewusst.",* antwortete er. *„Geborgenheit hat viel mit Verbundenheit und Kontakt zu anderen Menschen zu tun. Sie sagten, dass Sie Ihre Probleme mit sich selbst ausmachen, wenig Kontakt zu andern Menschen haben und dass Sie auch Schwierigkeiten haben, Ihre Gefühle anderen zu zeigen. Ihr Verhalten ist offensichtlich konträr zu Ihrem Bedürfnis nach Geborgenheit.",* formulierte ich bei der gemeinsamen Auswertung. – *„Das erklärt meine Unzufriedenheit!",* stellte er betroffen fest. *„Da Sie nun wissen, wie wichtig Ihnen die Verbundenheit mit anderen Menschen ist, was können Sie konkret ab heute tun, um sich Ihr Bedürfnis nach Verbundenheit zu erfüllen? – Was werden Sie diesbezüglich ab heute anders machen?",* fragte ich ihn. Zuversichtlich antwortete er: *„Ich werde mir Zeit nehmen und meinen einzigen Freund anrufen, um mit ihm darüber zu reden." – „Schön, das ist ein sehr guter Anfang!".*

Simon, 38 J., hatte ein abgeschlossenes sozialwissenschaftliches Studium, aber er arbeitete als Nachtwächter, weil er sich den studierten Job nicht zutraute. Er sagte, er sei ein Messie und ergänzte, dass er es nicht aushalten würde, wenn seine Wohnung leer sei. Schon mehrmals hätten Mitarbeiter des Diakonischen Werks seine Wohnung ausgeräumt. Sobald diese leer war, hätte er sofort wieder nachgefüllt. Er erkannte über diese Methode, dass sein Bedürfnis von höchster emotionaler Wichtigkeit seine **Selbstwertschätzung** ist. Betroffen gestand er sich ein, dass er nicht gut für sich sorge. Das fremdbestimmte Aufräumen der Wohnung sicherte sein Problem mehr, als es zu lösen. Er wollte es sich selbst wert sein, seine eigene Wohnung aufzuräumen. Er erkannte, dass die vielen Dinge, die er in seiner Wohnung hortete, nur sein Gefühl der inneren Leere überbrücken sollte. Er kompensierte seinen mangelnden Selbstwert mit gefundenen und gekauften Produkten, die in ihm eine angenehme Erinnerung (gutes Gefühl) auslösten. Da er einen Job hatte, hatte er genügend Geld, um jeden Tag die besten Schnäppchen zu erwischen. Dinge zu sammeln, war seine erlernte Strategie seiner Bedürfniserfüllung. Er konnte nichts wegwerfen, weil er mit den gesammelten und gekauften Produkten das Angenehme und das Schöne in seinem Leben verbindet. Etwas wegzuwerfen, bedeutete für ihn, genau dieses gute Gefühl, das ihm beim Sammeln und beim Kauf suggeriert wurde, in seinem Leben wegzuwerfen.

Über das *ressourcenbewusste Glaubenssatzänderungsformat*[167] konzipierte er einen für ihn sehr wichtigen neuen Glaubenssatz, der ein sofortiges Wirkungsreframing hinterließ:[168] *„Ich entscheide, was ich loslassen kann!"*. Dieser Glaubenssatz passte, weil er es hasst, wie er sagte, wenn fremde Menschen in seiner Wohnung „herumschnüffelten" und wenn diese für ihn entscheiden, was weggeworfen wird und was bleiben darf. Seine weiteren wertvollen Glaubensätze hörten sich sehr ordentlich an: *„Ich bin es wert, dass ich für mich aufräume." „Ich sorge für mich." „Ich spüre, was ich brauche und tue mir Gutes."* ... Simon lächelte zum ersten Mal im Coaching. Noch am selben Tag zu Hause angekommen, mistete er, wie er mir berichtete, Tüten aus dem Jahr 2009 aus, die er einfach nur abgestellt, aber nie ausgepackt hatte. Er hätte sogar ein Teil der Küche aufgeräumt, um sich wieder den Zugang zum Herd zu verschaffen. Durch weitere Coachings traf er mit seinem *inneren Team*[169] Vereinbarungen, wie die innere Stimme in ihm, die ihm keinen Selbstwert zugesteht, zulassen kann, dass er seine Wohnung aufräumt und wie er seinen inneren Sammler etwas „zügelt", damit dieser nicht weiterhin wertlose Dinge hortet. Er entwickelte viele kreative Umsetzungsideen, die ich an dieser Stelle nicht weiter ausführe.

„Ich bin es mir wert, meine Wohnung jeden Tag aufzuräumen.", sagte er von sich selbst überzeugt am Ende des Coachings. Mit steigender Selbstwertschätzung wurde seine Wohnung mit der Zeit wieder wohnlicher. Sein größter Traum sei, erzählte er mir weiter, wieder Menschen in seine Wohnung einladen zu können. Seit Jahren sei niemand mehr in seiner Wohnung gewesen, weil er sich dafür schäme. Der Impuls meinerseits war, ihm Kontakte zu anderen Menschen zu vermitteln. Schließlich ist ein Messie mit Kontakt zur Außenwelt kein Messie mehr.

Kurzer Ausschnitt von Resonanzen: Wie ich schon berichtete, biete ich diese Übung in Fortbildungen auch als Gruppenübung an. Ich habe noch nie erlebt, dass jemand von dieser Übung nicht begeistert und „infiziert" war. Die Menschen sind berührt, weil sie sich selbst erkennen: *„Das bin ich und so will ich sein!"*. Simone, 35. J., Biologin, sagte: *„Wenn ich mich bei meinen Bedürfnissen so auskennen würde, wie bei den Zellen meiner Pflanzen, die ich untersuche, dann wäre ich wohl ein rundum glücklicher Mensch. Danke für diese wunderbare Erfahrung."*. Ihr emotional wichtigstes Bedürfnis war, Ihre Authentizität endlich zu leben und sich selbst besser kennenzulernen. Marina, 41. J., Verwaltungsfachangestellte, feierte nach diesem Format ihr Gefühl mit dem Satz: *„Ich bin die Frau meines Lebens!"*.[170] Ihr emotional wichtigstes Bedürfnis war, sich endlich zu erlauben *„Feuer und Flamme"* zu sein. Es ist von großem Vorteil, wenn das aktuelle Bedürfnis von höchster emotionaler Wichtigkeit eines Menschen, das unbewusst war, plötzlich bewusst wird. *„Endlich gestehe ich es mir ein, die Frau meines Lebens zu sein!"*, sagte Marina nach der Durchführung. Ihr unbewusstes Bedürfnis war genau dieses: **Sich-Eingestehen**. In einem späteren Gespräch sagte sie: Seit sie sich selbst mehr und mehr erlaube, im Mittelpunkt zu stehen, könne sie auch die anderen, wenn diese sich in den Mittelpunkt drängen, besser „stehen" lassen. Als wir uns kennen-

---

167 Siehe Kap. 3.8
168 Der Glaubenssatz wird sofort gefühlt.
169 Vgl. Schulz von Thun 2004, S. 117 ff. Das innere Team sind die inneren Stimmen in uns, die uns nach außen wie nach innen stark beeinflussen
170 Aus einem Lied der Sängerin Maite Kelly

lernten, hatten Marinas blaue Augen wenig Glanz. Nach dem vierten Seminartag, wurde sie endlich von den anderen TeilnehmerInnen ausgewählt, diese Methode durchzuführen, weil sie ein antrainiertes Bescheidenheitsmuster hatte und oft etwas hinten anstand. Ihr großes Thema war: Stärker für ihre Bedürfnisse zu sorgen. Sie überraschte am Ende alle TeilnehmerInnen mit strahlenden azurblauen Augen. Die Dämmerung war wie weggewischt. *„Es ist so, als ob die Sonne in ihr aufgegangen wäre.“*, sagte eine Teilnehmerin. Es war für mich ebenso ein schönes Gefühl, sie so glücklich zu sehen. Empathie ist Selbstempathie pur!

3.10 Die Praktische Inklusive Kommunikation – Konkrete Selbstklärungs- und Hilfsfragen

Für die folgenden Übungen ist das Theoriebuch (Kap. 4) relevant und wird hierfür vorausgesetzt. Grundlage ist das *Acht-Räume-Modell der Inklusiven Kommunikation: Die Autonomieleiter.*

Raum 1: Situation
Raum 2: Inklusion
Raum 3: Reframing
Raum 4: Gefühle
Raum 5: Bedürfnisse
Raum 6: Selfcommitments
Raum 7: Erkenntnisse
Raum 8: Ziele

Konkrete Selbstklärungs- und Hilfsfragen unter Berücksichtigung des Metamodells der Sprache:

Raum 1: *„Was sehe, höre, rieche, erlebe ich?“ „Was nehme ich wahr?“ „Was ist die Wahrheit der Situation? ...“*

Raum 2: *„Was verurteile ich bei mir und bei anderen?“ „Über was schimpfe ich?“ „Wie schimpfe ich?“ „Wie ist mein innerer Dialog und wie sind meine inneren Bilder, wenn ich schimpfe?“ „Welche Bilder oder Filme habe ich im Kopf?“ „Was sage ich zu mir selbst?“ „Höre ich bewusst hin, was ich mir sage?“ „Was sage ich im inneren Dialog über die anderen?“ „Was brodelt in mir?“ „Was nervt mich?“ „Was regt mich auf?“ „Was macht mich wütend?“ „Was stört mich an mir und an den anderen?“ „Was regt sich dabei in mir?“ „Was wird mir dadurch bewusst, was ich mir nicht erlaube?“ „Welche Erwartungen habe ich?“ „Wie reagieren meine inneren Anteile (Perfektionist, Beschwichtiger, Saboteure, Verdränger, Kritiker ...)?“ „Was verdränge ich?“ „Was unterdrücke ich?“ „Wovor habe ich eigentlich Angst?“ „Welche negativen Reaktionsmuster sind mir dabei aufgefallen?“ „Welchen Schmerz fühle ich hinter meinen Mustern?“ „Welche Glaubenssätze dominieren diese Muster?“ ...*

Raum 3: *„Wie kann ich die Situation umdeuten?“ „Wie kann ich das Erlebte in einen neuen Rahmen setzen?“ „Wie kann ich die Botschaft meiner Sprache verändern?“ „Wie kann ich diesen inneren Dialog reframen?“ „Was brauchen meine inneren mir schon bewussten Anteile, um anders zu reagieren?“ „Wie könnte die Wahrheit der Situation noch gewesen sein?“ „Wie und was habe ich interpretiert?“ „Welche Möglichkeiten der Interpretation gibt es noch?“ „Welche neuen Perspektiven könnten sich durch die neue Interpretation entwickeln?“ „Wie würde jemand ohne die Verurteilung über mich oder über den Konfliktpartner denken?“ „Wie wäre ich in der Situation ohne die Angst (Byron Katie) und ohne meine üblichen Überzeugungen und Reaktionsmuster. Z. B.: Wie wäre ich ohne Neid oder ohne Hass?“ „Wie wäre ich ohne meinen Schmerz?“ „Wenn ich mich dissoziiert (außerhalb) sehe, was fällt mir da noch auf?“ ...*

Hinweis zu Raum 3: Die Struktur der automatisch ablaufenden Gedankenbilder kann über die Submodalitäten verändert (reframt) werden. Es wird an der Gedankenstruktur (wie es im Gehirn abgelegt wurde) etwas „gedreht". Raum 3 ist der kreative Knackpunkt der *Inklusiven Kommunikation*. Gelingt das Reframing in diesem Raum nicht, werden die Konfliktparteien sich nicht einigen können. Lassen Sie in diesem Raum Gedankenstretching zu! Durch ein neues Denken kommen Sie automatisch in ein neues Gefühl.

Raum 4: *„Was fühle ich?" „Was empfinde ich?" „Was spüre ich?" „**Wo** lokalisiere ich das Gefühl?" „Wie ist die Körperantwort?" „Wo brennt es in mir?" „Wo zwickt, drückt, friert, hemmt es mich? „Schnürt es mir vielleicht die Kehle zu?" „Fühle ich ‚Steine' im Magen oder zieht es mir den Magen zusammen?" „Habe ich weiche Knie oder einen trockenen Mund ...?" „Wie stimmig ist das Gefühl in mir in Bezug zur Situation?" „Wie fühlst du dich wirklich, wenn du dich ‚angegriffen, missverstanden, ignoriert, ausgeschlossen, vernachlässigt, nicht beachtet ... fühlst'?" „Was ist das reine Herzensgefühl jenseits von Interpretations- und Bewertungsgefühlen?" ...*

Raum 5: *„Was brauche ich konkret?" „Was ist mir wichtig?" „Was ist mir im Moment von größter Bedeutung?" „Was brauche ich, um die Situation noch einmal anzusprechen?" „Welche Bedürfnisse sind frustriert?" „Was ist meine Vision?" „Wie möchte ich gerne sein?" „Wenn ich weiß, dass ich z. B. mehr Mut, Selbstvertrauen, Selbstberuhigungskompetenz, Reframingsfähigkeit, Selbstanerkennung, Selbstwertschätzung, Sicherheit, Autonomie, Verlässlichkeit ... brauche, was brauche ich dann, damit ich mir diese Bedürfnisse verwirkliche oder sie von anderen erfüllt bekomme?" ...*

Raum 6: *„Wie kann ich mich selbst verpflichten, das was ich brauche, zu tun?" „Was möchte ich konkret?" „Wie eindeutig und stimmig ist meine Aussage?" „Was ist meine Erwartung/Bitte an mich?" „Was ist meine konkrete Handlungsoption?" „Wie lautet der stimmige Appell an mich?" „Was möchte ich auf keinen Fall mehr?" „Wie genau kann ich es verhindern?" ...*

Raum 7: *„Welche Erkenntnisse hatte ich?" „Was feiere ich?" „Was bedaure ich?" „Was genau möchte ich würdigen?" „Wie kann ich mein Bedauern am besten würdigen?" „Wie kann ich diese Erkenntnisse und die neue Verbindung zu mir am besten feiern?" „Wie kann ich die Verbindung zum anderen feiern?" „Was kann ich diesbezüglich konkret tun?" ...*

Raum 8: *„Was ist mein Ziel in Bezug auf mich und auf die zukünftige Verbindung mit dem anderen?" „Wie will ich mich in Konflikten zukünftig verhalten?" „Was ist mein Ziel in zwei Wochen, zwei Jahren, fünf Jahren ...?" „Was ist das Ziel hinter meinem Ziel?" ...*

Überlegen Sie sich einen Konflikt und gehen Sie die Autonomieleiter zunächst im **Selbstregulationsprozess** mit den oberen Selbstklärungs- und Hilfsfragen durch:

Situation:

Inklusion:

Reframing:

Interpretationsgefühle:	Stimmig-authentische Gefühle:

Strategien/Reaktionsmuster:	Bedürfnisse unerfüllt:	Bedürfnisse erfüllt:

Selfcommitments an mich:	Selfcommitments an andere:

Erkenntnisse:

Zielvereinbarungen in Bezug auf mich:	Zielvereinbarungen in Bezug auf andere:

Gehen Sie die Räume nun noch einmal im **Fremdregulationsprozess** durch und setzen Sie bei den Hilfsfragen anstatt „Ich" das „Du" ein: Beispiel zu Raum 1: *„Was könnte der Konfliktpartner gesehen, gehört, gerochen, erlebt haben?" „Was nimmt er wahr?" „Was könnte seine Wahrheit der Situation sein?"* ... Beispiel zu Raum 2: *„Was könnte der andere verurteilen?" „Was könnte er sich vielleicht nicht erlauben?"* ... Schreiben Sie am Ende auf ein Blatt Papier auf, was sich durch den doppelten Einfühlungsprozess bei Ihnen verändert hat? Was waren Ihre Erkenntnisse?

Nach dem Aufschrieb: Wie würden Sie den äußeren Verbindungsdialog nun konzipieren? Notieren Sie den äußeren Verbindungsdialog auf ein Blatt Papier, bevor Sie in das Konfliktgespräch gehen. Sie gewinnen dadurch mehr Klarheit und Sicherheit. Verzichten Sie dabei auf Vorwürfe und Interpretationen (Raum 2: Inklusionsprozess). Achten Sie noch auf die Kernkompetenzen des inklusiven Verbindungsdialogs,[171] damit Ihre Chance steigt, dass der Konflikt im Einvernehmen gut gelöst werden kann.

3.11 Die Praktische Inklusive Kommunikation – Selbstklärung eines Konfliktes

Wie das folgende Beispiel zeigt, sind das Durchschauen von Mustern (Inklusion) und das anschließende Reframing von Glaubenssätzen für ein glückliches Leben entscheidend. Sophia, 33 J., sagte: *„Ich will so gerne eine wertschätzende Haltung haben, aber ich schaffe es nicht!"*. Ihr penetranter innerer Dialog hatte folgende Botschaft: *„Ich schaffe es nicht!"*. Dieser Satz war ihre Strategie, um bei ihren alten Mustern bleiben zu können (Wegschauen, Nicht-Handeln, Träumen, Verdrängen ...), weil diese sich für den Moment bequemer als die noch ungeübten Reaktionsmuster anfühlten. Positive Reaktionsmuster werden anfänglich als unbequem empfunden, **weil sie ungewohnt sind.** Trotz Wegschauen ging es aber Sophia nicht gut, weil sie den inneren Drang verspürte, endlich ins Handeln kommen zu wollen. Ihr passendes Reframing im Coaching lautete deshalb: *„Die bequeme*

[171] Siehe Friesinger 2012, Kap. 4.1.5.9

Dame in mir bekommt ein Springseil und Sophia als ‚liebevolle Erwachsene' sagt in diesen bequemen Momenten zu ihrem ‚inneren Kind': ‚Komm wir handeln! – Nur Handeln heißt Veränderung.'". Als sie endlich wusste, welche Botschaft ihre „Bequemlichkeitstante" brauchte, veränderte sich schlagartig ihr Leben. Eine neue Ressource war geboren: *„Ich habe die Fähigkeit, zu handeln"*. Der Glaubenssatz dazu lautete: *„Ich schaue hin. – Ich handle."*. Ihre Erkenntnis war: *„Ich habe schon so viel über die Macht der Gedanken gelesen, aber ich wusste nicht, dass mein Glück so stark von ihnen abhängt."*. Jeder negative innere Dialog verhindert Glück. Jeder Gedanke ist veränderbar. Umso mehr Ressourcen wir haben, desto leichter und freier gestaltet sich das Leben. Die nun folgende Übung wird Ihnen ein Bewusstsein vermitteln, an welcher Stelle Ihre Reaktionsmuster mit den dahinterliegenden Glaubenssätzen verankert sein könnten. Dabei geht es **ausschließlich** um den Selbsteinfühlungsprozess. Suchen Sie sich einen Konflikt aus, der noch unbearbeitet ist. Fragen Sie sich: *„Welches Erlebnis hat in mir das letzte Mal großen Ärger ausgelöst?"*. Sie brauchen für diese Übung acht Blätter.

Blatt 1: Situation – Machen Sie sich das Erlebnis über *VAKOG* noch einmal bewusst. Mit wem genau haben Sie den Konflikt? Ist es ein innerpsychischer Konflikt? Oder ist es ein Konflikt mit einer oder mehreren Personen? Schreiben Sie sich die Situation auf ein erstes Blatt Papier auf.

Blatt 2: Inklusion – Spüren Sie noch einmal Ihren Ärger und inszenieren Sie einen innere Schimpforgie. Hören Sie genau hin, was Sie zu sich selbst sagen! Werden Sie sich Ihres inneren Dialoges bewusst, indem Sie heute genauer auf die Botschaft Ihrer ausgrenzenden Sprache achten. Hören Sie genauer hin als sonst. Achten Sie auf alle auftauchende und ausgrenzende innere Bilder, Filme, Mono- und Dialoge. Sprechen Sie **laut** Ihren inneren Monolog nach, wenn Sie über sich selbst und über andere schimpfen. Dadurch können Sie Ihre Glaubenssätze laut **hören**. Was glauben Sie über sich, wenn Sie zu sich selbst ausgrenzende Sätze sagen? Was glauben Sie über Ihren Konfliktpartner? Wie reagieren Sie (Reaktionsmuster)? Wie fühlen Sie sich dabei? Schimpfen Sie so lange über sich selbst oder über Ihre Konfliktpartner, bis Ihnen die „Luft" ausgeht. Geben Sie aber nicht so schnell auf. Oft dauert es einen Moment, bis einem dies oder jenes doch noch einfällt. Spornen Sie sich selbst an: *„Da ist doch noch mehr!"*. Überlegen Sie dann, welche Glaubenssätze und Reaktionsmuster Ihnen durch den erlaubten Schimpfprozess aufgefallen sind. Schreiben Sie Ihre „Inklusion mit Identifizierung der Glaubenssätze und der Reaktionsmuster" auf das zweite Blatt Papier.

Blatt 3: Reframing – Die entdeckten negativen Glaubenssätze werden über ein wohlwollenderes Denken relativiert. Dadurch entstehen angenehmere Gefühle. Welche inneren Bilder/Filme/Mono- und Dialoge verursachten Ihren Ärger und wie könnten Sie diese reframen, damit Sie sich weniger ärgern? Wie können Sie Ihre inneren ausgrenzenden Sätze reframen, damit Sie die Situation aus einem anderen Blickwinkel betrachten können? Vielleicht hört sich Ihre innere Botschaft so an: *„Ich schaffe das nicht! – Das ist mir zu schwer! – Ich bin zu blöd dazu! …"*? Wie könnten Sie diese Glaubenssätze reframen? Wie könnten Sie Ihre negativen Reaktionsmuster (in diesem Fall: Aufgabe- und Selbstverurteilungsmuster …) modifizieren, damit daraus lebensbejahende Reaktionsmuster entstehen? Welche Hinhaltestrategien konnten Sie bei sich entlarven? Welches positive Reaktionsmuster wünschen Sie sich und welche Gedanken könnten bei der Verwirklichung unterstützend wirken? Wie wären Sie ohne Ihre negativen Reaktionsmuster? Wie wären Sie mit positiven Reaktionsmustern? ... Schreiben Sie Ihre Reframingsgedanken auf ein drittes Blatt Papier auf.

Blatt 4: Gefühle – Was fühlen Sie, wenn Sie Ihren limitierenden Glaubenssätzen weiterhin Glauben schenken? Was sind Ihre Interpretationsgefühle? Was wäre anders, wenn Sie Ihren reframten Glaubenssätzen eine Chance geben würden? Was sind Ihre natürlichen Gefühle? Schreiben Sie Ihre stimmig-authentischen Gefühle zu Ihren **alten** Glaubenssätzen und Ihre stimmig-authentischen Gefühle zu Ihren **neuen** Glaubenssätzen auf ein viertes Blatt Papier in zwei Spalten auf. Fühlen Sie den großen Unterschied! Es gibt ihn. Falls nicht, dann wurden die Glaubenssätze nicht optimal reframt. Denken Sie nach, wie Sie Ihre Glaubenssätze ausformulieren können, damit Sie den Unterschied spüren.

Blatt 5: Bedürfnisse – Welche Bedürfnisse waren durch Ihre alten Glaubenssätze frustriert? Welcher „komischen" Strategien haben Sie sich bedient, um sich Ihre Bedürfnisse zu erfüllen? Wie könnten Ihre neuen Strategien mit den neuen Glaubenssätzen aussehen? – Welche Ressourcen benötigen Sie für Ihr erwünschtes Reaktionsmuster? Welche Bedürfnisse wären durch Ihre neuen Glaubenssätze erfüllt? Schreiben Sie Ihre Strategiewahl sowie die unerfüllten und erfüllten Bedürfnisse auf ein fünftes Blatt Papier in drei Spalten auf.

Blatt 6: Selfcommitments – Was brauchen Sie konkret, um Ihre neuen Glaubenssätze umzusetzen? Was möchten Sie hierfür konkret tun? Was möchten Sie dem anderen wertschätzend, aber ehrlich sagen? Wie genau möchten Sie es sagen? Was brauchen Sie noch an Ressourcen, damit Sie es ihm mit ruhigem Herzen sagen können? Welche weiteren Glaubenssätze wären dabei hilfreich? Was würden Sie noch benötigen, damit Sie zukünftig auf positive Reaktionsmuster zurückgreifen können? Formulieren und notieren Sie diese in ein Selbstwertschätzungsbuch.[172] Schreiben Sie Ihre „Selfcommitments an mich" und Ihre „Selfcommitments an andere" auf ein sechstes Blatt Papier in zwei Spalten auf.

Blatt 7: Erkenntnisse – Neue Glaubenssätze und Erkenntnisse brauchen ebenso einen Würdigungsprozess und stetige Wiederholung, damit sie gelebt werden können. Entwickeln Sie Ideen, um Ihre einschränkenden Glaubenssätze würdigend loszulassen. Wie wollen Sie die gewonnenen Erkenntnisse feiern? Was wollen Sie konkret tun, um sie nicht mehr zu vergessen? Was brauchen Sie konkret dafür? Brauchen Sie vielleicht einen „inneren Wecker", der Sie an Ihre neuen Erkenntnisse und Entscheidungen erinnert? Wie genau soll der „innere Wecker" aussehen? Entwickeln Sie erste Ideen, die zu Ihnen passen könnten. Spezialisieren Sie Ihre Ideen, so dass diese mit der Zeit immer effektiver werden. Klären Sie auch, wie Sie Ihr neues Verbindungsgefühl zu Ihnen und zu Ihrem Konfliktpartnern emotional würdigen wollen. Notieren Sie Ihre Erkenntnisse auf ein siebtes Blatt Papier und überlegen Sie, wem Sie diese mitteilen wollen. Damit verstärken und fixieren Sie Ihre positiven Glaubenssätze. Sie nehmen sich durch diese bewusste Mitteilung zusätzlich noch stärker in die Pflicht (Selfcommitment). Sie stärken dabei zusätzlich Ihre Selbstdisziplin, das zu mehr Selbstwert und -zufriedenheit führen kann, besonders wenn die Ausführungsdisziplin durch

[172] Siehe Kap. 5.11

ähnliche klingende Glaubenssätze wie diese: *„Ich gebe immer gleich auf! – Ich habe keinen Elan, etwas durchzuziehen!"* ... bisher stark in Mitleidenschaft gezogen war.

Blatt 8: Ziele – Was für ein Ziel haben Sie im Umgang mit sich selbst und mit anderen in Bezug auf Ihre neuen Glaubenssätze und Reaktionsmuster? Wie und wann genau wollen Sie zum ersten Mal Ihre Komfortzone verlassen und etwas Neues ausprobieren? Schreiben Sie Ihre „Zielvereinbarungen in Bezug auf mich" und Ihre „Zielvereinbarungen in Bezug auf andere" auf das achte Blatt Papier in zwei Spalten auf. Selbst wenn es nach viel klingt. Die Mühe lohnt sich. Sie werden darin von Tag zu Tag immer besser und irgendwann wirken Ihre neuen Glaubenssätze unbewusst. Das ist ein geniales Gefühl, besonders wenn es sich zuvor konträr angefühlt hat.

3.12 Die Praktische Inklusive Kommunikation mit Glaubenssatzreflexion

Dies ist ein konstruiertes Beispiel. Sie stehen in der Warteschlange an der Wursttheke. Sie haben sich, ohne es zu merken, **vor** einen Mann gestellt, der etwas abseits zur Wursttheke stand. Dieser Mann „fühlt" sich übergangen und sagt unüberhörbar laut zu einem anderen Wartenden: *„Scheint wohl jemand blind zu sein!"*. Sie haben nun die Rolle des „versehentlichen Dränglers", der indirekt angegriffen wurde. Wie reagieren Sie? Überlegen Sie Ihre denkbaren Reaktionen und lesen Sie dazu parallel die möglichen Auflösungen.

Schritt 1: Situation – Stellen Sie sich die Konfliktsituation über *VAKOG* vor. Was haben Sie gedacht, gesehen, gehört, gefühlt? Was haben Sie gerochen und evtl. sogar geschmeckt? ...

Schritt 2: Inklusion – Notieren Sie drei bis fünf Reaktionen und Vorwürfe, die sich in Ihrem Kopfkino abspielten. Waren die Vorwürfe eher nach innen oder nach außen gerichtet? Was verurteilen Sie dabei an sich selbst? Was verurteilen Sie am Angreifer? Je nach Reaktionsmusterverstrickung hat jeder andere Reaktionen und Vorwürfe im Kopf. Es kann sein, dass Sie sich selbst keinen Vorwurf machen und nur den Angreifer innerlich verurteilen. Es könnte aber auch sein, dass Sie den Angreifer überhaupt nicht verurteilen (schließlich hat er Recht, könnten Sie denken), sondern nur sich selbst Vorwürfe machen: *„Bin ich doch wieder mal blind wie ein Huhn!"*. Im Folgenden stelle ich mögliche Auflösungen vor. Die **Vorwurfsgedanken an den Angreifer** könnten sich wie folgt anhören: *‚So eine Frechheit!' ‚Wer ‚blind' sagt, ist selbst blind!' ‚Unverschämtheit!' ‚Der wird gleich was erleben! – Der Idiot!' ‚Was bildet der sich ein, mich für ‚blind' zu halten? –Die Arroganz pur! Er kennt mich gar nicht!'* ... Die **Vorwurfsgedanken an sich selbst** könnten wie folgt ausfallen: *‚Stimmt, ich bin tatsächlich ‚blind' heute! Nie kann ich aufpassen!' ‚Ich bekomme es wieder mal nicht hin, Rücksicht auf andere zu nehmen.' ‚Der hat vollkommen Recht, ich muss aufpassen!' ‚Ich werde mich gleich entschuldigen, weil ich niemanden verärgern möchte!' ‚Ich sage ihm, er soll mir nicht böse sein, dass ich so dumm war, ihn zu übersehen!'* ...

Schritt 3: Reframing – Wie würde Ihr Reframing ausfallen? Schreiben Sie Ihre Reframingsgedanken über die Vorwürfe an den Angreifer und über die Vorwürfe an sich selbst auf.

1. **Reframing – „Vorwurfsgedanken an den Angreifer"**: *„Na ja, der Herr hat wohl einen schlechten Tag. Vielleicht hat er es eilig und ist deshalb so ungehalten? Wenn ich ihn genauer betrachte, sieht er doch nicht ganz wie ein Idiot aus. Er scheint auch nette Züge zu haben. Vielleicht bin*

ich heute etwas feinfühliger als sonst? Normalerweise bleibe ich ja bei solchen Reaktionen ziemlich gelassen." ...

2. **Reframing – „Vorwurfsgedanken an sich selbst"**: *„Nur weil ich gerade nicht aufgepasst habe, bin ich noch lange nicht schuld. Ich nehme meistens Rücksicht auf andere und Fehler macht jeder. Ich bedauere, dass ich ihn übersehen habe, aber es war nicht meine Absicht, ihn zu verärgern. Wenn er sich ärgert, dann ist das sein Problem. Er könnte es ja anders sagen. Ich muss mich niemandem unterwerfen, nur weil mir eine kleine Unachtsamkeit passiert ist." ...*

Reframing auf der Strukturebene der Gedanken: Spielen Sie die Rolle des „versehentlichen Dränglers" und reframen Sie den Angriff auf der Strukturebene der Gedanken. Lesen Sie bei Interesse zur Vertiefung noch Kap. 5.6. Auf der Strukturebene zu reframen, bedeutet, sich innerlich zu dissoziieren: D. h. nicht im Geschehen zu sein, sondern das Geschehen von außen zu beobachten. Beobachten Sie sich dissoziiert, wie Sie an der Wursttheke in der Reihe stehen und was Ihr Angreifer dabei sagt und tut? Wie erleben Sie sich? Wie verändert sich das Gefühl, wenn Sie dissoziiert sind? Stellen Sie sich dabei den Mann ohne Ton vor oder kleben Sie ihm gedanklich ein Pflaster mit Herzchen auf den Mund, weil er so freche Sachen zu Ihnen sagte. Wie fühlen Sie sich mit dieser Vorstellung? Müssen Sie dabei schon innerlich schmunzeln? Durch diese humorvolle Vorstellung werden Sie seine Stimme innerlich nicht mehr hören können. Sie hat in Ihnen kaum noch Resonanz. Sie könnten ihn noch zusätzlich, samt Pflaster auf dem Mund, gedanklich in einen Zug setzen und zu einem Ort Ihrer Wahl transportieren lassen, damit er dort seine schlechte Laune ausleben kann. Während er dort gut aufgehoben ist, denken Sie in Ruhe über Ihr gerade aktiviertes Reaktionsmuster (Strategie) mit den dazu verankerten Glaubenssätzen nach. Diese Reframingsshow im Kopf ist sehr gesund. Ungesund wäre, sich innerlich fertigzumachen oder in Angriff zu gehen. Gedanken tun nicht weh, wenn wir sie im Griff haben. Holen Sie ihn erst dann gedanklich wieder zurück, wenn Sie sich über Ihre Gefühle und über Ihre unerfüllten Bedürfnisse wieder im Klaren sind. Da Sie in dieser Situation viele frustrierte Bedürfnisse haben, die Sie noch genauer klären müssen, holen Sie bei der Rückführung in Ihrem inneren Film Ihren Angreifer aber nicht allzu nah zu sich heran. Drehen Sie das innere Bild über die Präsenz Ihres Angreifers sehr unscharf, so dass Sie ihn kaum noch erkennen können. Sollte Ihr inneres Vorstellungsbild bunt sein, dann switchen Sie es in Schwarz-Weiß um. In Graustufen fühlt es sich in der Regel entspannter an. Zoomen Sie das Bild auf Brieftaschengröße oder zoomen Sie es so klein, dass Sie Ihren Angreifer gerade noch erkennen. Zoomen Sie ihn so klein, dass er seine ganze Macht verliert. In Klein erscheint er Ihnen nun viel lustiger. Vielleicht müssen Sie sogar bei der Vorstellung lächeln? Ihr inneres Bild ist nun schließlich sehr unscharf, verzerrt, klein und mit Herzpflaster auf dem Mund. Falls Sie immer noch aufgebracht sind, dann schieben Sie bewusst eine dicke Glasscheibe zwischen Ihren automatisch ablaufenden inneren Bildern. Sie verändern dadurch die Bild- und Gedankensequenzen Ihres inneren Films. Das Gefühl wird sich verändern, weil Sie entscheiden, dass Sie Ihren Angreifer ab jetzt nur noch durch diese Glasscheibe verzerrt wahrnehmen können. Zudem hat er noch immer das Herzpflaster auf dem Mund. Dieses ziehen Sie ihm erst ab, wenn er soweit ist, dass er Ihr Anliegen verstehen möchte. Später können Sie ihm immer noch erzählen, was Sie mit ihm gedanklich „fabriziert" haben. Vielleicht findet er diese Methode ebenso witzig und hilfreich, wer weiß? Wie ist Ihr Gefühl jetzt? Könnten Sie Ihrem Angreifer jetzt mit einem gefassteren Gefühl als vorhin begegnen?

Vielleicht lächeln Sie ihn sogar an, weil die Vorstellung, dass er z. B. mit einem schaukelnden Zug gerade in Timbuktu war und jetzt hinter einer milchigen Glasscheibe etwas verzerrt mit einem Herzpflaster auf dem Mund vor Ihnen steht, Sie durchaus amüsiert? Lassen Sie bei Angriffen Ihre Phantasie spielen. Jedoch ist es dabei wichtig, dass Sie Ihre eigenen Werte nicht verletzen. Humorvolle Sequenzen, die niemandem wehtun, sind nach meinem Werteempfinden erlaubt. Sie dienen als Notfallprogramm und Schutzmechanismus, um sich nicht selbst innerlich fertig zu machen. Wer sich weniger wertschätzende Dinge vorstellt, füttert damit sein Unbewusstes. Reframen Sie nichts, was Ihnen selbst schaden würde, sondern nur, was Ihnen hilft. Humor hilft immer. Glück ist, wenn man trotzdem lacht. Nehmen Sie das Leben nicht zu ernst. Dies ist mein Reframingsgedanke Nr. 1.

Schritt 4 und 5: Gefühle und Bedürfnisse – Die Schritte 4 und 5 fasse ich bei dieser Reflexion zusammen, weil die Gefühle die Indikatoren sind, zu dem was wir wirklich brauchen. Die Gefühle werden im Schritt 3 nicht unterdrückt, aber sie sind durch das Reframing nicht mehr so emotional. Die natürlichen Gefühle haben eine andere Qualität als die Interpretationsgefühle. Die Frage ist hier: *„Was fühle ich wirklich nach dieser Aussage? – Was ist mein eigentliches Gefühl? – Was ist das reine natürliche Herzensgefühl?“ „Welche Bedürfnisse sind unerfüllt, weil ich dieses Gefühl fühle?“* ... Identifizieren Sie in der Rolle des „versehentlichen Dränglers“ Ihre natürlichen Gefühle und die frustrierten Bedürfnisse. Beispielhaft zähle ich die unerfüllten Bedürfnisse mit den möglichen Gefühlen und Emotionen auf. Bei jedem Menschen sind, je nach Glaubenssatzsystem, schwerpunktmäßig andere Bedürfnisse frustriert, weil bei jedem andere Gefühle und Emotionen ausgelöst werden.

1. Gefühl: Traurigkeit	= unerfülltes Bedürfnis nach Gerechtigkeit
2. Gefühl: Traurigkeit	= unerfülltes Bedürfnis nach Berichtigung/Wiedergutmachung
3. Gefühl: Schmerz	= unerfülltes Bedürfnis nach Rücksicht
4. Gefühl: Hilflosigkeit	= unerfülltes Bedürfnis nach direkter Ansprache
5. Gefühl: Traurigkeit	= unerfülltes Bedürfnis nach Respekt
6. Gefühl: Enttäuschung	= unerfülltes Bedürfnis nach Wertschätzung
7. Gefühl: Schmerz/Ohnmacht	= unerfülltes Bedürfnis nach Annahme
8. Gefühl: Überraschung	= unerfülltes Bedürfnis passende Ressourcen und innere Stärke

Alle Gefühle, die auftauchen, dürfen sein. Sie werden nicht verurteilt, sondern angenommen. Überlegen Sie nun, welche positiven und negativen Glaubenssätze Ihre Gefühle bestimmen? Identifizieren Sie Ihre Glaubenssätze. Welche Glaubenssätze veranlassen Sie, zu denken, dass ein bestimmtes Bedürfnis erfüllt und ein anderes frustriert ist? Wo entdecken Sie eine negative Strategie der Bedürfniserfüllung? Welche Gefühle sind für Ihr inneres Gleichgewicht sinnvoll und welche nicht? Schreiben Sie Ihre positiven und die negativen Glaubensätze auf. Die Aussagen zu den Gefühlen und Bedürfnissen könnten wie folgt ausfallen:

1. *„Ich bin traurig, weil ich zu Unrecht von dem Mann an der Wursttheke verurteilt wurde. Ich habe ihn nicht bemerkt. Es war nicht meine Absicht, ihn zu übersehen.“*
2. *„Ich bin auch traurig, weil ich, von dem Mann indirekt beschimpft wurde!“*

3. *„Die Aussage hat mich verletzt, weil ich eigentlich nicht rücksichtslos bin und in der Situation auch nicht rücksichtslos sein wollte."*
4. *„Ich fühle mich hilflos, weil ich in Konfliktsituationen direkt angesprochen werden möchte."*
5. *„Ich bin traurig, weil ich nicht respektiert wurde."*
6. *„Ich bin enttäuscht, weil ich als Person nicht wertgeschätzt wurde."*
7. *„Ich fühle mich ohnmächtig und verletzt, weil mein Bedürfnis nach ‚Nichtverurteilung' und ‚Annahme und Anerkennung durch andere' frustriert wurde.*
8. *„Ich bin von mir überrascht, weil ich merke, dass ich für mich noch Ressourcen brauche, damit ich zukünftig noch souveräner mit solchen Situationen umgehen kann.".*

Die Auflösungen der identifizierten Glaubenssätze könnten wie folgt ausfallen: Bei Aussage 1 „fühlt" sich der „versehentliche Drängler" ungerecht behandelt.

Glaubenssatz 1: Menschen sind ungerecht. Es gibt keine Gerechtigkeit! Bei Aussage 2 war sein Bedürfnis nach direkter Konfliktklärung unerfüllt.

Glaubenssatz 2: Menschen haben ein Recht, vor einer Verurteilung angehört zu werden, um Dinge berichtigen zu können! Bei Aussage 3 hat er sich verletzt gefühlt, weil er ohne das Missverständnis selbstverständlich rücksichtsvoll gewesen wäre. Er hätte sich, wie die anderen auch, in der Schlange eingereiht.

Glaubenssatz 3: Jeder Mensch darf Fehler machen, ohne beleidigt zu werden! Bei Aussage 4 fühlt er sich hilf- und machtlos, weil die Beschimpfung über Dritte erfolgte.

Glaubenssatz 4: Jeder Mensch hat ein Recht, seine Konflikte direkt zu klären! Bei Aussage 5 fehlte der Respekt.

Glaubenssatz 5: Jeder Mensch verdient Respekt! Bei Aussage 6 fehlte die Wertschätzung.

Glaubenssatz 6: Ich bin weniger Wert als der andere! Bei Aussage 7 fühlte er sich innerlich gelähmt und verletzt, weil er verurteilt wurde. Er wurde nicht so angenommen und anerkannt, wie er sich das grundsätzlich wünscht, von Menschen behandelt zu werden. Vielleicht hat er ein erschrockenes *inneres Kind*, das nicht gelernt hat, sich adäquat in solchen Situationen zu verhalten? Als Erwachsener reagieren wir oft aus dem Lähmungsgefühl (Zustand) unseres früheren hilflosen Kindes heraus.

Glaubenssatz 7: Alle Menschen brauchen die Annahme und Anerkennung als Mensch. Verhalten und der Wert des Menschen werden getrennt betrachtet. Bei Aussage 8 ist der „versehentliche Drängler" über sich selbst überrascht, weil er in der Angriffssituation feststellte, dass ihm noch wichtige Ressourcen fehlen, gerade wenn er über Dritte in seiner Anwesenheit beleidigt wird.

Glaubenssatz 8: Ich bin noch nicht stark genug, um in solchen Situationen innerlich und äußerlich souverän umzugehen. Folgender Schritt ist für die Veränderungsmotivation äußerst wichtig. Wer es nicht schafft, seine Glaubenssätze zu reflektieren, wird weiterhin an seinen alten Glaubenssätzen festhalten und immer wieder in die gleiche Gefühls- und Reaktionsmusterfalle tappen.

Reflexion der Glaubenssätze: Sind alle entdeckten Glaubenssätze realistisch? Erwarten wir tatsächlich in jeder Situation Respekt, Nichtverurteilung, Annahme und Anerkennung? Was tun, wenn wir diesen Respekt und die Anerkennung nicht erhalten? Wie können wir dennoch in unserer inneren Mitte bleiben? Glaubenssatz 2, 3, 4 und 7 sind **verbindende Glaubenssätze.** Der Glaubenssatz 7 kann noch mit einem weiteren Glaubenssatz ergänzt werden: *„Ich erkenne und nehme mich so an, wie ich bin, auch wenn andere dies nicht tun!"*.

Die anderen Glaubenssätze benötigen dringend eine 180-Grad-Wendung der Aussagen. Negative Glaubenssätze sind tief verankert, weil sie sehr lange unsere Identität verteidigten. Durch die bewusste Wendung wird der feste Anker zunächst nur etwas gelockert. Sie könnten zusätzlich noch weitere Personen befragen, wie diese in solchen Situationen reagieren und reframen würden. Wie würden deren Glaubenssatzsysteme ausfallen? Dadurch erhalten Sie neue Sichtweisen und ein vielseitigeres Handlungsrepertoire. Denken Sie aber daran, dass es keinen Mensch ohne *blinden Fleck* gibt. Suchen Sie sich für die Reflexion Menschen aus, die eine offene und wertschätzende Haltung haben und ebenso bereit sind, ihren *blinden Fleck* zu reflektieren. Sie erkennen solche Menschen an ihrem immanenten Optimismus.

Haben Sie in der Rolle des „versehentlichen Dränglers" Ihre eigenen Glaubenssätze identifizieren können? Wenn ja, dann reflektieren Sie diese. Inwieweit haben Ihre Glaubenssätze sich mit den vorgestellten unterschieden? An welcher Stelle waren Sie ähnlich gestrickt? Welche neuen Glaubenssätze würden Sie noch benötigen, damit Sie beim nächsten Mal in einer solchen Situation nicht mehr so vehement in die Selbstbeschuldigung oder in den inneren Gegenangriff gehen? Entscheiden Sie sich heute bewusst Ihre neue Fähigkeit, Glaubenssätze zu reframen auszubauen, damit Ihr erwünschtes Wohlfühlgefühl sich in sinnvoller und gesunder Weise rasch einstellen kann. Zurück zu unserem Fall. Welche Glaubenssätze könnte der „versehentliche Drängler" um 180 Grad wenden, damit er beim nächsten Mal innerlich freier reagieren kann? Zur Unterstützung dieser Herausforderung soll die folgende mögliche Auflösung weitere Impulse vermitteln:

Reflexion des identifizierten Glaubenssatzes Nr. 1: Nicht Menschen sind ungerecht, sondern das Verhalten der Menschen ist ungerecht. Mein Weltbild ist, dass alle Menschen von Grund auf gut sind! Es gibt keine negativen und schlechten Bedürfnisse. **Wenn etwas unakzeptabel ist, dann ist es die gewählte Strategie des Angreifers.** Der reframte um 180 Grad gewendete Glaubenssatz lautet nach der Reflexion deshalb: *„Alle Menschen sind gut, nur die gewählten negativen Strategien (Verhalten) empfinden wir subjektiv als „unfair" oder „ungerecht"."*. Es ist leicht zu erkennen, dass dieser neue Glaubenssatz Menschen verbindet und miteinander kooperieren lässt, während der alte Glaubenssatz trennend und belastend wirkt. Was jedoch unfair und ungerecht ist, müssen die Parteien ebenso noch untereinander klären, weil, wer gibt schon den Maßstab vor, was gerecht und ungerecht ist? Ist das nicht in jeder Kultur und in jeder Situation neu zu verhandeln?

Reflexion des identifizierten Glaubenssatzes Nr. 5: Da viele Menschen aufgrund ihrer schlechten Erfahrungen eine negative Strategie der Bedürfniserfüllung wählen, können wir nicht in jeder Situation Respekt erwarten. Der reframte Glaubenssatz lautet deshalb: **Ich bin wertvoll, auch wenn ich keinen Respekt und keine Anerkennung erhalte!** Dieser Glaubenssatz setzt Empathie für die

Menschen voraus, die noch nicht die Verantwortung für ihr Gefühl erlernt haben. In der Regel sind dies innerlich stark verletzte Menschen, die sich Schutzmauern „aufgebaut" und Angriffsspeere „geschnitzt" haben. Wer innerlich stark ist, ist nicht auf den Respekt und die Anerkennung anderer angewiesen. Ein Glaubenssatz dieser Qualität erleichtert das Leben um nahezu 100 %.

Erlauben Sie sich qualitativ hochwertige Glaubenssätze!

Reflexion des identifizierten Glaubenssatzes Nr. 6: Der alte Glaubenssatz drückt sofort die Stimmung, wenn etwas Unangenehmes passiert, weil er vermittelt, wertlos zu sein. Auf diesen wertvollen neuen Glaubenssatz sollte niemand verzichten müssen: *„Jeder Mensch ist gleich viel wert! Jeder Mensch ist wertvoll, gleichwertig und gleich würdevoll."*. Dieser neue Glaubenssatz bedient das Bedürfnis nach Selbst**wert**schätzung, Gleich**wert**igkeit und -**würdig**keit. Alle Menschen sind **gleichwertig und -würdig**.

Sie hätten in der Rolle des „versehentlichen Dränglers" also keinen Grund innerlich zu verzweifeln, nur weil Sie an der Wursttheke jemand übersehen haben. Sie verlieren keinen Selbstwert, nur weil Sie für kurze Zeit unachtsam waren. Es gibt schließlich (fast) immer die Möglichkeit der Wiedergutmachung und Einsicht, wenn Fehler passieren. Durch diesen neuen Glaubenssatz wird deutlich, dass das „Bedürfnis" nach Gerechtigkeit und Ungerechtigkeit, nach Schuld und Nicht-Schuld jenseits von diesem steht. Dies sind im Grunde genommen Strategien der Bedürfniserfüllung und keine wirklich gewollten Motivationsbedürfnisse. Da wir Kooperations- und Gemeinschaftswesen sind, geht es uns Menschen primär um Verständnis, Konsensfindungen und um die Aufklärung von Missverständnissen. Wir reagieren innerlich und äußerlich nur deshalb „aggressiv", weil diese primären Bedürfnisse von Personen (oder höhere Gewalt: Unwetterzerstörungen ...) frustriert wurden. Aggression ist immer reaktiv und nicht affektiv! Kooperation ist affektiv!

Reflexion des identifizierten Glaubenssatzes Nr. 8: Der „versehentliche Drängler" setzt sich nicht unter Druck, wenn er noch nicht die Kompetenz besitzt, in jeder Situation souverän zu reagieren. Er nimmt sich vor, an seiner inneren Stärke zu arbeiten und sich mit Ressourcen auszustatten, die seine Schwächen „halten" können. ***„Ich bin innerlich stark und nehme sofort Stellung! Gestehe mir aber auch Schwäche und Fehler zu. Trotz Schwächen und Fehler bin ich wertvoll."***

Schritt 6: Selfcommitments – Eine gesunde Verpflichtung wäre: *„Ich nehme mir vor, dass ich in Zukunft sofort Stellung nehme und innerlich gefasster reagiere."*. Durch die Reflexion des Glaubenssatzes Nr. 1 wird Druck abgebaut, weil die Überzeugung zählt, dass alle Menschen von Grund auf gut sind. Der „versehentliche Drängler" weiß, dass die Menschen aus ihren unerfüllten Bedürfnissen heraus reagieren und agieren. So kann er die Angriffe seiner Mitmenschen besser verstehen. Das ist m. E. die größte soziale Kompetenz eines Menschen. Diese Fähigkeit bringt Erleichterung und trägt dazu bei, dass die Kommunikation (fast) immer gelingt.

Durch die Reflexion des Glaubenssatzes 6 und 7 wird der „versehentliche Drängler" seine Selbstwertschätzung nicht von der Reaktion anderer abhängig machen. Stellen Sie sich vor, Sie als „versehentlicher Drängler" sind gerade sehr gelassen und alle Ihre emotional wichtigsten Bedürfnisse sind erfüllt. In diesem exzellenten entspannten Zustand „halten" Sie mit innerer Stärke alle Gefühle und Ängste, die sich gerade in affektiver Weise zeigen.

Nach der Reflexion des Glaubenssatzes 8 nimmt sich der „versehentliche Drängler" vor, weiterhin an seiner inneren Stärke zu arbeiten und in solchen Situationen nicht mehr innerlich einzuknicken. Er will sich für eine direkte Ansprache entscheiden. Ihm wird bewusst, dass er z. B. noch die Ressource Mut benötigt, um Folgendes zu sagen: *„Wenn Sie etwas stört, dann können Sie mir das direkt sagen. So können wir das Missverständnis in Ruhe klären! – Kann es sein, dass Sie denken, dass ich vorhatte mich vorzudrängeln und Sie deshalb sagten ...?"* ... Wir können, uns selbst verpflichten, an unseren Themen jeden Tag durch Übung dran zu bleiben, indem wir uns fragen: *„Wie erhalte ich diesen Mut?" „Was genau könnte ich dafür tun?" „Was ist meine Strategie an einem Thema dranzubleiben?".* Finden Sie die Antworten heraus und bleiben Sie an Ihren Themen dran, bis diese reframt wieder verinnerlicht sind. Mit all diesen neuen Glaubensätzen bräuchte der „versehentliche Drängler" höchstwahrscheinlich nicht einmal mehr das Reframing auf der Strukturebene seiner Gedanken. Er wirkt dann innerlich relaxed und reagiert dennoch echt. Fragen Sie sich noch: Welcher Mensch wären Sie dann an der Wursttheke? Sie hören die Aussage: *„Scheint wohl jemand blind zu sein!"* und Sie reagieren innerlich gelassen und mit ruhigem Herzen: *„Kann es sein, dass Sie gerade denken, für mich hätte Rücksicht keinen hohen Stellenwert?".* Viel Vergnügen mit diesem inklusiven Dialog. Wenn Sie die **Königsklasse** beherrschen, wird Ihr Angreifer das Missverständnis erkennen. Da auch er das Bedürfnis nach Kooperation und Wiedergutmachung kennt, könnte der inklusive Verbindungsdialog wie folgt ausfallen: Versehentliche Drängler: *„Ich war in Gedanken, bedaure, ich hatte nicht die Absicht, Sie zu übersehen. Wenn Sie jedoch gleich so reagieren und mit anderen Menschen über mich reden, ohne mich dabei anzusehen und anzusprechen, verletzt mich das, weil mir ein wertschätzender Umgang mit anderen Menschen sehr wichtig ist.".* Mann: *„Tut mir leid, ich wusste nicht, dass Sie in Gedanken waren. Ich dachte, Sie hätten mit Absicht gedrängelt.".* Versehentliche Drängler: *„Mir ist Rücksicht und die Einhaltung von Regeln außerordentlich wichtig und selbstverständlich überlasse ich Ihnen gerne den Vortritt, weil Sie vor mir in der Reihe waren!".* Mann: *„Nein, ist wirklich in Ordnung. Sie sind als Wiedergutmachungsbonus vor mir dran. Es tut mir echt leid. – Ist nicht wirklich mein Tag heute.".* Versehentliche Drängler (lächelt den Mann an): *„Vielen Dank!".* Durch die feinfühlige Kommunikation inspiriert, erkannte der Angreifer, dass er vorschnell reagiert hatte. Er erkannte, dass es keine „böse" Absicht war, ihn in der Warteschlange zu übersehen. Schließlich war sein Bedürfnis nach Wahrgenommenwerden und Einhaltung der Ankommensregel in einer Warteschlange frustriert. Das wurde aber durch die Berichtigung wieder aufgehoben. Der Angreifer entwickelte sofort die Haltung: *„Das kann ja mal passieren, dass jemand mich übersieht."* Er selbst hat schließlich auch schon oft jemanden übersehen. So funktioniert Empathie.

Schritt 7: Erkenntnisse – Eine wichtige Erkenntnis wäre, dass der „versehentliche Drängler" erkennt, dass er noch Entwicklung in Bezug auf innere Gelassenheit benötigt. Dazu braucht er Übung im Reframing und in der Umsetzung. Solche Situationen sind gute Übungsmöglichkeiten. Die Erkenntnisse über die neuen Glaubensätze brauchen Raum und Erfolgserlebnisse. Der Erfolg könnte auch mit dem Angreifer, der eine Kooperationshandlung eingenommen hat, gefeiert werden: *„Schön, dass wir das so gut klären konnten!".* Beide lächeln sich z. B. an und vielleicht führen sie sogar, bis sie an der Reihe sind, ein unverfängliches Gespräch. In dieser Zeit könnten beide feststellen, dass sie sich eigentlich nett finden. Wer weiß, vielleicht gehen sie anschließend zusammen Kaffee trinken und werden Freunde? Streit schweißt zusammen, sagt der Volksmund.

Schritt 8: Ziele – Der „versehentliche Drängler" setzt sich z. B. als Ziel: Mehr für seine innere Stärke zu tun. Er weiß, wie wichtig die Selbstverantwortung für das Gefühl ist und dass seine inneren Verletzungen mit früheren Auslösern zusammenhängen. Diese zu reflektieren, sorgt liebevoll konsequent dafür, dass die ungeliebten Reaktionsmuster immer mehr in den Hintergrund treten. In diesem Fall ist der Angreifer ein Fremder. Aber auch bei Fremden können Ziele, wie wir grundsätzlich auf Angriffe von fremden Menschen reagieren wollen, verfolgt werden. Wollen Sie die Wahl haben oder wollen Sie aus den Impulsen Ihrer gewohnten Automatismen reagieren? Sie entscheiden in jedem Augenblick Ihres Lebens über Ihre innere Freiheit. Diese inklusive Sprache zu beherrschen, ist die hohe **Kunst der Empathie** und bewirkt das Wunder der Empathie. Lernen Sie, Konflikte in Gefühle und Bedürfnisse zu übersetzen und die verborgenen negativen Reaktionsmuster mit den dazu verankerten Glaubenssätzen dahinter zu analysieren und zu reframen. Das ist der Sechser im Lotto! Wie würde der Dialog ohne die Reflexion ausfallen? Im angedachten Beispiel gehen wir davon aus, dass der „versehentliche Drängler" eine Frau ist:

Mann: *„Scheint wohl jemand blind zu sein!"*.
Frau: *„Scheint wohl jemand schlecht gelaunt zu sein!"*.
Mann: *„Erst vordrängen, dann auch noch freche Klappe. Das sind die Frauen von heute!"*.
Frau: ... Mann: ...

Wollen Sie weiterspinnen? Das Verstrickte (von da kommen wir alle her) macht unheimlich Spaß, wenn wir nicht selbst mit involviert sind. Für mich gibt es keine *Inklusive Kommunikation* ohne diesen erlaubten und amüsanten Inklusionsraum, selbst wenn wir es sind, die es betrifft. Sollte jemand anders denken, darf er dies gerne tun. Ich stelle meine Welt in Form dieser speziellen inklusiven Methode vor. Was andere daraus machen, liegt nicht in meiner Verantwortung. Ich für mich bin überzeugt, dass wir nur über das DU (Bedürfnisebene des anderen) zum ICH (eigene Bedürfnisebene) kommen.[173] Es ist schön für mich, wenn meine Welt sich mit anderen Welten kreuzt, weil diese sich ähneln, wenn nicht, dann ist das für mich ebenso gut und richtig. Diese Haltung ist in meiner Welt: Innere Freiheit.

Abb. 23 –
Zeichnung:
Thomas Alwin Müller – Das Resonanzgesetz wirkt konsequent.
Lassen Sie die Sonne raus!

[173] Buber 1995

4 Die Äußere-Dialog-Methode

Während die *Innere-Dialog-Methode* gedanklich durchgespielt wird, ist die *Äußere-Dialog-Methode* so konzipiert, dass eine Vertrauensperson als FragestellerIn und BeobachterIn des *blinden Flecks*[174] den Erkenntnisprozess mitbegleitet. Die *Äußere-Dialog-Methode* wird mit einem Coach (Vertrauensperson)[175] durchgeführt. Der Geführte wird als Coachee bezeichnet. Es geht dabei nicht darum, dass jemand, der die Coach-Rolle übernimmt, sich zu 100 % empathisch verhalten soll, sondern es geht darum, dass durch den Blick von außen, Gewohnheiten und negative Reaktionsmuster mit den dazu verankerten negativen Glaubenssätzen, effektiver offengelegt werden können. Diejenigen, die sich die Coach-Rolle vorstellen können, sind eingeladen, die Inhalte des Theorie- und Praxisbuches kennenzulernen, damit sie über eine inklusive Sprache die Fähigkeit erlangen, den *blinden Fleck*[176] bei sich selbst und bei anderen zu erkennen. Deshalb ist die *Äußere-Dialog-Methode* für Menschen interessant, die bei der Lösung von Problemen unterstützen wollen. Die Vertrauensperson übernimmt die Rolle des Interviewers. Gelingt es dem Coachee zudem noch, sich selbst auf der Meta-Ebene zu beobachten, dann ist die *Äußere-Dialog-Methode* auf jeden Fall effizienter, weil gleichzeitig zwei Beobachter im Einsatz sind. Luhmann spricht in diesem Zusammenhang vom Beobachter zweiter, dritter ... Ordnung.[177] Umso mehr Beobachter, desto mehr wird „gesehen", weil auch die Beobachter selbst einen *blinden Fleck* haben. Es ist zu berücksichtigen, dass der Beobachter selbst nicht alles „sehen" kann. Dazu sind weitere Beobachter sinnvoll, wie es z. B. in den Empathiegruppen der Fall ist. Bei der Vorführung spreche ich von **Synergieeffekten der Beobachter**, weil die Chance mit jedem weiteren Beobachter steigt, dass noch mehr *blinde Flecken* identifiziert werden. Dementsprechend stehen oft auch immer mehr Lösungen zur Auswahl als nur mit einem Beobachter.

Die Auflösung von unbewussten negativen Reaktionsmustern braucht seine Zeit. Manche Menschen sind lange nicht bereit, sich ihren Folgefragen zu stellen, die sich durch die Methode ergeben würden. Sie wollen ihre bewusst gewordenen Reaktionsmuster nicht wahrhaben und verdrängen weiter oder „schauen" weiterhin weg. Sie sind (noch) nicht bereit, sich auf ihre Emotionen und den damit verbundenen Gedankenmuster einzulassen und retten sich mit Ausflüchten (Fluchtmuster) aus den Selbst- und Fremdbefragungssituationen. Der innere Druck etwas verändern zu wollen, ist noch nicht groß genug. Die Veränderungsintelligenz hat noch nicht zu genüge synaptisch „angeschlagen". Das Thema beschäftigt aber diese Menschen dennoch unbewusst weiter, so dass sie immer wieder auf ihre Fragen zurückkommen werden. Wer lernt, verändert sich.

---

[174] Siehe Friesinger 2012, Theoriebuch, Kap. 3.3

[175] Vertrauensperson kann ein Wertefindungscoach sein oder ein speziell ausgewählter Freund. Siehe: Kompetenzen der Vertrauensperson

[176] Vgl. Berghaus 2003, S. 274 – 278

[177] Vgl. Berghaus 2003, S. 49

Unbewusste negative Reaktionsmuster, die sehr dominant sind, können oft nicht ohne Unterstützung aufgelöst werden. Die Betroffenen kämpfen nicht nur mit inneren Widerständen, sondern sie brauchen auch eine hohe Reflexionsfähigkeit, um sich den passenden Folgefragen und Folgeantworten stellen zu können. Nur so werden Zusammenhänge sichtbar und ein Bewusstseinsreframing (Kohärenzsinn) startet mit dem Ergebnis von positiven Wohlfühlgefühlen.

Die *Äußere-Dialog-Methode* hat dasselbe Frage-Antwort-Gerüst wie die *Innere-Dialog-Methode*. Einziger Unterschied ist, dass die Fragen in der DU- und nicht in der Ich-Form verfasst sind. Die Protagonisten der *Äußeren-Dialog-Methode* sind:

1. Sie selbst
2. Die Vertrauensperson als Interviewer
3. Die Vertrauensperson als Beobachter **ersten Grades** (Meta-Position 1)
4. Sie selbst als Beobachter **zweiten Grades** (Meta-Position 2).

4.1 Kompetenzen der Vertrauensperson

Die Kompetenzen der Vertrauensperson lassen sich wie folgt in Stichworten zusammenführen: Hohe Reflexionsfähigkeit, Selbstempathie- und Empathiefähigkeit, Lesefähigkeit der Gedanken und Gesichtszügen (Mimik, Gestik, Face-Communication, Körperhaltung ...) Dissoziationsfähigkeit, Inklusive Haltung,[178] Verschwiegenheit, Kenntnisse über das ***Acht-Räume-Modell der Praktischen Inklusiven Kommunikation***, Kenntnisse über das **Metamodell der Sprache** mit den **Submodalitäten**, Reframingskompetenz, Fragekompetenz in Bezug auf die Lebenssituation und Erfahrungen des Coachees und Beobachtungskompetenz der Physiologie: *„Wie geht es dem Coachee?"*.

Weitere zusammenfassende Kompetenzen und Aufgaben: Die Vertrauensperson hat idealerweise die Inhalte beider Bücher verinnerlicht. Sie ist eine innerlich starke und empathische Persönlichkeit, um unterstützend wirken zu können. Mit dem Einverständnis des Coachees stellt die Vertrauensperson während der Durchführung Submodalitätsfragen nach dem *Metamodell der Sprache*. Die Vertrauensperson bittet den Coachee erst um Erlaubnis, eine von ihr vermutete Antwort, aussprechen zu dürfen und unterstützt so den Coachee seine Antworten selbst zu finden. Diese Antwort könnte eine neue Richtung bedeuten, besonders wenn der Coachee in einer Sackgasse feststeckt. Die Vertrauensperson gibt keine Ratschläge, sondern bestärkt den Coachee sich Fragen im Zusammenhang zu seiner Lebenssituation zu stellen. Sie kann Aussagen, die im Laufe des Dialogs nicht sofort beantwortet werden, noch einmal aufgreifen. Sie ankert besonders dann die eigentlichen Fragen des Coachees immer wieder neu, wenn innere Widerstände oder Blockaden vorhanden sind: *„Was fühlst du genau, wenn du den Widerstand in dir spürst?"*. In Laufe des Dialogs sagte ein Coachee: *„Ich fühle mich leer!"* und ging anschließend in den Rückzug. Die Vertrauensperson kann diese Frage wieder an einem anderen Tag ankern: *„Fühlst du dich immer noch so leer?"*. Ist der Drang beim Coachee vorhanden, den Widerstand aufzugeben, dann ist es wichtig, dass die Vertrauensperson diese aufbrechende Wahrheit empathisch begleitet. Taucht

[178] Siehe Friesinger 2012, Kap. 5 – *Präventive Ansätze einer inklusiven Haltung*

eine zu schmerzvolle Antwort auf, welche die Vertrauensperson so nicht vermutet hätte, dann kann sie anhand der Physiologie des Coachees beobachten, ob er die Wahrheit „verkraftet". Die Vertrauensperson ermutigt den Coachee seine Gefühle anzunehmen, da diese zu ihm gehören. Sollte die Vertrauensperson sich in der Situation überfordert fühlen, ist es ihre Aufgabe, auf therapeutische Möglichkeiten hinzuweisen. Wer sich als Vertrauensperson zur Verfügung stellt, braucht die Kompetenz, bei Überforderung rechtzeitig die Reißleine zu ziehen.

Die Vertrauensperson hat die Verantwortung, die ihr sichtbaren Ressourcen, wenn sie diese erkennt und diese dem Coachee noch unbewusst sind, sie ihm gegenüber sichtbar zu machen. Jemand kann z. B. sehr gut malen, traut sich aber aus Angst vor Zurückweisung nicht, eine Ausstellung zu planen. Die Angst zu versagen, wird von der Vertrauensperson vermutet und kann angesprochen werden, wenn es der Coachee erlaubt, um herauszufinden, welche Ressourcen die Versagensangst „halten" können. Die Angst vor Bedürfniserfüllungen oder vor weiteren Frustrationen **wird mit dem Coachee gemeinsam** inkludiert (angenommen) reframt und polarisiert,[179] um die neuen Qualitäten in mutige neue Glaubenssätze, in konkrete Handlungsoptionen und Selfcommitments zu verwandeln. Ein Bewusstseinsreframing – wie der Coachee ohne Angst wäre – kann ungeahnte Leistungspotenziale auslösen und befreit von vielen glückshindernden Überzeugungen.

Durch die Anwendung der *Äußeren-Dialog-Methode* können unterdrückte Gefühle beim Coachee ausgelöst werden. Er braucht daher uneingeschränktes Vertrauen zu seiner ausgesuchten Vertrauensperson. Sprechen Sie als Coachee (wenn Sie sich coachen lassen wollen) mit Ihrer Vertrauensperson vielleicht schon vorab über Ihre Ängste. Das kann erleichtern. Die Ängste sind oft Wegweiser zu den Erkenntnisantworten. Erkenntnisfragen zu Ängsten könnten lauten: *„Welche Ängste hindern dich, an deine Kernüberzeugung zu gelangen?" „Wie wärst du in dieser Situation ohne deine Angst?" „Was hättest du ohne Angst für Fähigkeiten?"* ... Die Vertrauensperson räumt dem Coachee genügend Zeit ein, damit er seine Gefühle fühlen, annehmen und reframen kann. Sie braucht eine **hohe Beobachtungs- und Emapthiekompetenz**, um herauszufinden, was der Coachee fühlen könnte, selbst wenn dieser Widerstände zeigt und mit „Gefühlsblindheit" reagiert. Was will er nicht inkludieren, was für sein Fortkommen wichtig wäre? Was könnte er an Ressourcen brauchen? Was fehlt ihm? Wie könnten seine Reframingsgedanken designed werden? Was könnte seine Selbstverpflichtung ausfallen? Welche Bitten hat er an seine Mitmenschen? Die Vertrauensperson ermutigt über die Submodalitäten des *Metamodell der Sprache* den Coachee, noch genauer nachzudenken, -spüren und noch detaillierter unspezifische Dinge zu beschreiben. Sie spricht ihre Hypothesen aus, die der Coachee bejahen oder verneinen kann. Gerade durch **Hypothesenbildungen** können beim Coachee weitere Bewusstwerdungsprozesse initiiert werden. Durch die vielen wechselseitigen Interaktionen zwischen Vertrauensperson und Coachee kann es vorkommen, dass der rote Faden etwas verloren geht. Die Methode ist kein stures Frage-Antwort-Spiel. Die Ausflüchte und Abweichungen sind ebenso für die Identifizierung von Reaktionsmustern, Glaubenssätzen und Gefühlsschwingungen relevant und richtungsweisend. Das was der Coachee

Hypothesen bringen den Coachee weiter.

[179] Was ist das Gegenteil von deiner Angst? Siehe auch Kap. 5.8

beschäftigt, alles was er sagt und alles was sich in ihm regt, ist relevant. Sein Unbewusstes zeigt den Weg. Die Vertrauensperson hat dennoch die Verantwortung auf den roten Faden zu achten und die Methode konsequent nach dem Frage-Antwort-Gerüst bis zur Erkenntnisantwort oder zu den Erkenntnisantworten zu führen. Diese werden durch den Coachee bei entsprechendem Wunsch selbst angenommen und reframt. Nur wenn der Coachee um Unterstützung bittet, schlägt die Vertrauensperson passende Reframingssätze vor. Wenn sie passen, dann werden die vorgeschlagenen Sätze in der Regel gut angenommen. Passen sie nicht, stolpert meistens der Coachee selbst, durch den vorangegangenen Anstoß auf den passenden Reframingssatz, der das ausgleichende Gefühl vermittelt. Die Coachees sagen dann meistens: *„Nein, so ist es nicht, aber so ...“* Diese neuen Gedankengänge wirken wie erste Lichtblicke für ein neues Leben.

4.2 Praktisches Beispiel der Äußeren-Dialog-Methode

Nicoletta, 52 J., ist sehr beliebt. Diese Beliebtheit machte sie aber nicht glücklich, weil sie wusste, dass sie von der Bestätigung anderer abhängig ist. Jeden Tag stellte sie ihre Bedürfnisse zurück, um die Bedürfnisse anderer zu erfüllen. Nicoletta hatte ein **hartnäckiges Anpassungsmuster**, das sie immer öfters in Resignation stürzte. Sie missachtete in ungesunder Weise ihre Gefühle und Bedürfnisse und definierte ihr Glück ausschließlich über die Anerkennung anderer. Die *Äußere-Dialog-Methode* wurde mit der **Einleitungsfrage** eröffnet: *„Du sagtest mir, dass es dir sehr wichtig ist, dass die anderen immer eine gute Meinung über dich haben. Stimmt das?“ – „Ja!“*, war ihre bestätigende Antwort. Dann erst erfolgte die Startfrage:

> Kommunikation und Interaktion stehen **vor** der sturen Anwendung der Methode.

„Warum ist es dir wichtig, dass die anderen immer eine gute Meinung über dich haben?“
„Weil ich vor anderen gut da stehen möchte.“
„Warum möchtest du vor anderen gut dastehen bzw. was erfüllst du dir damit?“
„Ich möchte Anerkennung!“
„Warum brauchst du die Anerkennung?“
„Ich weiß es nicht.“ (Hinweis: Bewusster Widerstand).
„Würdest du einen Vorteil darin sehen, zu wissen, warum du die Anerkennung brauchst?“
„Ja – ich denke schon.“ (Hinweis: Wiederholung der Frage in einer etwas anderen Form.)
„Warum brauchst du die Anerkennung?“ (Hinweis: penetrante positive Nachfrage)
*„... **weil** ich mich sonst sehr unwohl fühle, denke ich.“* (Hinweis: *Metamodell der Sprache*)
„Beschreibe genauer dein Gefühl des Unwohlseins. Wie fühlt es sich an?“
„Ich fühle mich irgendwie leer und wertlos.“

An dieser Stelle war die *Äußere-Dialog-Methode* beendet. Die herausgelesene Kernüberzeugung ist: *„Ich bin nicht wertvoll!“*. Das Bewusstseinsreframing lautet: *„Ich bin auch ohne Anerkennung durch andere wertvoll!“*. Bis zum **Wirkungsreframing** brauchte Nicoletta die Aktivierung ihrer Selbstwertressourcen über *VAKOG*, mehrere *ressourcenbewusste Glaubenssatzänderungsformate* und ein Inhaltsreframing über das *Acht-Räume-Modell der Praktischen Inklusiven Kommunikation*. Damit wurden weitere unbewusste negative Reaktionsmuster mit den dazu verankerten zum Teil sehr stark ausgeprägten negativen Glaubenssätzen erkannt, inkludiert und reframt. Heute ist Nicoletta ein glücklicher Mensch, der nicht mehr zulässt, dass er selbst seine Bedürfnisse ignoriert.

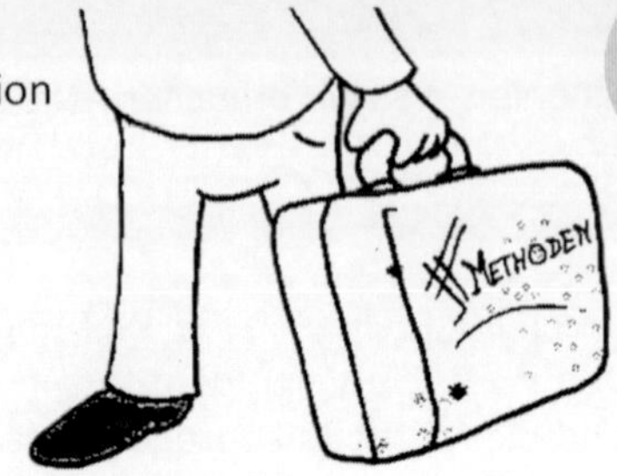

5 Ergänzungsmethoden

Abb. 24 –
Zeichnung: Thomas Alwin Müller
Tausend(und)eins Methoden – Auch Sie können Reframings-Methoden erfinden. Wie reframen Sie?

Die Ergänzungsmethoden sind ein kompakter und sorgsam zusammengestellter **Werkzeugkoffer**, der es Ihnen erleichtern soll, das Passende für Ihren Bedarf auszusuchen. Die Fähigkeit zur Imagination und zur Generierung von Symbolen hat, nach dem Philosoph Georg Wilhelm Friedrich Hegel, jeder Mensch. Innere Bilder und Symbole können tiefe Wunden heilen. Nach Hegel ist die Einbildungskraft *„das Hervorgehen der Bilder aus der eigenen Innerlichkeit des Ichs, welches nunmehr deren Macht ist.“*.[180] Die zusammengestellten Ergänzungsmethoden sind eine Kombination von Symbolen, Imaginationen, Suggestionen, Geschichten und Wertschätzungsaffirmationen sowie Umsetzungsmethoden zur Auflösung von unbewussten negativen Reaktionsmustern. Imaginationen sind Mittel, um optimale Synergien von unbewussten und bewussten Kompetenzen zu bewirken. Dadurch können eher kraftvolle Lösungen und effektive Zielplanungen entstehen. Sie bieten Chancen für eine erfüllende Entwicklung der Menschen und ihren Beziehungskonstrukten und sie unterstützen ihren Weg in ein stimmig-authentisches Leben. Die Imaginationen sind unterschiedlich konzipiert, um der Heterogenität der Menschen zu entsprechen. Für jeden passt etwas Anderes. Ausgewählte Symbole wie die „innere Sonne“ und der „innere Diamant“ sind m. E. sinnstiftende Bilder, um einen etwas abgeschwächten Selbstwert zu steigern. Welche Reihenfolge Sie bei den Ergänzungsmethoden anwenden und welche für Sie am geeignetsten ist, entscheiden Sie.

Sie können sich die Imaginationen vorlesen lassen oder sie auf einem Tonband mit Ihrer Stimme aufnehmen. Der Aufwand lohnt sich, weil das Unbewusste Ihre Stimme am besten kennt. Ihr Unbewusstes kann die darin enthaltenen positiven Affirmationen effektiver aufnehmen. Am wirkungsvollsten ist es, wenn Sie die Imaginationen mit Ihrer Lieblingsentspannungsmusik anhören. Alle Imaginationen starten in der gleichen Weise, damit das Unbewusste durch den vertrauten Ablauf sich mit der Zeit immer schneller auf die Entspannung einstellen kann. Nichts, was der Mensch je erlebt hat, geht verloren. Die Imaginationen enden ebenso in der gleichen Weise, damit auch hier eine vertraute und sichere Vorbereitung aus der Entspannung gewährleistet ist. Alles was Sie dafür brauchen, ist: **Bewusste Zeitinvestition** in Sie selbst.

Für Imaginationsanfänger ist die erste Imagination geeignet. Sie kann wiederholt werden, um den Effekt zu verstärken. Alle Ergänzungsmethoden setzen die Selbstverantwortung des Gefühls voraus.[181]

---

[180] Eisler 2006

[181] Siehe Friesinger 2012, Theoriebuch Kap. 4

5.1 Die „innere Sonne" zum Leuchten bringen

Mach es dir bequem, schließe deine Augen und lenke deine Aufmerksamkeit zu deinem Atem. Atme drei Mal tief ein und aus. Sollten Gedanken kommen, lass sie wieder ziehen. Lass sie wie Wolken davonziehen. Es ist leicht, Gedanken loszulassen. Die Lebensenergie fließt aus der Unendlichkeit sanft und sicher zu dir. Atme sie ein und aus. Sie fließt durch deinen Körper hindurch, hinab zu deinen Zehenspitzen und über deine Fußsohlen bis tief in die Erde hinein, sodass du dich von ihr getragen und gehalten fühlst. Atme noch einmal tief ein und aus und fühl dich mit der Energie des Himmels und der Erde zutiefst verbunden. Solltest du noch Geräusche im Außen wahrnehmen, dann entspanne jetzt umso tiefer, desto lauter die Geräusche im Außen sind. Spür, wie entspannt du trotz Geräusche bist und wie du trotz der vielleicht noch störenden Gedanken immer entspannter und entspannter wirst. Du bist jetzt sehr tief und sicher mit der Energie des Himmels und mit dem Kraftboden der Erde verankert. Atme über deine Fußsohlen bis tief in die Erde hinein und verwurzle dich noch mehr mit ihr. Im Kreislauf deines Atems wirst du jetzt immer entspannter und leichter, je länger du noch weitere Geräusche im Außen wahrnimmst.

Lenk deine Aufmerksamkeit nun deinem Inneren zu. Geh gedanklich in deinem Tempo durch deine inneren Organe spazieren. Stell dir vor, du hast eine Lupe dabei und du kannst alles, was dich genauer interessiert passend für dich vergrößern, so wie du es willst. Betrachte alles ganz genau. Verweil(e), da wo es dir am besten gefällt und zieh erst dann mit deinem inneren Blick weiter, wenn dein Unbewusstes dir dazu einen Impuls sendet. Geh überall dorthin, wo du möchtest und lass dir dafür ausreichend Zeit.

Schließ nun langsam deine innere Reise ab und verweile mit deinem inneren Blick bei deinem Herzen. Schau jetzt dein Herz noch genauer an. Vielleicht warst du vorhin schon dort, aber sicherlich erkennst du beim zweiten Blick mehr als beim ersten? Schau deinem kraftvollen Herzen zu, wie es sanft und ruhig in dir schlägt. Schau zu, wie es sich bewegt; wie es pocht, vibriert und lebt. Schau zu, mit welcher Leichtigkeit und Selbstverständlichkeit dein Herz dies für dich tut. Schau zu, wie es auf geniale Art und Weise in dir eingeflochten ist und wie harmonisch es mit deinen anderen Organen kooperiert und diese mit Lebensenergie versorgt.

Stell dir nun vor, dein Herz hat ein klares und breites Fenster und das Lebensblut, das darin fließt, ist warmes, weißes und helles Licht. Öffne nun mit deiner Vorstellungskraft dein Herzfenster weit auf und erlebe, was in dir passiert. Schau zu, wie das Licht sich in dir ausbreitet. Du entscheidest, wohin es fließt. Beobachte, wie dieses Licht deine inneren Organe überflutet. Hör, wie es fließt. Es fließt in seinem Tempo ohne Eile. Deine Organe glänzen in diesem neuen und weißen Licht. Siehst du, wie die Farben deiner Organe sich durch das Licht verändern? Du erlebst ein zauberhaftes Lichterspiel in deinem Körper. Du siehst heute vielleicht zum ersten Mal diese wunderbare Lebendigkeit von innen und du bist begeistert davon. Staun über deine Leichtigkeit von innen. Du bist die Leichtigkeit. Vielleicht begegnest du heute auch einem leichten Schmerz? Wenn es so ist, dann nimm diesen Schmerz jetzt an. Begegne ihm mit deiner ganzen Herzenskraft. Diese Kraft wird in deinen Venen mitfließen, so dass sich dein Schmerz vielleicht in diesem lebendigen Licht, das so sanft und liebevoll ist und durch dich hindurchströmt, auflösen kann? Begegne deinem Schmerz mit Liebe und ummantle ihn mit deiner inneren aufkommenden Leichtigkeit. Du bist von dir selbst begeistert, zu welchen wunderbaren Vorstellungsbildern du fähig bist. Du hast die Macht dir alles vorzustellen, was du dir vorstellen möchtest.

Durch das offene Herzfenster entdeckst du plötzlich den Grund, warum so viel Licht in dir ist. Du kannst es kaum glauben. Eine kleine „innere Sonne" bewohnt dein Herz. Diese kleine Sonne war schon immer da. Du hast sie vielleicht nur nicht gesehen oder du hast vergessen, dass es sie gibt. Solltest du deine „innere Sonne" schon kennen, dann freue dich, sie zu beobachten. Dein innerer Stern kreist leise in der Unendlichkeit deines Herzens. Du bist von der Unendlichkeit deines inneren Weltalls entzückt und fasziniert zugleich. In dir funkeln viele Sterne und es kreisen seltene Monde, die von den Sternen angeleuchtet werden. In deiner Unendlichkeit gibt es den **unbesiegbaren Sommer**. Kraft der Gedanken lässt du nun in deiner Galaxie deine „innere Sonne" immer größer und größer werden, so dass sie weit über dein Herz hinaus strahlen kann. Lass die Sonne in dir wachsen, so dass ihre Strahlen deine ganzen inneren Organe erwärmen. Spür, wie warm und wie hell es in dir ist. Genieß dieses warme, strahlende und sonnige Gefühl. Kraft deiner Gedanken dehne nun dein Gefühl soweit aus, bis du vielleicht eine liebevolle Leichtigkeit und Berührtheit fühlst? Wie auch immer dein Gefühl ist, es ist richtig und gut. Vielleicht fühlst du, wie sich deine „Probleme", „Blockaden", „Widerstände" und „Sorgen" in diesem wundersamen hellen und warmen Licht wie von selbst auflösen? Schick allen Gefühlen in dir einen liebevollen Sonnenstrahl aus deinem Herzen. Du hast in dir ab heute ein anderes Licht. Spür dein Licht! Du bist voller Licht. Du bist das Licht.

Richt(e) nun deinen inneren Blick zu deinen wunderschönen Augen. Das Licht deiner „inneren Sonne" strahlt deine Augen an, so dass das Licht nach draußen strömen kann. Schick deine Herzstrahlen weit hinaus in die Welt und berühre mit ihnen, alles was dir wichtig ist. Du besitzt diese wunderbare Herzintelligenz! Benutz sie, weil sie da ist! Such dir Personen aus, die dir in den Sinn kommen. Schenk allem, was deine Gedanken jetzt kreuzt, Strahlen aus dem unendlichen Licht deiner „inneren Sonne". Die Menschen, denen du einen Lichtstrahl sendest, werden es spüren und dir mit ihrer eigenen Sonne danken. Verschenk Licht und du bekommst das Licht um ein Vielfältiges wieder zurück. Strahlt deine „innere Sonne", dann strahlen deine Augen diesen funkelnden Lichterglanz in die Welt hinaus. Die Welt wird ihre Freude an dir haben. Fühl, wie viel Bedeutung das Licht deiner „inneren Sonne" für dein Leben und für das Leben anderer hat. Entscheid dich, dein Herzfenster täglich so oft wie möglich zu öffnen, um das Licht deiner „inneren Sonne" nach draußen über den leuchtenden Glanz deiner Augen an andere Menschen, die dir wichtig sind, zu verschenken. Verschenk das Licht auch den Menschen, die dich nicht mögen. Sie werden es spüren und vielleicht bald ganz anders reagieren. Und wenn nicht, dann ist es ebenso in Ordnung. Der Wert deiner „inneren Sonne" hängt nicht von der Reaktion der anderen Menschen ab, die noch keine „innere Sonne" verspüren. Dein Selbstwert ist für immer und ewig in deiner Unendlichkeit verankert. Spür, wie deine Energie in dir wieder frei und harmonisch fließen kann. Du weißt nun, dass du allein deine innere Freiheit bestimmst. Sobald deine „innere Sonne" Kraft deines Willens wieder anfängt zu scheinen, scheint ihr Licht gleichzeitig auch weit in die Welt hinaus. Du bist im Licht der Welt. Genieß dieses Gefühl, im Licht der Welt zu sein und entscheide dich, es nie zu vergessen. Du bist Licht und deshalb bist du mehr, als du denkst zu sein. Entwickle ein Gefühl dafür, dass es so ist.

Öffne dein Herzfenster besonders dann sehr weit auf, wenn es dir mal nicht so gut geht. Lass deine „innere Sonne“ wachsen, damit dein *inneres Kind* sich bei dir frei und wohl fühlen kann. Du bist dafür verantwortlich, dass dein *inneres Kind* jeden Tag die Sonne in dir sehen kann! Du allein hast die Macht über dich. Welches „Problem“ du auch hast, es kann sich im Licht deiner „inneren Sonne“ auflösen, weil du es so bestimmst. Denk an deine „Noch“-Sorgen und Schwächen und halte sie im Licht deiner „inneren Sonne“ schwerelos in deinen Händen. Du weißt, sie sind in guten Händen. Vertrau darauf, dass du im Lichterglanz deiner „inneren Sonne“ sie auflösen kannst, wenn du es willst. Das Leben ist leicht, wenn du dir die Leichtigkeit erlaubst. Erlaub dir, deine „innere Sonne“ zum Leuchten zu bringen und du erlaubst dir die Leichtigkeit des Lebens. Sprech in Gedanken drei sonnige Glaubenssätze nach und entscheide dich, sie nicht zu vergessen: *„Meine ‚innere Sonne‘ leuchtet!“ – „Das Leben ist leicht!“ – „Ich verdiene Glück!“.*

Öffne langsam deine Augen und werde dir des Raumes wieder bewusst, indem du dich befindest. Streck deine Glieder aus und fühl dich auch im Alltag von der Energie des Himmels und der Erde getragen. Atme bewusst dein Sternengefühl ein und aus. Leb in der Gewissheit des unbesiegbaren Sommers in dir. Nimm dein Gefühl mit in einen wundervollen Tag. Es ist dein Tag. Kein anderer lebt deinen Tag. Sei wach für deinen Tag und sei gewiss, jeder Tag ist ein Sternentag.

5.2 Die Befreiungsimagination mit dem Bild der inneren Sonne

Diese Imagination gliedert sich in drei Teile:

1. Zone of Excellence[182] – Der innere Ort
2. Kehrseite des inneren Ortes (Annahme der Seite, die wir nicht sehen wollen)
3. Loslassen der negativen Strategien im Fluss der Zeit. Der Erfolg dieser Imagination lebt vom Ankern[183] des Befreiungsgefühls. Machen Sie sich deshalb **vor** der Imagination über die Platzierung des Ankers Gedanken. An welcher Körperstelle oder mit welchem inneren Bild oder Gegenstand (Ehering, Stein ...) möchten Sie in Zukunft das Gefühl „aktivieren“ können?

Mach es dir bequem, schließe deine Augen und lenke deine Aufmerksamkeit zu deinem Atem. Atme drei Mal tief ein und aus. Sollten Gedanken kommen, lass sie wieder ziehen. Lass sie wie Wolken davonziehen. Es ist leicht, Gedanken loszulassen. Die Lebensenergie fließt aus der Unendlichkeit sanft und sicher zu dir. Atme sie ein und aus. Sie fließt durch deinen Körper hindurch, hinab zu deinen Zehenspitzen und über deine Fußsohlen bis tief in die Erde hinein, sodass du dich von ihr getragen und gehalten fühlst. Atme noch einmal tief ein und aus und fühl dich mit der Energie des Himmels und der Erde zutiefst verbunden. Solltest du noch Geräusche im Außen wahrnehmen, dann entspanne jetzt umso tiefer, desto lauter die Geräusche im Außen sind. Spür, wie entspannt du trotz Geräusche bist und wie du trotz der vielleicht noch störenden Gedanken immer entspann-

[182] Siehe Kap. 5.3
[183] Siehe Kap. 3.3 – *Die vielfältigen Ankermethoden*

ter und entspannter wirst. Du bist jetzt sehr tief und sicher mit der Energie des Himmels und mit dem Kraftboden der Erde verankert. Atme über deine Fußsohlen bis tief in die Erde hinein und verwurzle dich noch mehr mit ihr. Im Kreislauf deines Atems wirst du jetzt immer entspannter und leichter, je länger du noch weitere Geräusche im Außen wahrnimmst.

Mit jedem neuen Atemzug wende dich nun deiner inneren Herzenskraft zu. Mit jedem Atemzug gewinnst du Kraft, um das umzusetzen, was du dir heute vorgenommen hast. Lass mit jedem Atemzug deinen Alltag immer mehr los. Nimm so viele Atemzüge, wie du brauchst, um ganz bei dir zu sein. Verwisch mit einem gedanklichen Schwamm alles, was dich heute in irgendeiner Art und Weise belastete oder beunruhigte. Wisch die Erlebnisse wie an einer Tafel mit einem gedanklichen Schwamm einfach weg, sodass die Tafel wieder sauber und neu beschreibbar ist. Konzentrier dich auf die leere Tafel. Sie erinnert dich an das Hier und Jetzt. Nur das Jetzt ist wichtig und zählt. Sei präsent in deiner Gegenwart. Sei einfach da und spüre dich. Lass deine Gedanken mit den Wolken davonziehen. Sie kommen, verweilen kurz und gehen wieder. Lass sie heute gerne ziehen. Sie spielen mit dem Wind und fliegen mit ihm davon. Spür, wie schön es ist, immer mehr und mehr deine Gedanken loszulassen. Es tut gut, loszulassen. Fühl, wie herrlich es ist, im Hier und Jetzt zu sein und genieße das Gefühl, einfach da zu sein. Indem du einfach nur da bist, stellst du dich nun innerlich darauf ein, dass du heute etwas in deinem Leben bewegen wirst. Es ist leicht, etwas zu bewegen. Bewegung ist Leben und Energie. Du fühlst den Drang in dir, etwas bewegen zu wollen. Du entscheidest dich, heute noch offener als sonst zu sein. Entscheid dich jetzt! Dein Kopf ist rund, weil deine Gedanken Spaß daran haben, ihre Richtung zu ändern. Freu dich auf deine neuen kreativen Gedanken, die du aus dir selbst heraus entwickeln wirst. Sei gespannt auf deine Fragen und noch gespannter auf deine Antworten. Vertrau deiner Intuition. Sie wird dir deine Antworten offenbaren, die dir gerade wichtig sind. Die Antworten sind da. Sie sind in dir. Du wirst die Antworten finden, die du für deine Entwicklung brauchst. Vertrau der Macht deiner Gedanken, die wunderbare innere Bilder erzeugen können. Du wirst mit deinen neuen Gedanken und Ideen dein Leben in kleinsten Schritten neu sortieren und gestalten. Sei einfach nur neugierig auf das, was passiert. Freu dich auf dich selbst und auf deine Kreativität.

Spür, wie der Kreislauf deines Atems dich in eine tiefe Entspannung führt. Die Geräusche im Außen haben keinen Einfluss mehr auf deine Tiefenentspannung. Nimm noch einmal einen tiefen Atemzug. Sei ganz bei dir, während du dich jetzt ausschließlich deinem Herzen zuwendest. Spür, wie dein Herz in dir schlägt. Hör, wie es schlägt. Hör auf die Stimme deines Herzens! Was sagt sie konkret? Hör genau hin! Sieh zu, wie dein Herzfenster sich immer mehr und mehr öffnet. Schau zu, wie die „innere Sonne“ in deinem Herzen für dich erstrahlt. Sei ganz bei dir in deinem Herzen.

Nimm noch einen weiteren tiefen Atemzug und wende dich jetzt deinem inneren Weltall zu. Was entdeckst du? Schau dir diese unendliche Weite in dir an! Während du dich noch etwas orientierst und den Raum in dir vielleicht bewunderst, siehst du nun von weitem eine Tür. Wie sieht sie aus? Du gehst neugierig auf die Tür zu und du stellst fest, dass sie angelehnt ist. Du weißt, hinter der Tür befindet sich ein weiterer wunderschöner Raum. Du öffnest sie einen Spalt, so dass du durchgehen kannst. Dieser Raum ist dein innerer Ort. Hier ist alles von dir erschaffen. An diesem Ort befindet sich alles, was dich in deiner Einmaligkeit auszeichnet. Hier kannst du so sein, wie du wirklich bist.

Hier gibt es keine Bewertung. Keiner hält dir einen Spiegel vor. So wie du bist, bist du hier richtig und wertvoll. In deinem inneren Ort nimmst du dich an, so wie du bist. Solltest du deinen inneren Ort noch nicht kennen, dann erschaffe ihn jetzt, so wie du es möchtest. Zaubre dir deinen inneren Ort so, wie du dich am wohlsten fühlst. Schmück die Gegend mit Landschaften, Tieren, Menschen, Bildern, Dingen und Lichtern aus, von denen du am meisten begeistert bist und die für dich eine hohe emotionale Bedeutung haben. Betracht(e) die Landschaft, die Menschen, die Tiere, die Blumen, das Wasser, den Himmel, die Sterne und alles was es sonst noch an Farben und Leben in deinem inneren Ort gibt heute noch genauer als sonst. Lass dir Zeit, alles genau zu entdecken und zu erforschen. Alles was du erschaffst, ist richtig und gut. Lass dir viel Zeit, um dir deinen inneren Ort so detailliert wie möglich auszumalen. Vielleicht gibt es in deinem inneren Ort ein bunter Basar wie im fernen Orient? Ein Basar der tausend Möglichkeiten und Gelegenheiten. Stöbre durch deinen Basar und wer weiß, vielleicht entdeckst du etwas, was dich schon immer begeisterte?

Konzentrier dich auch auf die Klänge deines inneren Ortes. Vielleicht hörst du das Plätschern eines Wasserfalls oder das Rauschen eines Bächleins? Vielleicht hörst du Vögel singen oder Eulen sanft im Wind fliegen? Vielleicht hörst du eine besondere Musik aus alten Zeiten, die dich schon immer betörte, weil dein Herz jedes Mal, wenn du sie hörtest, ein paar Takte höher schlug? Lausch der Melodie nach. Dreh den Ton für dich angenehm laut, so dass du jede Note gut hören kannst. Summ die Melodie in Gedanken mit und fühle die Musik in deinem Körper. Vielleicht riechst du an deinem inneren Ort noch einen Geruch, der dir besonders gut gefällt? Vielleicht entdeckst du einen vergessenen Lieblingsgeruch, mit dem du schon immer ein geborgenes und sicheres Gefühl assoziierst? Vielleicht schnupperst du an Blumen, Gras, Bäumen, Blättern oder Kräutern? Riech die Menschen, Tiere und Gegenstände, die sich vielleicht an deinem inneren Ort befinden. Riech den Duft deines inneren Ortes. Behalt ihn für immer in Erinnerung. Atme ihn tief ein und aus, so dass er in deinem Gedächtnis tief verankert bleibt. Vielleicht schmeckst du auch etwas an deinem inneren Ort, weil irgendwo dein Lieblingsessen zubereitet ist? Fühl diesen Ort mit allen Sinnen. Dehn dein Gefühl weit aus, so dass es sich weit über deinen inneren Ort hinaus ausbreiten kann. Streck es, so wie du es willst, in allen Dimensionen aus. Mach dein Gefühl dynamischer, luftiger, leichter, weiter, freudiger ... Vielleicht ist es ein Gefühl von: „Endlich-zu-Hause angekommen-zu-sein“? So wie es ist, ist es richtig. Fühl, wie es ist, bei dir selbst zu Hause zu sein.

Sind noch andere Menschen oder Tiere an deinem inneren Ort, dann verabschiede sie jetzt in dem Rhythmus, wie du es möchtest. Vielleicht winkst du nur oder schickst einen Handkuss? Vielleicht reicht ein kleines Nicken oder vielleicht möchtest du die Personen von Herzen drücken? Wie du es machst, so ist es gut. Lenk deinen Blick jetzt nur noch auf dich. Du bist allein an deinem wunderschönen Ort, aber du bist nicht einsam, weil du dich selbst dabei hast.

Stell dir nun vor, wie du dich von außen beobachtest. Schau dich mit deinem inneren Blick liebevoll an. Wie siehst du aus? Wie sehen deine Haare aus? Wehen sie leicht im Wind? Wie sehen deine Augen aus? Wie läufst du? Wie rennst du? Wie fliegst du? Wie bist du? Wie sprichst du? Wie fühlst du? Schau dir genau zu, was du machst. Sieh hin, was du alles kannst! Schau zu, wie spielerisch leicht du mit deinen Fähigkeiten an deinem inneren Ort umgehen kannst. Sieh genau hin, wie du ohne Angst und ohne negative Reaktionsmuster bist! Du findest viele deiner Erfahrungen und Talente hier wieder. Hier weißt du, dass du viel mehr kannst, als du in der Realität zeigst. Umso länger du an deinem inneren Ort bist, desto mehr Erinnerungen tauchen auf und desto mehr innere Sehenswürdigkeiten, Schätze und Ressourcen entdeckst du. Sie gehören alle zu dir. Du entdeckst längst vergessene und verborgene Fähigkeiten von dir. Genieß dich mit deinen Fähigkeiten und schaue dir zu, was du alles kannst. Zoom, wenn dich etwas näher interessiert, die Dinge, um sie besser zu erkennen, zu dir heran. Zoom sie größer, wenn sie dir zu klein erscheinen. Oder flieg einfach hin! Alles ist möglich in deinem inneren Ort. Bad(e) in diesen vielen neuen Möglichkeiten. Viele Erfahrungen warten auf dich, um von dir erlebt und zugelassen zu werden. Du scheust sie vielleicht, weil du den nächsten Schritt noch nicht wagtest. Du willst heute den nächsten Schritt in deinem Leben wagen. Du bist heute besonders wegen dieser anderen Seite hier. Sie gehört ebenso zu dir. Du weißt, nur mit ihr bist du vollständig. Nur mit ihr, fühlst du dich ganz. Erst beide Seiten ergeben deine Ganzheit. Freu dich, heute einen Schritt weiter zu gehen, um die andere Seite, die du lange Zeit gemieden hast, anzusehen. Mit neuen Erkenntnissen und Ressourcen ausgestattet, bist du nun heute bereit, die andere Seite deines inneren Ortes näher zu erforschen.

Du ahnst, dass du wegen dieser Seite manchmal traurig, verzweifelt und unglücklich bist. Heute möchtest du dieser Ungewissheit in dir auf den Grund gehen. Entscheid dich, deinem inneren Drang nachzugeben, diese vernachlässigte andere Seite erneut aufzusuchen. Die andere Seite ist dir vielleicht noch fremd oder mit der Zeit fremd geworden. Fremdes verursacht oft Angst. Sobald du das Fremde aber kennst, wirst du merken, dass es nicht mehr fremd, sondern vertraut ist. Heute willst du endlich erfahren, wie es dort aussieht.

Geh jetzt langsam auf einen Hügel zu. Nur einige Schritte weiter entdeckst du die zweite Tür, die zur anderen Seite führt. Wie sieht sie aus? Deine Neugierde ist größer als deine Angst vor dem Unbekannten. Du stehst jetzt direkt vor der Tür und nimmst einen tiefen Atemzug. Kraft deiner Herzensenergie öffnet sich die Tür wie von selbst. Als hätte sie schon darauf gewartet, dass du endlich kommst. Du gehst durch die Tür hindurch und Schritt für Schritt schreitest du in den anderen Raum hinein. Auf den ersten Blick sieht die Landschaft etwas verwildert und verlassen aus. Vieles will in diesem Land erst entdeckt werden. Schau die genau um und erkenne neue Möglichkeiten. Vieles ist dir fremd, aber vieles ist dir irgendwie auch vertraut. Was siehst du? Was hörst du? Was fühlst du? Was riechst du? Was schmeckst du? Was unterscheidet diesen Ort vom ersten? Lass dir Zeit, um dich an das Fremde zu gewöhnen und erfreue dich an allem, was dir vertraut erscheint.

Während du dich vielleicht noch etwas orientierst, entdeckst du an einer einsamen Waldlichtung eine Stelle, die von dunklen bedrohlich aussehenden Wolken eingehüllt ist. Etwas zieht dich zu dieser unheimlichen Stelle hin. Du willst sehen, was es genau ist. Die Wolken hängen sehr tief, so dass sie fast den Boden berühren. Du näherst dich der Stelle an, doch erst als du direkt davorstehst, erkennst du sie wieder. Es ist der Ort deiner inneren Quelle. Du kannst es nicht glauben, diesen Ort wiedergefunden zu haben, obwohl er heute so anders aussieht. Die sprudelnde Quelle von früher ist nicht mehr zu erkennen. Stattdessen gibt es einen trüben See. Vielleicht ist er so trüb, weil du aufgehört hast, an die Existenz deiner Ursprungsquelle zu glauben? Sie ist aber immer noch da! Du blickst seit langem zum ersten Mal wieder bewusst in den See hinein. Es ist dein See! Du hast ihn erschaffen. Wie sieht er aus? Was siehst du im See? Kannst du dein Spiegelbild sehen oder ist er zu trüb, um dich wiederzuerkennen? Was hörst du? Was fühlst du? Was riechst oder schmeckst du?

Heute bist du hier, um die Trübe deines Sees zu beenden. Mit deinem mutigen Blick in den See, bewirkst du, dass die brach liegende Quelle tief unten im See wieder zu sprudeln beginnt. Dein trüber See fängt an, erste zähe Wellen zu formen. Das Wasser bewegt sich langsam hin und her. Etwas in dir, was vorher statisch und ohnmächtig war, beginnt wieder zu fließen. Bewegung ist Leben. Dein klarer Blick in den See bringt das trübe Wasser immer mehr und mehr in Wallung. Es entstehen immer kräftigere und lebendigere Wellen. Die Ursprungsquelle sprudelt immer fröhlicher hervor. Du hörst leise und gedämpft wieder das frühere plätschernde Begeisterungslied deiner singenden Quelle, obwohl sie durch die Trübe des Sees noch nicht zu erkennen ist. Das Lied löst ein früheres Glücksgefühl in dir aus. Du weißt wieder, deine Quelle ist immer noch für dich da.

Aus dem trüben See bahnt sich langsam ein kleiner schwerfälliger Fluss seinen Weg. Deine ganze belastete Lebensenergie fließt in diesen Fluss hinein. Der Fluss zieht deine verletzten Gefühle in Verbindung mit vielen unschönen Erfahrungen aus dem trüben See heraus. Sie fließen noch sehr langsam und zäh, aber dennoch konstant in den Fluss hinein, weil du es so bestimmst. Der Fluss wird von Sekunde zu Sekunde immer größer und größer, weil du immer mehr und mehr loslassen kannst. Schau zu, welch ein Energieballast der Fluss mit sich trägt. Lenk deine Aufmerksamkeit auf den Inhalt des Ballastes, der im Fluss der Zeit schwerfällig aber sicher davonzieht. Was siehst du? Was hörst du? Was fühlst du? Was riechst du? Was schmeckst du? Diese belastenden Erfahrungen aus deiner Vergangenheit sind ein Teil von dir. Sie wollen gesehen, gewürdigt, anerkannt und geliebt werden, bevor sie sich dankend im Fluss der Zeit von dir verabschieden können. Spür, wie der langsame, zähe und trübe Fluss durch dich hindurchströmt und wie er sich um deine Zellen und Organe herumschlängelt. Fühl, wie er immer mehr und mehr Ballast mitschwemmt. Er zieht aus deinen Zellen und Organen Blockaden und Verspannungen heraus. Schmerzhafte Erfahrungen haben sich überall in deinem Körper im Laufe der Zeit manifestiert. In dir entsteht immer mehr und mehr der innere Drang, deinen energetischen Ballast in Frieden dem Fluss der Zeit zu übergeben. Nimm deine vergangenen Erfahrungen genauso an, wie sie sich gerade im Moment dir zeigen. Das ist Inklusion. Sei für diese Erfahrungen dankbar. Schau zu, wie der Fluss mit deiner negativen Energie durch deine Zellen und Organe fließt. Es ist dein Lebensfluss. Schau zu, wie er an deinen belasteten Organen vorbeikommt, um die Blockaden mitzuschwemmen, die noch vorhanden sind. Entscheid dich, alle negativen Überzeugungen, Glaubenssätze, Widerstände, Blockaden, Enttäuschungen, Diskriminierungen, Reaktions- und Verhaltensmuster ... energetisch über die geöffneten Poren deiner Haut dem Fluss der Zeit zu übergeben. Lass dir dabei so viel Zeit, wie du brauchst, um deine negative Energie über die Poren deiner Haut aus dir hinausfließen zu lassen. Fühl, wie diese Energie sich von dir mehr und mehr verabschiedet und wie du immer leichter und leichter wirst.

In der Unendlichkeit gibt es die Gewissheit, dass ein großes weißes Licht auf deinen belasteten Lebensfluss wartet, der seine negative Energie für immer aufnimmt. Schau zu, wie der Fluss der Zeit – das weiße Licht – das schwarze Licht verschluckt. Kraft des starken weißen Lichtes werden alle negativen Strategien, alle unbeliebten Reaktions- und Verhaltensmuster – z. B. Neid, Konkurrenzkampf ... Misstrauen ... alles, was dir in der Vergangenheit Sorgen bereitete, für immer aufgelöst.

Alles was schwer war, wird leicht. Lass alles los. Es ist leicht, loszulassen. Lass alles ziehen, was du nicht mehr brauchst. Fühl, wie dein energetischer Fluss immer lebendiger wird und wie er immer leichter und schneller aus deinem Körper hinausfließen kann. Gib deine früheren Verletzungen, die noch vorhandenen Blockaden und Widerstände an den Fluss der Zeit für immer ab. Gib auch den letzten Rest von negativer Erfahrung, die dir bewusst geworden ist in Liebe und Dankbarkeit an das weiße Licht der Unendlichkeit ab. Das Licht der Zeit macht vieles heil.

Sobald du das Gefühl hast, dass die letzte negative Restenergie, die dir bewusst geworden ist, sich von dir verabschiedete, blicke nun erneut bewusst in deinen See hinein, der viel klarer ist als zuvor. Kannst du deine lebendige Quelle jetzt deutlicher erkennen? Entwickle wieder einen Sinn dafür, wie es ist, so frei, unbeschwert und glücklich wie früher als Kind zu sein, als du hier spieltest. Entscheid dich wieder für dieses unbeschwerte Gefühl von damals! Spür, wie dein ganzer Körper immer entspannter und ruhiger wird. Spür, wie deine Gesichtszüge weicher und sanfter werden. Du bist dir in diesem Augenblick gewiss, dass alles, was du bis heute erlebt hast, dich erst zu diesem Menschen machte, der du heute bist. Du bist die Summe deiner Erfahrungen und wie auch immer deine Erfahrungen waren, heute profitierst du in ungeahnter Weise davon. Aus Schmerz wird Glück. Du bist dankbar, dass es so ist. Die Zukunft wird es zeigen, welchen Sinn deine Erfahrungen hatten. Die Verbindung gibt es in der Zukunft, auch wenn du sie in der Gegenwart noch nicht sehen kannst. Vertrau darauf, dass es so ist. Du bekommst das geschenkt, was du gedanklich säst.

Freu dich, die geistige Wiedergeburt deiner inneren Quelle zu erleben. Deine vergangenen verletzten Erfahrungen haben dadurch viel weniger oder gar keine Macht mehr über dich. In dir brechen neue Sichtweisen auf das Vergangene und Erlebte auf. Alles was dir vorhin wirklich wichtig war und was dir in den Sinn gekommen ist, hast du dem großen weißen Licht übergeben. Fühl, wie leicht, unbeschwert und frei sich das Leben anfühlen kann, wenn du loslassen kannst. Die dunklen Wolken haben sich still aufgelöst. Der Himmel ist wieder frei und der „unbesiegbare Sommer" ist auch auf der anderen Seite deines inneren Ortes eingekehrt. Du hast gar nicht mehr das Gefühl, dass es in dir zwei Seiten gibt. Beide Seiten sind zu einem Ganzen verschmolzen. Sobald du feststellst, dass dein innerer See wieder trüb wird, dann übergebe den Ballast über deinen bewusstmutigen Blick in den See wieder sofort dem weißen Licht der Unendlichkeit.

Fühl deine lebendige Quelle in jedem Augenblick deines Lebens in dir. Sie fließt wieder in alter und neuer Frische. Sie ist frech, verspielt, neugierig und fließt überall hin, wo sie möchte. Aus deinem klaren See entspringt nun Kraft deiner Gedanken ein neuer lebendiger, reiner und weißer Fluss. Das Besondere an diesem Fluss ist, dass er mit der Quelle verbunden bleibt. Er kann deinen Körper nicht verlassen. Alles Leichte, Liebe und Schöne fließt darin. Dieser lebendige Fluss bringt dir Gesundheit, Freude, Begeisterung, Entscheidungssinn, Wohlbefinden, Motivation, Wirksamkeit und Glück. Er fließt stetig-fröhlich durch deinen Körper und besucht jede Zelle deiner Organe. Es ist der Fluss deiner einmaligen Selbstwertschätzung. Dein Selbstwert fließt in dir! Es geschieht wie von selbst. Du musst nichts tun. Du fühlst, dieser Augenblick hat etwas Heiliges. Viele beanspruchte und kranke Zellen von früher werden durch das helle Licht des weißen Flusses in dir wieder vollkommen gesund. Der weiße Fluss schwemmt aus der Tiefe deiner Quelle ein natürliches Mineral, das nur für deine individuelle Heilung bestimmt ist. Deine intelligenten Zellen wissen von selbst, was gut für dich ist und was zu tun ist. Tu nichts und es geschieht. Das ist Bewusstsein. Vertrau darauf, dass es das richtige Heilmittel für dich ist, weil es aus der Reinheit deiner Ursprungsquelle kommt. Dosier das Mineral Kraft deiner Gedanken so, dass es nicht zu viel und nicht zu wenig ist. Mit der für dich richtigen Dosis können sich deine Zellen bestens regenerieren. Dieser Vorgang ist der Beginn deines neuen wertvollen Lebens, weil du es so bestimmst.

Lenk deine Aufmerksamkeit nun auf deine innere Ganzheit. Wie ist das Gefühl nichts mehr vor sich selbst verbergen zu müssen? Ist es nicht schön, zu wissen, dass alle Gefühle da sein dürfen, die sich gerade melden? Vielleicht erkennst du noch weitere Potenziale, für die du lange Zeit keine Achtsamkeit hattest? Deine lebendige Quelle legt Verborgenes wieder frei. Du hast viel mehr Talente, als du dachtest. Was kannst du jetzt, was du vorhin noch nicht dachtest, dass du es kannst? Kannst du deine neuen Fähigkeiten sehen, hören, fühlen, riechen, schmecken? Solltest du sie noch nicht sehen, dann sei gewiss, dass sie sind da. Vielleicht brauchst du noch etwas Zeit, um das Verborgene in dir zu entdecken oder es dir zu erlauben? Lass dir die Zeit, die du brauchst, um das Verborgene zu finden. Was du aber brauchst, ist die Begeisterung, sie finden zu wollen.

Sollte dir dein Selbstwertgefühl noch etwas fremd vorkommen, ist das o. k. Schließlich hast du lange Zeit viel zu wenig Aufmerksamkeit auf dieses Gefühl gelenkt. Vielleicht musst du dich erst daran gewöhnen? Vielleicht ist es noch ein sehr leises Gefühl? Vielleicht ist es aber sehr intensiv, enthusiastisch und unvergesslich? Vielleicht hast du so richtig Lust auf dein neues Selbstwertgefühl bekommen? Du wirst dich schnell an das Gute und das Schöne in dir gewöhnen. Dieses Gefühl, wie auch immer es ist, ist das Beste, was du dir und deinem Körper schenken kannst. Es wird permanent aus der Quelle deiner unendlichen und bedingungslosen Selbstwertschätzung geboren. Es fließt jeden Tag aufs Neue durch dich hindurch und berührt jede einzelne Zelle. Diese hoch schwingende Selbstwertenergie lebt und sprudelt in dir. Mit dieser Flut an Lebensenergie fühlen sich deine Organe wohl und gesund. Sie fühlen sich von dir geliebt. Die Liebe ist die höchste Energie. Vergeud sie an deine Organe. Sei großzügig, weil sie unendlich ist. Entscheid dich auch, dein Sternengefühl nie mehr zu vergessen. Zeig dein Gefühl der Welt und vergesse es besonders dann nicht, wenn es dir mal nicht so gut geht. Entscheid dich, im Alltag achtsam mit deinem Sternengefühl umzugehen. Entscheid dich, im Hier und Jetzt für dein Sternengefühl! Vergiss deine Entscheidung nicht, wenn das Leben dir mal wieder entgleist. Achte auf die Erfüllung deiner Bedürfnisse, die sich nur aus der Quelle deiner bedingungslosen Wertschätzung erfüllen können.

Konzentrier dich nun nur auf das Gefühl, dass du spürst, wenn du an deine lebendige Quelle denkst, die dir Gesundheit, Freude, Leichtigkeit, Sinn, Begeisterung und Glück bringt. Schenke jeder einzelnen Zelle in dir diese wunderbare Energie deines neuen Gefühls. Was fühlst du genau? Fühlst du vielleicht viel mehr Elan, Wärme, Geborgenheit und Verbundenheit als zuvor? Fühlst du vielleicht eine noch größere Begeisterungswelle als vorhin? Vielleicht spürst du mehr Selbstwirksamkeit? Vielleicht spürst du sogar jetzt, wie dein Selbstwert steigt? Falls du noch einen Erfahrungsschmerz oder sogar einen körperlichen Schmerz in deinem Körper fühlst, dann bedanke dich bei dem Teil in dir, der dir zeigt, dass du noch liebevoller und noch rührender mit deinem Körper umgehen sollst. Fühl, wie dein Bewusstsein steigt, mehr Achtsamkeit für deinen Körper ab jetzt zu entwickeln. Fühl deinen neuen Selbstwert. Fühl dein neues Gefühl.

Vergrößre dein Selbstwertgefühl nun in deiner Vorstellung. Öffne deine Poren, damit dein Sternengefühl deine körperliche Grenze überschreiten kann, obwohl du weißt, dass dein Gefühl mit deiner Quelle eng verbunden bleibt. Du verlierst es nie. Spür, wie du von der leichten Energie deines Gefühls umgeben bist. Wenn du dein Gefühl lokalisieren kannst, dann ankere es, indem du die zuvor ausgewählte Körperstelle einige Sekunden lang fest drückst. Verringre nach wenigen Sekunden den Druck und lasse die Körperstelle wieder los. Lass dein Gefühl noch etwas nachwirken. Genieß dein inneres Gleichgewicht und Wohlbefinden, während du den harmonischen Atemfluss weiter in dir fühlst. Es ist schön, zu fühlen. Es ist schön, sich wohl, leicht, wertvoll und vollständig zu fühlen. Es ist deine Zone of Excellence! Es ist dein Sternengefühl. Das bist du! Du möchtest nicht so sein, wie die anderen dich formen. Du möchtest so sein, wie du bist. Entsprechend deiner Entscheidungskraft wird dein neues Gefühl dich durch diesen Tag und durch weitere Tage, Wochen, Monate und Jahre und vielleicht bis an dein Lebensende tragen!?

Solltest du irgendwann dein Gefühl nicht mehr nachvollziehen können, dann weißt du dennoch, dass es in dir ist und wie es funktioniert. Durch einen bewussten Blick in den See wirst du augenblicklich mit Selbstwertenergie überströmt. Was dir auch passiert, du weißt, wie du neue Energie tanken kannst, wenn du sie brauchst. Pflege deinen perfekten unperfekten Ort an dem du stark bist, aber an dem du auch schwach sein darfst. Erlaub dir all deine Gefühle. Nur wenn alle Gefühle da sein dürfen, kannst du sie wieder, falls sie dich in deinen Zielen behindern, in Liebe dem großen weißen Licht übergeben. Entscheid dich, dass du nie mehr zulässt, dass deine innere Quelle versiegt und dass negative Strategien wie Angriff, Selbstangriff, Wegschauen, Hinhaltetaktiken, Verdrängung ... sich zu einem trüben See in dir anstauen. Eine solche blockierte und statische Energie bringt nur unruhige Unwohl- und Bewertungsgefühle wie Neid-, Rache-, Hass-, Frustrationsgefühle mit sich. Gib alles, was sich in dir anstaut über deinen bewusst geleiteten Blick zu deiner Selbstwertquelle über deinen Lebensfluss an das große weiße Licht ab. Durch das Annehmen, Würdigen und Loslassen deiner Gefühle kannst du wieder deine natürlichen Gefühle hinter deinen Unwohlgefühlen fühlen. Entscheid dich, in Zukunft genau diese natürlichen Gefühle zu kommunizieren, damit deine Kommunikation mit deinen Mitmenschen besser gelingt. **Entwickle ein Sprachgefühl!** Frage dich: *‚Wie wirkt meine Sprache, die ich an mich und an andere richte?‘*. Sei dir dieser Wirkung stets bewusst und verändere die Wirkung, wenn sie dir schadet. Die Sprache des Herzens schenkt dir und anderen Menschen Gemeinschaft, Verständnis, inneren Frieden und innere Freiheit.

Konzentrier dich jetzt darauf, langsam deine innere exzellente Zone zu verlassen und kehre zurück in den Tag mit deinem neuen Sternengefühl und mit dem Bewusstsein, dass du deine innere Quelle wieder gefunden hast. Kehr in das Hier und Jetzt zurück mit der Kraft deiner inneren Freiheit.

Öffne langsam deine Augen und werde dir des Raumes wieder bewusst, indem du dich befindest. Streck deine Glieder aus und fühl dich auch im Alltag von der Energie des Himmels und der Erde getragen. Atme bewusst dein Sternengefühl ein und aus. Leb in der Gewissheit des unbesiegbaren Sommers in dir. Nimm dein Gefühl mit in einen wundervollen Tag. Es ist dein Tag. Kein anderer lebt deinen Tag. Sei wach für deinen Tag und sei gewiss, jeder Tag ist ein Sternentag.

5.3 Die Zone of Excellence

Die Zone of Excellence ist ein innerer **COACH-Zustand.**[184] COACH bedeutet **C**entered: Wir sind zentriert. **O**pen: Wir sind offen. **A**ttending with Awareness: Wir sind in aufmerksamer Erwartung und Bewusstwerdung. **C**onnected: Wir sind mit uns selbst in Verbindung! Das bedeutet: Wir sprechen eine Kommunikation (Sprache des Herzens), die uns mit uns selbst und mit anderen in Verbindung bringt. *„Mit Mitgefühl dem zu begegnen, was wir ablehnen, ist der einzige Weg, unseren Widerständen die Energie zu entziehen."*[185] Das ist Inklusion. **H**olding bedeutet: Wir „halten" die inneren Schatten (Schwächen, Ängste und Unsicherheiten) über die bewusst gewordenen Stärken und drücken sie nicht weg.

In herausfordernden Situationen erleben viele Menschen aber den **CRASH-Zustand.** Dies bedeutet **C**ontraction: Wir ziehen uns zusammen. **R**eaction: Wir reagieren automatisch und unbewusst. **A**nalysis/Paralysis: Wir sind innerlich aufgelöst oder gelähmt. **S**eparatio: Wir sind von unseren Gefühlen und Bedürfnissen – vom Coach-Zustand – getrennt und wählen deshalb keine verbindende, sondern eine trennende Kommunikation. Die Menschen befinden sich dann im Selbstangriffs- und im Angriffsmodus. **H**urting/Hating/Hitting: Wir fühlen uns verletzt, deshalb verletzen wir zurück.

Die Zone of Excellence ist ein innerer konstruierter Ort, in der wir Kraft tanken können. Wir können Kraft unserer Gedanken diesem inneren Ort die Bedeutung eines Traumpalastes geben: *„Der Körper ist der Palast der Seele!"*.[186] Diese Imagination baut auf die Symbolkraft auf, die uns behilflich ist, frühere Verletzungen effektiver zu heilen und ein besseres Problem-Löse-Verhalten zu entwickeln. Nach der Transaktionsanalyse befinden sich in uns drei Kräfte:

1. Der *kritische Elternanteil,*
2. der *liebevolle Erwachsene* und
3. das *innere Kind.*

Mit einer gestärkten Herzenskraft (*Zone of Excellence* – COACH-Zustand – hohes Selbstwertgefühl) kann die **innere Realität**, die dort vorgefunden und durchlebt wird, besser gemeistert und angenommen werden. Diese Übung ist für Menschen ausgerichtet, die sich schon ausgiebig mit der Theorie auseinandergesetzt haben und besteht aus vier Teilen:

1. Die *Zone of Excellence*
in Verbindung mit der Ankermethode – Ankerart und -stelle wird vor der Imagination festgelegt
2. Die innere Realität (wird oft widersprüchlich erlebt – nach der Transaktionsanalyse)
3. Acht Schritte der Selbstempathie im Konflikt
4. Acht Schritte zur Empathie im Konflikt.

---

[184] nach Robert Dilts. Von ihm stammt der Begriff: *Zone of Excellence*. 19. und 20.11.2011 Vortrag in Tübingen. Diese Zone ist etwas abgewandelt beschrieben in Friesinger 2012, Theoriebuch, Kap. 4.1.4.1 als innerer Freiraum zwischen Auslöser und Reaktion.
[185] Hwoschinsky 2007
[186] Abraham Ibn Esra

Besonders bei einem Konflikt ist eine vollständige innere Klärung gewinnbringend für alle Beteiligten. Diese Imagination setzt im Vorfeld die bewusste Entscheidung voraus: *„Ich steige aus Konflikten aus, um mich in meine Zone of Excellence einzustimmen.“.* Mit der geankerten inneren Ruhe (zentrieren auf die Atmung und innere Stärkebilder) wird der verloren gegangene COACH-Zustand wieder hergestellt. Die Zeit, die wir brauchen, um den COACH-Zustand wieder zu aktiveren, ist bei jedem individuell. Es ist jedoch wichtig, den Konfliktpartner zu informieren: *„Halt mal bitte mit deinen Ausführungen kurz an! Ich brauche etwas Zeit, um mich zu sammeln.“.* Selbst ein Einfaches: *„Stopp! – So kommen wir nicht weiter – Lass mir Zeit!“*, kann ausreichend sein, um eine Eskalation zu vermeiden. Es hilft auch, den aktuellen CRASH-Zustand zu benennen: *„Ich würde gerne mit dir darüber weiterreden, aber ich kann gerade nicht, weil mich das so sehr stört oder aufwühlt.“.* Ist der COACH-Zustand wieder reguliert, dann wird zunächst im Selbstregulationsprozess (Selbstempathie) geklärt, was wir fühlen, brauchen und erbitten oder sogar appellieren könnten. Danach erst fühlen wir uns in die Fremdregulation (Empathie) ein, um herauszufinden, was der Konfliktpartner fühlen, brauchen und erbitten oder appellieren könnte.

Mit dem Wissen über Kommunikationsansätze, die Sie im Theoriebuch gelesen haben, sind Sie mittlerweile weniger geneigt, sich selbst und anderen die Schuld bei einem Konflikt zu geben, sondern Sie sind an den Bedürfniserfüllungen aller, lösungsorientiert handeln zu wollen, interessiert. Die souveräne Entscheidung zur inneren Freiheit ist: Sich die Auszeit zu nehmen, die Sie benötigen, um herauszufinden, was Sie und Ihre Konfliktpartner fühlen und brauchen. Formulieren Sie Ihre Vorstellungen und Wünsche grundsätzlich in inklusive Commitments. Sie werden überrascht sein, dass Empathie möglich ist, auch an den Stellen an denen es in früheren Zeiten oft nicht der Fall war. Sie werden die Erfahrung machen, **dass Empathie eigentlich Selbstempathie ist.** Denken Sie nun an einen Konflikt und lassen Sie sich diese mehrteilige Imagination vorlesen.

Die *Zone of Excellence* mit dem Symbol des „inneren Diamanten“:

Teil 1 – Die *Zone of Excellence*: Alles um dich herum ist wieder mal hektisch. Alles ist wirr. Alles ist dir zu viel. Es gibt Streit. Es ist laut. Du bist innerlich unruhig und aufgewühlt. Unwohlsein hat sich in dir stark ausgebreitet. Dein Herz rast. Dein Bauch zieht sich zusammen. Deine Kehle ist vielleicht ganz trocken. Deine Schulter drückt. Ein Wort, eine Geste oder eine Reaktion hat in dir einen unerklärlichen Schmerzauslöser aktiviert. Du kochst innerlich fast über. Irgendetwas stört dich gewaltig. Du könntest vor Zorn nahezu ausrasten. Du spürst, wie du immer mehr dein inneres Gleichgewicht verlierst. Am liebsten würdest du dem anderen an die Gurgel wollen. Aber du weißt, dass das nichts bringen würde und die Situation nur noch verschlimmert. Du fragst dich: *‚Was ist mit mir los, dass ich so aus der Fassung bin?‘.* Oder vielleicht bist du sogar innerlich geschockt und denkst: *‚Warum fühle ich mich wieder so blockiert, so verletzt und so ausgeliefert?‘*?

Plötzlich erinnerst du dich an deine Entscheidung: **‚Ich will so nicht weitermachen!‘.** Du willst weg von deinen negativen Strategien der Bedürfniserfüllung. Du willst echt und stimmig sein. Du willst anders reagieren als in der Vergangenheit. Einziger Ausweg: Du brauchst Zeit, um zu verstehen, was gerade in dir passiert. Du willst herausfinden, was genau in dir brodelt. Deshalb entscheidest du dich jetzt, innerlich aus dieser Eskalation auszusteigen. STOPP! HALT! AUS! ZEIT! PAUSE! AUF-

ZUG RICHTUNG KELLER ANHALTEN! INNERER VULKANAUSBRUCH STOPPEN! Du bist zwar in der Luft, aber du übst keinen Gegendruck mehr aus. Du entscheidest dich, aus deinem inneren Krieg auszusteigen. Innere Freiheit ist eine Entscheidung. Inneres Glück ist eine Entscheidung.

Entschleunigung. Zeitlupe. Du entschleunigst bewusst die Realität, die dich umgibt. Gestalt(e) dir die Realität in Zeitlupe. Alles wird langsamer. Du ziehst die Reisleine an einem symbolischen Fallschirm. Genieß deinen inneren Entschleunigungsflug. Fühl, wie sich deine andere Wahrnehmung durch die Entschleunigung anfühlt. Fühl, wie dein Herz sich wieder beruhigt und dein verkrampfter Magen und die Schulter sich wieder etwas lockert. Fühl, wie du die Verwirrung loslassen kannst. Du schwebst sanft und sicher, mit der Gewissheit, dass du gut und unverletzt landen wirst, auf die Erde zu. Verlangsame nicht nur die Zeit, sondern drehe auch das beunruhigende Stimmengewirr etwas leiser. Dreh die Stimmen so leise, dass die Worte dich nicht mehr mitten ins Herz treffen. Du bist immer noch mit deinem inneren Fallschirm unterwegs. Immer wieder treiben dich Turbulenzen nach oben. Aus dieser fliegenden Perspektive lässt du dein Ziel nicht aus den Augen. Du erinnerst dich an das Gefühl deiner inneren exzellenten Zone. Du konzentrierst dich auf deinen Atem und kommst mehr und mehr in deiner inneren Mitte an. Dort angekommen, bist du richtig und gut. Dort fühlst du dich ganz. Atme tief ein und aus. Gleit mit jedem Atemzug immer tiefer und tiefer, bis du festen Halt unter deinen Füßen spürst. Deine bewussten Atemzüge bringen deine Innenwelt wieder zur Ruhe. Verwurzle dich mit der Erde, damit du einen noch festeren Halt gewinnst. Stell dir vor, aus deiner Wirbelsäule wachsen Wurzeln, die dich mit dem tiefsten Punkt der Erde verbinden. Die letzten Wogen glätten sich und deine Bauchmuskeln sind wieder entspannt. Vielleicht schwankt der Boden noch etwas unter deinen Füßen? Dennoch spürst du, wie du immer mehr in deine *Zone of Excellence* hineingleitest und wie du immer deutlicher dein Sternengefühl fühlen kannst. Lass dir so viel Zeit, wie du dafür benötigst, um es wieder voll in deinem Herzen zu entfalten. Spür, wie du in deiner kraftvollen Mitte nun wieder vor dir selbst gerade stehst.

Mach es dir bequem, schließe deine Augen und lenke deine Aufmerksamkeit zu deinem Atem. Atme drei Mal tief ein und aus. Sollten Gedanken kommen, lass sie wieder ziehen. Lass sie wie Wolken davonziehen. Es ist leicht, Gedanken loszulassen. Die Lebensenergie fließt aus der Unendlichkeit sanft und sicher zu dir. Atme sie ein und aus. Sie fließt durch deinen Körper hindurch, hinab zu deinen Zehenspitzen und über deine Fußsohlen bis tief in die Erde hinein, sodass du dich von ihr getragen und gehalten fühlst. Atme noch einmal tief ein und aus und fühl dich mit der Energie des Himmels und der Erde zutiefst verbunden. Solltest du noch Geräusche im Außen wahrnehmen, dann entspanne jetzt umso tiefer, desto lauter die Geräusche im Außen sind. Spür, wie entspannt du trotz Geräusche bist und wie du trotz der vielleicht noch störenden Gedanken immer entspannter und entspannter wirst. Du bist jetzt sehr tief und sicher mit der Energie des Himmels und mit dem Kraftboden der Erde verankert. Atme über deine Fußsohlen bis tief in die Erde hinein und verwurzle dich noch mehr mit ihr. Im Kreislauf deines Atems wirst du jetzt immer entspannter und leichter, je länger du noch weitere Geräusche im Außen wahrnimmst.

Wend(e) dich nun deinem inneren Ort zu. Es ist der Ort deiner Phantasie. Du bist der Schöpfer dieses Ortes. Es ist der Ort deiner inneren Schätze, Fähigkeiten, Talente und Potenziale. Wie sieht es dort aus? An diesem Ort musst du nicht funktionieren. Du darfst so sein, wie du bist. Du bist gut und wertvoll, so wie du bist. Deine innere Freiheit hat diesen Ort so ausgestaltet, wie es dir am besten gefällt. Genieß und betrachte ihn mit deiner authentischen Ruhe. Was hat sich zum letzten Mal verändert? Vielleicht ist es lange her, dass du da warst? Vielleicht hast du einiges vergessen oder vielleicht entdeckst du etwas Neues? Vielleicht entdeckst du etwas noch nie Dagewesenes?

An deinem Ort ist alles möglich und erlaubt. Geh, renn, hüpf oder flieg in deinem inneren Ort heute noch ein Stück weiter. Was entdeckst du noch? Vielleicht gibt es Zauberschmetterlinge, welche die Farben der Blumen annehmen? Vielleicht gibt es einen plätschernden Bach, einen frischen Wasserfall, einen See, einen Fluss, ein Meer oder sogar ein Ozean? Kost(e) die Frische des Wassers an deinem inneren Ort. Vielleicht befindest du dich gerade unter einem kühlenden, wunderschönen, silbern-leuchtenden Wasserfall oder vielleicht schwimmst du schon im türkisfarbenen lauwarmen Meer? Wie fühlst du dich an deinem inneren Ort? Wie auch immer sich dein Gefühl anfühlt, dehne es jetzt noch weiter, breiter und höher aus, als es ist. Lass dich heute von deinem leichten und beschwingten Gefühl tragen, bewegen und berühren.

Dein innerer Ort ist voller Inspirationen und geheimnisvollen Stellen. Eine Stelle davon ist ganz besonders. Du hast diese Stelle in deiner Phantasie erschaffen oder du kannst sie jetzt erschaffen. Vielleicht ist es ein Palast? Vielleicht ein Märchenwald? Vielleicht eine Höhle? Was auch immer diese geheimnisvolle Stelle ist, dort gibt es ein Versteck, indem du etwas sehr Kraftvolles und Einzigartiges aufbewahrst. Es ist das Versteck deines „inneren Diamanten". Er gehört nur dir und er leuchtet nur für dich in seiner besonderen Art und Weise. Jedes Mal, wenn du deine Diamantenkraft brauchst, holst du ihn aus deinem Versteck hervor. Das Geheimnis kennst nur du. Freu dich, ihn wiederzusehen oder ihn vielleicht auch zum ersten Mal zu entdecken. Schau zu, wie er in deiner Handfläche leuchtet und glitzert. Wie sieht er aus? Bewundre ihn, wie er funkelt und strahlt. Welche Farben bricht er im Licht? Fühl, wie er sich auf deiner Handfläche anfühlt. **Schließ nun fest deine Hand**, sodass er nicht mehr sichtbar ist. Spür, wie er sich dabei erwärmt. Fühl, wie er wärmer und wärmer wird. Plötzlich fängt er wie von Zauberkraft an zu leuchten. Seine Leuchtkraft strahlt aus deinen geschlossenen Fingern heraus. Beobachte, wie die Lichtstrahlen immer länger und größer werden. Du siehst, wie seine Strahlen sich in alle Richtungen biegen, drehen und tänzeln und wie sie dir ins Gesicht leuchten. Du siehst mit deinem inneren Auge, wie deine Augen die Strahlen widerspiegeln. Du siehst dabei den wunderschönen Glanz in deinen Augen.

Die Strahlen deines Diamanten fließen nun fokussiert direkt in deine Herzgegend. Sofort öffnet sich wie von selbst dein Herzfenster, um die Strahlen deines Diamanten aufzunehmen. Im Nu erleuchten sie den unendlichen Raum deines Herzens. Dein Herz wird von Licht und Wärme erfüllt und überflutet und du spürst, wie sich dein Herz erwärmt. Nimm jeden einzelnen Strahl mit jedem Atemzug in deinem Herzen auf. Jeder Atemzug erleichtert dein Herz von der Schwere und der Dunkelheit des Lebens. Die Strahlen erwecken die verdunkelte kleine „innere Sonne" darin zum Leben. Jeder Atemzug bringt dir, über die Strahlkraft deines Diamanten, weitere Energie zu deinem Herzen, so dass die „innere Sonne" immer größer und mächtiger wird. Mit jedem Atemzug wächst deine „innere Sonne" in deinem Herzuniversum, bis sie aus eigener Kraft wieder selbst strahlen kann. Ein verlorener innerer Stern kehrt zurück. Die Strahlen deines Diamanten bringt dir die Liebe in dein Herz zurück. Du fühlst wieder eine enge Verbindung zu deinem Herzen. Du fühlst den Wert deines Wesens – dein unbeschreiblicher Selbstwert. Dein innerer Diamant ist aus der Reinheit der Sonne und der Erde geboren. Lass seine Strahlkraft so lange leuchten, bis du fühlst, dass deine „innere Sonne“ wieder ausreichend Kraft und Wärme besitzt, um selbst zu strahlen.

Spür deinen strahlenden Diamanten in deiner Hand, welcher die Verbindung zu deinem Herzen ist. Lenk deine Aufmerksamkeit jetzt zu deinem Verbindungsgefühl. Verankre diese Verbindung noch tiefer und fester. Kreier deine inneren Bilder und Stimmen zu diesem Verbindungsgefühl noch stärker und bunter als zuvor. Was riechst oder schmeckst du? Wo genau spürst du die Verbindung zu dir? Lass dir Zeit, um das Gefühl bis kurz vor dem Höhepunkt aufbauen zu können. Ankre es an der Körperstelle, die du dir vorhin ausgesucht hast und sei dir bewusst, dass mit dem Loslassen des Druckpunktes der Gefühlshöhepunkt erreicht sein sollte. Lass nach dem Ankern das Gefühl langsam wieder abklingen. Aktivier später wieder dieses Gefühl und gehe mit diesem Gefühl im Herzen in den äußeren Verbindungsdialog mit deinem Konfliktpartner. Kraft deines Körperankers kannst du dein Gefühl jederzeit aktivieren, wenn du es willst.

Verringre in deiner Vorstellung nun die Strahlkraft deines Diamanten und lasse seine Strahlen aus der Mitte deines Herzens sanft ausklingen und zurücktänzeln, bis er in deiner Hand aufhört zu leuchten. Leg ihn wieder zurück zu deinem Versteck. Nimm dir vor, wann immer sich deine „innere Sonne“ im Herzen wieder verdunkelt, deinen inneren Diamanten in die Hand zu nehmen und ihn mit deiner Hand zu umschließen. Dadurch bringst du ihn zum Leuchten, so dass die Verbindung zu deinem Herzen wieder hergestellt werden kann. Verabschied dich nun von deinem inneren Ort und kehre mit der Strahlkraft deiner „inneren Sonne“ wieder in deine innere Realität zurück.

Teil 2 – Innere Realität: Mit neuer Herzenskraft befindest du dich nun in deiner inneren Realität. Dort befinden sich gegensätzliche, konforme und ungesehene Kräfte. Sie ringen um die Herrschaft. Manche Kräfte streiten miteinander, manche sind sich einig und manche sind unsichtbar. Mit neuer Herzenskraft wirst du diesen angezettelten inneren Streit heute gut lösen können.

Besonders eine bestimmte Kraft in dir ist sehr mächtig, obwohl sie schwach ist. Sie kommt in deinem Leben kaum zur Geltung. Es ist die Kraft deines *inneren Kindes.* Diese Kraft trägt die Verantwortung für alle verletzten Gefühlserfahrungen in deinem Leben. Das *innere Kind* kennt alle verletzten Gefühle in dir. Es kennt alle Resignationen, Zurückweisungen und Enttäuschungen. Es glaubt nicht immer an seine Fähigkeiten, weil es ausschließlich einer höheren Instanz Glauben schenkt, die ständig zu ihm sagt: *„Du schaffst das nicht! – Du bist wertlos! – Du bist zu nichts nutze!“.* Das *innere Kind* hatte in der Vergangenheit oft keine Wahl. Es musste mangels an Verhaltensstrategien viele negative Aussagen unreflektiert annehmen und glauben. So kommt es, dass es heute noch zu sich selbst sagt: *„Ich schaffe das nicht!“ „Ich bin wertlos!“ „Ich bin nicht gut genug!“ „Ich bin an allem schuld.“ …* Manchmal versteckt es sich so gut, dass es vollkommen unbemerkt bleibt. Es lernte, unsichtbar zu werden und zu sein.

Abb. 25 – Wie fühlt sich das innere Kind?

Wie ist es mit dir? Wie fühlt sich dein *inneres Kind*? Fühlt es sich vielleicht gelähmt, ohnmächtig, ängstlich, ausgeliefert, isoliert …? Ist es vielleicht beleidigt oder trotzig? Ist es vielleicht hoffnungslos? Vielleicht ist es aber schon emanzipiert und wehrt sich gegen seine höhere Instanz, die ihm ständig einreden will, es sei nicht gut und wertvoll genug?

Diese höhere Instanz ist die Kraft deines *kritischen Elternanteils.* Es sind die Erfahrungen deiner Eltern oder Bezugspersonen, die der *kritische Elternanteil* verinnerlicht hat. Diese Kraft ist sehr mächtig und hat eine große Wirkung auf das *innere Kind.* Dieses hat schon viele Beschimpfungen bewusst und unbewusst vom *kritischen Elternanteil* auf sich genommen und deshalb reagiert es immer entsprechend seinen Erfahrungen mit diesem mächtigen und zum Teil sehr gewaltvollen *kritischen Elternanteil* in dir. Oft schimpft der *kritische Elternanteil* es täglich bewusst und unbewusst aus: *„Wusste ich doch, dass du es nicht kannst!" „Du bist zu nichts zu gebrauchen!" „ Geh mir aus den Augen!" „Du bist nichts wert!" „Du hast schon wieder dein Zimmer nicht aufgeräumt!" „Du bist eine Schande für uns!"* ... ? Das *innere Kind* hat bei dieser Behandlung kaum eine Chance sich zu wehren. Es hat besonders dann keine Chance, wenn die ausgleichende Instanz in dir – dein *liebevoller Erwachsener* – einfach nur wegschaut und nicht eingreift, um dein *inneres Kind* zu schützen. Ist dein *kritischer Elternanteil* zu dominant, dann ist dein *liebevoller Erwachsener* zu schwach und bleibt oft regungslos und stumm. Die Wünsche des *inneren Kindes* sind dann nicht spür- und erreichbar. Es hat resigniert. Was du aber bewusst und deutlich wahrnimmst, ist die resignierte Antwort deines *inneren Kindes*: *„Stimmt, ich bin nichts wert und zu nichts zu gebrauchen.".*

Heute ist aber dein *liebevoller Erwachsener* mutig und stark. **Er handelt.** Sobald der *liebevolle Erwachsene* aktiv wird, wird der *kritische Elternanteil* in dir automatisch etwas schwächer. Die vorhandenen inneren Kräfte sind immer gleich. Sie sind nur unterschiedlich verteilt. Viel zu lange hat der *liebevolle Erwachsene* zu- und weggeschaut, wenn der *kritische Elternanteil* das *innere Kind* gerügt hat. Heute hört er dem *inneren Kind* endlich zu. Aber er hört auch dem *kritischen Elternteil* zu. Er zeigt ihm gegenüber ebenso Verständnis, schenkt ihm Empathie und entzieht ihm so seine destruktive Macht in Bezug auf das *innere Kind.*

Durch die frische Herzenskraft begegnet dein *liebevoller Erwachsener* heute dem *inneren Kind* mit Wohlwollen und Zuneigung. Es sagt liebevoll zu ihm: *„Du bist gut und richtig, so wie du bist. Nichts an dir ist verkehrt. Ich nehme dich so an, wie du bist. Ich liebe dich genauso, wie du bist. Ich wünsche mir nichts anderes, als dass du so echt bleibst, wie du jetzt bist. Ich sehe dich. Ich nehme dich wahr. Ich sehe deine Wünsche und ich bin da, um sie dir zu erfüllen. Ich liebe dich.".* ... Diese Worte tun dem *inneren Kind* ausgesprochen gut. Vielleicht hat es solche Worte noch nie gehört und es muss sich erst daran gewöhnen? Vielleicht traut es dem *liebevollen Erwachsenen* nicht so richtig über den Weg? Zu lange fühlte es sich von ihm im Stich gelassen. Zu lange hatte es keinen einzigen Sonnenstrahl mehr gespürt. Mit Erlaubnis des *inneren Kindes* nimmt heute dein *liebevoller Erwachsener* es liebevoll in den Arm. Vielleicht will es aber gar nicht in den Arm genommen werden, weil die Umarmung und die dazugehörenden Gefühle ihm fremd sind? Fühl, **was** das *innere Kind* von dir braucht. Vielleicht reicht es aus, wenn dein *liebevoller Erwachsener* nur in seiner Nähe ist und ihm die Hand reicht? Auch das ist Empathie. Tu nur das, was dein *inneres Kind* zulassen kann. Schenk deinem *inneren Kind* heute deine ganze Aufmerksamkeit, deine Wertschätzung und deine bedingungslose Liebe. Das ist Selbstempathie. Unterbreit deinem *inneren Kind* den Vorschlag, gemeinsam mit ihm den *kritischen Elternteil* zu besuchen. Strahl den *kritischen Elternanteil* mit deiner frisch getankten Sonnenkraft ebenso an. So wird er spüren, dass er vielleicht in der Vergangenheit gegenüber dem *inneren Kind* viel zu streng reagierte, weil er selbst viel Strenge, Missachtung, Druck und Enttäuschungen in seinem Leben erlebt hat. Er wird gegenüber dem *inneren Kind* sein Bedauern aussprechen können, so dass das *innere Kind* dem *kritischen Elternanteil* durch die Wiedergutmachungsversuche vergeben kann. Vielleicht ist der *kritische Elternanteil* durch die gewonnenen Erkenntnisse sehr traurig oder vielleicht sogar geschockt? Der *liebevolle Erwachsene* vergibt dem *kritischen Elternanteil* in seiner Ambivalenz, Strenge und Dominanz, indem er zu ihm sagt: *„Du bist richtig und gut, so wie du bist! Du handelst so, weil du es nicht anders kennst. Du hast aus deiner allerbesten Option gehandelt. Du bist nicht schuld. Heute bin ich bei dir und wir werden gemeinsam Lösungen finden, wie wir alle friedlicher miteinander umgehen können." …*

Durch diese doppelte bedingungslose Annahme gewinnt dein *liebevoller Erwachsene* auf wunderbare Art und Weise wieder seine ausgleichende Macht zurück. Der innere Krieg ist beendet. Es herrscht wieder innerer Frieden. Du fühlst deinen inneren Frieden, so dass du nun gestärkt und voller Selbstvertrauen, den Konflikt im Außen noch einmal gedanklich in Ruhe durchspielen kannst. Vertrau deiner Intuition. Vertrau der Kraft deiner Selbstempathie.

Teil 3 – Selbstempathie: Nach dem *Acht-Räume-Modell der Inklusiven Kommunikation*

Situationsanalyse. Wie genau war die Situation? Vergegenwärtig(e) sie dir über *VAKOG*. Was hast du gesehen, gehört, gefühlt, gerochen und geschmeckt?

Inklusionsraum: Vergegenwärtig dich wieder der Konfliktsituation im Außen. Du befindest dich jetzt im Inklusionsraum. Gestärkt durch deine Herzenskraft lass in diesem Raum nun alles zu, was dir durch den Kopf geht. Alles ist erlaubt. Genehmig dir die Dinge, die du dir sonst in Gedanken nicht genehmigst. Bezieh diese ebenso mit ein. Inklusion meint gerade das Einbeziehen von Möglichkeiten, die wir bisher noch nicht berücksichtigt haben. Denk nach und lasse alles zu, was dir in den Sinn kommt. Leb es aus. Mach dir noch einmal bewusst, was in dir vorhin brodelte. Was hat dein Gefühl so angeheizt? Welche Interpretationsgefühle hattest du? Schimpf innerlich über diese „ungerechte" und „unmögliche" Situation und werde dir der Botschaft deiner inneren Bilder und deiner Sprache bewusst, damit dir deine unbewussten Reaktionsmuster mit den dazugehörenden negativen Glaubenssätzen auffallen. Welche Bewertungsgefühle hast du? Was fällt dir auf? Vergegenwärtig dir deinen inneren Dialog. Wie sind deine inneren Stimmen? Wie genau ist die Botschaft, die du hörst? Ist dir der Inhalt deines inneren Dialogs bewusst? Genieß ihn in Gedanken. Es ist deine Innenshow! Was genau hast du zu dir gesagt? Wie hören sich die inneren Vorwürfe in Bezug auf deinen Konfliktpartner an? Was sind deine inneren Bilder und Filme? Was hast du an ihm verurteilt? Frag dich aber auch, wie sich deine Selbstvorwürfe anhören? **Was stört dich an dir selbst?** Was findest du an dir so „schrecklich"? Was kannst du an dir nicht leiden? Was könntest du evtl. nach außen projizieren? Was stört dich so sehr an deinem Konfliktpartner? Das was dich an ihm so stört, ist oft genau das, was du bei dir selbst nicht anerkennen willst. Sobald du es anerkennen kannst, wird dein innerer Schatten kleiner und erträglicher. Kannst du alle deine Verurteilungen, Selbstverurteilungen, Blockaden, Widerstände … und die dazugehörenden Gefühle annehmen? Du weißt, es gibt keine schlechten Gefühlen. Was brauchst du, dass du kein schlechtes Gewissen mehr hast? Was brauchst du, damit du deine Erwartungen an dich und an andere etwas reduzieren kannst? Was hast du vielleicht verdrängt, abgespalten und willst es nicht sehen? Welche Strategie und welches Gefühl möchtest du anerkennen, dass bis jetzt nicht sein durfte? Wenn du dich ausreichend deinen Reaktionsmustern und Gedankengängen gewidmet hast, dann bewege dich gedanklich in den Reframingsraum. Hier wird das Erlebte umgedeutet und neu interpretiert. Es gibt immer viele Wahrheiten. Jeder Gedanke ist reframbar. Entscheid dich, dass du für dein inneres Glück jeden Gedanken für dich gut reframen kannst.

Reframingraum: Du hast die Macht, deine Gedanken zu reframen. Wie willst du die Botschaft deiner Sprache verändern? Gib deiner gedanklichen Botschaft eine neue Stimme! Das ist die einzige Macht, die du hast. Wie kannst du die Situation reframen? Wie kannst du deinen inneren Dialog noch denken? Wie kannst du die inneren Bilder reframen? Wie könntest du eine neue Sichtweise einnehmen? Wie kannst du die Geschichte in einen neuen Rahmen setzen? Wie könntest du deine Glaubenssätze reframen, damit sich dein Gefühl verbessert? Was ist deine positive Absicht hinter deinen alten Glaubenssätzen? Erkennst du einen Vorteil daraus? Wenn nicht dann leuchte mit der Kraft deiner „inneren Sonne“ die Gedanken deiner Selbstverurteilung an. Wie verändert sich dadurch das Gefühl? Geh gedanklich aus dir heraus. Dissoziier dich! Wie verändert sich das Bild? Was siehst du? Erkennst du jetzt eher den Vorteil? Siehst du einen inneren Film? Wie siehst du in diesem Film aus? Was könntest du denken, damit es dir besser geht? Was könntest du in diesem Film tun, damit es dir besser geht? Wie könnte eine neue Kooperation zwischen deinem Gefühl und Verstand aussehen? Wie könnte die Reaktion des anderen noch gedeutet werden? Wenn du es weißt oder auch nur ahnst, dann assoziier dich wieder. Beweg dich in Richtung Gefühlsraum, um nachzufühlen, ob es für dich stimmig ist. Lenk deine Aufmerksamkeit bewusst auf dein stimmig-authentisches Gefühl, dass du in der Konfliktsituation hattest. Was fühlst du hinter deinen Interpretationen und Reaktionsmustern wirklich?

Gefühlsraum: Wie fühlst du dich mit diesen vielen neuen Gedanken? Was fühlst du genau? Was empfindest du? Wo genau im Körper spürst du noch etwas? Was genau fühlt sich leichter als zuvor an? Kannst du den Unterschied beschreiben? Kannst du eine andere Gefühlsqualität in dir wahrnehmen, die ohne oder mit weniger Interpretationen und Verurteilungen sind? Wo zwickt es noch? Treten noch zu viele Bewertungsgefühle auf, dann gehe gedanklich zurück in den Inklusionsraum. Stell dir wieder ähnliche Fragen. Tu dies so lange, bis du deine Reaktionsmuster mit den dahinterliegenden Glaubenssätzen erkennst. Welches Gefühl nimmst du hinter deinen Reaktionsmustern wahr? Welches Gefühl könnte sich hinter deiner Wut verbergen? Achte auf die „Ich-bin-Regel!“[187] bei deinen Interpretationen. Denkst du, dass du dich vielleicht „missverstanden-fühlst“ oder „ignoriert-fühlst“, dann fühle achtsam nach, welches natürliche Gefühl, sich hinter der Interpretation, dass du dich missverstanden oder ignoriert fühlst, in dir zeigt. Nimm deine natürlichen Gefühle so an, wie sie sind und würdige sie. Nimm auch deine vorgefundenen Glaubenssätze, die diese Gefühle in dir auslösen, so an wie sie sind. Würdig(e) sie und reframe sie mit Reframingsfra-

[187] (Fast) immer, wenn wir sagen können: *„Ich bin traurig, erfreut ...“*, ist es ein Gefühl. „Ich bin ‚nicht ernst genommen‘“. ist z. B. kein Gefühl, weil es semantisch nicht passt. Diese Regel wird im Theoriebuch ausführlich erklärt.

gen im nächsten Schritt. Fühl nach, wie die neuen Glaubenssätze sich für dich anfühlen. Lass dir für diesen Reflexionsprozess die Zeit, die du brauchst, damit du ohne bewertende Gefühlsvermischungen dein stimmig-authentisches Gefühl fühlen kannst. Gib genau diesem Gefühl Raum, da zu sein. Verdräng es nicht! Es zeigt dir den Weg zu deinem Bedürfnisraum. **Dein authentisches Gefühl ist immer ein direkter Hinweis, welche Bedürfnisse in dir frustriert sind** und welche Werte in dieser Situation dir besonders wichtig sind.

Bedürfnisraum: Wie ein Kompasszeiger zeigt dir dein Gefühl an, welche Bedürfnisse in der Konfliktsituation bei dir frustriert waren. Was genau hättest du gerne erfüllt gehabt? Was hättest du konkret in dieser Situation gebraucht? Welche inneren Anteile in dir haben sich gemeldet? Wenn du es weißt, könntest du sie im Reframingsraum nochmals verändern. Was wäre dir darüber hinaus noch wichtig in der Situation gewesen? Lass dir Zeit, bis du genau weißt, welche Bedürfnisse unerfüllt waren und was du jetzt brauchst, um diesen Mangel in dir zu beenden. Solltest du es noch nicht wissen, dann vermute es wenigstens. Sprech deine Vermutungen und Hypothesen aus. Dadurch zeigt sich in dir vielleicht schon ein neuer Weg, selbst wenn die Vermutungen verkehrt sind. Deine inneren Sucher sind schon längst in deinem Unbewussten unterwegs, um die richtigen Antwort zu finden. Vertrau darauf, dass sie die Antworten finden werden, die du für deine Entwicklung brauchst. Deine Intuition lässt dich nicht im Stich. Vielleicht brauchst du mehr Selbstverantwortung und -verpflichtung für deine Bedürfnisse? Vielleicht brauchst du mehr Zeit und Ruhe, dir selbst einfühlsam zuzuhören? Vielleicht brauchst du ein Bewusstsein über deine innere Haltung in Bezug auf Konflikte allgemein? Vielleicht brauchst du noch mehr Reframingfähigkeit, weil du viel zu lange glückshinderliche Gedanken zugelassen hast, ohne einen Ausweg zu sehen? Vielleicht ist es dir auch noch wichtig, deine hohen Erwartungen an dich herunterzuschrauben, damit du deinem wahren Wesen gerecht werden kannst? Werd(e) nicht mehr nur den Erwartungen anderer gerecht, die diese in dich hinein projizieren. Durch eine ähnliche Haltung reduzieren sich automatisch die hohen Erwartungen an deine Mitmenschen und du empfindest mehr Verständnis für sie, weil du mehr Verständnis für dich entwickelst. Sobald du weißt, was du brauchst, und manchmal sind es nur sehr kleine und konkrete Dinge, wie noch einmal das Gespräch aufsuchen oder ein bestimmter Wiedergutmachungsakt, dann beweg dich zum Selbstverpflichtungsraum. Hier formulierst du deine konkreten Bitten, Handlungsoptionen und vielleicht auch Anweisungen an dich und an deinen Konfliktpartner.

Commitmentraum: Nachdem du herausgefunden hast, was du brauchst, denkst du in diesem Raum nach, was du als nächstes konkret tun willst, damit deine Bedürfnisse tatsächlich befriedigt werden. Versuch in diesem Raum, nicht problem-, sondern lösungsorientiert zu denken. Die Frage lautet nicht, was ist das Problem, sondern was ist die Lösung. Wie könnte der Konsens aussehen? Oder zumindest der Kompromiss? Was willst du tun, damit es dir in der Konfliktsituation besser geht? Was wäre deine Selbstverpflichtung in Bezug auf dich und auf den anderen? Was ist deine konkrete Anforderungsbitte an dich? Was ist dein nächster Schritt und wann genau willst du ihn vollziehen? Willst du vielleicht die Klarstellung des Konfliktes? Willst du noch einmal die Gelegenheit haben, die Dinge so ausdrücken zu können, wie du sie tatsächlich meintest? Gibt es vielleicht sogar einen stimmigen Appell an dich selbst oder an den anderen, besonders wenn du in einem

Hierarchiesystem keine andere Wahl hast? Was möchtest du verändern und wie möchtest du es stimmig-authentisch kommunizieren? Geh erneut zurück in den Bedürfnisraum. Was brauchst du, um stimmig-authentisch kommunizieren zu können? Möchtest du dir deinen Dialog vorher aufschreiben, damit du dich im äußeren Dialog mit deinem Konfliktpartner nicht wieder in Vorwürfe verlierst? Lass dir für das Formulieren des äußeren Dialogs Zeit. Teil deine gefundenen Ziel-Commitments in kleinste Schritte auf, um dich nicht zu überfordern. Hol dir für das Gespräch Unterstützung, falls du denken solltest, dass du Unterstützung brauchst.

Erkenntnisraum: Denk in diesem Raum über deine Erkenntnisse nach, die dir durch diesen Selbstklärungsprozess bewusst geworden sind. Welche Erkenntnisse hast du durch deine neue Selbstempathiefähigkeit gewonnen? Wie hat sich dein Mitgefühl dir gegenüber verändert? Was genau ist anders? Gibt es neue Reaktionsmuster, Gedanken, Glaubenssätze und Gefühle? Wie und wo lokalisierst du das neue Verständigungsgefühl zu dir und zu deinem Konfliktpartner? Wie könntest du es feiern und würdigen, damit es nicht wieder verloren geht? Geh zurück in den Selfcommitmentraum und entwickle Ideen der Umsetzung. Geh auch zurück in den Gefühlsraum und fühle nach, wie sich das Erkenntnisgefühl anfühlt? Vielleicht bedauerst du auch etwas? Was und wie bedauerst du, wenn z. B. trotz enormer Bemühungen keine Verbindung möglich ist? Was könntest du dann konkret denken, sagen und tun? Find dies hier im Selfcommitmentraum heraus und formuliere später im Zieleraum selbst dafür neue Ziele.

Zieleraum: In diesem Raum darfst du träumen und dabei Visionen entwickeln. Was ist deine Vision in Bezug auf den Konflikt und allgemein? Was sind deine weiteren Ziele des gemeinsamen Umgangs mit dir selbst und mit deinem Konfliktpartner? Was ist dein Ziel, wenn keine Verbindung möglich war? Wie gehst du dann damit um? Wie gehst du mit dem Gefühl des Scheiterns um? Entwickle hierfür passende Ziele. Was brauchst du noch, um deine Ziele umzusetzen? Geh zurück in den Selfcommitmentraum und entwickle konkrete Schritte der Umsetzung. Was ist dein Ziel hinter dem Ziel?

Teil 4 – Empathie: Nachdem du eine konstruktive Klarheit für dich gewonnen hast, fühl dich, wie bei einem Rollenspiel nun in den anderen ein. **Du bist der andere.** Du bist dein Konfliktpartner. Was denkst du in seiner Rolle? Vertrau darauf, dass der andere später dein Bemühen um eine gute Lösung erkennt, weil du bereit bist, ihm deine Gefühls- und Bedürfnislandschaft ebenso zu zeigen. Nimm dir diese kostbare Zeit, um herauszufinden, was der andere denken, verurteilen, reframen, fühlen, brauchen, erbitten und erkennen könnte, wenn er mit dir spricht. **Was ist sein wahrer Kern, um den es ihm eigentlich geht?** Was könnte seine Selbstverpflichtung in Bezug auf sich selbst sein? Was könnte sein Ziel in Bezug auf sich selbst und in Bezug auf dich als seinen Konfliktpartner sein? Vertrau deiner Intuition. Vertrau der Kraft deiner Empathie.

Situationsanalyse: Wie war die Situation für den anderen? Mach es dir über *VAKOG* bewusst.

Inklusionsraum: Wie könnte er mich als seinen Konfliktpartner verurteilen? Was könnten seine Interpretationsgedanken und -gefühle sein? Welche Reaktionsmuster, Glaubenssätze und Überzeugungen könnte er haben, weil er so reagiert? Welche inneren Anteile, lassen ihn so und nicht anders reagieren? Wie müssen die inneren Anteile miteinander kooperieren, damit er anders reagieren könnte? Welche Worte würde er in seinem inneren Dialog benutzen? Wie würde seine Gedankenbotschaft lauten? Wie könnten seine inneren Bilder in Bezug auf sich selbst und in Bezug auf dich als sein Konfliktpartner ausfallen? Hör diesem inneren Dialog zu! Schau dir die Bilder genau an! Stell Vermutungen und Hypothesen an. Was verurteilt er darüber hinaus noch? Gib nicht gleich auf. Da ist noch mehr. Was will er nicht erkennen und inkludieren? Was könnte er verdrängen? Was genehmigt er sich nicht? Was könnte er projizieren? Was könnte er an sich selbst verurteilen? Welche Botschaft hat seine Selbstverurteilung? Was sind seine Strategien der Bedürfniserfüllung? Sobald du einige Reaktionsmuster und Gedankengänge kennst, komm nun langsam zu dem Raum, in dem du alles Gesehene und Gehörte noch einmal überdenken und verändern kannst. Es ist der Reframingsraum des anderen.

Reframingsraum: Wie könnte er die Situation noch sehen? Wie würde er sie umdeuten? Wie könnte er bei seinen Gedanken positive Vorzeichen zulassen? Welche Glaubenssätze könnten ihm helfen, dies zu tun? Wie könnte er die inneren Bilder und Stimmen reframen? Wie könnte er deine Reaktion aus einer anderen Perspektive betrachten? Was könnte seine positive Absicht hinter seinen negativen Glaubensätzen sein? Was könnte der Vorteil seiner Reaktionsmuster sein? Wie könnte er seine Reaktionsmuster für sich reframen? Wie würde er seine Glaubenssätze reframen? Wie wäre er ohne seine negativen Reaktionsmuster mit den dazu verankerten Glaubenssätzen? Welches Wesen würde sich ihm dann offenbaren? Konzipier mindestens einen guten Reframingsgedanken und nehme diesen in den Gefühlsraum des anderen mit.

Gefühlsraum: Wenn du an diesen Gedanken denkst, was glaubst du, was könnte er stimmig und authentisch dabei fühlen? Welche Gefühle entdeckt er hinter seinen Interpretationsgefühlen? Fühl nach, was er fühlen könnte und was dieses Gefühl bei ihm auslösen könnte. Denk auch darüber nach, wie er sich fühlen würde, wenn er die Fähigkeit hätte, zu reframen. Welche Reaktions- und Kommunikationsmuster und welche konkreten Verhaltensweisen würden ihn ausgeglichener stimmen? Wie könnte er eine Verbindung zu seinen Gefühlen und Bedürfnissen aufbauen und diese entsprechend würdigen wollen? Solltest du die Gefühle deines Konfliktpartners nicht nachvollziehen können, dann vermute sie einfach nur. Allein schon die Vermutung, kann auch dich verständnisvoller stimmen lassen, noch bevor du in seinen Bedürfnisraum eintauchst.

Bedürfnisraum: Wenn du nun schon vermutest, was er fühlt, was vermutest du dann, was er in der Konfliktsituation gebraucht hätte? Stell Hypothesen über seine unerfüllten Bedürfnisse auf! Was glaubst du, was ihm gefehlt hat? Was könnten seine von höchster Emotionalität frustrierten Bedürfnisse in dieser Situation gewesen sein? Was könnte ihm in der Beziehung zu mir wichtig sein? Was könnte er konkret brauchen, um sich die unerfüllten Bedürfnisse zu erfüllen. Allein schon die Idee oder die Vermutung kann dir helfen, dich besser zu orientieren und wird dir später im äußeren Verbindungsdialog mehr Verständnis, Klarheit und Sicherheit geben. Komm nun in seinen Selbstverpflichtungsraum.

Commitmentraum: In diesem Raum überlege, was seine Verpflichtung an sich selbst und an dich als seinen Konfliktpartner sein könnte? Was könnte er sich konkret von dir wünschen? Wie könnte seine Bitte, sein Appell oder seine Anweisung an sich selbst und an dich ausfallen? Stell darüber

Hypothesen auf! Wie könnte er konkret die Verbindung mit dir feiern wollen? Würde er dich umarmen wollen oder dir einfach nur auf die Schulter klopfen? Wie würde er bedauern, wenn keine Verbindung möglich ist? Würde er vielleicht eine Beziehungspause vorschlagen?

Erkenntnisraum: Welche Erkenntnisse könnte der andere, wenn er ebenso einen Einfühlungsprozess durchführen würde, für sich gewinnen? Wie würde er sich dann fühlen?

Zieleraum: Was könnten seine Ziele in Bezug auf sich und in Bezug auf dich als seinen Konfliktpartner sein? Vermute, ob er überhaupt Ziele hat? Wenn ja, was vermutest du, welche Strategie er hat, um seine Ziele zu verfolgen? Was könnte sein Ziel hinter dem Ziel sein?

Es ist vollkommen in Ordnung, wenn du einige der Fremdeinfühlungsfragen nicht beantworten konntest. Wir können nicht alles über den anderen wissen oder vermuten, besonders wenn er im Laufe der Zeit perfekt funktionierende Strategien entwickelt hat, sein Wesen vor anderen zu verbergen. Dennoch können wir, dank der Spiegelneurone, die Gefühle und die Bedürfnisse der anderen zumindest erahnen. Nimm dir vor, einfach im äußeren Verbindungsdialog nach zu fragen, was der andere denkt, fühlt und braucht. Frag nach, was ihm für die Lösung des Konfliktes wichtig wäre. Sei dir bewusst, dass der andere im äußeren Verbindungsdialog schimpfen wird und darf, weil er den Einfühlungsprozess nicht kennt und weil er höchstwahrscheinlich seine Gewohnheitsmuster zeigen wird. Übersetz seine Angriffe in Gefühle und Bedürfnisse und sei dir im Klaren, dass jeder Versuch, es zu tun, besser ist, als in den Gegenangriff zu gehen. Auf der Gefühls- und Bedürfnisebene gibt es immer mehrere Lösungen.

Nimm dir im äußeren Verbindungsdialog vor, erst die Gefühle deines Konfliktpartners und seine unerfüllten Bedürfnisse, die du vermutest, zu benennen, bevor du deine darlegst. Durch dieses Vorgehen schaffst du dir erst die Plattform, dass der andere bereit ist, von seinen Angriffen vielleicht loszulassen oder sie zumindest zu reduzieren. Er gewinnt dann ebenso innere Ruhe und die Chance steigt, dass er dich in deinem Wesen ebenso erkennt, wenn du deine Gefühle und frustrierten Bedürfnisse in der erlebten Konfliktsituation offenbarst. Er wird dir eher zuhören können, um was es dir bei dieser Differenz ging und er wird eher motiviert sein, eine gute Lösung für den Konflikt zu finden. Entwickle durch deine inklusive Haltung die Gewissheit, dass Empathie bei jedem Konflikt möglich ist. Entwickle die Gewissheit, dass du die Kraft der Selbstempathie im Herzen trägst, die zur Empathie führt. Nur Empathie ermöglicht eine Lösung in Form eines Konsenses, alles andere sind Strategien auf Kosten von unerfüllten Bedürfnissen anderer.

Solltest du im äußeren Verbindungsdialog noch Impulse verspüren, deinen Konfliktpartner angreifen zu wollen, dann registriere diese Impulse und verleugne sie nicht. Bitte augenblicklich um Auszeit, um dir über den Selbstempathieprozess noch einmal Klarheit zu verschaffen, warum du diese Impulse hast. Vielleicht wird dir beim zweiten Mal etwas bewusst, was dir vorher noch unbewusst war? Falls du zur Lösung des Konfliktes Unterstützung benötigst, dann scheue dich nicht, sie dir zu erlauben. Bitte eine Vertrauensperson, die sich mit dem einfühlsamen Zuhören auskennt, dir zu helfen.

Sei dir stets bewusst, dass ein Kompromiss auch Exklusion und Abstand bedeuten kann, falls der andere dies wünscht. Es kann auch sein, dass du es dir wünschst, weil eine Zusammenarbeit für den Moment für beide Seiten sehr unvorteilhaft ist. Dennoch ist es wichtig, dies zu formulieren, zu bedauern und die Türe für eine spätere Verbindung und Versöhnung offen zu halten. Anbetracht dessen, dass wir eigentlich friedliche und keine aggressive Wesen sind, ist diese offene Haltung gesundheitsförderlich. Inklusion meint auch, darauf zu achten, dass wir gesunde und für uns wohltuende Entscheidungen treffen. Hab Vertrauen zu deiner Selbstempathiefähigkeit. Hab Vertrauen, das dein Unbewusstes weiß, was für dich für den Moment intuitiv das Richtige ist. Vertrau darauf, dass die Botschaft deiner Sprache, der Schlüssel zur Lösung ist. Vertrau deiner Herzenskraft, dass du die passenden Worte für dein Anliegen findest. Betrachte Konflikte als Chance, weil sie dich weiterbringen. Konflikte sind menschliche Normalität. Denk daran, im äußeren Verbindungsdialog nicht in den Angriff zu gehen, sondern stelle dein Anliegen echt und authentisch über die Gefühls- und Bedürfnisebene inklusiv vor. Verlass nun langsam diese Imagination, um im Außen deinen Konflikt gut und gewinnbringend lösen zu können.

Öffne langsam deine Augen und werde dir des Raumes wieder bewusst, indem du dich befindest. Streck deine Glieder aus und fühl dich auch im Alltag von der Energie des Himmels und der Erde getragen. Atme bewusst dein Sternengefühl ein und aus. Leb in der Gewissheit des unbesiegbaren Sommers in dir. Nimm dein Gefühl mit in einen wundervollen Tag. Es ist dein Tag. Kein anderer lebt deinen Tag. Sei wach für deinen Tag und sei gewiss, jeder Tag ist ein Sternentag.

Wissenswertes zu dieser Imagination: Bevor Sie bei einem Streit zu Ihrer inneren Ruhe zurückfinden können, braucht es viel Übung. Sie werden, wenn Sie üben, **Erfolg haben**! Immer wenn es für Sie in Konfliktsituationen „schwierig" wird oder Sie sich überfordert fühlen, dann ziehen Sie bewusst die Reißleine am Fallschirm, um in Ihrem exzellenten inneren Ort sicher zu landen. Tanken Sie dort durch die Strahlkraft Ihres „inneren Diamanten" neue positive Energie auf. Wer geübt ist, kann **mit einem bewussten Gedanken** an seinen „inneren Diamanten" innerlich schon so gefestigt sein, um den Selbstempathie- und Empathieprozess (Teil 3 und 4) erfolgreich durchzuführen. **Teil 2 – die innere Realität – ist mit der Zeit nicht mehr zwingend notwendig.** Malen Sie ein Bild von Ihrer „inneren Sonne" und von Ihrem „inneren Diamanten". Der Gedanke an das Bild kann Wunder bewirken und hat eine starke Selbstberuhigungskompetenz.[188]

Tipp zu Teil 2: Sollte ein Schmerzauslöser in einer Diskussion oder Streit Sie stark aufwühlen, dann strahlen Sie mit Ihrer Herzenskraft zuerst Ihr *inneres Kind* an. Wie geht es ihm? Warum fühlt es sich verletzt? Wie konkret könnte der *liebevolle Erwachsene* aktiv werden? Wie tröstet er? Was braucht Ihr *inneres Kind,* damit es nicht verzweifelt? Was sagt der *kritische Elternanteil* (innerer Antreiber, Aggressor, Perfektionist, Ratgeber, Besserwisser ...) zu Ihrem *inneren Kind*? Was braucht dieser, damit er nicht mehr so kritisch, perfektionistisch oder besserwisserisch in Erscheinung tritt? Gleichen Sie mit Ihrer Herzenskraft die inneren widerstrebenden Kräfte in Ihnen aus, indem Sie

[188] Siehe Kap. 5.9

diese so annehmen, wie sie sich gerade zeigen. **Annahme und Bejahung der Gefühle**, schafft Lösungen, Erleichterung und entzieht den inneren Ambivalenzen die destruktive Energie.

Tipp und Beispiel zu Teil 3 und 4: Über das *Acht-Räume-Modell* finden Sie heraus, was Sie in der Konfliktsituation wirklich fühlen und brauchen, um Commitments zu formulieren. Z. B.: *„Ich verpflichte mich, dass ich meinem Konfliktpartner sage, dass es mir wichtig ist, den Konflikt mit ihm in Ruhe und ohne weitere Beleidigungen zu klären.“.* Übersetzen Sie, so gut wie möglich, im äußeren Verbindungsdialog Angriffe in Gefühle und Bedürfnisse. **Schreiben Sie den möglichen Dialog vorher auf.** Je nach Konfliktinhalt kann sich eine Bitte an den Konfliktpartner so ausfallen: *„Ich war irritiert, aber auch etwas enttäuscht, weil ich keinerlei Informationen über deinen Verbleib hatte. Mir ist jedoch Zuverlässigkeit und Planungssicherheit wichtig. Kannst du mir bitte rechtzeitig Bescheid sagen, wenn du nicht kommst?“.* Gerade durch diesen erweiterten Einfühlungsprozess finden wir durch die Rollenübernahme zügiger heraus, welche Commitments der Konfliktpartner vielleicht auch an uns richten könnte. Vielleicht könnte z. B. seine Bitte lauten: *„Könntest du mir im Vorfeld sagen, dass dir mein Erscheinen wichtig ist?“*? Sie brauchen aber nicht alles zu überlegen. Das Leben ist mit Überraschungs- und Erkenntniseffekten spannender.

5.4 Die Machtentzauberungsimagination

Mit dieser Imagination werden Sie Menschen, die Ihnen nicht gut tun oder sogar schaden, in Ihrem Kopf entmachten. Sie haben die Macht über Ihre Gefühle. Sie allein haben die Macht über Ihre aufeinander folgenden Gedankenketten. Sie haben die Macht, aus einem Konflikt auszusteigen. Sie werden sich von Ihren unangenehmen Erlebnissen und auch von negativ denkenden und wirkenden Menschen entzaubern können. Suhlen Sie sich nicht länger im Schmerz der Vergangenheit! SIE LEBEN JETZT! Lassen Sie die Zukunftsängste los. SIE LEBEN JETZT! Negative Energien begegnen uns täglich. Wir können uns ihnen nicht immer und überall entziehen. Wir sind zu 30 % den negativen Stimmungen unserer Umgebung durch unsere Spiegelneurone im Gehirn systematisch ausgeliefert.[189] **Wir können uns aber schützen.** Wir können uns mit Schutzimaginationen wie dieser von der negativen Anziehungsmacht anderer auf eine gesunde Art und Weise entzaubern. Das Bedürfnis nach **Schutz vor übermächtiger Dominanz** und **vor den negativen Strategiemustern anderer** ist ein Grundbedürfnis. Nicht alle Menschen haben eine wertschätzende Art, ihr Anliegen und ihre Motivationen zu kommunizieren. Manche stochern absichtlich in vorhandenen Wunden herum, weil sie eigene Verletzungen damit kompensieren (heimzahlen). Durch gezielte Angriffe (psychische Gewalt) retuschieren sie ihren Selbstwertmangel. **Keiner ist verpflichtet, diese Kompensation zu akzeptieren oder sogar zu glauben.** Wir können nicht immer vor Menschen, die schikanieren und böswillige Strategien verfolgen, weglaufen, wenn diese z. B. unserem unmittelbaren privaten und beruflichen Umfeld angehören. Aber wir können uns vor deren übermächtigen Dominanz schützen, indem wir ihnen Kraft unserer Gedanken Energie entziehen. Wer innerlich aufrüstet z. B. über lebensbejahende Glaubenssätze ent-**zieht** und ent-**machtet** die negativ wirkende Energie anderer und dadurch verändert sich das Verhältnis zu jenen. Die Beziehung wird

[189] Das Bioenergetische Feld – Aussage von Robert Dilts

anders, weil salutogene Gedanken von Gleichwertigkeit der Bedürfnisse die Macht stark relativiert. Diese Machtentzauberungsimagination setzt das Wissen um den kinästhetischen Anker[190] voraus. Legen Sie Ihren Anker zuvor fest. Sobald die Macht der ausgesuchten Person vollständig entzogen ist, können Sie Ihr Befreiungsgefühl ankern. Diese Machtentzauberung kann Schmerzauslöser reduzieren oder diese sogar ganz auflösen. Der Erfolgt hängt von Ihrer Gedankenkraft ab.

Mach es dir bequem, schließe deine Augen und lenke deine Aufmerksamkeit zu deinem Atem. Atme drei Mal tief ein und aus. Sollten Gedanken kommen, lass sie wieder ziehen. Lass sie wie Wolken davonziehen. Es ist leicht, Gedanken loszulassen. Die Lebensenergie fließt aus der Unendlichkeit sanft und sicher zu dir. Atme sie ein und aus. Sie fließt durch deinen Körper hindurch, hinab zu deinen Zehenspitzen und über deine Fußsohlen bis tief in die Erde hinein, sodass du dich von ihr getragen und gehalten fühlst. Atme noch einmal tief ein und aus und fühl dich mit der Energie des Himmels und der Erde zutiefst verbunden. Solltest du noch Geräusche im Außen wahrnehmen, dann entspanne jetzt umso tiefer, desto lauter die Geräusche im Außen sind. Spür, wie entspannt du trotz Geräusche bist und wie du trotz der vielleicht noch störenden Gedanken immer entspannter und entspannter wirst. Du bist jetzt sehr tief und sicher mit der Energie des Himmels und mit dem Kraftboden der Erde verankert. Atme über deine Fußsohlen bis tief in die Erde hinein und verwurzle dich noch mehr mit ihr. Im Kreislauf deines Atems wirst du jetzt immer entspannter und leichter, je länger du noch weitere Geräusche im Außen wahrnimmst.

Da wo du gerade bist, sitzt oder liegst, entwickelst du heute eine besondere Macht. Es ist die Zaubermacht deiner Gedanken. Sie ist deine Reframingsmacht. Konzentrier dich nun auf eine Person aus deinem Umfeld, mit der du oft in lebenstrennender und negativer Verbindung bist und zu der du keine negative Energie mehr empfinden möchtest. Wähl eine Person aus und überprüfe die Stimmigkeit, ob es auch die richtige Person ist.

Fokussier nun deine Aufmerksamkeit auf diese Person. Wie sieht die Person aus? Was hat sie für Haarfarbe? Augenfarbe? ... Wie ist das Bild, das du von dieser Person hast? Ist es ein Standbild oder ein Film? Sollte es ein Standbild sein, dann produziere ein Film daraus. Wie siehst du die Person in deinem inneren Film agieren und reagieren? Ist sie der Hauptdarsteller oder eher ein Nebendarsteller oder nur ein Protagonist? Wie sind die Gesichtszüge der ausgesuchten Person? Wie ist der Körperausdruck? Was tut die Person in diesem Film? Wie sind ihre Handlungen und Dialoge? Falls der Film noch etwas verschwommen ist, stell ihn jetzt schärfer, damit du die Person in ihren Handlungen besser erkennen kannst. Sollte die Person der Hauptdarsteller sein, dann verpasse ihr eine unbedeutende Nebenrolle. Entscheid nun, aus dem Film ein Standbild zu generieren, in der die Person nur noch die Bedeutung eines Protagonisten hat. Das Bild ist direkt vor deinem geistigen Auge. Schau der Person, die als Protagonist abgebildet ist, tief in die Augen. Schau ihr so tief, wie du es ertragen kannst, in die Augen. Halt ihrem Blick stand. Form aus dem Protagonisten in deinem inneren Bild kraft deiner Gedanken jetzt eine Skulptur. Die Person steht als protagonistische Skulptur in Körpergröße vor dir und du siehst sie aus allen denkbaren Perspektiven

---

[190] Siehe Kap. 2.2.1 – 2.2.2

genauer an. Wie sieht sie von hinten, oben, unten ... aus? Wie sind die Gesichtszüge in die Skulptur gemeißelt? Plötzlich fängt die Skulptur an, sich zackig zu bewegen und bleibt wieder stehen. Wie sieht sie nun aus, nachdem du sie umgeformt hast? Wechsle nun wieder zum inneren Film und lasse die Person wieder lebendig werden. Fühl die negative Strategieenergie, die immer noch von ihr ausgeht. Du hältst dieser Energie stand, weil du heute eine starke positive Energie hast. Deine positive Energie ist die Kraft deines Herzens und die Zaubermacht deiner Gedanken. Keiner kann deine Gedanken sehen. Du allein regierst in deinem Kopf. Nur du allein hast die Macht in deinem Kopf. Spür die positive Kraft deiner Gedanken! Kannst du sie wahrnehmen? Was brauchst du, um sie noch besser wahrzunehmen? Vielleicht hilft dir, die Aufmerksamkeit noch einmal auf die Kraft deines Herzens zu lenken? Erleb, wie leicht du mit deiner Herzenskraft dem Blick dieser Person standhalten kannst. Nimm noch einmal ihre Gesichtszüge wahr. Was ist anders als zuvor? Nimm wahr, wie die Person jetzt schaut und atmet und erkenne wie gleichwertig ihr eigentlich seid. Sie ist nicht höher, nicht besser und nicht tiefer als du. Sie ist wie du. Du bist gleichwertig mit ihr. Du bist genauso wertvoll wie sie. Sie steht nicht mehr über dir. Sie steht nicht unter dir. Sie steht dir auf Augenhöhe genau gegenüber.

Obwohl du dich mit ihr gleichwertig fühlst, spürst du aus vergangenen Erfahrungen vielleicht immer noch irgendwo ein Zwicken und ein Ziehen in deinem Körper? Es ist die negative Energie dieser Person, die dich immer wieder erreicht und dir teilweise deine Lebensfreude nimmt. Du willst diese Energie nicht mehr spüren, weil du sie als belastend empfindest. Du entscheidest dich, von dieser negativen belastenden Energie zu befreien. Durch die Freiheit deiner Gedanken zauberst du dir jetzt im Geiste einen passenden Zauberstab. Lass es geschehen. Lass ihn dir zufliegen oder finde ihn. Wie sieht er aus? Vielleicht ist er riesengroß oder winzig klein? Vielleicht ist er durchsichtig, farbig, glänzend oder mit Gold oder Silber veredelt? Wie auch immer er aussieht, in seinem Inneren befindet sich deine positive Zaubermacht. Du hältst den Zauberstab fest in deiner Hand und du spürst die Macht in deiner Hand. Du bist bereit, die Macht dieser Person zu entzaubern. Heb im Geiste deine Hand, so hoch wie du möchtest und auf mein Kommando, entzauberst du mit einer Handbewegung der Person die Hälfte ihrer Macht. Ihre Körpergröße wird dabei genau um die Hälfte schrumpfen. Achtung! Setz gleich deine Zaubermacht ein, hebe deine Hand und bei der Zahl drei, entziehst du der Person die Hälfte der Macht! Eins, zwei, drei! Entzieh ihr die halbe Macht!

Schau dir nun die Person an. Wie sieht sie aus, wenn sie nur noch die Hälfte ihrer selbst ist? Wie wirkt sie auf dich? Ist sie noch so mächtig wie zuvor? Was ist anders? Obwohl ihre negative Energie nicht mehr so spürbar ist, fühlst du immer noch ein Teil ihrer Macht, die sie über dich ausübt. Mit der nächsten Handbewegung wird die Person bis zu deinem Knie schrumpfen. Heb deine Hand, so hoch wie du möchtest und auf mein Kommando entzauberst du mit einer weiteren Handbewegung der Person weitere Macht. Die Körpergröße der Person wird genau bis zur Höhe deines Knies schrumpfen. Achtung! Setz gleich deine Zaubermacht ein, hebe deine Hand hoch und bei der Zahl drei, entziehst du der Person weitere Macht! Eins, zwei, drei! Entzieh ihr die weitere Macht.

Schau dir die Person wieder an. Wie sieht sie aus, wenn sie nur noch so groß ist, dass sie dir gerade bis zu den Knien reicht? Wie hört sich ihre Stimme an? Ist sie noch so laut? Was hat sich für dich verändert? Fühlst du, wie ihre negative Energie immer mehr schwindet? Sie hat kaum noch Macht über dich. Bei der nächsten Handbewegung wird die Person bis zu der Höhe deiner Zehen schrumpfen. Heb im Geiste deine Hand, so hoch wie du möchtest und auf mein Kommando entzauberst du mit einer weiteren Handbewegung der Person fast die ganze Macht. Durch deine Handbewegung schrumpft sie bis auf Zehenhöhe. Achtung! Setz gleich deine Zaubermacht ein, hebe deine Hand hoch und bei der Zahl drei, entziehst du der Person weiter ihre Macht! Eins, zwei, drei! Entzieh ihr fast die ganze Macht.

Schau wie die Person nur noch so groß ist, dass sie dir gerade bis zu den Zehen reicht. Wie sieht sie aus? Wie hört sie sich an? Wie reagiert sie, wenn sie so klein ist? Durch diese winzige Größe ist nur noch ein letzter kleinster Rest von negativer Energie vorhanden. Du willst, dass auch dieser letzte Rest für immer verschwindet. Ein letztes Mal wirst du deine Zauberkraft einsetzen. Durch eine letzte Handbewegung mit dem Zauberstab wird die Person vor deinem geistigen Auge verschwinden. Achtung! Setz gleich deine Zaubermacht ein letztes Mal ein, hebe deine Hand hoch und bei der Zahl drei, entziehst du der Person ihre ganze Macht! Eins, zwei, drei! Entzieh ihr die ganze Macht.

Die Person ist vor deinem inneren Auge wie von Zauberhand verschwunden. Vielleicht leuchtet noch etwas Glitzerndes und Funkelndes vor deinem inneren Auge auf? Lass das letzte Aufblitzen und Aufglitzern sanft ausklingen und es für die Ewigkeit in Nichts auflösen. Die gesamte negative Energie hat sich im Licht der Unendlichkeit aufgelöst. Du regierst ab heute allein in deinem Kopf. Du allein hast die Reframingsmacht in deinem Kopf. Du bestimmst, wie du dein Leben gestaltest und nicht die anderen. Du fühlst dich von deinen früheren belastenden Gedanken befreit. Du entscheidest jetzt, dass die negative Energie dieser Person nie wieder in deinen Geist eindringt. Du entscheidest, dass diese Energie nie wieder dein sonniges Herz belastet.

Entscheid im Hier und Jetzt, dir einen Schutzmantel anzuziehen, der sofort seine Poren schließen kann, wenn du dieser Person wieder begegnest. Der Schutzmantel wird keine negative Energie durchlassen. Seine Poren öffnen und schließen sich, so wie du es willst. Die Person kann dich dadurch nicht mehr verwirren, beleidigen oder verletzen, so dass deine Gedanken stunden- und tagelang nur noch um sie kreisen. Du besitzt ab heute die Fähigkeit mit magischen Symbolbildern deinen Zauberstab aus deiner verborgenen Zauberschublade bei Bedarf wieder hervorzuzaubern. Du freust dich über diese neu erworbene Fähigkeit, negative Bilder in deinem Kopf wegzaubern zu können. Gebrauch diese Fähigkeit nur zum Schutze deines Selbstwertes.

Komm nun immer mehr in deinem befreiten Zuhause an. Was ist anders? Vielleicht spürst du, wie dein Atem leichter, freier und lebendiger fließt? Atme die neue Freiheit tief ein und aus. Solltest du das Freiheitsgefühl intensiv fühlen, dann ankere es jetzt, indem du dich für einige Sekunden an einer Körperstelle drückst, die du dir zuvor ausgesucht hast. Lass dieses Gefühl langsam wieder ausklingen. Dieser Anker ist speziell für diese Person festgelegt. Jedes Mal, wenn du die Person in der Realität siehst, aktivierst du diesen Anker. Dein freies Gefühl wird dich vor weiterer negativer Energie, die von dieser Person vielleicht immer noch ausgeht, schützen. Umso öfters du dieses Gefühl trainierst, desto schneller wird es sich verinnerlichen. Irgendwann wirst du für diese Person keinen Anker mehr auslösen müssen und auch der Gedanke an deinen Schutzmantel wird verschwinden, weil du darin eine unbewusste Kompetenz entwickelt hast.

Verabschied dich langsam wieder von dieser Phantasiereise. Komm zurück in die Realität mit dem Bewusstsein, dass deine Gedanken nur dir allein gehören. Komm zurück mit dem Wissen, dass nur du allein die Macht über deine Gedanken hast. Komm zurück mit dem Bewusstsein, dass diese Person, wenn du ihr wieder begegnest, dir nichts mehr anhaben kann. Ihre negative Energie ist entzaubert und sie hat sich im Funkeln der Unendlichkeit für immer aufgelöst. Die energetische Macht dieser Person ist für immer verschwunden. Du kannst dieser Person in Zukunft mit neuer Herzenskraft begegnen. Du wirst spüren, dass die Beziehung zu ihr anders ist als zuvor. Freu dich, ihr neu, anders und frei begegnen zu können.

Öffne langsam deine Augen und werde dir des Raumes wieder bewusst, indem du dich befindest. Streck deine Glieder aus und fühl dich auch im Alltag von der Energie des Himmels und der Erde getragen. Atme bewusst dein Sternengefühl ein und aus. Leb in der Gewissheit des unbesiegbaren Sommers in dir. Nimm dein Gefühl mit in einen wundervollen Tag. Es ist dein Tag. Kein anderer lebt deinen Tag. Sei wach für deinen Tag und sei gewiss, jeder Tag ist ein Sternentag.

5.5 Die symbolische Wegwerf-Methode

Diese Methode ist ein Symbolakt und unterstützt, die negativen Reaktionsmuster, mit den dazu verankerten Glaubenssätzen, loszulassen. Diese Methode setzt voraus, dass die Menschen sich mit ihren glückshinderlichen Reaktionsmustern und Glaubenssätzen auseinandergesetzt haben.

Wegwerfritual in vier Schritten: Zuerst werden die negativen Reaktionsmuster (Wut-, Hass-, Eifersucht-, Neidmuster ...) mit den dazu verankerten Glaubenssätzen benannt. Dann wird die positive Absicht (Vorteil) der negativen Reaktionsmuster gewürdigt. In einem weiteren Schritt werden die Ängste und der dahinterliegende Schmerz anerkannt. Dann erst wird das negative Reaktionsmuster, durch den symbolischen Akt des Wegwerfens, in Freiheit losgelassen.

Utensilien: Stift, evtl. ein Blatt Papier, eine Schnur und ein Gegenstand oder Symbol.

<u>Vorbereitung der Methode mit einem Gegenstand:</u>

1. Wählen Sie einen passenden Gegenstand aus (Stimmigkeit überprüfen). Entscheiden Sie, welche ungeliebten Reaktionsmuster mit den vernetzten Glaubenssätzen Sie loslassen wollen.
2. Notieren Sie auf den Gegenstand Ihre negativen Reaktionsmuster mit den Glaubenssätzen. Ist der ausgewählte Gegenstand zu klein, dann schreiben Sie es auf einen Abschiedszettel und binden ihn mit einer Schnur am Gegenstand fest. Reflektieren Sie, ob alles auf dem Gegenstand oder auf dem Zettel steht, was Ihnen wichtig ist.
3. Gehen Sie mit Ihrem Gegenstand an einen einsamen Ort (Fluss, See, Wald, Berg ...). Vergewissern Sie sich bitte, dass durch einen evtl. Steinwurf in die Tiefe niemand verletzt wird.
4. Spüren Sie den Gegenstand in Ihren Händen. Würdigen und bedanken Sie sich bei Ihren alten Reaktionsmustern, weil deren positive Absicht Sie vor Verletzungen geschützt hat. Spüren Sie bewusst den inneren Druck, den Gegenstand, den Sie gerade in den Händen halten, loszulassen. Entwickeln Sie eine Bereitschaft und eine Lust am Wegwerfen.

Durchführung mit einem Stein in Bezug auf ein Neid-, Konkurrenz- und Verurteilungsmuster[191]

Schreiben Sie auf einen Stein, Ihre Reaktionsmuster mit den verankerten Glaubenssätzen auf. Sagen Sie sich in Gedanken oder auch laut folgende Sätze vor:

1. *„Mein liebes Neid-, Konkurrenz- und Verurteilungsmuster ... ihr habt mir lange Zeit gute Dienste geleistet, aber ich komme mit meinem authentischen Leben nun gut ohne euch klar. Die alte positive Absicht behalte ich in meinem Herzen und integriere sie in meine neuen Reaktionsmuster und Glaubenssätze!"*
2. *„Ich werfe die Ängste, die in Verbindung mit meinen negativen Reaktionsmustern stehen: Die Angst unterzugehen, die Angst Fehler zu machen, die Angst zu versagen, die Angst nicht gut genug zu sein ... mit diesem Stein für immer weg!"*
3. *„Ich werfe den dahinterliegenden Schmerz aus meiner Vergangenheit, der in Verbindung mit meinen negativen Reaktionsmustern steht: Den Schmerz ausgelacht zu werden, den Schmerz übersehen zu werden ... mit diesem Stein für immer weg!"*
4. *„Ich werfe mein Neid-, Konkurrenz- und Verurteilungsmuster ... mit den dazu verankerten Glaubenssätzen mit diesem Stein für immer weg!"* Mit dem Satz: *„Ich bin frei!"*, werfen Sie den Stein so weit wie möglich mit aller Kraft von sich.

5.6 Die Reframingsequenzmethode in zwei Schritten

Wir denken in Gedankenketten, -bildern, -filmen, -stimmen und in inneren Dialogen. Diese Gedankenketten z. B. in Form von inneren Filmen können in kurze Sequenzen angehalten werden und es wird dann an einer bestimmten Stelle z. B. ein Standbild daraus produziert. Dadurch wird die **Strukturebene** der Gedanken verändert. Gedankenlärm und -ketten zu durchbrechen, um sie positiv **mit etwas Humor** auszufüllen und, um sie neu zu „installieren", führt oft zur gewünschten Gefühlsveränderung. Die Menschen fühlen sich besser. Viele Menschen haben in ihren Gedankenketten einen Mangel an Humor und Leichtigkeit. Ein Zustand des extremen Unwohlseins kann in einen optimalen oder erträglichen Zustand reframt werden, wenn entsprechende Ankerbilder (Ressourcen) installiert sind.

Beispiel aus einem Einzelcoaching: *„Meinen inneren Zweifler schicke ich ab sofort auf eine Hängematte und meinen Perfektionisten zum Sandeln in den Urlaub. Gerade mein Perfektionist darf auch mal wieder Kind sein, das tut dem sicherlich gut!"*, entschied eine Klienten, die stark unter ihrem Perfektionisten zu leiden hatte. Ihr Ziel war, mutig und authentisch ihre Gefühle und Bedürfnisse anderen gegenüber kommunizieren zu können, weil sie, wie sie selbst sagte *„um Konflikte immer einen großen Bogen"* machte. Der Zweifler und der Perfektionist hinderten sie stetig daran, stimmig und authentisch zu sein. Durch das witzige Reframing und durch neue Kraftsymbole, welche die Strukturebene ihrer bisherigen Gedankenketten etwas ver-rückten und „ver-drehten", konnte sie als starke und mutige Frau die Selbstverantwortung für ihr Gefühl übernehmen und ihre Konflikte klar und eindeutig lösen. Ihr neuer Glaubenssatz: *„Konflikte als Chance zur Weiterent-*

[191] Idee von Rebekka Dinse-Fedorov

wicklung" unterstützt sie gerade, **keinen** großen Bogen mehr um ihre Konflikte zu machen. Viele Menschen sind in Bezug auf Konflikte äußerst negativ geankert. Der Satz: *„Hurra! – Ein Konflikt! – Ich kann üben!"* half ihr zusätzlich, besonders das Gefühl gegenüber einer Konfliktsituation erträglicher zu gestalten.

Mit der Reframingsequenzmethode „drehen" Sie an Ihren inneren Vorstellungsbildern, die in Form eines inneren Filmes, Standbildes, Dialoges, Geruches ... im Gehirn repräsentiert sind. Diese Vorstellungsbilder können auf der Strukturebene der Gedanken mit neuen kurzen Sequenzen nachhaltig und effektiv verändert werden. Wir haben zum Glück die Fähigkeit, etwas an unseren abgespeicherten Vorstellungsbildern zu „drehen". Das funktioniert mit Hilfe der Submodalitäten der Wahrnehmung. Wer etwas an den Bildern „dreht", sollte jedoch immer wertschätzend bleiben, weil das, was wir ausstrahlen, wieder auf uns zurückfällt. Eine kreative Veränderungsintelligenz braucht neue lustige Sequenzen, um den Ernst der Lage nicht so ernst zu nehmen. Nichts auf der Welt, ist es wert, dass wir uns so aufregen, wie wir es bedauerlicherweise viel zu oft im Leben tun. Nur ein stimmig-authentisches TUN kann durch vorbildhaftes Verhalten die Welt verändern, weil jeder in seinem Wesenskern die Sehnsucht danach spürt.

1. Belastende Situation über *VAKOG* bewusst machen und Gefühl beschreiben.
Werden Sie sich einer belastenden Situation über *VAKOG* bewusst. Schauen Sie sich dazu Ihre inneren Vorstellungsbilder an. Was sehen Sie? Ist es ein innerer Film oder ein Standbild? Welche Personen kommen darin vor? Wie hört sich der dazugehörende Dialog an? Wie klingen die Stimmen, der darin enthaltenen Personen? Was sehen Sie noch? Was hören Sie noch? Was genau fühlen Sie? Was riechen Sie? Was schmecken Sie? Wo lokalisieren Sie im Körper das Gefühl? Beschreiben Sie das belastende Gefühl und schreiben Sie es zusätzlich auf ein Blatt Papier.

2. Gefühl über das Reframing von inneren Vorstellungsbildern verändern.
Die folgende Szene ist nur eine Möglichkeit von vielen, wie Sie Gedanken reframen können. Entscheiden Sie, während Sie an Ihre belastende Situation denken, mitten in einer Bild- oder Stimmsequenz, gedanklich etwas zu verändern. Drehen Sie über Ihren bevorzugten Wahrnehmungskanal eine Sequenz z. B. im visuellen Bereich an Ihrem inneren Film. Sie könnten ihn zu einem Standbild **einfrieren.** Stoppen Sie mental Ihren inneren Film an einer sehr negativen Stelle. In Ihrer Vorstellung knipsen Sie mit einer Kamera ein Foto. Reframen Sie dieses Foto weiter. Rahmen Sie das Foto z. B. in einen uralten Rahmen ein. Switchen Sie das Bild einige Male von bunt auf schwarz-weiß. Als nächstes zoomen sie es kleiner als es in Wirklichkeit ist. Lassen Sie das eingerahmte „vergilbte" Bild schrumpfen, so dass Sie das Bild, samt Rahmen, in die Hosentasche stecken können. Gehen Sie nun gedanklich zurück zu Ihrem inneren Film. Ist etwas in ihrer Gedankensequenz anders? Genau an der Stelle, an der Sie das Foto geknipst haben, ist nun doch die Szene in Ihrer Hosentasche oder nicht? Wie verändert sich dadurch das Gefühl zu Ihrem inneren Film? Hat Ihr dynamischer innerer Film dasselbe Ende wie vorhin? Wie haben sich durch diese neue Bildsequenz im Film Ihre weiteren Gedankensequenzen verändert? Welcher Impuls ist neu? Welches andere Reaktionsmuster oder Glaubenssätze wurde dabei aktiviert?

Sollten Sie anstatt des Filmes ein Standbild in ihrer Erinnerung sehen, dann entwerfen Sie gedanklich im Gegenzug dazu nun einen beweglichen Film. Sie könnten sogar selbst aus dem inneren Film herausspringen und sich von außen betrachten. Lassen Sie den Film nun etwas schneller laufen. Spulen Sie ihn im Zeitraffer vor. Stoppen Sie ihn wieder. Lassen Sie ihn nun nur noch in Zeitlupe laufen. Stoppen Sie wieder. Lassen Sie ihn nun zur Abwechslung rückwärts laufen. Einmal in Zeitlupe und einmal im Zeitraffer rückwärts. Springen, hüpfen, kriechen ... Sie nun wieder in den Film zurück. Spulen Sie ihn ans Ende des Filmes und lassen Sie ihn gedanklich noch einmal rückwärts im Zeitraffer ablaufen. Dann entscheiden Sie, ihn wieder im Zeitraffer nach vorne ablaufen zu lassen. Machen Sie das einige Male, aber immer schneller und schneller. Wie geht es Ihnen jetzt? Was hat sich in Ihrem inneren Film verändert?

Switchen Sie nun wieder zu einem Standbild um. Frieren Sie die Person/en in den Positionen ein, wie Sie es wünschen. Schicken Sie diese Person/en eingefroren in das Weltall oder irgendwohin, wo es Ihnen gefällt. Schauen Sie zu, wie diese eingefrorene/n „Kreatur/en" im Weltall oder an Ihrem ausgesuchten Ort steif und nichtssagend herumfliegen. Sammeln Sie Ihre Person/en wieder ein und stecken Sie diese zurück in das Standbild. Zoomen Sie das Bild in Miniatur und lassen es wieder zum Film werden. Alle Personen sind wieder lebendig, aber ziemlich klein und grinsen nun etwas seltsam. Sie waren ja im Weltall oder sonst wo. Wie geht es Ihnen jetzt mit der belastenden Situation? Was ist anders?

Sie können auch im auditiven Bereich etwas in Ihren Gedankensequenzen „drehen". Denken Sie, an die Stimme einer ausgesuchten Person? Wie ist der Klang? Platzieren Sie diesen Klang auf das andere Ohr. Dann wieder zurück auf die andere Seite. Was verändert sich dadurch an der Stimme oder bei Ihrem Gefühl? Geben Sie der Stimme einen seltsamen Klang, so dass sich die Stimme für Sie lustiger, knalliger, spitziger ... klingt. Lassen Sie die Stimme z. B. wie Donald Duck quietschen. Vielleicht hört sich die Stimme wie ein Didscheridoo oder wie eine Trommel an? Welches Instrument wählen Sie aus? Welcher Klang würden Sie der Stimme anhaften? Drehen Sie nun die Stimme sehr leise. Sie können auch die Stimme weit weg zaubern, so dass sie nur noch aus der Ferne zu hören ist. Beamen Sie die Stimme so weit weg, bis sie gänzlich verstummt. Es ist jetzt sehr still in Ihnen und es fühlt sich fantastisch an. Es existiert kein vernichtendes Geschwätz mehr in Ihrem Kopf! Der Gedankenlärm hat aufgehört. Es ist Ruhe da oben in ihrem Kopf. Genießen Sie diese Ruhe in Ihrem Kopf und in Ihrem Herzen.

Setzen Sie nun die Bilder und die Stimme wieder zusammen. Platzieren Sie die Person in den Fernseher. Zippen Sie zu einem lustigen Fernsehprogramm Ihrer Wahl und dann wieder zurück zur Person. Schalten Sie mit dem Fernbedienungsknopf die Stimme mal an und mal aus. Einige Male: Aus und an, aus und an ... Lassen Sie das Bild mal verschwinden und mal wieder aufblitzen, indem Sie den Fernseher ein- und ausschalten. Wie geht es Ihnen jetzt, wenn Sie an die Situation denken? Zur Verstärkung könnten Sie die Person noch in einen dunklen Raum hineinbeamen. Schalten Sie das Licht in diesem Raum mal an und mal aus. Einige Male. Die Personen blinzeln, weil sie vom Licht geblendet sind. Wie geht es Ihnen jetzt mit dieser belastenden Situation? Hat die Situation noch dieselbe Belastung von vorhin? Was hat sich verändert? Wie hat sich das Gefühl verändert? Schreiben Sie es jetzt auf.

Diese Methode kann beliebig mit den drei weiteren Wahrnehmungskanälen (kinästhetisch, olfaktorisch und gustatorisch) fortgesetzt werden: *„Hole das Gefühl heraus und werfe es weit weg von dir; mach es langsamer, kleiner ...“.* Jede belastende Situation kann auf der Strukturebene dank unseres plastischen Gehirns zauberhaft bis lustig reframt werden. Tun Sie es und beobachten und fühlen Sie, was passiert, wenn Sie Ihr belastetes Gefühl „kleiner“ oder Ihr Wohlfühlgefühl „stärker“ drehen, so wie z. B. bei einer Feuerflamme. Entdecken Sie, was passiert, wenn Sie Ihr schönstes Gefühl „lodern“ und „aufflackern“ lassen. Dennoch reicht es m. E. nicht aus ein Problem **nur** auf der Strukturebene der Gedanken zu lösen. Es bringt höchstens punktuelle Erleichterung. Wahre Erleichterung passiert, wenn über die **Inhaltsebene der Gedanken** (Reframing der Gedanken – Bewusstwerdung der Bedürfnisse), besonders über den Empathieprozess das „Problem“ vollständig bearbeitet wird. Dennoch Glück beginnt im Kopf und endet im Herzen.

5.7 Der Gedankenverzauberer

In diesem Kapitel beschreibe ich in Du-Form zwei Beispiele, wie neue Gedanken wirken können. Ein Wirkungsreframing (Reframing, das sofort wirkt) verändert das Gefühl augenblicklich. Es sind „Zaubergedanken“, die ein erfolgreiches Wirkungsreframing zulassen. Beate, 44 J., hatte starken Selbstzweifel. Nach einigen Reframingssätzen war ihr Selbstzweifel wie weggewischt. Sie spürte es sofort und fragte: *„Wie hast du das gemacht?“.* Sie selbst hatte es „gemacht“, weil sie durch das Reframing ihrem ursprünglichen Zweifel nicht mehr glaubte und deshalb ein neues vertrauensvolles Gefühl generieren konnte. Negatives wird in Positives reframt und das erzeugt ein glücksbringendes Gefühl. Um Gedanken zu verzaubern, brauchen wir Assoziations- und Dissoziationsfähigkeit.[192] In der Assoziation sind wir im Bild und in der Dissoziation sind wir außerhalb des Bildes. Trainieren Sie diese Dissoziationsfähigkeit, indem Sie geistig aus sich selbst herausschlüpfen.

Dissoziationsübung: Schau dich von vorne, hinten, oben oder seitlich an. Mal dich geistig in Graustufen oder in Schwarzweiß aus. Gestalt(e) das Bild noch farbiger. Zoom es größer bzw. kleiner. Stell die Schärfe deines Bildes so ein, so wie es für dich stimmig ist. Zeichne weiche Konturen. Wie siehst du dann aus? Stell dich mit langen, bunten, kurzen oder lockigen Haaren vor. Dissoziierend stell dir vor, dass z. B. nicht du den Gedanken gedacht, gesagt oder gefühlt hast, sondern ein guter Freund oder eine gute Freundin. Du bist dieser gute Freund oder diese gute Freundin. Umso besser du dissoziierst, desto effektiver funktioniert das Wirkungsreframing.

<u>Wirkungsreframing von Gedanken</u>

1: Belastendes Ereignis in Assoziation
2: Negativer Gedanke aus dem Ereignis
3: Dissoziation
4: Reflexion und Zaubergedanke
5: Re-Assoziation und Inklusion

[192] Friesinger 2012, Theoriebuch, Kap. 4.2

1. Wähl ein für dich belastendes Ereignis aus. Mach dir das Ereignis mit all deinen Sinnen über *VAKOG* bewusst. Fühl, wie die Situation für dich war. Denk an so viele Details wie möglich. Fühl assoziiert deine Emotionen (Trauer, Wut, Angst, Ekel ...), die du dabei hattest.
2. Schreib dir den Gedanken auf, der dir am wichtigsten erscheint und der für dein Unwohlsein am meisten verantwortlich sein könnte. Es ist wichtig, dass du ihn aufschreibst, weil er ansonsten nicht objektivierbar ist.
3. Dissoziier dich. Steig gedanklich aus dir selbst heraus und schaue dir deinen schriftlich verfassten Gedanken so an, als ob er nicht aus deinem Geist stammen würde. Stell dir vor, ein Freund oder eine Freundin hätte ihn für dich verfasst.
4. Reflektier im dissoziierten Zustand, wie du für deinen Freud oder für deine Freundin den Gedanken umformulieren könntest, damit er wohlwollender klingt. Überleg eine gute positive Alternative, mit der es deinem Freund oder Freundin richtig gut gehen würde. Refram den Gedanken, indem du den Kontext veränderst oder dich auf Ressourcen besinnst. Spür, wie sich der neue Gedanke im dissoziierten Zustand für dich anfühlen könnte.
5. Assoziier dich wieder mit dem belastenden Ereignis, aber diesmal mit dem neu gefundenen Gedanken. Identifizier dich mit deinem neuen Gedanken. Dies ergibt ein neues Gefühl. Lies den Gedanken einige Male laut vor, damit er mit der Zeit unbewusst werden kann, so dass du und der neue Gedanke eins werden (Inklusion). Wenn du möchtest, kannst du noch ein Zukunftsszenario gestalten, wie du dich mit dem neuen Gedanken fühlst.

Mögliche Reflexionsfragen zu Punkt 3: *„Was würde die Liebe tun?" „Wie will ich eigentlich wirklich sein?" „Was für Perspektiven und Sichtweisen kann ich noch zulassen?" „Was kann ich mir erlauben, zu denken, was ich mir bis jetzt nicht erlaubte?" „Welcher Gedanke steckt hinter dem Gedanken?" „Wie wäre ich ohne diesen Gedanken?" „Wie wäre ich ohne Angst?" „Was steckt hinter meiner Wut, Ekel, Trauer ...? Was brauche ich?" „Wie könnte ich die Situation im Nachhinein betrachten" „Wie würde eine weise, alte, glückliche Frau oder ein weiser, alter, glücklicher Mann darüber denken?" „Würde sie/er auch wie ich reagieren?" „Welche Gedanken hätte sie/er?" „Wie kann ich es anders lösen?" „Welche Alternative habe ich noch nicht genutzt?" „Was könnte ich noch denken, damit der Gedanke positiv ausfällt?" „Was brauche ich, um rechtzeitig zu merken, dass es mir nicht gut geht?" ...*

<u>Umsetzungsbeispiel 1:</u>

1. Belastendes Ereignis: **Ein missglücktes Vorstellungsgespräch**. Das Ergebnis ist: Du bist sauer auf dich selbst und du gibst deiner Sozialisation die Schuld, dass du so unfähig bist.
2. Negativer Gedanke: *„Ich bin zu blöd, deshalb habe ich den Job nicht erhalten."*
3. Dissoziation: Du denkst, dass der Satz von einem Freund/einer Freundin stammt. Dadurch distanzierst du dich gefühlsmäßig von deinem Gedanken.
4. Dissoziiert überlegst du das Reframing für diesen Gedanken. Neue Perspektiven und Deutungen werden angedacht. *„Warum hat sie eigentlich den Job nicht bekommen?"* Du entwickelst Ideen, um den Satz positiv formulieren zu können. Vielleicht hat deine Freundin den Job nicht erhalten, weil sie noch keine Erfahrung hatte? Wie wäre sie ohne den negativen Gedanken? Wäre sie dann selbstbewusster und würde sie evtl. sagen: *„Dann braucht mich jemand ande-*

res, der meine Fähigkeiten und mein Entwicklungspotenzial wirklich wertschätzt.". **Möglicher Zaubergedanke von vielen:** *„... weil sie noch keine Erfahrung hatte, wurde sie nicht eingestellt. – Dennoch ist sie intelligent, neugierig, kreativ und mutig!".*

5. Assoziier dich mit dem belastenden Ereignis im Kontext des neuen Gedankens. *„... weil* ***ich*** *noch keine Erfahrung hatte, wurde ich nicht eingestellt. Dennoch bin* ***ich*** *intelligent, neugierig, kreativ und mutig!"* Durch die Assoziation findet Identifikation statt. Lies den Satz einige Male laut vor. Fühl diesen Satz! Identifizier dich mit ihm. Stell dir über *VAKOG* im nächsten Vorstellungsgespräch vor, dass du intelligent, neugierig, kreativ und mutig bist. Zur Verstärkung kannst du noch Vorsorgemaßnahmen treffen: *„Im Profil stand: ‚Fachkraft mit Erfahrung gesucht.'!".* Du motivierst dich: *„Beim nächsten Mal werde ich stärker auf das Profil achten und mich noch intensiver auf Persönlichkeitsfragen vorbereiten.".*

<u>Umsetzungsbeispiel 2:</u>

1. Belastendes Ereignis: *„Ich mache mit Männern immer Schluss."*
2. Negativer Gedanke: *„Ich bin ein komplizierter Mensch, mich will garantiert kein Mann mehr!".*
3. Dissoziation: Du denkst, dass der Satz von einer Freundin stammt.
4. Dissoziiert entwickelst du Zauberfragen: *„Was für Fähigkeiten hat meine Freundin noch?".* Du bekommst Ideen, um den Satz positiv umzuformulieren. **Zaubergedanke:** *„Meine Freundin ist ein einzigartiger und besonderer Mensch und für viele Männer interessant!".*
5. Assoziation: *„**Ich** bin ein einzigartiger und besonderer Mensch und für viele Männer sehr interessant!".* Geh für die Identifikation über *VAKOG* in die Vorstellung, wie du auf Männer mit deiner Einzigartigkeit und Besonderheit in Zukunft wirken wirst.

5.8 Die 180-Grad-Wendung der Angst

Es gibt viele gesellschaftlich bedingte Ängste, deren Ursachen in struktureller und psychischer Gewalt liegen: Angst nicht geliebt zu werden, Angst vor Schule, Angst dem allgemeinen Leistungsdruck nicht standzuhalten, Angst zu versagen, Angst ausgelacht zu werden, Angst unangemessen bewertet zu werden, Angst nicht gut/perfekt/sicher ... genug zu sein, Angst vor Menschen zu reden ... Alle Ängste sind für die betroffene Personen real, weil die Angstbilder in den Köpfen real sind. Viele dieser inneren Bilder könnten auf der **Strukturebene der Gedanken** reframt werden, so dass auf diesem Wege schon machtvolle Energie verloren geht: *„Beschreib deine Angst. – Wie sieht sie aus? – Hat sie eine Form, eine Farbe oder ein Symbol?" „Gib ihr eine andere Struktur, Farbe und ein anderes Symbol." „Kannst du sie jetzt besser annehmen?"* ... Es ist deshalb wichtig, die Angst anzunehmen und sie willkommen zu heißen, weil sie dazugehören will (Inklusion). Die Angst sollte aber ebenso auf der **Inhaltsebene der Gedanken** reframt werden und nicht nur auf der Strukturebene. Allein die Strukturebene reicht m. E. nicht aus.

Es gibt natürliche Ängste, die jeder entwicklungsbedingt überwinden sollte, um nicht in einer psychotischen Zwangsneurose, Depression, Burnout oder sogar Hysterie zu landen. Ein kleines Kind überwindet z. B. seine Angst vor dem Raum, um am Ende der Krabbelentwicklung laufen zu können. Viele Ängste sind sinnvoll, weil sie unser Leben schützen, aber viele sind unnötig, da sie irrational sind. Sie entstanden aus vielen unsicheren und isolierenden Kindheitserfahrungen und sind das Ergebnis dieser Erfahrungen. Die 180-Grad-Wendung der Angst gelingt eher, wenn wir etwas über das **Wesen der Angst** erfahren. Es gibt nach Fritz Riemann vier Grundformen der Angst. Die **Angst vor der Hingabe** als Ich-Verlust und Abhängigkeit; die **Angst vor der Selbstwerdung** als Ungeborgenheit und Isolierung; die **Angst vor der Wandlung** als Unsicherheit; und die **Angst vor der Notwendigkeit** als Endgültigkeit und Unfreiheit.[193] Alle Ängste sind nur Varianten dieser vier Grundängste. Angst gehört zum Leben, weil sie uns beschützen will. Wir können uns in einem gesunden Rahmen von belastenden Ängsten befreien, wenn wir die Bereitschaft entwickeln, unsere Angst anzuschauen und anzuerkennen. Wer seine Angst ignoriert, unterdrückt oder wegdrückt, der bindet seine Angst durch weitere negative Reaktionsmuster gewaltvoll an sich. Wer z. B. seine Zwänge auslebt, **bindet gerade deshalb seine Angst konsequent an sich.** Wer ein Vermeidungsverhalten zeigt, entwickelt im Hintergrund einen großen Angstschatten. Dem Zwang und dem Vermeidungsverhalten nicht nachzugeben, bedeutet, seine Angst anzuerkennen und sie in andere Qualitäten transformieren zu wollen. Dadurch kann sie sich von der Gebundenheit mit dem Verstand befreien. Haben Sie z. B. Ihre Daseinsberechtigung für sich klar geregelt, dann hat die Angst keine Ambition mehr zu bleiben. Ohne Schutzfunktion hat sie keinen Grund sich festzuhalten. Doch gerade vor der Freilassung der eigenen Angst fürchten sich viele Menschen am meisten.

Ängste sind die Gründe dafür, dass wir uns von Kindheit an unbewusst und strategisch negative Reaktions- und Kommunikationsmuster angeeignet haben, die unser Verhalten dominieren. Wir **binden** diese Reaktionsmuster an uns, um den vergangenen Kindheitsschmerz nicht mehr so intensiv durchleiden zu müssen. Vordergründig geht es uns vielleicht relativ gut, aber im Hintergrund lauern die Schatten. Wem es gelingt, seiner Angst ins Gesicht zu blicken, der wird vom Ergebnis seines Mutes begeistert sein. Das Phänomen, dass die Angst verschwindet, sobald wir sie anerkennen oder sie durch unsere bewusst gewordene innere Stärke „halten" können, liegt in der faktischen Nichtexistenz des psychischen Schmerzes begründet. Es ist allein unser Verstand, der unseren Schmerz konstruiert. **Die Angst hat die Hauptfunktion uns vor diesem konstruierten Schmerz zu bewahren und zu beschützen.** Der vom Verstand konstruierte Schmerz manifestiert sich körperlich (Psychosomatik). Wir fühlen z. B. Schmerzen in der Brust. Er ist im Körper eingebunden (eingefroren). Dort befinden sich die konkret fühlbaren Schmerzauslöser. Wir haben kaum eine Kontrolle darüber, wie, wo und wann die „eingefrorenen" manifestierten Schmerzauslöser „auftauen". Oft sind es Angriffe (bestimmte Personen), Aussagen, Blicke oder Reaktionen, welche die unbewussten Schmerzstellen **per Knopfdruck** aktivieren. Es ist wichtig, diese Auslöser wahrzunehmen, sie zu fühlen, sie zu inkludieren und sie über Reframing zu reflektieren. Wer so tut, als hätte er keine Auslöser, vergrößert nur seinen unbewussten Schmerz. Viele Menschen besitzen eine große unbewusste offene Wunde. Wir erkennen diese Menschen an ihren Haltungen und an ihrem Körperausdruck. Eine langjährige manifestierte Angst kann Rücken-, Herz-, Nierenschmerzen: *„Es geht mir an die Nieren!"* und viele andere psychosomatische Leiden verursachen. Reframt werden können die Schmerzauslöser über neue Gedanken. Wer sich erlaubt, neue Gedanken (Glaubenssätze) zu entwickeln, kann ursprüngliche Auslöser „brach" legen, weil durch das Refra-

[193] Vgl. Riemann 2003, S. 15

ming von Gedanken auf der Struktur- und Inhaltsebene die Verknüpfung zu den ursprünglichen Glaubenssätzen aufgehoben wird (Auflösung von Wenn-dann-Verknüpfungen). Die früheren proklamierten Gedankenblockaden gibt es dann nicht mehr, weil die zuvor angestaute Energie wieder frei fließen kann. Die Angst ist dann mit Leichtigkeit dabei oder sie hat sich sogar ganz aufgelöst.

Viele Menschen leben wie unter einer **Glasglocke.** Sie haben Angst, ohne die Glasglocke in Freiheit zu leben. Wer seine negativen unbewussten Reaktionsmuster mit den limitierenden Glaubenssätzen identifiziert, annimmt und über einen gelungenen Reframingsprozess wieder freilassen kann, wird feststellen, dass die Angstenergie schwächer wird oder dass sie sogar ganz verschwindet. Ängste blockieren vorhandene Potenziale und Kompetenzen. **Angst isst die Seele auf.** Angst hemmt. Angst macht, nach den Aussagen der Hirnforschung, „dumm". Angst erdrückt. Angst würgt uns. Angst verhindert, dass wir uns erkennen und zeigen. Konzentrieren Sie sich auf das, was Sie sich wünschen und wozu Sie von Herzen Lust haben.

Es gibt Menschen, die wollen von ihrer Angst befreit werden, aber sie wollen nicht ihre gewohnten Reaktionsmuster aufgeben. Die Devise lautet: Wer „blöd" kommt, der erhält auch „blöde" Antworten. Nach Riemann ist dieses Verhalten: Die Angst vor der Selbstwerdung und Wandlung, weil es bequemer ist, weiterhin in gewohnten Denkmustern zu denken, als sich mit der Selbstwerdung auseinanderzusetzen, die Wandlung nach sich zieht. Die Angst, was danach kommen könnte, ist größer, als die **sichere Unsicherheit** im Jetzt. Viele Menschen wollen nur die unliebsamen **Nebenwirkungen** eines negativen Verhaltens loswerden. Die Voraussetzung, damit Selbstheilung stattfinden kann, ist gerade **ein Bewusstsein** über die unbewussten negativen Reaktions- und Kommunikationsmuster mit deren einschränkenden Glaubenssätzen **zu entwickeln**. Erst das Reflektieren, Annehmen und bewusste Loslassen trägt zur Selbstheilung bei; stärkt die eigene Veränderungsintelligenz, so dass nach und nach die unterschiedlich intensiven und verstrickten Angstmuster aufgelöst werden können.

Reden ist Gold!

Schweigen ist nicht Gold. Schweigen hütet und bindet die Angst, während **Sprechen befreit.** Reflektierte Kommunikation ist Gold wert. Reden ist Gold! Das *„Ich-sage-lieber-nichts-Muster!"* ist ein negatives Reaktionsmuster, das viele Bedürfnisse frustriert und Unwohlsein auslöst. Glück passiert im Kopf. Glück hängt von den glücklichen Bildern und Stimmen ab, die wir uns im Kopf erschaffen. Selbstverständlich können wir mal unglücklich und frustriert sein, weil es die Umstände gerade erfordern oder ein besonderer Termindruck uns antreibt. Es kommt aber darauf an, wie lange wir im Unglück verharren, bis wir wieder einen Ausweg gefunden haben. Glück muss nicht verdient werden. Jeder darf glücklich sein.

Angst ist gut, weil sie uns den Weg zeigt. Angst vor etwas zu haben, heißt, in der Polarisation, Lust auf etwas zu haben. Jeder entwickelt je nach Wertekonstellation eine andere Polarisation: Zuversicht, Hoffnung, Humor, Leidenschaft, Freude, Siegeswille, Talent, Wissens- und Könnensvermittlung sowie andere wichtige Lebensmotive. Vielleicht ist es auch die Herausforderung, in irgendetwas besonders gut zu sein? Sobald Sie Ihre Polarisation kennen, fokussieren Sie Ihre ganze Konzentration, um diese Herausforderung meistern zu können. Konzentration gibt der Angst andere Manifestationsstellen. Wir konzentrieren uns dann nicht nur auf die Angst, sondern legen den

Fokus auf die Herausforderung, die ebenso in uns manifestiert wird, damit sie gemeistert werden kann. Durch diesen manifestierten intrinsischen Gestaltungswillen kommt etwas in uns in Bewegung. Obwohl wir Angst vor einer Situation haben, nehmen wir dennoch die Herausforderung an. Machen Sie, wenn Sie Angst vor einer Herausforderung haben, **den ersten Schritt innerhalb von 24 Stunden.** Auch wenn Sie kurz stagnieren, ist das kein Weltuntergang, sondern es ist wie bei einem Weitsprung. Wir nehmen Anlauf und das bedeutet zunächst, wir gehen erst einen oder mehrere Schritte zurück. Durch den Rückschritt kommen wir effektiver in Bewegung. Wichtig ist nach dem Beginnen das Dranbleiben. Mit Ihrer Handlungskompetenz (Dranbleiben) erhalten Sie mit der Zeit die notwendige Erfahrung, um dem Gestaltungswillen in Ihnen freien Lauf zu lassen. Sie werden dadurch automatisch mutiger. Generieren Sie gerade in herausfordernden Situationen passende Bewusstseinsreframing, auch wenn sie diese noch nicht intensiv fühlen können: *„Ich bin mutig!" „Ich will gestalten!" „Ich habe große Lust dazu!"* ... Sie geben Ihrem Unbewussten ein anderes Signal, als wenn Sie sich hauptsächlich nur um Ihre Angst oder um Ihre Schwierigkeiten kümmern. Wer denkt, dass alles schwierig ist, wird alles als sehr schwierig erleben. Überall wird ein Problem auftauchen, weil der Fokus auf den Problemen liegt. Taucht in Ihnen Angst auf, dann nehmen Sie das Signal der Angst wahr. Bedanken Sie sich bei Ihrem Angstgefühl und bejahen Sie es von Herzen. Sie wissen, dass Ihre Angst Sie beschützen will und dass sie es gut mit Ihnen meint. Aber Sie sind trotz Ihrer Angst handlungsfähig und das ist eine wunderbare Erfahrung. Konzentrieren Sie sich auf Ihre Fähigkeiten und auf Ihren Gestaltungswillen und Sie werden spüren, wie Ihre Angst Sekunde um Sekunde an Energie verliert.

5.8.1 Reflexion des Angstgefühls auf der Struktur- und Inhaltsebene

Beantworten Sie folgende Fragen und schreiben Sie diese auf: *„Wie genau sieht meine Angst aus, wenn ich sie mir außerhalb von mir vorstelle?" „Gibt es ein Symbol für meine Angst? – Eine Farbe?" „Kann ich mich mit dem Symbol identifizieren?" „Wie kann ich das Symbol oder die Farbe verändern, so dass ich mein Angstsymbol gut annehmen kann?" „Welches Gefühl in mir ist größer als meine Angst?" „Was ist das Gegenteil meiner Angst?" „Was ist die 180-Grad-Wendung meines Angstgefühls?" „Wovor schützt mich meine Angst?" „Wie wäre ich ohne Angst?" ...*

Reflexionsbeispiel über Empathie: Nehmen Sie die Rolle eines großen Pianisten mit Angstphobie vor Publikum ein. Seine größte Leidenschaft ist dennoch, vor einem Publikum sein Talent zu präsentieren. Seine Leidenschaft auf dem Piano zu spielen, ist größer als die Angst vor Versagen und Bewertung, die er dabei verspürt. Die *180-Grad-Wendung* seiner Angst lautet deshalb: Leidenschaft. Seine Überzeugung, dass er seine Leidenschaft auf der Bühne entfalten kann, hilft ihm, seine ängstlichen „Flatterschmetterlinge" im Bauch zu ertragen. Was würden Sie an seiner Stelle tun? Was würde Ihnen in einer solchen Situation helfen? Denken Sie kurz nach, bevor Sie weiterlesen.

Sie konzentrieren sich in der Rolle des Pianisten schon Tage vor dem Auftritt nicht auf Ihre Angst, **sondern nur auf Ihre intrinsisch motivierte Leidenschaft**. Ihre leidenschaftlichen Fähigkeiten werden mit der Zeit die vielen aufgeregten „Flatterschmetterlinge" im Bauch etwas beruhigen, weil Sie wissen, dass Sie Ihr Bestes geben. Mehr geht nicht. Wenn Sie die Angst in der Rolle des Pianisten noch auf der Strukturebene der Gedanken reframen, dann könnten Sie z. B. die Angstschmetterlinge mit einer anderen Farbe ausstatten. Vielleicht sind sie gefühlt „rabenschwarz"? Gestalten Sie Ihre Angstschmetterlinge in eine andere Farbe und stellen Sie sich vor, wie schön es aussieht, wenn viele bunte Schmetterlinge in Ihrem Bauch herumfliegen. Vielleicht wird es dem Pianisten irgendwann sogar gelingen, mit weniger Lampenfieber auf der Bühne zu spielen. Wer das Vertrauen in seine Fähigkeiten immer größer einschätzt, als seine Angst zu versagen, wird Erfolg haben. Mit Selbstwirksamkeit und gesundes Selbstvertrauen haben die aufgeregten „Angstschmetterlinge" im Bauch allen Grund sich ruhiger zu verhalten. Ein bisschen Lampenfieber (Adrenalin) hilft, wie viele Menschen berichten, noch bessere Leistungen zu erbringen. Werden Sie in allem, was Sie tun, RICHTIG GUT, dann verliert die Angst ihre ursprüngliche Kraft und die Schmetterlinge im Bauch werden ruhiger. Der Pianist gewinnt mit der Zeit eine **Selbstberuhigungskompetenz** und kann frohen und ruhigen Herzens auf der Bühne spielen. Wer sein Bestes gibt, gewinnt, auch wenn er verliert. Es ist nicht entscheidend, ob wir ein Spiel gewinnen oder verlieren. **Es ist entscheidend, welches Gefühl wir dabei haben, wenn wir verlieren.** Manche gewinnen und fühlen sich dennoch als Verlierer und manche verlieren und fühlen sich als Gewinner, weil sie wissen: *‚Mehr ging gerade nicht! – Ich habe mein Bestes gegeben! – Niemand ist perfekt!'.*

Haben Sie mal aus gutem Grund nicht Ihr Bestes geben können, dann entscheiden Sie sich, beim nächsten Mal vollen Einsatz zu zeigen. Es ist nicht schlimm, mal zu scheitern. Dadurch wird der Selbstwert nicht geschmälert, sondern höchstens der Durchsetzungswille gestärkt. Wer ein Scheitern mit einem Lächeln aufnimmt, kann unbeschwerter sich weiteren Herausforderungen stellen. Wer scheitert und dabei lächelt, wirkt als Mensch sympathischer, als derjenige der anderen oder sich selbst die Schuld für sein Scheitern gibt. Menschen lernen erfolgreicher aus dem Gefühl des Scheiterns. Wer das Scheitern und den Schmerz nicht kennt, weiß nicht, was Glück bedeutet.

Spüren Sie in der Rolle des Pianisten dennoch noch viel zu viel Angst, obwohl Sie immer Ihr Bestes geben, dann finden Sie zunächst heraus, wovor Ihre Angst, Sie darüber hinaus noch schützen möchte? Wo genau lokalisieren Sie Ihre Angst? Lokalisierungspunkte könnten sein: Nacken (Sprichwort: Die Angst sitzt mir im Nacken!), Rücken, Kloß im Hals, Ziehen in der Kehle, innere Unruhe, Zittern am ganzen Körper, heißes oder bedrückendes Gefühl in der Brustgegend, starkes Ziehen oder mulmiges Gefühl im Magen, weiche Knie ... Lenken Sie Ihre Aufmerksamkeit auf die Angststelle im Körper und halten Sie das Gefühl aus – drücken Sie es nicht weg. Fragen Sie sich: *„Was braucht meine Angst?".* Ist es Annahme, Erlaubnis dazuzugehören, Anerkennung, Liebe, Bewusstwerdung, Hinschauen, Einschluss ...? Sagen Sie zu sich: *„Dieses Gefühl gehört zu mir. Ich nehme es an. Ich liebe es.".* Sobald Ihr Gefühl etwas abflacht, suchen Sie in einem Reflexionsprozess bewusst Ihre inneren Anteile, die dafür sorgen, dass Sie Angst haben und reframen Sie diese. Vielleicht braucht Ihr innerer Leistungsantreiber Zügel, damit er nicht immer dafür sorgt, dass Sie sich ausgeliefert, ausgelacht und hilflos fühlen? Heute sind Sie nicht mehr klein und strategielos! Heute sind Sie erwachsen und wenn es darauf ankommt, können Sie adäquat reagieren, besonders wenn Sie lernen, die Verantwortung für Ihr Wirken zu übernehmen. Sollten Sie denken, keine Strategie und kein Lernpotenzial zu haben, dann verändern Sie genau diesen Glaubenssatz.

Der Gegenpol zur Angst ist Ihr emotional wichtigstes Bedürfnis.

Finden Sie noch heraus, was Sie konkret brauchen, um vielleicht die Restangst in Ihnen gut „aushalten“ zu können. An welcher Stelle brauchen Sie noch Weiterentwicklung oder Unterstützung? Wenn Sie darüber hinaus noch herausfinden, welche Fähigkeiten Sie **ohne Angst** hätten, **dann konzentrieren Sie sich auf die Schulung genau dieser Fähigkeiten.** So investieren Sie Ihre Energie in Ihre Fähigkeiten und nicht in Ihre Angst. Finden Sie heraus, was Sie brauchen und entwickeln Sie sich in diesem Bereich weiter. Dadurch reduzieren Sie Ihre Angstgefühle um ein Vielfaches. Sie können wieder zielgerichteter handeln. Ihre Angst wird nicht mehr so übermächtig sein, weil Sie auch Ihre Stärken und nicht nur Ihre Schwächen kennen. Vielleicht wird Ihre Angst sogar ganz verschwinden oder als kleiner Adrenalinschub Sie sogar noch besser machen als ohne Angst?

5.8.2 Die Glasglockenimagination

Die Glasglockenimagination ist eine Angst- und Schmerzloslösungsübung zur Unterstützung von Angst- und Schmerzbewältigung. Verabschieden Sie sich allein schon aus Eigeninteresse von Ihrem Schmerz. Vergebung ist Eigeninteresse. Vergeben Sie sich, falls Sie Schuldgefühle haben und Sie vergeben anderen, die Ihnen Schmerz zufügten. **Vergebung ist die Bedingung zur inneren Freiheit.** Ohne Vergebung werden Sie nicht glücklich und innerlich frei. Jeder Rest an Groll, Hass, Manipulation und Missgunst verhindert innere Freiheit: *„Denn echte Versöhnung beginnt in der Konfliktfähigkeit, im ehrlichen Eingestehen der Anteile von Gewalt, die ich auch in mir finde.“.*[194] Was nicht bedeutet, dass wir nie Groll oder Hass empfinden dürfen. Wer so denkt, setzt sich stark unter Druck und wird noch mehr Groll und Hass nach sich ziehen. Das unbewusste Limbische System (Bewertungssystem) ist immer schneller als das Bewusstseinssystem auf der Großhirnrinde. Das bedeutet, dass der Groll oder der Hass oft viel schneller ist, als die Einsicht, dass es gesundheitsschädlich ist, Groll und Hass zu empfinden. Deshalb **lassen Sie Milde gegen sich selbst walten!** Verurteilen Sie sich nicht, wenn Sie verurteilen oder wenn Sie Groll und Hass empfinden. Wichtig ist die inklusive Haltung: Wer verurteilt, Groll oder Hass empfindet, braucht die Kompetenz, seine Wollknäuelgefühle[195] anzunehmen, um in einem Reflexionsschritt herauszufinden, welche natürlichen Gefühle sich hinter der Verurteilung, dem Groll und dem Hass verbergen. Sie brauchen die Kompetenz, den Wutknäuel zu entknäueln und zu entzerren. Sie brauchen das Bewusstsein, alle Gefühle zulassen zu können, um herauszufinden, was diese ihnen genau sagen und zeigen wollen. Das ist Freiheit und die Kernaussage der *Praktischen Inklusiven Kommunikation.*

Vergebung ist Eigeninteresse.

Suhlen Sie sich nicht weiter im Schmerz der Vergangenheit!

Diese Imagination ist **nicht für Personen mit Panikattacken** geeignet. Geeignete Angstformen für diese Imagination sind: Redeangst, Angst vor einem Konflikt, Angst vor einer Prüfung, Angst vor fremden Personen, Angst eine Erwartung nicht zu erfüllen, Angst vor einem Vorstellungsgespräch,

---

194 Stutz 2008, S. 110

195 Wollknäuelgefühle sind verzurrte natürliche Gefühle. Hinter Groll und Hass liegen oft eine tiefe Traurigkeit, Enttäuschung und letztlich Schmerz verborgen. Wer diese natürlichen Gefühle zulässt, kann hinter dem Groll und Hass herausfinden, welche Bedürfnisse unerfüllt sind. Es liegt in unserer Verantwortung, diese Unerfülltheit zu kommunizieren. Wer den Mut nicht aufbringt, es zu tun, bleibt innerlich unfrei. Innere Freiheit heißt, stimmig-authentische Gefühle und unerfüllte Bedürfnisse auszudrücken, um sich aus der inneren Ohnmacht zu befreien. Würden dies alle Menschen tun, würden alle Depressionen und die explodierenden Burnout-Syndrome verschwinden.

Angst vor Neuem, Angst ausgelacht zu werden, Angst vor Versagen, Angst nicht gut genug zu sein ... usw. Es handelt sich hauptsächlich, um alltägliche Ängste, die das Leben versauern. Sie können diese Imagination mit mehreren Situationen wiederholen. So trainieren Sie, Ihre gebundenen Ängste, sobald sie auftauchen, zu halten oder zu befreien. Der entscheidende Trick ist, die Angst vollständig anzunehmen, damit sie sich in eine positive Kraft transformieren kann.

Mach es dir bequem, schließe deine Augen und lenke deine Aufmerksamkeit zu deinem Atem. Atme drei Mal tief ein und aus. Sollten Gedanken kommen, lass sie wieder ziehen. Lass sie wie Wolken davonziehen. Es ist leicht, Gedanken loszulassen. Die Lebensenergie fließt aus der Unendlichkeit sanft und sicher zu dir. Atme sie ein und aus. Sie fließt durch deinen Körper hindurch, hinab zu deinen Zehenspitzen und über deine Fußsohlen bis tief in die Erde hinein, sodass du dich von ihr getragen und gehalten fühlst. Atme noch einmal tief ein und aus und fühl dich mit der Energie des Himmels und der Erde zutiefst verbunden. Solltest du noch Geräusche im Außen wahrnehmen, dann entspanne jetzt umso tiefer, desto lauter die Geräusche im Außen sind. Spür, wie entspannt du trotz Geräusche bist und wie du trotz der vielleicht noch störenden Gedanken immer entspannter und entspannter wirst. Du bist jetzt sehr tief und sicher mit der Energie des Himmels und mit dem Kraftboden der Erde verankert. Atme über deine Fußsohlen bis tief in die Erde hinein und verwurzle dich noch mehr mit ihr. Im Kreislauf deines Atems wirst du jetzt immer entspannter und leichter, je länger du noch weitere Geräusche im Außen wahrnimmst.

Denk an eine Situation, in der du Angst hattest. Lenk deine Aufmerksamkeit auf die Unwohlgefühle, die du dabei spürtest. Verdräng sie nicht, sondern lasse sie da sein. Nimm sie heute wie eine liebevolle Mutter ihr ängstliches Kind in den Arm. Lokalisier sie im Körper. Vielleicht rast dein Herz oder vielleicht ist deine Kehle zugeschnürt? Vielleicht zittern deine Knie etwas? Oder vielleicht ist dein Mund trocken oder du hast feuchte Hände? Sei für deine Körperreaktionen da, weil sie zu dir gehören. Schlüpf nun geistig aus dir hinaus und schau dir die Situation von außen an. Wie siehst du aus, wenn du Angst hast? Wie hast du reagiert? Beobachte deine Gesichtszüge, deine Mimik und Gestik und deine Sprache. Konntest du vor lauter Angst überhaupt etwas sagen? Vielleicht hattest du auch Angst vor deiner Angst? Wenn es so sein sollte, dann sage zu deiner Angst: *„Herzlich willkommen! – Schön, dass du mich vor meiner eigenen Angst beschützen willst.“*. Sag JA zu allen Gefühlen. Betrachte deine Angst wie einen freundlichen Teil in dir. Sie gehört zu dir, weil sie ein Teil von dir ist. **Lieb(e) deine Angst!** Such jetzt in deiner Vorstellung für deine Angst ein Symbol aus. Welche Form und welche Farbe hat dein Symbol? Falls du spüren solltest, dass du deine Angst nicht annehmen kannst, dann verändere das Symbol. Verändre die Form oder die Farbe. Achte darauf, wie sich dein Gefühl verändert, nachdem du das Symbol, die Form und die Farbe deines Symboles verändert hast. Was brauchst du vielleicht noch an Ressourcen, damit du deine Angst bejahen kannst? Geh zu deinem inneren Ort und schaue dich in deinem inneren Basar um. Bedien dich an deinen vorhandenen Ressourcen, die dort in großen Mengen vorhanden sind. Du kannst so viel! Mach dir bewusst, was du alles kannst. Konzentrier dich auf deine Stärken und schöpfe aus deinem inneren Basar der tausend Wertschöpfungsmöglichkeiten. Wähl aus, was du brauchst.

Mit deinem neuen Ressourcenbewusstsein blicke nun hinter deine Angst. Halt sie mit deinen Stärken im Arm. Frag dich authentisch: *„Wovor genau habe ich eigentlich Angst? – Was war eigentlich* *meine größte Angst in dieser Situation?"*. Hastest du vielleicht Angst enttäuscht zu werden? War es die Verzweiflung, Unsicherheit, Ohnmacht ...? Fühlst du hinter der Angst einen Schmerz? Wenn ja, dann lasse diesen Schmerz zu! Spür, dass er gesehen und gefühlt werden will. Verdräng ihn nicht! Unterdrück ihn nicht! Es ist nicht wichtig, die Ursache deines Schmerzes zu kennen, da diese sehr vielfältig sein kann. Es ist wichtig, im Hier und Jetzt zu fühlen, was du JETZT fühlst. Schau dir die Situation, die dich verletzte jetzt noch gründlicher an. Welche Personen sind da? Wie sehen sie aus? Wer redet in diesem Raum noch? Wie sind die Stimmen? Wie ist die Stimmung? Was für ein Geruch hat die Situation? Kannst du auch einen Geschmack schmecken? Wie fühlst du dich in dieser Situation? Lass den Gefühlen hinter deiner Angst den Raum, den sie brauchen, um Anerkennung zu erfahren. Gib ihnen ein Zuhause. Sie wollen von dir erkannt, gesehen, gehört und angenommen werden. Sie wollen nicht verleugnet und weggedrückt werden. Vielleicht fühlst du eine Traurigkeit hinter deiner Angst? Vielleicht ist es eine Verzweiflung oder eine Ohnmacht? Vielleicht ist es aber auch nur eine Lächerlichkeit, die dich irritierte, aber dennoch stark verunsicherte? Auch diese Lächerlichkeit braucht deinen Respekt! Erlaub dir alle Gefühle und bejahe sie. Sie gehören zu dir wie die Blumen zur Erde und die Sonne zum Himmel.

Lass alle „Gefühlskinder", die sich zeigen, bei dir im Herzen sein und erlaube ihnen, da zu sein. Sag zu ihnen, dass du sie annimmst und liebst, so wie sie sind. Gerade das „Angstkind" will nicht ausgeschlossen werden. Es will nicht bekämpft werden. Es will geliebt werden. Es hat eine gute Absicht. Es will dich beschützen. Bedank dich für die gute Absicht deiner Angst. Spür nach, wie gut ihre Schutzenergie für dich in der Vergangenheit sorgte. Diese neuen Gedanken bewirken, dass sich die Poren deiner Haut wie Schleusen öffnen. Vielleicht prickelt es sogar unter deiner Haut? Energie kann durch dich hindurch nach innen wie nach außen fließen. Du spürst, wie ein Teil deiner Angstenergie sich von dir in Frieden und in Liebe verabschieden möchte. Die Angstenergie wird über die geöffneten Schleusen deiner Poren nach draußen fließen, weil du es so bestimmst und die natürlichen Energien in dir, die dir inneres Gleichgewicht bringen, können neuen Raum erobern. Du bist voller Zuversicht, dass deine Angstenergie sich in einem gesunden Maße von dir verabschiedet, so dass du JETZT wie durch Zauberhand anfängst mit deinen Händen, diese Energie aus deinem Körper zu streifen. Damit unterstützt du zusätzlich, **ihre enge Gebundenheit an dich aufzuschnüren** und loszulassen. Du spürst, wie deine Angst von Sekunde zu Sekunde überflüssiger wird, weil andere Gefühle wie z. B. Sanftmut, Friede, Freude, Liebe und Gelassenheit deinen inneren Raum immer mehr und mehr erfüllen. Deine Angst hat diese wohltuenden Energien in dir lange Zeit daran gehindert, in Freiheit zu fließen. Doch jetzt kannst du sie wieder deutlicher wahrnehmen und spüren. Du fühlst, wie du innerlich ruhiger und entspannter wirst.

Deine Poren weiten sich immer mehr aus, so dass deine letzte ängstliche Energie dich sicher verlassen kann. Streif deine letzte Angst aus dir heraus und fühle wie du leichter und leichter wirst. Streif sie aus deinem Körper ein weiteres Mal mit deinen Händen heraus. Tu es gefühlsmäßig so, wie es für dich passend ist. Vielleicht packst du die unruhige Angstenergie an und ziehst sie ruckartig aus deinem Körper heraus? Streif auch deine Arme, Beine und Füße aus. Streif deine Angst aus deinem Bauch hinaus, bis er sich wieder weich, warm und entspannt anfühlt. Streif die Angst aus deinem Brustbereich, Hals und Gesicht aus, bis du eine angenehme Entspannung fühlst. Zieh sie aus deinem Bewusstsein heraus, so dass ein Teil von ihr, nun direkt vor dir ist. Schau deiner Angst ins Gesicht. Wie sieht sie aus? Was passiert mit ihr, wenn du sie anschaust? Fühl nach, wie es ist, mit weniger oder gar keiner mehr Angst in deinem Bewusstsein. Die Angst ist jetzt nicht mehr in dir, sondern sie ist über dir, unter dir, neben dir und um dich herum. Visualisier gedanklich, wie du deine Angstenergie in fantastsicher Weise nun in deinen Händen hältst.

Streck nun deine Arme aus und bewege deine Angstenergie spielerisch hin und her. Sie folgt den Bewegungen deiner Arme und Hände. Sie ist wie ein Spielball für dich. Form sie mit deinen Bewegungen, so wie du es willst. Tanz mit ihr und nimm ihr den Schrecken. Du hast Freude daran, mit ihr zu spielen. Du spürst, dass du die Macht über diese Energie hast und nicht sie über dich. Wie fühlt sie sich in deinen Händen an? Was hat sie jetzt für eine Farbe? Gibt es einen Unterschied zu zuvor? Press nun die Energie deiner Angst mit deinen Händen fest zusammen und forme daraus eine kompakte Kugel. Press die letzte umherströmende Energie in diese kleine Kugel hinein, bis sie hart wie ein eisiger Schneeball wird. Spür, die zu Eis gefrorene Angst in deinen Händen! Spiel noch ein bisschen mit der harten eisigen Angstkugel und entscheide dann, sie mit geballter Kraft von dir wegzuwerfen. Nimm in deiner Vorstellung sogar etwas Anlauf dafür, damit du noch mehr Schleuderkraft hast. Schleudre die Eiskugel, so fest du kannst für immer weg. Tu es in deiner Vorstellung JETZT. Schau zu, wie sie fliegt und höre, wie sie mit einem zischenden Geräusch davonsaust.

Über dir bricht es, kracht es, donnert es, blitzt es und splittert es gewaltig. Was ist das? Du realisierst, dass du in einer großen unsichtbaren **Glasglocke** gefangen warst, die nun zerbrochen in tausend Scherben auf dem Boden vor deinen Füßen liegt. Diese starre Glasglocke war die ganze Zeit über dir, so dass die Angst nicht von dir weichen konnte. Du warst in ihr gefangen. Sie raubte dir oft den Atem und du fühltest dich wegen ihr manchmal sehr einsam und kraftlos. Du konntest dich nicht frei bewegen und in Freiheit deine Fähigkeiten zeigen. Jetzt kannst du wieder frei atmen, weil deine Angstenergie im weißen Licht im Fluss der Zeit verschluckt und aufgelöst wurde.

Lenk deinen Blick auf dich und fühle achtsam in dich hinein. Was empfindest du ohne deine Angst oder mit viel weniger Angst als zuvor? Fühlst du vielleicht eine Befreiung oder Entspannung? Oder eine neue Klarheit? Eine Lust? Eine Neugierde? Eine Leidenschaft? Ist es vielleicht Mut? Selbstwirksamkeit? Neue Kraft? Leichtigkeit? Kreativität? Entscheid dich, dass du in Zukunft dich verstärkter auf das Gegenteil deiner Angst konzentrierst. Wie möchtest du gerne sein? Was ist für dich die 180-Grad-Wendung deiner Angst? Feil diesen Gegenteil mit deinen Ressourcen für dich sehr konkret aus. Wenn du das Gegenteil deiner Angst in der herausfordernden Situation identifiziert hast, dann fokussiere deine Aufmerksamkeit auf diesen Gegenteil. Die Energie fließt immer dahin, wo deine Aufmerksamkeit ist. Durch diesen Vorgang wird die Angst nicht übersehen, sondern in Ressourcen umgelenkt. Freu dich auf diesen Umlenkungsprozess.

Überleg, von welcher Ressource du am meisten profitieren würdest, wenn sich die Angst bei dir wieder zeigt? Geh gedanklich durch deinen inneren Basar – den Ort deines inneren Reichtums – spazieren und finde heraus, was du brauchst, um ohne die Schutzfunktion deiner Angst stimmig-authentisch leben zu können. Bewundre deine Fähigkeiten. Sei begeistert von dir! Zeig der Welt deinen inneren Reichtum! Zeig das Wunder in dir! Zeig dich der Welt, so wie du wirklich bist!

Zeig dein Licht! **Stell es nicht unter den Scheffel!** Stell es auf den Tisch, damit es jeder sehen kann! Sei das Licht der Welt, damit möglichst viele von deinem strahlenden Licht profitieren können. Sei stimmig! Sei authentisch! Sei echt! Sei das Selbst, das du in Wahrheit bist!

Schau dir in diesem neuen Licht die belastende Situation noch einmal an. Wie ist die Situation jetzt für dich? Was ist der Unterschied zu vorhin? Wie reagieren die Personen jetzt? Wie bist du? Was siehst du? Was hörst du? Was riechst du? Was schmeckst du? Freu dich, in die Realität zurückzukehren, mit dem Bewusstsein wie du ohne Angst oder mit weniger Angst bist. Freu dich, mit dem befreiten Gefühl zurückzukehren, die Ressourcen zu besitzen, die deine Angst in dir halten können. Freu dich, über diese neue Gewissheit mit ruhigem Herzen leben zu können. Kehr noch dankbar die Glasscherben deiner in tausend Stücke zerbrochenen Glasglocke zusammen. Entsorg sie dankbar und würdig. Die Scherben liegen nicht umsonst vor deinen Füßen. Sie haben ihren Sinn und werden ihren Sinn behalten. Nichts in uns ist vergessen, aber wir können umdenken und umlenken. Such für die Scherben einen passenden Ort. Leg sie dort in Dankbarkeit ab und entscheid dich, das Leben zu leben, das deinem Wesen am besten entspricht! Sei das, was du in Wahrheit bist!

Öffne langsam deine Augen und werde dir des Raumes wieder bewusst, indem du dich befindest. Streck deine Glieder aus und fühl dich auch im Alltag von der Energie des Himmels und der Erde getragen. Atme bewusst dein Sternengefühl ein und aus. Leb in der Gewissheit des unbesiegbaren Sommers in dir. Nimm dein Gefühl mit in einen wundervollen Tag. Es ist dein Tag. Kein anderer lebt deinen Tag. Sei wach für deinen Tag und sei gewiss, jeder Tag ist ein Sternentag.

5.9 Liebesbild, Liebesskulptur, eigene Phantasiereise schreiben

Material für das Bild: Papier, Stift, Wasser-, Aquarell-, Pastell- oder Ölfarbe. **Material für die Skulptur**: Ton, Holz, Salzteig, Ytong u. a. Malen Sie für sich selbst ein Liebesbild oder formen Sie sich aus Ihrem Lieblingsmaterial eine Liebesskulptur. Vor dem Malen bzw. dem Formen ankern Sie über *VAKOG* Ihre *Zone of Excellence*. Stellen Sie sich große Bilder von Ihrem Liebesgefühl vor. Britta, 38 J., z. B. hatte die Idee sich selbst **in** ein Herz hinein zu malen. In ihrer Vorstellung war ihr Bild aber sehr klein. Erst als ich sie motivierte, ein großes inneres Bild zu imaginieren, wurde ihr bewusst, dass sie sich immer noch nicht für wichtig genug einstufte. Gestalten Sie sich in Ihrer Vorstellung große Bilder von Ihnen und von Ihren Visionen.

Abb. 26 – Feuerbild der Liebe
Sybille Hoffmann

Malen oder formen Sie intuitiv ohne Bewertung und ohne Angaben von Zeit, Form und Raum. Lassen Sie Ihr Gefühl einfach in das Bild oder in die Skulptur hineinfließen. Nach Fertigstellung würdigen Sie Ihren kreativen Prozess, indem Sie darüber mit Freunden reden. Rahmen Sie Ihr Bild ein und hängen Sie es so auf, dass Sie es jeden Tag sehen können. Suchen Sie sich für Ihre Skulptur einen besonderen und gut sichtbaren Platz aus. Dadurch geben Sie Ihrem Ergebnis einen hohen Stellenwert. Bild und Skulptur können als gedanklicher oder visueller Anker dienen. Anker spenden in herausfordernden Situationen den notwendigen Selbstwert, Kraft, Mut und innere Ruhe.

Als weitere Möglichkeiten könnten Sie auch über Ihr Sternengefühl eine Phantasiereise schreiben. Jeder kann malen, formen und schreiben. Sie auch. Eine selbst verfasste Phantasiereise inspiriert und wirkt wie Balsam für die Seele. Den Effekt spürte ich, als eine Freundin mir meine eigenen Imaginationen vorlas. Der Text war meinem Unbewussten **Wort für Wort** sehr vertraut, obwohl ich stellenweise keine bewusste Erinnerung mehr an alle Einzelheiten hatte.

5.10 Die Bedürfnisgefäße füllen

Über einen intuitiven und kreativen Malprozess können die inneren Kräfte kreativ zum Vorschein gebracht werden und dadurch kommt automatisch Bewegung in die innere energetische Landschaft. Am effektivsten ist der Effekt nach der Durchführung der *Unbewussten Bedürfnisfindungsmethode.*[196] Nur allein unsere Sprache reicht nicht aus, um uns bewusst zu machen, ob Bedürfnisse erfüllt oder unerfüllt sind. Durch den kreativen Malprozess werden der identifizierte Mangel und die schon erfüllten Qualitäten in unserer Bedürfnislandschaft transparenter.

Der Mangel und die Qualitäten (Potenziale) unserer Bedürfnisse können in Gefäßen Schalen, Vasen, Gläser ... übervoll, voll, halbvoll, viertelvoll ... dargestellt werden. Die Gefäßräume, die nicht mit Farbe ausgemalt werden, deuten auf den noch vorhandenen Mangel hin. Diese Bedürfnisse sind dann noch „bedürftig". Wie genau Sie Ihr Bild gestalten, bleibt Ihrer Phantasie überlassen. Schreiben Sie über oder unter das jeweilige Gefäß die Bedürfnisbezeichnung: Romantik, Verbundenheit, Frieden, Humor, Selbstwirksamkeit, Ruhe usw. Das Bedürfnisbild kann wie das Liebesbild eingerahmt und aufgehängt werden, um den Potenzialentfaltungswillen im Bewusstsein präsent zu halten. Sie können dann nach und nach Ihre Gefäße durch Nachzeichnen wieder auffüllen, wenn sich Ihre Bedürfnisse erfüllen oder einfach ein neues Bild gestalten. Achten Sie darauf, dass Ihre „Gefäße" nicht leer bleiben oder wieder leer werden. Reflexion ist ein direkter Weg zur Bedürfniserfüllung. Bei einem Streit ist es z. B. sinnvoll, sich das Bedürfnis nach Einsicht und Wiedergutmachung baldmöglichst wieder zu erfüllen, damit der innere Frieden wieder einkehrt und das aufgetauchte „schlechte" Gewissen verschwinden kann. Reflektieren Sie jeden Tag, wie Sie sich heute Ihre Bedürfnisse erfüllt haben und vermerken Sie es in Ihrem Selbstwertschätzungsbuch.[197] Hatten Sie ausreichend Ruhe und kreative Pausen? Wie erfüllten Sie sich das Bedürfnis nach Kontakt? Überlegen Sie sich positive Strategien, Commitments und Handlungsoptionen, damit Ihre (noch) „leeren" oder „halbleeren" Gefäße sich nach und nach „auffüllen" können. Umso „voller" Ihre Bedürfnisgefäße sind, desto zufriedener und erfüllter ist Ihr Leben. Manche Schalen quellen aber ab und zu mal über. Ist z. B. die Schale der Selbstwirksamkeit übervoll, ist es wichtig, zu lernen, sich besser abzugrenzen, damit das machbare Maß nicht überschritten wird. So wird ein Selbstüberforderungsschemata verhindert.

Abb. 27. – Bedürfnis nach Ruhe halb erfüllt! Zeichnung: Thomas Alwin Müller

[196] Siehe Kap. 3.9
[197] Siehe Kap. 5.11

5.11 Autosuggestion Selbstwertgefühl

Mein Mann ist oft im Wald und er hat in seinem Leben schon viel Holz gespalten und gestapelt. Seine Holzgeschichte passt deshalb perfekt in dieses Kapitel.

„Die meisten Holzscheite sind schön gleichmäßig und lassen sich deshalb gut aufeinanderstapeln. Es gibt aber auch Holzscheite, die so schief und krumm sind, dass ich am Anfang glaube, diese passen auf keinen Fall in den Stapel mit dem schönen geraden Holz. Weil es einfacher ist, beginne ich deshalb immer mit dem gleichmäßigen Holz und während dieses aufeinandergesetzt wird, kommt immer wieder eine Stelle, wo Lücken entstehen, in denen genau diese krummen und schiefen Stücke wie angegossen passen. Sie werden plötzlich regelrecht gebraucht und ich bin froh, dass ich sie habe. Jedes Stück Holz ist auf seine Art wertvoll und jedes Stück Holz erfüllt seinen Zweck."

Jeder Mensch ist wertvoll. Der Haken dabei ist, dass jeder das Gefühl braucht, seinen Selbstwert zu 100 % zu fühlen. Dieses wertvolle Gefühl besitzen aus den vielseitigsten heterogenen Sozialisationsgründen leider die wenigsten Menschen. Wir haben aber die Fähigkeit, den eigenen Selbstwert zu 100 % zu verankern, selbst wenn er uns nicht unbedingt in die Wiege gelegt wurde. Jeder kann durch Haltungsreflexionen „selbstwertbewusste" Strategien entwickeln, um seinen Selbstwert mit der Zeit immer mehr zu steigern. Jeder kann die Selbstverantwortung für seinen Selbstwert übernehmen, sobald er weiß, **dass er eine Wahl hat.** Wir sind nicht vorbestimmt. Das Gehirn ist plastisch. Es ist machbar, seinen Selbstwert zu steigern. **Das ist die gute Nachricht.** Die Selbstwertschätzung wird über das Reframing von Gedanken am effektivsten gesteigert. Wer auf die Botschaft seiner Sprache achtet und nicht täglich ausgrenzend mit sich selbst und mit anderen kommuniziert, wird schnell ein hohes Selbstbewusstsein über sein Selbstwertgefühl entwickeln.

Achten Sie verstärkt auf die Botschaft Ihrer Sprache. Ein Ex-Musiker sagte mir: *„Ich habe mir die Musik aus dem Kopf geschlagen!"*. Welche Botschaft sendet er bei diesem Satz an sein Unbewusstes aus? Viele Menschen haben keine Vorstellung, **was** sie täglich an negativen Botschaften an ihr Unbewusstes aussenden. Sie reden sich permanent schlecht und wundern sich dann, dass sie frustriert sind und keinen Selbstwert haben. Verlassen Sie sich nicht auf das, was andere sagen. Andere verfolgen vielleicht eine Strategie, um Ihre Bedürfnisse zu manipulieren. Sie tun dann Dinge, die Sie eigentlich gar nicht wollen. Durchschauen Sie die Strategien Ihrer „Freunde", die nicht in jeder Situation „Freunde" sind. Hören Sie auf, Ihren Wert von der Meinung anderer abhängig zu machen. Sie sind die Person, die Ihren Selbstwert zu verantworten hat. Sie können es heute, als erwachsene Person endlich lernen und **haben dafür auch die Verantwortung**.

Sie können täglich Ihren Selbstwert steigern, indem Sie Dinge tun, die Ihnen guttun und nicht Dinge, die Sie dauernd frustrieren. Suchen Sie Menschen in Ihrem Umkreis, mit denen Sie lachen können und ziehen Sie nicht nur Menschen an, über die Sie sich höllisch aufregen können. Tun Sie alles, was Sie tun mit Liebe. Gehen Sie spazieren, schwimmen, saunieren, lesen Sie, hören Sie Musik, gehen Sie mal wieder ins Kino oder in ein Musical, singen Sie im Auto oder unter der Dusche und machen Sie **dreimal am Tag etwas Verrücktes.** Sammeln Sie jeden Tag für sich passende

Werkzeuge (Werkzeugkoffer),[198] um ein besseres **Stimmungsmanagement** für sich abzugewinnen. Machen Sie Sport, ernähren Sie sich gesund und hören Sie ab und zu eine Imagination oder Ihre eigene Phantasiegeschichte. Buchen Sie Spontanurlaube, kümmern Sie sich um Ihre Hobbys, Familie, Freunde ... Belegen Sie Kurse, die Sie interessieren ... Ihr Unbewusstes wird Ihre neuen emotionalen Gefühle aufnehmen und es Ihnen mit Wohlbefinden danken.

Alle Ergänzungsmethoden sind voll von Ideen, wie Sie Ihren Selbstwert steigern können. Ihre Aufgabe ist einzig und allein, es zu tun. Sie müssen den Stift in die Hand nehmen und das Liebesbild an sich malen, den Liebesbrief, das -gedicht oder die eigene Phantasiegeschichte an sich selbst schreiben. Gönnen Sie sich selbst und anderen Gutes, dann wird Ihnen Gutes widerfahren. Ihr Selbstwert wird sich durch die vielen positiven Entscheidungen, die Sie für Ihr Leben treffen, dadurch um ein Erhebliches steigern. Setzen Sie sich Tages-, Wochen-, Jahres-, Zwei-, Fünf- und sogar Zehn-Jahresziele, die erreichbar und machbar sind. Visualisieren Sie Ihre Ziele. Ihr Unbewusstes wird den Auftrag anerkennen, so dass Sie Ihre Ziele erreichen werden. Sagen Sie danke von Herzen, wenn jemand auch nur die kleinste Kleinigkeit für Sie getan hat.

Feiern Sie ebenso Ihre Erfolge und halten Sie damit nicht hinter dem Berg. Zeigen Sie das Wunder in Ihnen. Zeigen Sie der Welt Ihre Begeisterungen. Was hat ein Künstler davon, wenn er seine Bilder im Keller unter Verschluss hält? Bescheidenheit in Maßen ist sicherlich manchmal angebracht, jedoch nicht, wenn ausschließlich Bescheidenheit die Tugend ist.

Positive Autosuggestion ist positive Selbstbeeinflussung. Bei schlechten Erfahrungen lernten wir, sehr schnell negativ zu reframen. Das Unbewusste glaubt das, was wir denken und sagen, weil es immer das glaubt, was wir denken und sagen. Sobald es Ihnen auffällt, dass Sie sich in einer negativen Gedankenspirale befinden, sagen Sie innerlich: STOPP! Verwandeln Sie durch diesen STOPP Ihre negativen Glaubenssätze wieder in Positive. Reframen Sie in kleinsten Schritten: *„Ich beginne langsam ein Bewusstsein für meine Gefühle zu entwickeln!“.* Wer gleich ein Ziel-Glaubenssatz wie z. B.: *„Ich habe schon in zwei Tagen einen guten Zugang zu meinen Gefühlen.“* formuliert, wird dieses Ziel kaum realisieren können.

Wie kann ein schwacher Selbstwert[199] gesteigert und sogar als Permanenzgefühl verankert werden? Diese Fragen werden mir oft gestellt, mit der Hoffnung auf eine sofortige wirkungsvolle Antwort. Es gibt tatsächlich das sofortige Wirkungsreframing, aber nicht bei allen Menschen. Um das Selbstwertgefühl zu verankern, braucht es **Selbstwertübungen**. Gestalten Sie sich ein **Selbstwertschätzungsbuch** und schreiben Sie jeden Tag Ihre positiven Erfahrungen hinein. Schreiben, zeichnen oder malen Sie alles in das Selbstwertbuch hinein, was Ihnen von Herzen gut tut. **Geben Sie jedem Tag einen Namen** und schreiben Sie zum Namen noch Datum dazu. Somit schenken Sie jedem einzelnen Tag eine be-

Abb. 28 –
Zeichnung: Thomas A. M

[198] Siehe Kap. 5.23 – Schreiben Sie 25 Dinge oder mehr auf, um in einen gute Stimmung zu kommen

[199] Lesen Sie zum Thema Selbstwert auch Fritsch 2009, S. 92 – 111 – Sammlung von Ideen zur Steigerung des Selbstwerts, der emotionalen Sicherheit, des Sinns, der Wirksamkeit, des Kontakts, des Wachstums, der Lebendigkeit, der Fürsorge, der Harmonie, der Ruhe, aber auch der Trauer beim Verlust von Menschen oder Träumen

sondere Bedeutung. Jeder Tag ist wertvoll. Sie geben sich selbst mit diesem Buch einen besonderen Wert. Sie sind es wert. Alles was Sie tun, hat einen Wert. Alles was Sie denken, hat einen Wert und alles was Sie sagen, hat einen Wert. Ihr Unbewusstes nimmt diesen Wert auf und vergisst ihn nicht. Mit der Zeit werden Sie eine unbewusste Kompetenz in Bezug auf Ihren Selbstwert entwickeln und sich wertvoller fühlen. Geben Sie Komplimente an andere weiter und tragen Sie die positiven Reaktionen dieser Menschen in Ihr Selbstwertbuch ein. Jeder neue und nachhaltig reframte Glaubenssatz, jeder Erfolg und jede Affirmation, die Ihnen Kraft gibt, kann darin festgehalten werden. Sie brauchen Umsetzungswillen und bewusste **Persönlichkeitszeit**, um es tatsächlich zu tun. Sprüche, Gedanken, Gedichte, Vergleiche, Metaphern, Aphorismen (philosophische Gedankensplitter), Geschichten, Postkarten, Fotos, Bilder ... und selbstverständlich alle wertvolle Erlebnisse können darin eine stolzen Platz finden. Feiern Sie jeden Tag, was Ihnen gut gelungen ist und schreiben Sie dahinter: „DAS IST GUT!“ – „DAS IST GENIAL!“ – „ICH KANN ES!“ ...

Wenn Sie selbst Komplimente erhalten, weil Ihre Arbeit oder Ihre Art mit Menschen umzugehen, von anderen geschätzt wird, dann tragen Sie diese Tatsachenkomplimente in Ihr Selbstwertbuch ein. Tun Sie nicht so „gelernt bescheiden“, als ob Sie sich nicht darüber freuen würden. Seien Sie authentisch und sagen Sie den anderen, das Sie sich freuen, dann freuen sich auch die anderen mit. Gestalten Sie Ihr Leben und Ihr Selbstwertbuch mit Liebe. Feiern Sie Ihr wertvolles Leben, indem Sie jeden Tag Ihr Selbstwertbuch wie ein Tagebuch hegen und pflegen.

Tragen Sie die folgenden zehn Überzeugungen in Ihr Selbstwertbuch ein. Schreiben Sie diese noch zusätzlich auf einen Spickzettel und befestigen sie ihn so, dass Sie ihn so oft wie möglich lesen können (Spiegel, Kühlschrank, Bett, Computer ...). Die Wirkung wird eintreffen, wenn Sie es TUN! Sprechen Sie die Sätze so vor, wie sie verfasst sind. Die Wiederholungsformen innerhalb der Aussagen sind in sich schlüssig und immanent logisch. Sie entsprechen dem Individual-, Vergleichs- und Generalisierungsprinzip. Nach den neuen Erkenntnissen der Hirnforschung (Plastizität des Gehirns),[200] ist Wiederholung wichtig, um Überzeugungen auf lange Sicht zu verinnerlichen. Lesen Sie, so oft wie möglich am Tag, laut die Wertschätzungssätze vor. Ihr Unbewusstes hört mit. Vergegenwärtigen Sie über *VAKOG* Ihre schönste Momente, in denen Sie sich wertvoll fühlten und verankern Sie diese zu einem einzigen Wertschätzungsgefühl (*Moment of Excellence*).

Zehn wertvolle und selbstbewusste Überzeugungen

1. Ich fühle, dass jeder WERTvoll ist.
2. Ich fühle, wenn jeder WERTvoll ist, dann bin auch ich WERTvoll.
3. Ich fühle, ich bin WERTvoll, weil jeder WERTvoll ist.
4. Ich fühle, weil jeder WERTvoll ist, bin auch ich GENAUSO WERTvoll, wie jeder andere.
5. Ich fühle, dass keiner mehr WERT ist als der andere. Wir sind alle GLEICH viel WERT.
6. Ich fühle, weil wir alle GLEICH viel WERT sind, bin auch ich WERTvoll.
7. Ich fühle, dass jeder, der sich WERTvoll fühlt, ein hohes SELBST**BEWUSSTSEIN** hat.
8. Ich habe ein hohes SELBST**BEWUSSTSEIN** über mein SELBSTWERTGEÜHL.

---

[200] Siehe Friesinger 2012, Theoriebuch, Kap. 3.7.1

9. Ich erkenne meinen WERT an.
10. Ich bin wertvoll.

5.12 Autosuggestion Selbstvertrauen

Stärken Sie Ihr Selbstvertrauen. Niemand auf der Welt ist wichtiger als Sie selbst. Investieren Sie Zeit in sich und hören Sie auf zu „jammern“: *„Ich habe keine Zeit für mich!“.* Wer soll sich die Zeit für Sie nehmen, wenn Sie es nicht tun? Schreiben Sie, wenn Sie mögen, die Vertrauenssätze ebenso in Ihr Selbstwertbuch. Lesen Sie sich diese Vertrauenssätze so oft wie möglich vor. Wenn Sie es tatsächlich tun, werden Sie schon nach einer Woche spüren, wie sich Ihr Selbstvertrauen steigert und dadurch steigt auch Ihr Selbstwertgefühl. Die folgenden Aussagen können Sie zusätzlich nach Belieben ergänzen. Starten Sie weitere Vertrauenssätze mit: *„Ich vertraue mir, dass ...“* ... Das Wort „mir“ ist die Selbstverpflichtung, es zu tun. Sie geben sich Ihr Wort. Sie bauen Vertrauen auf, in jeder herausfordernden Situation eine Lösung zu finden. Durch das eigene Versprechen, werden Sie sich eher erinnern, wenn Sie Ihre Vertrauenssätze für Ihr Wohlfühlgefühl dringend brauchen.

Geben Sie sich Ihr Wort!

1. Ich vertraue **mir,** dass durch die Kraft meiner Autosuggestion, ich allein dafür verantwortlich bin, dass das, was ich denke und sage, Wirklichkeit wird.
2. Ich vertraue **mir**, dass ich Kraft meiner Fähigkeiten meine Ziele erreichen werde.
3. Ich vertraue **mir**, dass meine positiven Gedanken eine positive Kraft auf mein Leben haben.
4. Ich vertraue **mir**, dass ich meine lebenseinschränkenden Gedanken reframen kann.
5. Ich vertraue **mir**, dass meine Reframingsgedanken mich weiterbringen.
6. Ich vertraue **mir**, dass ich mein Gefühl über meine Gedanken positiv lenken kann.
7. Ich vertraue **mir**, dass ich das, was ich mir vornehme, mit Begeisterung durchführen werde.
8. Ich vertraue **mir**, rechtzeitig auf meine inneren Anteile zu hören, was diese zu sagen haben.
9. Ich vertraue **mir**, dass ich es schaffe, positive Kräfte zu mobilisieren, wenn ich sie brauche.
10. Ich vertraue **mir**, einen Ausgleich zwischen meinem wollenden Verstand und meinem fühlenden Herzen zu fühlen, um mir selbst und anderen zu helfen oder helfen zu lassen, wenn ich oder die anderen Hilfe brauchen.
11. Ich vertraue **mir**, meine unbewussten negativen Reaktionsmuster mit den dazugehörenden Glaubenssätzen zu identifizieren, sie zu inkludieren, um sie über einen erfolgreichen Reframingsprozess wieder loslassen zu können, weil sie meiner Entwicklung hinderlich sind.
12. Ich vertraue **mir**, dass ich selbstbewusst bin und bleibe, was auch immer geschieht.
13. Ich vertraue **mir**, dass ich mich immer liebe, was auch immer geschieht.
14. Ich vertraue **mir**, gute Entscheidungen für mein Leben treffen zu können.
15. Ich vertraue mir, mein Selbstvertrauen zu entwickeln, um Dinge richtig einzuschätzen, was auch immer geschieht. ...

Napoleon Hill[201] hat Erfolgsgesetze zitiert. In den fünf Schritten zu mehr Selbstvertrauen zitiere ich in diesem Zusammenhang den fünften Schritt. Er schlägt vor, sich diesen Text abzuschreiben:

„Ich weiß, dass Ehrlichkeit und Gerechtigkeitssinn die einzigen zuverlässigen Grundlagen von Wohlstand und Ansehen sind. Deshalb werde ich mich nie auf eine Abmachung einlassen, die einem der Beteiligten von Nachteil sein könnte. Meine Erfolge werde ich dadurch erzielen, dass ich die nötigen Kräfte und Unterstützung meiner Mitmenschen, wie ein Magnet an mich ziehe. Ich werde die anderen dazu bringen, sich für meine Zwecke einzusetzen, indem ich mich jederzeit für die Ihrigen einsetze. Ich werde Hass, Neid, Eifersucht, Selbstsucht und Zynismus aus meinem Herzen verbannen und mich bemühen, stattdessen Liebe zu allen Menschen in mir zu erwecken, weil ich weiß, dass jede negative Gemütsregung oder Einstellung am meisten mir selbst schadet. Ich werde andere dazu bringen, an mich zu glauben, indem ich an sie und an mich selbst glaube. Ich unterzeichne dieses Gelöbnis, lerne es auswendig und wiederhole es täglich einmal laut, weil ich überzeugt bin, dass es allmählich meine Gedanken und Handlungen beeinflussen und mich zu einem selbstsicheren und erfolgreichen Menschen machen wird.“.

Sie können sich dem Prinzip der Autosuggestion in positiver oder in negativer Richtung zuordnen. Ihr Unbewusstes schluckt beides hinunter. Die Richtung bestimmen Sie!

5.13 Die sieben Aussagen der Selbst- und Nächstenliebe

Die Liebe ist der höchste Wert, weil sie die höchste Energieschwingung hat. Kinder sterben ohne Liebe. Zwei inspirierende Zitate zur Selbstliebe regen an, die eigene Selbstliebe zu steigern: *„Als ich mich selbst zu lieben begann, habe ich mich von allem befreit, was nicht gesund für mich war, von Speisen, Menschen, Dingen, Situationen und von allem, was mich immer wieder hinunterzog, weg von mir selbst. Anfangs nannte ich das „gesunden Egoismus“, aber heute weiß ich, das ist „SELBST-LIEBE“.*[202] – *„Es gibt keine größere Einladung für die Liebe, als sich selbst zu lieben.“.*[203]

1. Liebe deinen Nächsten wie dich selbst.
2. Liebe dich selbst wie deinen Nächsten.
3. Liebst du dich, dann liebst du auch deinen Nächsten.
4. Liebst du deinen Nächsten, dann liebst du auch dich.
5. Liebst du dich nicht, so liebst du auch deinen Nächsten nicht.
6. Liebst du deinen Nächsten nicht, so liebst du auch dich nicht.
5. Liebe die anderen nicht mehr als dich selbst.
6. Liebe dich nicht mehr als die anderen.
7. Liebe dich! Wer Liebe sät, wird Liebe ernten.

---

[201] Hill 2009, S. 32 – 33
[202] Zitat von Charlie Chaplin an seinem 70. Geburtstag am 16. April 1959
[203] Augustinus zitiert in Mackenzie 2007, S. 92

Abb. 29 – Badewannengefühl

5.14 Mit der Treppenmethode zum Sternengefühl

Das Bild der „Treppe“ symbolisiert die Tiefe einer Frage. Durch diese Methode bekommen Sie einen besseren Kontakt zu Ihrem „Sternengefühl“ (Ihr emotional wichtigstes und erfülltes Bedürfnis). Stellen Sie sich vor, Sie liegen entspannt in einer Badewanne mit Seife, Schaum, Kerzen, Rosenblätter, Musik usw. Sie fühlen sich rundum wohl und perfekt in sich ruhend und geborgen. Dieses „Badewannengefühl“ symbolisiert Ihr wahres Wesen. Mit dieser Übung können Sie Ihr „Sternengefühl“, wann immer Sie es möchten, auseinanderdividieren. Beispiel: Das Bedürfnis nach höchster emotionaler Bedeutung ist: Sich Angenommen fühlen. Zunächst wird das Gefühl lokalisiert. *„Wo fühlst du das Gefühl, angenommen zu sein?“*

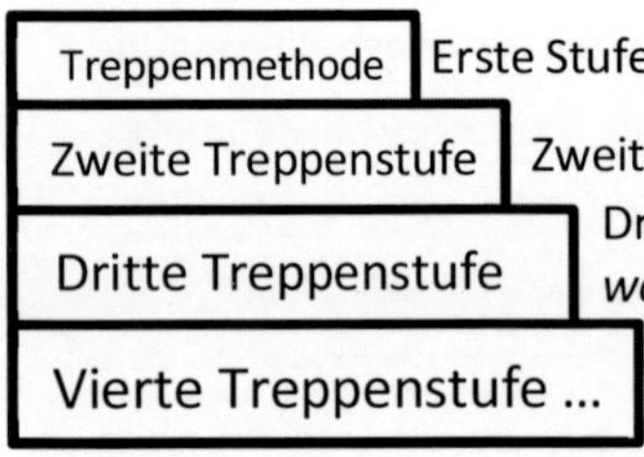

Erste Stufe: *„Wenn du dich angenommen fühlst, was bedeutet dies für dich?“*

Zweite Stufe: *„Wenn du dich angenommen fühlst, was bedeutet es für dich noch?“*

Dritte Stufe: *„Wenn du sagst, es bedeutet Ganzheit, Vertrauen, Sinn, Kraft ... was bedeuten diese Werte für dich darüber hinaus noch?“*

Vierte Stufe: *„Es bedeutet Freude.“ – „Wenn du sagst es bedeutet Freude, was bedeutet für dich im Detail Freude noch?“*

Sie können, wenn Ihnen weitere Attribute einfallen, noch weitere Stufen nach unten chunken. „Baden“ Sie sich in Ihrem Gefühl. Nehmen Sie es in Ihre *Zone of Excellence* mit auf.

5.15 Übung zum *blinden Fleck*

Der Name stammt vom *blinden Fleck* in unserem Augapfel ab. Er dient als Symbol für die unbewussten Prozesse (Reaktions-, Verhaltens-, Haltungs- und Kommunikationsmuster ...), die wir an uns selbst nicht „sehen“ können. Für bestimmte Reaktionen sind wir schlicht und einfach „blind“.

Halten Sie diese Buchseite auf Armlänge entfernt von sich und schließen Sie Ihr linkes Auge. Starren Sie mit dem rechten Auge auf das grüne Quadrat. Bringen Sie die Seite langsam zu Ihrem Gesicht. Der rote Punkt verschwindet. Das Gleiche gilt auch mit dem rechten Auge. Schließen Sie das rechte Auge und fixieren Sie nun zunächst den roten Punkt, dann verschwindet, wenn Sie langsam die Seite zu Ihrem Gesicht führen, das grüne Quadrat.

Abb. 30 – Einmal verschwindet der rote und einmal der grüne Punkt!

Erklärung: An der Stelle wo der Sehnerv von hinten auf die Netzhaut stößt, haben wir keine Lichtrezeptoren, Zapfen und Stäbchen. Das Quadrat oder der Punkt verschwindet, wenn diese sich mit dem *blinden Fleck* im Auge decken.

Wer seinen *blinden Fleck* in Bezug auf sein Verhalten „sehen“ möchte, braucht ehrliches Feedback durch andere. Um dem Unbewussten auf die Schliche zu kommen, ist es hilfreich, eine Vertrauensperson zu bitten, uns Feedback zu geben. Andere „sehen“ mehr als wir, weil sie sich außerhalb unseres Systems befinden. Sie erkennen unsere „Ticks“ besser, als wir es selbst vermögen zu tun. Gute Freunde können mit Leichtigkeit erkennen, ob wir neidisch, eifersüchtig, misstrauisch, geizig, aggressiv-missgönnerisch, aufopfernd, hilfsbereit, egozentrisch, angeberisch, verträumt ... sind. Sie sehen, was wir nicht wahrhaben können und nicht sehen wollen.

Zur Identifizierung des *blinden Flecks* können Sie Ihren Freunden Verhaltensfragen stellen: *„Wie denkst du, dass ich eigentlich bin?“ „Ist es so, dass ich manchmal zu geizig, zu neidisch, zu verträumt ... erscheine?“* ... Über vieles werden Sie positiv überrascht sein, aber es wird auch die eine oder andere Antwort dabei sein, das Sie so vielleicht nicht erwartet hätten. Nach der Rückmeldung fühlen Sie sich in Ihre Feedbackthemen ein,[204] um zu überprüfen, ob sie wirklich stimmen. Es muss nicht alles stimmen, was Ihre Freunde sagten, weil diese ebenso einen *blinden Fleck* in Bezug auf Sie und auf sich selbst haben. Vielleicht möchten Ihre Freunde Sie gerne so sehen, wie sie Sie sehen? Denken Sie an die Wahrnehmungsfehler.[205] Dennoch könnten die Vermutungen ansatzweise stimmen und Sie können viel aus dem Feedback lernen. Das Feedback stimmt dann am ehesten, wenn Ihre Freunde es **sehr ehrlich** mit Ihnen meinen. Ihre Intuition deckt sich dann gut mit deren Rückmeldungen. Nur ein solches Feedback ist für die weitere Entwicklung von großem Nutzen. Ein nicht-stimmiges Feedback nehmen Sie bitte nur zur Kenntnis, aber machen Sie diese Themen, die nicht Ihre sind, nicht zu den Ihrigen.

Eine weitere Methode ist die **Gruppenfeedbackmethode**. Alle Gruppenmitglieder geben ihr Einverständnis, dass sie Feedback wünschen: *„Wie schätzt du mich ein? – Wie wirke ich auf dich?“.*

Jeder schreibt auf einen Zettel seinen Namen. Die Zettel werden gleichzeitig an die Sitznachbarn weitergereicht. Jeder schreibt auf, wie er den anderen dessen Name auf dem Zettel steht, einschätzt. Die Zettel werden gefaltet und an den Nächsten in der Runde weitergereicht, so dass nicht gelesen werden kann, was die anderen geschrieben haben. Die Zettel gehen solange im Kreis herum, bis sie wieder beim Empfänger ankommen. **Hinweis:** Alle in der Gruppe warten bis auch der Letzte fertig geschrieben hat, dann erst werden die Zettel **gleichzeitig** weitergereicht.

5.16 Now-Moment

Ein Now-Moment ist ein tief entspannter und gedankenloser Trance-Zustand (keine Hypnose!). Er hat im Freien den größten Effekt. Erfolgreiche Menschen bestätigen, dass sie in Trance ihre Ideen und Visionen initiieren. Loslassen und NICHTS TUN – geschehen lassen – ist die Lösung. **Losgelöst vom Verstand fängt Freiheit in Selbstverantwortung an.** Lernen Sie, selbstvergessen zu werden. Es ist leicht, loszulassen! Es ist leicht, NICHTS ZU TUN! Nach einer Überanstrengung brauchen

> Losgelöst vom Verstand fängt Freiheit in Selbstverantwortung an.

---

[204] Siehe Friesinger 2012, Theoriebuch, Kap. 4.1 und Praxisbuch Kap. 3.10 – 3.12
[205] Siehe Friesinger 2012, Theoriebuch, Kap. 2

wir diesen erstrebenswerten Now-Moment. Dieser gibt uns wieder Kraft und Begeisterung für die Arbeit, damit Sie in Ihrer Arbeit aufgehen und nicht untergehen. In diesen Now-Moments können, wie aus dem Nichts, die Antworten plötzlich da sein. Gedanken, wie Wolken am Himmel, vorbeiziehen zu lassen, kann erlernt werden. Viel zu oft lassen wir es zu, dass sich unsere Gedanken im Kreis drehen. Einmal eingleisig eingefahren, kommen wir kaum noch aus unseren Gedankengängen im Sackgassenformat heraus. Unser Bewusstsein ist aber keine Sackgasse oder Einbahnstraße und auch kein Labyrinth von umherirrenden und wirren Gedankengängen, sondern ein strukturiertes gut durchorganisiertes Gedankenkonstrukt, welches so viel mehr kann, als nur kreisförmig in eine Richtung zu denken. **Wir sind mehr als die Summe der Teile.** Eine Uhr in Einzelteilen ist noch keine Uhr. Erst richtig zusammengesetzt, wird die Uhr zur Uhr.

Um effektiv Now-Moments zu erzeugen, empfehle ich das Buch: *Jetzt! – Die Kraft der Gegenwart* von Eckhart Tolle. Entzaubern Sie sich durch dieses „gegenwärtige“ Buch von einer depressiven Gesellschaft, die sich hauptsächlich durch Schnelllebigkeit, Anpassung, Unfreiheit und Vernunft auszeichnet. *„Wir brauchen eine Handvoll Narren! Seht, wohin uns die Vernünftigen gebracht haben.“*[206] Ist es vernünftig und sinnvoll, immer den Erwartungen anderer zu entsprechen? Schaden wir nicht mehr der Gesellschaft, wenn wir uns immer nur anpassen und uns dabei selbst verpassen? Von freien, den etwas durchgeknallten und verrückten Menschen profitiert die Welt! Wer in Freiheit gibt, kann auch nehmen – und wer frei nimmt, kann auch geben. Der Angepasste gibt, aber er gibt nicht immer aus freien Stücken. Wollen Sie etwas, was der andere verliert?

Lernen Sie, im Jetzt zu sein. Das Leben findet nur im Jetzt statt. Nur das Jetzt ist wirklich und real. Alles andere sind Konstruktionen. Wenn Sie in der Vergangenheit oder für die Zukunft leben, leben Sie in Ihren Konstruktionen. Sie verpassen Ihr Leben im Jetzt. Es gibt keine andere reale Zeit als das Jetzt. Üben Sie sich darin, die Kraft der Gegenwart in jedem Moment zu spüren. Tun Sie alles, was Sie tun, im Jetzt mit Liebe. Wenn Sie mit Liebe leben und Ihre Dinge mit Liebe tun, überfordern Sie sich nicht. Irgendwo las ich mal auf einem Plakat: Wer seine Berufung gefunden hat, braucht keinen Tag mehr zu arbeiten. Das kann ich nur bestätigen. Ich habe neben meinem Beruf gleichzeitig zwei Bücher mit Begeisterung geschrieben und nach einem langen beruflichen Arbeitstag noch Kraft entwickelt, bis tief in die Nacht hinein zu schreiben. Schon nach einer kurzen Ruhephase, die ich mir jeden Tag bewusst einräume, ist meine selbstwirksame Energie wieder aufgeladen. Ich bin dann wieder inspiriert, meine Visionen im Jetzt zu leben. „Tue ich etwas ohne Liebe, ist es nichts wert.“ Das ist schon seit meinen frühen Jugendjahren mein Leitspruch. Wir spüren, ob etwas mit Liebe oder aus Pflichtgefühl geschieht. Der Wert unseres Tuns hängt von der Liebe zu uns selbst ab, die sich im liebevollen Tun äußert. Die folgende Imagination ist eine Übung, um den Zustand der Gedankenlosigkeit zu trainieren.

Tun Sie alles, was Sie tun im Hier und Jetzt mit Liebe.

Mach es dir bequem, schließe deine Augen und lenke deine Aufmerksamkeit zu deinem Atem. Atme drei Mal tief ein und aus. Sollten Gedanken kommen, lass sie wieder ziehen. Lass sie wie

[206] Sprichwort von Georg Bernhard Shaw

Wolken davonziehen. Es ist leicht, Gedanken loszulassen. Die Lebensenergie fließt aus der Unendlichkeit sanft und sicher zu dir. Atme sie ein und aus. Sie fließt durch deinen Körper hindurch, hinab zu deinen Zehenspitzen und über deine Fußsohlen bis tief in die Erde hinein, sodass du dich von ihr getragen und gehalten fühlst. Atme noch einmal tief ein und aus und fühl dich mit der Energie des Himmels und der Erde zutiefst verbunden. Solltest du noch Geräusche im Außen wahrnehmen, dann entspanne jetzt umso tiefer, desto lauter die Geräusche im Außen sind. Spür, wie entspannt du trotz Geräusche bist und wie du trotz der vielleicht noch störenden Gedanken immer entspannter und entspannter wirst. Du bist jetzt sehr tief und sicher mit der Energie des Himmels und mit dem Kraftboden der Erde verankert. Atme über deine Fußsohlen bis tief in die Erde hinein und verwurzle dich noch mehr mit ihr. Im Kreislauf deines Atems wirst du jetzt immer entspannter und leichter, je länger du noch weitere Geräusche im Außen wahrnimmst.

Verbunden mit der Kraft der Erde konzentriere dich nun nur noch auf deinen Atem. Vergegenwärtige dich, wie bedeutungsvoll dein Atem ist. Energie fließt in dich hinein und aus dir wieder heraus. Hör das Geräusch deines Atems. Lass alle störenden Geräusche um dich herum in den Hintergrund versinken. Weit(e) dein Bewusstsein aus, ohne darüber nachzudenken, was um dich herum gerade ist. Tu einfach nichts. Sei einfach da. Umso mehr Geräusche du wahrnimmst, desto entspannter bist du jetzt. Fange von Hundert an rückwärts zu zählen, um noch ruhiger und entspannter zu werden. Hundert, neunundneunzig, achtundneunzig ... Hör erst wieder zu zählen auf, wenn du eine tiefe Entspannung und Gelassenheit fühlst und du ganz bei dir selbst angekommen bist.

Genieß alle Gedanken, die noch kommen. Sei gewiss, sie werden im Kreislauf des Atems wie Wolken wieder davon ziehen. Gedanken kommen und gehen, wie die Wolken am Himmel kommen und gehen. Jeder Gedanke ist gut und richtig. Du bist gut und richtig. Niemand bewertet dich. Niemand schaut, wie du da stehst, liegst oder sitzt. Du genießt es, einfach nur da zu sein. Vielleicht hörst du den Klang der Natur, auch wenn es um dich herum sehr ruhig und still ist? Vielleicht kannst du ihn sogar in dir spüren? Es gibt diesen Klang.

Fühl, wie dein Bewusstsein im entspannten Zustand immer weiter und weiter wird und sich immer mehr und mehr ausdehnt. Vor deinem geistigen Auge kannst du Kraft deiner Gedanken sehen, wie deine Bewusstseinsenergie aus dir hinausströmt und dich liebevoll umgibt. Fühl deine Energie. Welche Form hat deine Energie? Welche Farbe hat sie? Fühl, dass es noch mehr gibt, als nur deinen bewertenden Verstand. Vielleicht spürst du, dass es in dir einen unendlichen Raum gibt, der mit noch mehr Bewusstheit gefüllt werden möchte? Setz deine Gedankenkraft ein und spüre, wie dein Bewusstsein sich in dir und auch außerhalb von dir ausdehnt und dich voll und ganz erfüllt.

Dein Bewusstsein kann außerhalb deines Körpers und auch gleichzeitig in deinem Körper sein. Kannst du deine Bewusstseinspräsenz spüren? Vielleicht sind die Farben heute intensiver als sonst? Vielleicht ist selbst die Form etwas deutlicher zu erkennen? Vielleicht fließen die Farben und die Formen ineinander über? Vielleicht siehst du ein dezentes und milchiges oder vielleicht sogar ein helles bis grelles Licht? Vielleicht siehst du ein silbernes Band mit dem du mit der Energie des Himmels verbunden bist? Deine Bewusstseinsenergie lässt dich heute viel bewusster, leichter, freier und entspannter sein, um Ideen, Visionen und Antworten zuzulassen. Deine Intuition fließt direkt aus deinem Herzen und haucht deinem Bewusstsein vielleicht heute die Antworten ein, auf die du schon lange gewartet hast. Genieß diesen leichten, freien inneren Zustand, so wie er ist und warte voller Zuversicht auf deine intuitiven Antworten. Die Antworten können sich am besten zeigen, wenn dein innerer Weltraum sich vollständig mit einer gelassenen Bewusstheit gefüllt hat. Bleib, so lange du es genießen kannst, in diesem gelassenen und freien Zustand. Tu nichts. Lass es geschehen. Umso länger du präsent im Hier und Jetzt bist, desto entspannter wirst du später deinen Antworten, wie auch immer sie ausfallen, begegnen können. Fühl dich! Genieß dich! Fühl dein Bewusstsein in dir und auch außerhalb von dir und sei gewiss, es kann sich bis in die Unendlichkeit ausstrecken, wenn du es willst. Streck Kraft deiner Gedanken dein Bewusstsein, soweit du es dir vorstellen kannst, aus und bleibe gelassen in der Stille deiner innere Ruhe. Es ist dein Augenblick der inneren Stille. Es ist die Verbindung zu dir selbst. Sollten sich immer mal wieder Gedanken dazwischen schieben, dann schiebe sie nicht weg. Nimm sie an und verabschiede sie wieder in Frieden und mit Liebe. Genieß den Moment der Gedankenfreiheit, selbst wenn er sich nur für einen kurzen Moment zeigt. Genieß die bewusste Präsenz deiner einmaligen Existenz. Fühl, wie alles intensiver, weiter, sanfter, flexibler, ruhiger, leichter und freier wird. Du bist frei in der Freiheit deines unendlichen Bewusstseins. Du bist einzig und allein das, was du fühlst und erfährst.

Träum im Anblick deiner geistigen Bewegungen. Vielleicht findest du heute in diesem wunderbaren Traum deine Antwort oder sogar die Umsetzung deiner Visionen? Tu einfach nichts. Sei nur da! Bleib so lange in diesem Nichts-Tun-Zustand, bis du den Impuls spürst, wieder in der Realität sein zu wollen. Vielleicht kommst du mit beruhigenden und richtungsweisenden Antworten zurück? Vielleicht kommst du mit der Zuversicht zurück, die Antworten auf deine Lebensfragen baldmöglichst zu finden? Freu dich auf deine Antworten. Sie sind da.

Öffne langsam deine Augen und werde dir des Raumes wieder bewusst, indem du dich befindest. Streck deine Glieder aus und fühl dich auch im Alltag von der Energie des Himmels und der Erde getragen. Atme bewusst dein Sternengefühl ein und aus. Leb in der Gewissheit des unbesiegbaren Sommers in dir. Nimm dein Gefühl mit in einen wundervollen Tag. Es ist dein Tag. Kein anderer lebt deinen Tag. Sei wach für deinen Tag und sei gewiss, jeder Tag ist ein Sternentag.

Selbst wenn der gedankenfreie Bewusstseinsmoment nur für einen kurzen Augenblick auftaucht, werden Sie spüren, dass Sie in dieser winzigen gedankenfreien Lücke gegenwärtiger waren. Sie haben wie nicht existiert und waren dennoch da! Sie entwickeln dabei eine Ahnung von dem, was Sie über Ihren Verstand hinaus vielleicht noch sind und leisten können, weil Sie mehr als Ihr plappernder Verstand sind. Lernen Sie sich mehr und mehr gedankenlos im Now-Zustand kennen. Trainieren Sie diesen Zustand der Gedankenlosigkeit. Halten Sie z. B. in der S-Bahn, beim Spazierengehen, vor dem Einschlafen ... zur Übung für zehn bis zwölf Sekunden die Luft an. Dadurch erzeugen Sie eine kurze gedankenlose Sequenz, weil Sie sich vordergründig auf den Luftanhalteprozess konzentrieren. Gleichzeitig wird das Bewusstsein erweitert und Sie nehmen mehr als zuvor wahr. **Luftanhalteprozess:** Wenden Sie sich Ihrem Atem zu. Atmen Sie dreimal tief ein und aus. Atmen Sie noch einmal und diesmal sehr tief ein und nach dem langsamen Ausatmen, halten Sie so lange wie nur möglich die Luft an. Dies tun Sie so lange, bis Sie eine tiefe Entspannung spüren.

5.17 Das Gasthaus[207]

Rumi – ein mittelasiatischer Poet im 13. Jahrhundert – motiviert uns, das menschliche Dasein als Gasthaus zu betrachten. Wer seine Gefühle als „Gast" interpretiert, ehrt seine Gefühle.

„Jeden Morgen ein neuer Gast.
Eine Freude, ein Kummer, eine Gemeinheit,
ein kurzer Moment der Achtsamkeit kommt
als ein unerwarteter Besucher.
Heiße sie alle willkommen und bewirte sie!
Selbst wenn sie eine Schar von Sorgen sind,
die mit Gewalt aus deinem Haus die Möbel fegt,
auch dann, behandle jeden Gast würdig.
Es mag sein, dass er dich ausräumt
für ganz neue Wonnen.
Dem dunklen Gedanken,
der Scham, der Bosheit – begegne ihnen
lächelnd an der Tür und lade sie ein.
Sei dankbar für jeden, wer es auch sei,
denn ein jeder ist geschickt
als ein Führer aus einer anderen Welt."

5.18 Die Glücksbohnen des Grafen

Es gab einmal einen Grafen, der in großer Zufriedenheit sehr alt wurde und als großer Lebensgenießer galt. Eines Tages verriet er sein größtes Geheimnis: Er verließ niemals das Haus, ohne eine Handvoll Bohnen in seine rechte Jackentasche zu stecken. Für jede positive Kleinigkeit, die er am Tag erlebte – z. B. ein gutes Gespräch mit einem freundlichen Menschen, eine ruhige Minute im Park, das Lächeln einer Frau, ein Glas guten Weines – für alles, was seine Sinne erfreute und was ihm ein persönliches Glücksgefühl verschaffte, ließ er eine Bohne von der rechten in die linke Jackentasche wandern. Abends zählte er dann die Bohnen. Und selbst wenn es nur eine einzige war, so zählte dieser Tag für ihn als einer, an dem es sich gelohnt hatte zu leben.[208]

5.19 Die Sandgeschichte

Zwei Freunde gingen durch die Wüste. An einem Punkt ihrer Reise hatten sie eine Auseinandersetzung, und einer der Freunde gab dem anderen eine Ohrfeige. Der Geschlagene war zutiefst verletzt, aber ohne ein Wort zu sagen, schrieb er in den Sand: *„Heute schlug mich mein bester Freund ins Gesicht."*. Sie gingen weiter, bis sie auf eine Oase stießen, und sie beschlossen, ein Bad zu nehmen. Der, der geschlagen worden war, rutschte aus und begann zu ertrinken, und der andere rettete ihn. Nachdem er sich von dem Schrecken erholt hatte, schrieb er auf einen Stein: *„Heute rettete mein bester Freund mein Leben."*. Der, der seinen Freund gerettet und geschlagen hatte, fragte ihn: *„Warum schriebst du in den Sand, nachdem ich dich geschlagen hatte, und schreibst nun auf einen Stein?"*. Lächelnd erwiderte der andere Freund: *„Wenn uns ein Freund verletzt, sollten wir es in den Sand schreiben, wo die Winde der Vergebung dafür sorgen, dass es verweht und ausgelöscht wird. Wenn jedoch etwas so Großartiges passiert, sollten wir es in den Stein der Erinnerung in unserem Herzen meißeln, wo der Wind es nicht auslöschen kann."*.[209]

Schreiben Sie Angriffe Ihrer Mitmenschen in den Sand. Meißeln Sie Großartiges in Ihr Herz.

---

[207] Übersetzung von Dirk Henn
[208] Appel 2009 in der Giesener Zeitung – Autor unbekannt
[209] Winfried Neu

5.20 Die Sponsoring-Methode

„Man existiert erst dann vollkommen, wenn man von einem anderen wahrgenommen und gesegnet wurde."[210] Im Englischen hat das Wort: „Sponsoring" eine andere Bedeutung als im Deutschen. Es bedeutet: Für jemanden Sorge tragen. Wer Sponsoring ausübt, erhält Sponsoring zurück – Resonanzgesetz. Diese Übung wird zu zweit durchgeführt und dient der Stärken- und Schwächen-Inklusion. Nicht nur die Schwächen, sondern auch die Stärken brauchen Inklusion. Viele Menschen können gerade nicht zu ihren Stärken stehen. Dann gibt es die Menschen, die ihre inneren Schatten vor sich selbst und vor anderen verheimlichen und sie entwickeln gerade deshalb einen großen inneren Schatten. Sie sind stets bewusst und unbewusst bemüht, ihre inneren Schwächen bestens zu verstecken. Abwechselnd werden von Partner zu Partner mindestens drei vorzeigbare /idealisierte und drei verborgene/heimliche Eigenschaften aufgesagt. Ziel dieser Übung ist, innere Inkongruenzen dem anderen authentisch zu zeigen, um diesen mit mehr Offenheit begegnen zu können. Das Erleben von Inkongruenzen ist ein wichtiger Motor für die Persönlichkeitsentwicklung. Das idealisierte Selbst wird durch das authentische Selbst relativiert, **weil gerade durch die Anwesenheit einer anderen Person**, die empathisch mit dem Herzen zuhört, wenn die Stärken und Schwächen vorgetragen und wiedergegeben werden, **findet Heilung statt**. Das idealisiertes Selbst bedeutet: Der Mensch will nur das Beste von sich zeigen oder er hat Schwierigkeiten seine Stärken zu zeigen. Besonders in einer Leistungskultur wird dieses Verhalten gefördert, Stärken nicht zu zeigen, weil viele das Gefühl entwickeln, dass die Leistung, die sie zeigen, nicht ausreicht. Für Letzteres braucht es die Inklusion der Stärken: *„Ich kann etwas!"*.

Das ideale Selbst versus das authentische Selbst anhand eines Beispiels

Runde 1:

Idealisiertes Selbst – Inklusion der Stärken. Partner A: *„Ich möchte, dass du mich siehst, wie stolz ich auf meinen Abschluss bin."*
Authentisches Selbst – Inklusion des inneren Schattens. *„Was ich **nicht** möchte, ist, dass du mich siehst, wie viel Angst ich hatte, den Abschluss nicht zu bestehen."*
Inklusion des idealisierten und authentischen Selbst durch einen empathischen Zuhörer.
Partner B:*„Ich sehe, dass du stolz ... bist. Ich sehe aber auch, dass du sehr viel Angst ... Ich sehe, dass du beides bist. Und ich sehe, dass du noch viel mehr als all das bist."*[211]

Runde 2:

Partner B: *„Ich möchte, dass du mich siehst, wie ... ich bin."*
*„Was ich **nicht** möchte, ist, dass du mich siehst, wie ... ich bin."*
Partner A: *„Ich sehe, dass du ... bist. Ich sehe aber auch, dass du ... bist. Ich sehe, dass du beides bist. Und ich sehe, dass du noch viel mehr als all das bist.*

---
[210] Albert Camus
[211] Idee lt. Dilts von seinem Mitarbeiter – Name unbekannt.

Weitere Gedanken zur Sponsering-Methode: Die Übung kann beliebig fortgesetzt werden und hat eine hohe authentische Wirkung. Einmal spricht Partner A und Partner B wiederholt, was Partner A gesagt hat und umgekehrt. Geben Sie Wertschätzung, wann immer Sie können, weiter. Die Welt hat einen großen Mangel darin. Aus Erfahrung weiß ich, dass viele Menschen aufgrund ihrer Sozialisation den Glaubenssatz: *„Ich bin nicht wertvoll genug!"* oder *„Ich bin nicht gut genug!"* verinnerlicht haben. Nach meiner Beobachtung sind gerade die ehrgeizigen Menschen, die ohnehin schon sehr viel leisten, davon betroffen. Sie haben sehr hohe Erwartungen an sich selbst und an andere und sind unzufrieden, wenn etwas nicht perfekt ist. Sie haben einen unruhigen und zum Teil sehr lärmenden Geist, selbst wenn sie auf Entspannungsreisen sind. Durch das vorgegebene Bewertungssystem unserer Leistungsgesellschaft produziert unser System immer mehr Menschen, die das Gefühl haben, **dass das, was sie leisten, nicht gut genug sei.** Sie vergleichen sich ständig und treten mit ihren Mitmenschen in einen harten Konkurrenzkampf, weil viele für sich beanspruchen, zu den Besten gehören zu wollen. Wird das Ziel nicht erreicht, dann haben sie das Gefühl, versagt zu haben. Sie fühlen sich ab- oder zurückgewiesen. Um diese verletzenden Gefühle nicht zu fühlen, leisten sie noch mehr als zuvor. Die Anerkennung, die sie für ihren Einsatz erhalten, schützt sie vor dem Versagensgefühl. So sind immer mehr Menschen in Gefahr, süchtig nach Anerkennung zu werden. Anerkennungssüchtige Menschen sind unfrei. Bleibt die Anerkennung aus, dann landen diese Menschen schnell in der Depression oder im Burnout; andere wiederum geben den „inneren Druck zu genügen" an Untergebene weiter, sodass sich das Gefühl „nicht gut genug zu sein" wie ein **Virus** verbreitet. Ein ganzes Bildungssystem trainiert Kinder, so über sich zu denken. Wir könnten durch epochale Gegenmaßnahmen diesen **unmenschlichen** Wahn endlich stoppen. Helfen uns die Inklusionsgedanken der UN-Konvention dabei?

Helfen auch Sie mit, Menschen, die sich nicht wertvoll und nicht gut genug für diese Welt fühlen, zu stärken, indem Sie ihnen empathisch vermitteln, dass sie wertvoll sind und dass sie genügen, so wie sie sind. Was unsere Welt braucht, ist: **Selbstempathie** und **Gegenseitige Anerkennung**. Daraus resultiert Empathie. Wir brauchen wertvolle Menschen. In vielen Coaching-prozessen bekomme ich von den Menschen gespiegelt, dass die positive Wirkung der zwei Ankerworte: *„Ich genüge!"* zu einer deutlichen Bewusstseinsänderung geführt hat. Zufällig traf ich wieder eine Klientin, die ich gecoacht hatte. Sie erzählte mir über ihre vielen neuen Projekte, von denen ich sehr beeindruckt war. Sie sagte verschmitzt: *„Ja, ich traue mich heute. – ICH GENÜGE!"*. Durch die Anwendung dieser Nur-Zwei-Wort-Affirmation im inneren Dialog entwickeln Menschen mehr Selbstvertrauen und sie können die Herausforderungen in ihrem Leben besser meistern. Kann sein, dass Sie vielleicht für Ihre innere Freiheit einen anderen treffenden Affirmationssatz brauchen. Zum Abschluss dieses Kapitels möchte ich noch einen besonderen Menschen, der mich sehr beeindruckte, vorstellen, der Ihnen vielleicht auch schon durch die Medien bekannt ist. Es ist Nick Vujicic, ein Mensch ohne Arme und Beine. Er ist vielseitiger und glücklicher als viele Menschen mit Arme und Beine, die ich kenne. Warum? Weil Nick Vujicic[212] seinen **Eigen-Sinn durch seinen Selbstwert ver-**

---

212 www.nick-live.de – Wenn sich ein Video anzuschauen lohnt, dann ist es dieses! Lesen Sie zur Vertiefung das Buch von Nick Vujicic: *Mein Leben ohne Limit, Wenn kein Wunder passiert, sei selbst eins.*

wirklicht. Seine weltweite Botschaft ist: **Nicht zu glauben, wenn jemand uns sagt, wir seien nicht gut oder nicht wertvoll genug.** Seine Botschaft regt zum Nachdenken an und gibt uns die Gewissheit, dass der Selbstwert von unserer Einstellung abhängig ist.

5.21 Das Wunder vom Hudson River – eine stimmig-authentische Geschichte[213]

„Brace for an impact!" Bereiten Sie sich auf den Aufschlag vor. Ruhig sprach die Stimme des Piloten Chesley B. Sullenberger zu den Passagieren und welch' Wunder: Die Crew und die Passagiere verhielten sich ruhig. Was ist passiert, dass niemand in Panik verfiel, als die 365 Qantas-Passagiere diesen Satz hörten? Es gibt einen Unterschied, der den Unterschied ausmacht. Es gibt den Unterschied zwischen einer **authentischen Ruhe** und einer **vorgegebenen Ruhe**. Die authentische Ruhe hat die Haltung nach Milton Erickson: *„Ich weiß zwar nicht wie es geht, aber ich bin zuversichtlich, dass es funktioniert.".* Milton Erickson verfolgte diese Strategie, die er während seiner ganzkörperlichen Lähmung entwickelte. Dieser legendäre Glaubenssatz lautet im Original: *„I' dont know, but I'm very curious about the solution.".* Trotz lebenslanger prognostizierter Lähmung konnte er wieder Kontakt, zunächst nur mit den Augen, zu seiner Außenwelt aufnehmen und später wieder laufen. Es war wohl genau diese Haltung des Piloten, dass Plötzliche und Unerwartete so authentisch gelassen zu meistern. Gerade weil der Pilot diese authentische Ruhe ausstrahlte, strahlte die Crew auch Ruhe aus und weil die Crew Ruhe ausstrahlte, gab es keine Panik an Bord. *„Warum blieben Sie so ruhig?"*, wurde er nach der Landung im Hudson-River gefragt. Er antworte: *„Weil die Crew so ruhig war!".* Ist das nicht eine interessante Beobachtung von einem positiven und in diesem Fall lebensrettenden bio-energetischen Feld? Ohne dieses Feld wäre der Pilot vielleicht ebenso in Panik geraten, hätte Fehler gemacht und die Maschine wäre nicht im Hudson-River erfolgreich gelandet. Weiterhin wurde er befragt: *„Wie konnten Sie wissen, dass Sie es schaffen?".* Er antwortete: *„Ich wusste es nicht. – Ich habe nur von Augenblick zu Augenblick gedacht.".* Sullenberger wurde weiter ausgefragt: *„Hatten Sie denn keine Angst?".* Er antwortete: *„Ich hatte so viel Angst wie noch nie in meinem Leben!".* Seine Gegenwärtigkeit (innere Stärke) hat seine große Angst schwerelos „gehalten". **Das ist m. E. die größte Fähigkeit von Authentizität.** Wir „halten" in uns zentriert den gegenwärtigen Zustand, wie auch immer er ist und drücken ihn nicht weg. Wir schauen nicht weg, sondern wir schauen hin. Nach der Reaktion von Sullenberger können wir drei Schlüsselmomente für ein stimmig-authentisches Verhalten identifizieren:

- Intuitives Wissen
- Gegenwärtigkeit und
- stimmige Authentizität.

Ohne sein intuitives Wissen, wären die Passagiere höchstwahrscheinlich nicht mehr am Leben. Er wurde von den Fluglotsen angewiesen, den nächsten Flughafen anzufliegen. Er wusste aber, dass er darauf nicht hören wird. Er schaute sich lösungsorientiert um und das einzige was annähernd nach Lösung aussah, war der Hudson River in New York. Er entschied sich für seine Intuition.

[213] Erzählt von Robert Dilts – Authentic living, Vortrag am 19. und 20.11.2011 in Tübingen

Der Pilot war gegenwärtig als es geschah. Es war diese besondere Gelegenheit an diesem Tag, welche die Amerikaner, wie Robert Dilts in einem Vortrag berichtete: *„Fucking Grow Opportunity"* nennen. Nach Rumi kam ein neuer Hausbesucher, der alles, was zuvor noch in Ordnung war, durcheinander brachte.[214] In dem Gedicht: *Die Hausbesucher* motiviert uns Rumi, jeden Hausbesucher wie einen Gast zu behandeln. Der Tag war wahrscheinlich für Sullenberger hervorragend, bis die Vögelgäste in die Maschine geflogen sind. Er reagierte präsent. Er dachte nicht, dass es nun keine Zukunft mehr mit seiner Familie geben wird. Er dachte nicht, dass er Schuld sei, weil er die Vögel übersehen hat, sofern er überhaupt die Ursache des Triebwerkausfalls kannte. Er reagierte nur im JETZT und im JETZT und im JETZT. Wie er stimmig und authentisch zugab, kannte er den Ausgang der Geschichte nicht, aber er war auf die Lösung neugierig.

Sullenberger hat seine Gefühle nicht verdrängt, sondern er war sich seiner existenziellen Angst und Verantwortung vollkommen gewahr. Er hatte aber auch ein Bewusstsein über seine innere Stärke, über sein Können und über seine Intuition. Deshalb konnte er auch seine Existenz- und Versagensangst in seiner Gegenwärtigkeit „ertragen". Hätte er seine Energie dafür verwendet, die Angst wegzudrücken, hätte er das Flugzeug mit hoher Wahrscheinlichkeit nicht so souverän landen können. Alle drei Schlüsselmomente griffen ineinander über, so dass sich eine authentische Ruhe einstellte. Egal was passiert, auch Sie können die Haltung einer stimmig-authentischen Ruhe einnehmen, indem Sie zu Ihren Gefühlen stehen und neugierig bleiben auf das, was der Tag Ihnen an „Hausbesuchern" vorbeischickt. Ein authentisches Selbst braucht die Furcht nicht zu fürchten und das Licht nicht zu meiden. Es ist eine Entscheidung, so zu sein, wie wir wirklich sind und nicht so wie wir geworden sind. Zu sein, wie wir wirklich sind, ist inneres Glück: *„Es ist, so wie es ist und ich mache das Beste daraus."*. Es ist das Gefühl, bei sich zu Hause angekommen zu sein. Wir müssen nicht mehr suchen. Wir sind das, was wir wirklich fühlen und sind, ohne es jemals beschreiben zu können, was und wie wir tatsächlich sind. Und wir sind viel mehr als nur das. Jeder Mensch zählt! Sie werden das, was auch immer Sie durch die Zeit hindurch verloren haben, finden, wenn Sie es wirklich finden wollen. Glück ist eine Entscheidung! Ihre.

Vorgegebene Ruhe versus authentische Ruhe.

5.22 *Second Skin* – Die Geburt der zweiten Haut

Um uns vor toxischen Energiefeldern zu schützen (Krankenhausatmosphäre, Vorstandsatmosphäre einer Bank, „dicke Luft" in Teams oder in einem Raum, negative Energien von anderen Menschen wie z. B. extreme Frustrationsgefühle in Form von Rachegelüste, Hassgefühle, Konkurrenzverhalten ...), benötigen wir eine energetische zweite Haut. Der Grund, warum wir für ungewollte Energien empfänglich sind, sind unsere Spiegelneurone im Gehirn. Wir übernehmen 30 % der Energie von anderen Menschen auf. Jeder kann lernen, seine Spiegelneurone zu regulieren. *Second Skin* wird durch die Kraft unserer Gedanken, wie die Funktionsweise unserer Haut, aufgebaut. Bei Kälte schließt die Haut ihre Poren, während sie die Poren bei Wärme wieder öffnet. *Second Skin* ist eine kraftvolle und subjektive Schutzerfahrung, die wie ein organismischer, lebendiger und energeti-

[214] Siehe Kap. 5.17

scher Schutzanzug wirken kann. Sie unterstützt, die eigene positive Energie zu bewahren oder sie freizulassen (weiterzugeben), um mit anderen Menschen in einen guten empathischen Kontakt zu treten (Kalibrierung). Mit einer zweiten Haut können wir Informationsfelder besser miteinander verbinden, aber wir können sie auch bewusst herausfiltern oder ganz von uns abschirmen.

Eine zweite Haut schützt uns in erster Linie vor den vielfältigen anrauschenden negativen Energien von außen. Wer rechtzeitig die Poren seiner zweiten Haut schließt, lässt keine negative Energie von außen in sich hinein. Je mehr Sie üben, desto mehr Bewusstsein werden Sie über die Existenz Ihrer flexiblen und energetischen zweiten Haut entwickeln. Sie können Ihre zweite Haut nach Ihren Vorstellungen so ausgestalten, wie Sie möchten. Ihr Bewusstsein über eine energetische zweite Haut, die Sie in unangenehmen Situationen schützt, wirkt wie ein doppelter Schutz. Zum einen sind Sie in sich selbst gefestigt und geschützt durch Ihre *Zone of Excellence* und zum anderen kann die zweite Haut, wenn Sie es gedanklich steuern wollen, Sie zusätzlich noch von außen vor ankommenden negativen Energien schützen. Je nachdem wie sensibel Menschen sind, reagieren sie unterschiedlich auf diese Energien. Mit dem Aufbau einer zweiten Haut prallt dann die negative Flut an einem energetischen „Neopren"-Schutzanzug ab. Es gibt kein Durchkommen und das bringt mehr inneres Glück, mehr innere Freiheit und ein beträchtliches Maß mehr an inneren Frieden und innerer Ausgeglichenheit sowie letztendlich mehr Gesundheit.

Die 30 %, die wir von anderen im alltäglichen Kontakt automatisch mit übernehmen, können wir erhöhen oder reduzieren, indem wir dank unserer Gedankenkraft die energetischen Poren, wie bei einer Schleuse oder Jalousie, einfach öffnen oder schließen. Die zweite Haut hilft dann am meisten, wenn Sie an sich selbst glauben. Wenn Sie z. B. in positiver Gesellschaft sind, dann können Sie die Poren Ihrer zweiten Haut extra weit öffnen. Oder Sie haben ein Vorbild, dessen Eigenschaften Sie übernehmen möchten, dann können Sie die Poren der *Second Skin* bis zum Limit ausweiten, um die gewünschten Eigenschaften über die Flut der Begeisterungswellen energetisch für sich nutzen zu können. Seien Sie achtsam, wann Sie Ihre zweite Haut öffnen und wann es notwendig ist, die Poren wieder zu schließen. Bleiben Sie flexibel. Das Gehirn liebt Flexibilität.

Diese Übung dauert etwa 20 – 25 Minuten und wird im Stehen durchgeführt, damit Sie Ihre Energie um 360 Grad, um Ihren Körper herum, spüren können. Dazu können Sie ruhige Musik hören. Im letzten Schritt können Sie bei Bedarf das Gefühl noch zusätzlich ankern. Dazu legen Sie vorab die Ankerstelle und -art fest. Wie die zweite Haut von Ihnen organisiert werden kann, entnehmen Sie nun den folgenden zehn Schritten:

Mach es dir bequem, schließe deine Augen und lenke deine Aufmerksamkeit zu deinem Atem. Atme drei Mal tief ein und aus. Sollten Gedanken kommen, lass sie wieder ziehen. Lass sie wie Wolken davonziehen. Es ist leicht, Gedanken loszulassen. Die Lebensenergie fließt aus der Unendlichkeit sanft und sicher zu dir. Atme sie ein und aus. Sie fließt durch deinen Körper hindurch, hinab zu deinen Zehenspitzen und über deine Fußsohlen bis tief in die Erde hinein, sodass du dich von ihr getragen und gehalten fühlst. Atme noch einmal tief ein und aus und fühl dich mit der Energie des Himmels und der Erde zutiefst verbunden. Solltest du noch Geräusche im Außen wahrnehmen, dann entspanne jetzt umso tiefer, desto lauter die Geräusche im Außen sind. Spür, wie entspannt du trotz Geräusche bist und wie du trotz der vielleicht noch störenden Gedanken immer entspannter und entspannter wirst. Du bist jetzt sehr tief und sicher mit der Energie des Himmels und mit dem Kraftboden der Erde verankert. Atme über deine Fußsohlen bis tief in die Erde hinein und verwurzle dich noch mehr mit ihr. Im Kreislauf deines Atems wirst du jetzt immer entspannter und leichter, je länger du noch weitere Geräusche im Außen wahrnimmst.

Entwickle einen Sinn dafür, dass deine Wirbelsäule so etwas wie ein offener Kanal ist, der diese Energie zu dir einlädt, so dass sie zu deiner einzigartigen authentischen Energie wird. Stell dir vor, dass dein offener Kanal aus reinem Gold ist. Gar nichts in diesem goldenen Kanal verhindert den Fluss deiner einzigartigen Energie, die durch deine Erfahrungen stark beeinflusst ist. Sei gewiss, dass in jedem Menschen diese lebendige, weiche, reine, leichte und authentische Energie fließt, die dich mit der Energie des Himmels und der Erde verbindet. Nichts was von außen geschieht, kann dich aus deiner festen Verankerung werfen. Du bist stark, weil dein Wirbelsäulenkanal stark ist. Sei gewiss, dass es so ist.

Schritt 1: Lenk deine Aufmerksamkeit nun zu deiner einzigartigen Energie, die in deinem goldenen Kanal sanft und sicher fließt. Stell dir nun vor, dass dein goldener Kanal immer breiter, höher und weiter wird. Stell dir vor, wie die Energie in ihm immer heller und heller wird. Öffne dein Bewusstsein noch mehr für diese lebendige, zarte, weiche, klare und leuchtende Energie. Fühl ihre Beschaffenheit. Welche Form hat sie? Welche Farbe hat sie? Ist sie farblos? Ist sie verschwommen oder durchsichtig? Wenn du deine Energie vor deinem geistigen Auge sehen kannst, wie und wohin fließt sie genau? Fließ mit ihr einfach mit. Gestalt(e) die Farbe deiner Energie nun noch etwas intensiver, bunter, zarter, weicher und weiter ... Wie und wohin fließt sie jetzt? Fühl deine wunderbare Energie und spüre sie noch intensiver als zuvor.

Deine Energie kann durch ihre Beschaffenheit deinen goldenen Kanal an jeder Stelle, wo du es willst, verlassen. Spür, wie deine Energie sanft und sicher deinen goldenen Kanal verlässt. Spür, wie sie in dir und durch dich hindurchfließt. Wirbel für Wirbel – Zentimeter für Zentimeter. Spür, wie sie überall dorthin fließt, wo du es willst. Vielleicht fließt sie zu deinen Füßen? Vielleicht fließt sich hoch zu deinem Geist und bringt dir Klarheit in deine Gedanken? Vielleicht fließt sie zu deinen Lungen? Atme deine Energie einige Male tief ein und aus, so dass sich deine Bewusstseinsenergie in dir immer weiter und weiter ausdehnen kann. Sie fließt sanft überall dort hin, wo du es bestimmst. Die Energiestrahlen werden überall dorthin abgelenkt, wo du es willst. Sie überfluten und durchleuchten deine Organe, so dass diese in dir hell und golden zu leuchten und zu strahlen beginnen. Schau dir dieses strahlende Wunder von innen an! Schau dir deinen strahlenden Geist an! Schau dir dein strahlendes Herz an und bleib in Gedanken bei ihm stehen. Stell dir vor, wie deine Energie dein zartes Herz umhüllt und wie es golden in dir leuchtet. Dein Herz schwingt tausendmal intensiver als dein Geist. Es hat eine eigene Energie und Herzintelligenz. Entscheid dich, sehr achtsam mit der Energie, die aus deinem Herzen strömt, in Zukunft umzugehen. Verankre dich gedanklich mit deinem Herzgefühl und du verbindest dich mit deinem tieferen Sinn und mit deiner tiefsten Sehnsucht. Vielleicht kannst du deinen tieferen Sinn heute erkennen, wenn du deine Aufmerksamkeit bewusst dahin lenkst, weil du es dir wünscht. Du bestimmst, dass du ab heute verstärkt auf deine Herzstimme hörst und mehr mit deinem Herzen in Verbindung bist. Was ist der Unterschied, wenn du deine Herzverbindung spürst, im Vergleich dazu, wenn du sie nicht spürst? Solltest du einen fühlbaren Unterschied erkennen, dann entscheide dich, im Hier und Jetzt deine Herzenergie zu pflegen. Entwickle einen logischen Sinn dafür und höre jeden Tag mehr und mehr auf deine Herzintelligenz, weil sie in Wahrheit mehr weiß als dein Geist.

Schritt 2: Mit deiner intensiven und vielleicht neuen Herzverbindung denk nun an deine stärkste Stärke. Was kannst du am besten? Was fühlst du genau, wenn du an deine stärkste Stärke denkst? Welche inneren Bilder assoziierst du damit? Sei stolz auf deine Stärke und zeige sie der Welt.

Schritt 3: Mit dem Bewusstsein über deine stärkste Stärke, erlaube nun deiner authentischen Energie über die Poren deiner Haut aus deinem Körper hinauszufließen. Spür die Kraft deiner stärksten Stärke sowie deine Energie auch außerhalb von dir. Jede Energie kann durch ihre Beschaffenheit die körperliche Begrenzung überwinden. Sie kann außerhalb deines Körpers sogar gemessen werden, weil sie Realität ist. Öffne deine Poren in deinem Tempo, so dass deine Energie aus dir hinausfließen kann. Die Energie gleitet immer dahin, wo deine Aufmerksamkeit ist und sie kann, wenn du es willst, sich noch viel weiter über deinen Körper hinaus ausdehnen, so dass du sie über dir, unter dir, neben dir, hinter dir und um dich herum ohne weiteres fühlen kannst. Vielleicht kannst du sie mit deinem geistigen Auge sogar sehr klar und deutlich sehen? Nimm, wenn du möchtest, dazu deine Hände und versuch nachzuspüren, wie weit von dir entfernt, du deine Energie spüren kannst. Sind es einige Millimeter, Zentimeter, Meter oder noch mehr? Spür, wie weit sich dein Gefühlsbewusstsein über dich hinaus ausdehnt. Spür, wie mit Leichtigkeit immer mehr und mehr Energie aus deinem Körper hinausfließt und sie dennoch mit dir verbunden bleibt. Fahr mit deinen Händen, wenn du möchtest, deiner Energieausstrahlung nach. Dein Bewusstsein kann sich weit ausdehnen, wenn du es bestimmst. Auch das bist du!

Schritt 4: Fühl, das Wunder zu sein.

Schritt 5: In diesem Fühlwunder musst du nicht perfekt sein. Es ist ausreichend perfekt unperfekt zu sein. **Perfekt unperfekt ist gut genug.** Du musst hier auch nicht unendlich offen sein. Es ist vollkommen ausreichend, so offen zu sein, wie du es gerade kannst und willst. So wie du bist, bist du richtig und gut. Hier kannst du loslassen. Hier kannst du dich frei fühlen. Hier geschieht die Freiheit deines Denkens. Es reicht, wenn du nur ausreichend diese Freiheit spürst. Setz dich nicht unter Druck, sondern spüre einfach nur deine Gegenwart. Es ist leicht, deine wunderschöne Energie in dir und außerhalb von dir zu fühlen. Es ist leicht, die Leichtigkeit zu fühlen. Du allein entscheidest, wie du dich fühlst. Nur die Energie, die frei fließen kann, bringt Freiheit, Gesundheit und Lebenskraft. Versprich dir, deine authentische Energie im Notfall bestens zu schützen. Das wirst du in Zukunft besser denn je können und zwar mit der Kraft deiner zweiten Haut, die du in einem nächsten Schritt zu deinem Schutz kreieren wirst.

Schritt 6: Stell dir vor, dass deine authentische Energie, die deinen Körper gerade umhüllt, -schmeichelt, -schwebt und -leuchtet, deine zweite Haut ist. Aktivier deinen inneren kreativen Anteil, der geniale Ideen hat. Dein kreativer Anteil wird nun bestimmen, wie genau dein Schutzmantel aussehen soll. Welche Beschaffenheit soll deine zweite Haut haben? Welche Form wird deine zweite Haut haben? Entwickle erste Ideen. Lass dir dafür etwas Zeit. Zeichne dir ein genaues Bild von deiner zweiten Haut. Wie sieht sie aus? Was hat sie für Form? Ist sie elastisch? Ist sie löchrig? Ist sie flüssig? Oder ist sie vielleicht eher statisch und starr? Ist sie eher wie ein Panzer oder wie ein energetischer geschlossener Kreis? Spür, wie deine Vorstellung über ihre Beschaffenheit immer detaillierter und präziser wird. Mit wie vielen Poren oder Löchern hast du deine zweite Haut ausgestattet? Wie genau ist der Schließmechanismus deiner zweiten Haut? Nur du allein weißt, wie dieser funktioniert. Du allein bist der Gestalter deiner zweiten Haut, sowie du auch der Gestalter deines Lebens bist.

Entscheid dich, für die Idee, die dir am besten gefällt. Bedank dich bei deinem kreativen Anteil, dass er für dich eine gute Idee gefunden hat. Du wirst dich in Zukunft entscheiden, ob deine zweite Haut durchlässig bleibt, so dass du die positive Energie der anderen mit aufnehmen kannst und du entscheidest auch, wann du die Poren deiner zweiten Haut wieder schließt, damit keine negative Energie von außen in dich eindringt. Du entscheidest, in jedem Augenblick deines Lebens, was dir gut tut und was dir nicht gut tut. Du entscheidest, welche Energie du aufnehmen willst und welche du bewusst aus deinem Leben fern halten möchtest. Du allein hast die Verantwortung über dein Gefühlsbewusstsein. Du allein hast ab heute ebenso die Verantwortung über deine gerade neugeborene und noch sehr sensible zweite Haut. Wenn du sie pflegst und hegst, wird sie der Umwelt trotzen und mit der Zeit immer robuster werden. Deine authentische Energie ist deine Gesundheit. Behandle sie wie ein Heiligtum. Sie fließt im Kreislauf deines Atems in jeder Sekunde über deinen goldenen Kanal direkt in dein Herz und aus deinem Herzen nach draußen in die Welt. Nur wenn du sie mit deinen Gedanken blockierst, kann sie nicht frei fließen und die Gefahr besteht, dass dein Körper darunter leidet. Behandle deine Energie heilig. Schütz(e) deine Energie in deinem goldenen Kanal, damit sie jeden Tag leicht, locker und beschwingt im Kreislauf des Lebens fließen kann. Du entscheidest dich im Hier und Jetzt, dass kein anderer dich mit seiner negativen Energie mehr belastet. Versprich es dir für immer – JETZT!

Schritt 7: Durch deine zweite Haut kannst du nun in einem gesunden Maß deinen Schutz organisieren. Ziehen deine Gedanken zu Menschen, die dich stark negativ belasten, so dass du wieder die Verantwortung für deren Energien übernimmst, dann erinnere dich an die Geburt deiner zweiten Haut. Du kannst dich über deinen goldenen Kanal, aus der deine authentische Energie fließt und zusätzlich über deine zweite Haut ab heute bestens schützen. Auch wenn deine Gedanken sich wieder in frühere lebensbeschränkende Glaubensätze verfangen, dann kann deine zweite Haut dir als Gedankenstütze dienen, dich wieder auf das Wesentliche zu besinnen. Entscheid dich, dich vor weiteren Verletzungen in Zukunft über deine zweite Haut bestens zu schützen. Du musst dich nur im richtigen Moment daran erinnern und den von dir festgelegten Schließmechanismus aktiveren. Diese Entscheidung bringt dir Gesundheit und Glück. Sie hat die Fähigkeit, Angriffe abzuwehren, um die Verantwortung für die Angriffe dort zu lassen, wo sie entstanden sind: Nämlich bei den anderen. Deine zweite Haut ist die bewusste Erinnerung, wie du bist und wie du sein möchtest. Sie zentriert dich wie ein Kompass immer wieder zurück zu deiner inneren goldenen Mitte.

Schritt 8: Deine goldene Mitte ist deine innere Stärke. Ausgestattet mit dem Bewusstsein über deine innere Stärke, wendest du dich nun auch deinen schwächsten Kräften in dir zu. Auch die gibt es in dir. Sie dürfen sein. Falls du mit Vorliebe deine Schwächen verdrängst, entscheide dich heute, sie anzuschauen, um sie dir zu genehmigen. Es ist wichtig, sie zuzulassen, weil sie ansonsten einen großen Schatten hinter deinen Stärken werfen. Fokussier deine Aufmerksamkeit nun auf deine Schwächen. Welche Schwächen erkennst du? Welche ist deine stärkste Schwäche? Schau sie heute wie ein guter Freund an. Lad sie ein, sich zu zeigen und da zu sein. Lass sie einfach da sein. Deine stärkste Schwäche erscheint dir im goldenen Licht deiner inneren Mitte viel kleiner als sonst, weil du erlaubst, dass das goldene Licht darauf fällt. Es gibt kein Licht ohne Schatten. Kein Mensch ist nur Licht. Wer das behauptet, hat einen riesengroßen Schatten und merkt es nicht. Hätten wir nur Licht, unser Geist wüsste alles und wir bräuchten keine Energie mehr, um Neues zu lernen. Lieb(e) deinen Schatten, weil er so wichtig für deine Entwicklung und Gesundheit ist. Nur im Licht der Liebe können wir die Schatten in uns besser verstehen. Beides ist in uns und beides ist richtig, so wie es Tag und Nacht gibt, gibt es Licht und Schatten. Beides zu besitzen und zu fühlen, fühlt sich richtig und ganz an. Nur mit beidem bist du ganz! Mit deiner neuen inneren Stärke kannst du deine Schwächen und den Noch-Schmerz in dir schwerelos „halten“. Spür, wie es sich anfühlt, wenn deine Stärken deine Schwächen „halten“. Spür, wie es ist, wenn deine inneren Schatten dazugehören dürfen. Überleg noch, welche Vorteile sie dir bringen? Es ist leichter, dich vollständig zu fühlen, wenn du die Vorteile deiner Schatten kennst. Lieb(e) deine Schwächen und entscheide dich, sie nicht mehr zu verstecken. **Inneres Glück ist die Inklusion aller Gefühle.** Grenz nichts aus, sondern heiß alle Gegensätze in dir, wie eingeladene Gäste, herzlich willkommen. Erst wenn du den Feind in dir liebst, wird dein Feind zum Freund. Der innere Krieg ist beendet. Das ist Entwicklung, Gesundheit, innere Freiheit und Glück.

Abb. 31 – Thomas Alwin Müller Meine Second Skin habe ich immer dabei!

Schritt 9: Deine authentische Energie ist die Quelle deiner Lebendigkeit und Sicherheit, die weder nach Stärken noch nach Schwächen fragt. Verankre dich mit der Quelle deiner Lebendigkeit und fühle dich gleichzeitig mit deiner zweiten Haut verbunden. Diese gehört jetzt ebenso, wie deine anderen Organe, zu dir. Sie gehört zu dir, sowie dein Körper zu dir gehört. Entscheid dich, an deine zweite Haut zu denken, wenn du sie dringend brauchst, z. B. wenn jemand willkürlich dich aus deiner inneren Mitte herauszerren möchte oder dich mit seiner Negativität überrollt. Deine innere Quelle ist deine selbstverständliche Wertschätzung dir selbst gegenüber. Wieso sollte deine Wertschätzung nicht den Wert erhalten, der ihr in Wahrheit zusteht? Du kannst mit deiner zweiten Haut dafür Sorge tragen, dass es für immer so bleibt. Dein Selbstwert ist nicht von Leistung abhängig! Er ist von deiner Überzeugung abhängig, dass du wertvoll bist. Sei gewiss, es ist ein Privileg, eine zweite Haut zu besitzen. Deshalb gib diese Informationen auch an andere interessierte Menschen weiter, damit sie ebenso davon profitieren können. Durch die Informationsweitergabe stärkst du automatisch dein Bewusstsein über deine zweite Haut. Du bist mit ihr doppelt gefestigt und gehalten, auch wenn sie am Anfang noch etwas Übung braucht. Freu dich, zu üben. Dein Unbewusstes wird sich an die Geburt deiner zweiten Haut für immer erinnern. Dessen sei dir gewiss.

Schritt 10: Solltest du jetzt deine authentische Energie in Verbindung mit deinem wertvollen Gefühl intensiv fühlen, dann reguliere noch einmal die Intensität deines Gefühls. Fühl es überall in dir und vielleicht auch außerhalb von dir. Sobald du es intensiv fühlst, dann ankere es, indem du dich einige Sekunden an der Körperstelle drückst, die du dir zuvor ausgesucht hast. Lass dann das Gefühl wieder langsam ausklingen und ...

... öffne langsam deine Augen und werde dir des Raumes wieder bewusst, indem du dich befindest. Streck deine Glieder aus und fühl dich auch im Alltag von der Energie des Himmels und der Erde getragen. Atme bewusst dein Sternengefühl ein und aus. Leb in der Gewissheit des unbesiegbaren Sommers in dir. Nimm dein Gefühl mit in einen wundervollen Tag. Es ist dein Tag. Kein anderer lebt deinen Tag. Sei wach für deinen Tag und sei gewiss, jeder Tag ist ein Sternentag.

5.23 Zehn-Tage-Übung

Diese Übung ist eine Selbst- und gleichzeitig eine Fremdwertschätzungsübung. Sie ist auf 10 Tage angelegt und wird zu zweit durchgeführt. Es ist auch möglich, diese Übung alleine durchzuführen. Zu zweit ist sie aufgrund der vielen Interaktionen bereichernder. Um am Thema Selbstfindung dranzubleiben, ist es wichtig, dass Sie zunächst Ihre Strategien des Dranbleibens herausfinden. *„Wie mache ich es genau, dass ich an einem Thema dranbleibe?“ „Wie fühle ich mich, wenn ich an einem Thema dranbleibe?“ „Was brauche ich konkret, um dranzubleiben?“...* „Knacken“ Sie Ihre Strategien des Nicht-Dranbleiben-Könnens, falls Sie Ihre Themen und Aufgaben gerne mal „schleifen“ lassen. Mit dieser Übung können Sie sich gegenseitig liebevoll „kontrollieren“, ob Sie am Thema tatsächlich „dranbleiben“. Ihr Interaktionspartner ist gleichzeitig Ihr **Begeisterungsbuddy**. Buddy heißt auf Englisch: *„friend or a partner for a particular activity.“*. Er hat die Aufgabe, liebevoll nachzufragen, ob Sie Ihre Aufgaben durchgeführt haben. Der einfachheitshalber verzichte ich bei dieser Übung auf die paritätische Schreibweise und spreche nur von „Partner“. Damit ist auch die Partnerin gemeint. Partner können Kinder, Freunde, Eltern usw. sein.

Tag 1: Schreiben Sie 25 Dinge auf, die Sie an sich selbst begeistern.
Tag 2: Schreiben Sie 25 Dinge auf, die Sie an Ihrem Partner begeistern.
Tag 3: Schreiben Sie Ihre 25 Stärken, Fähigkeiten und Talente auf. Dinge, die Sie gut können.
Tag 4: Schreiben Sie die 25 Stärken, Fähigkeiten und Talente Ihres Partners auf, die er gut kann.
Tag 5: Schreiben Sie Ihre 25 Erfolge auf.
Tag 6: Schreiben Sie 25 Erfolge Ihres Partners auf.
Tag 7: Schreiben Sie 25 Dinge auf, auf die Sie bei sich selbst stolz sind.
Tag 8: Schreiben Sie 25 Dinge auf, auf die Sie bei Ihrem Partner stolz sind.
Tag 9: Schreiben Sie 25 Dinge auf, die Sie in eine gute Stimmung bringen.
Tag 10: Schreiben Sie 25 Dinge auf, die Ihren Partner durch Sie (30 % Spiegelneurone) in eine gute Stimmung bringen.

Selbst wenn die Aufgaben sich ähnlich anhören, besteht ein feiner Unterschied. Lesen Sie sich gegenseitig jeden Tag die 25 aktuellen Dinge vor. Ein idealer Zeitpunkt ist abends, damit Sie begeistert träumen können. Ich habe die Übung mit jeweils 50 Vorgabepunkten durchgeführt und oft standen an die 100 Positionen auf meinem Blatt. Wie Sie leicht erkennen, gibt es nach oben keine

Grenze. Die Zeit, die Sie benötigen, spielt keine Rolle. Gestalten Sie es so, dass es für Sie nicht mühsam wird. Entscheiden Sie sich, an Ihrem Selbstwert dranzubleiben. Sagen Sie nicht, dass es schwer ist. Gehen Sie mit dem uneingeschränkten Glaubenssatz an die Übung heran: *„Es ist leicht, 10 Tage lang 25 Begeisterungen aufzuschreiben.“.* Sie werden stolz und beflügelt sein, wenn Sie diese Übung zu zweit bis zum Ende durchziehen. Diese Interaktionsübung kann energetisch für Ihren Selbstwert sehr wertvoll sein. Das Gefühl „Stand-gehalten-zu-haben“ und nicht wie so oft: „Aufgegeben-zu-haben“, ist unbezahlbar genial.

5.24 Der „innere Aufzug“ – Eilmethode

Visualisieren Sie, wie bei einem Konflikt der „innere Aufzug“ abstürzt. Drücken Sie rechtzeitig einen visualisierten Notknopf im Aufzug (Verbindungsbrücke zu uns selbst), um den Komplettabsturz zu vermeiden. Sie stoppen mit dieser Eilmethode bei einer Gefühlseskalation gedanklich den Absturz Ihres „inneren Aufzugs“, damit er wieder heil und sicher nach oben fahren kann.

---

1. Innerlich laut *„STOPP!“* rufen. Symbolisch den „roten Knopf“ drücken, damit der abstürzende Aufzug stehen bleibt. Es ruckelt und er steht still. Finden Sie über die Konzentration auf die Atmung und über das Ankern Ihres erfüllten Bedürfnisses von höchster emotionaler Wichtigkeit wieder Ihre *Zone of Excellence*. Erinnern Sie sich noch zusätzlich an Ihre zweite Haut.
2. Zeit lassen bis die *Zone of Excellence* vollständig gefühlt wird und die zweite Haut ausreichend Schutz bietet. In diesem inneren Ruhe- und Schutzzustand sich der frustrierten Gefühle und Bedürfnisse in der Eskalation bewusst werden.
3. Nach der Bewusstwerdung den imaginierten „roten Knopf“ wieder drücken. Dabei blinkt gleichzeitig ein „grünes Licht“ auf. Der „innere Aufzug“ fährt langsam aber sicher in seiner Geschwindigkeit wieder nach oben.
4. Äußere authentische Ruhe herstellen. Gedanklich aus dem „inneren Aufzug“ aussteigen und die verletzten Gefühle mit der geankerten inneren Stärke „halten“, um diese stimmig nach den acht Schritten der *Praktischen Inklusiven Kommunikation* zu kommunizieren.
5. Auf die Botschaft der Sprache im äußeren Verbindungsdialog achten, damit der Konfliktpartner nicht ebenso abstürzt.

5.25 Der besondere Liebesbrief

„Can you imagine what I would do if I could do all I can?“[215] Was könnten Sie alles tun, wenn Sie sich lieben würden? Schreiben Sie sich einen Liebesbrief! Viele haben schon Liebesbriefe verfasst, aber wer hat schon einmal einen an sich selbst adressiert? Selbstliebe hat nichts mit Selbstsucht, Eigenlob und Selbstlosigkeit zu tun. In der Fachwelt wird eine selbstlose Person als *„hilflosen Helfer“*[216] bezeichnet. Jemand der sich durch seine selbstlose Hilfe ein Helferhochgefühl (*helpers high*)[217] „erkauft“, ist oft nur „nett“ aber nicht „echt“. Er spielt eine Rolle, damit er vor allen Dingen von anderen anerkannt und bestätigt wird und *„... dann läuft er Gefahr, zum pathologischen Helfer*

---

[215] Sun Tzu – Übersetzung: „Könntest du dir vorstellen, was ich tun würde, wenn ich alles tun könnte, was ich kann?“
[216] Schmidbauer 2007 – Begriff von Psychoanalytiker Wolfgang Schmidbauer
[217] Nuber 2012

zu werden.".[218] Nur die gesunde Selbstliebe ist die Voraussetzung dafür, im gesunden Maße andere Menschen lieben und anerkennen zu können. Ohne Selbstempathie keine Empathie! Wer kein Mitgefühl für sich selbst hat, kann auch kein Mitgefühl für andere Menschen entwickeln. Wer sich selbst nicht liebt, liebt auch andere nicht.

Abb. 32 –
Was ist das Ziel
nach dem Ziel?

Es ist Ihre erste Pflicht, sich zu lieben. Sollten Sie andere Dinge in der Vergangenheit gelernt haben, dann ist es vielleicht an der Zeit, endlich umzulernen. Wenn Sie sich lieben, dann sind Sie am Ziel und dann erst werden Sie weitere Schritte für Ihre authentischen Zielformulierungen einleiten können und diese mit Erfolg durchführen. Lassen Sie neue Lebensentwürfe zu. Gönnen Sie sich neue Liebesverknüpfungen in Ihrem Gehirn. Fangen Sie heute damit an. Tun Sie es nicht irgendwann. Tun Sie es JETZT! Oft ist es keine Zeitfrage, sondern eine **Prioritätsfrage**. Sie sind die erste Priorität. Es gibt nichts Wichtigeres als Sie selbst. Zu oft haben Sie sich in der Vergangenheit vernachlässigt und vergessen. Sie sind der wichtigste Mensch in Ihrem Leben und vielleicht gerade deshalb ist es jetzt an der Zeit, dass Sie sich einen Liebesbrief gönnen und schreiben.

Sich zu lieben,
ist Ihre erste Pflicht.

Sie sind die erste Priorität.
Sie haben Zeit!

Umsetzung: Sie können den Brief in der dritten Person dissoziiert oder assoziiert verfassen. Ich bevorzuge die rechte assoziierte Variante.

Liebste/Liebster …, *endlich nehme ich mir Zeit, dir zu schreiben …* … *Deine …!*	*An mich,* *endlich nehme ich mir Zeit, an mich zu schreiben …* … *Dein an dich denkendes* *und von Herzen liebendes Ich!*

[218] Ebd.

6 Ziele mit Erfolg

6.1 *PUFFER*-Ziele

„Wenn Sie die 100 TOP-Unternehmer nach ihren Zielen fragen, werden Ihnen alle 100 sofort einige klar definierte Ziele nennen können. Wenn Sie willkürlich 100 Menschen von der Straße nach ihren Zielen fragen, werden Sie meist nur allgemeine Antworten wie „Abnehmen", „Neuer Job", „Neue Wohnung", „Mehr Geld verdienen", „Urlaub" usw. erhalten. Wissen Sie in etwa, wie viel Prozent der Menschen konkrete Ziele haben? Nur ca. 3 % der Menschen können konkrete Ziele benennen."[219]

Um die Nachhaltigkeit von Zielen zu gewährleisten, entwickelte ich *PUFFER*-Ziele. Das Wort ***PUFFER*** steht als Akronym für: P = Passung, U = Umsetzbarkeit, F = Formbarkeit, F = Freiheit, E = Energie, R = Reichweite. Diese Begriffe werden im Kapitel 6.1.1 näher erklärt. Zum Wort *PUFFER* assoziiere ich zwei Bilder: **Pufferspeicher und Pufferzone.** Im Pufferspeicher wird Energie als Wärme für kältere Zeiten gespeichert. In einer „Pufferzone" (innerer Freiraum)[220] sind wir geschützt und es kann darin neue Energie getankt werden. Die „Pufferzone" befindet sich wie ein abfederndes Kissen zwischen der Außen- und Innenwelt. Im Freiraum dieser „Pufferzone" können unabhängig von äußeren Einflüssen *PUFFER*-Ziele frei und individuell kreiert werden.

Menschen brauchen den Aufbau eines individuellen Wertebewusstseins, welches nicht abhängig von den Erwartungen anderer ist.

Definierte und visualisierte Ziele werden schneller und nachhaltiger erreicht, wenn wir **unmittelbar nach der Zielformulierung ins Handeln kommen.** Die Freude des Beginnens inkludiert die Freude des Durchhaltens. Menschen, die glauben, dass sie immer wieder scheitern, werden scheitern. Jeder kann lernen, nicht zu scheitern, wenn er es will. Der erste Schritt nach der Zielformulierung ist der wichtigste und schwierigste. In Zielsetzungsseminaren lernen Menschen, *SMARTE*-Ziele (spezifisch, messbar, akzeptiert, realisierbar und terminierbar) zu definieren. Es wird darauf hingewiesen, wie wichtig es sei, Ziele in der Gegenwart zu formulieren, sie zeitnah umzusetzen, einen Ökocheck durchzuführen ..., aber was sie nicht erfahren, ist: **Wie** und **wo** sie die Energie zum Erreichen ihrer Ziele aufbringen können, z. B. über den Aufbau eines individuellen Wertebewusstseins und die Beschreibung wie sie ihre Umsetzungskraft mit den gefundenen Werten aktivieren können.

Ich konzipierte *PUFFER*-Ziele, weil bei den mir bekannten Zielformulierungsformaten das WIE der Umsetzung fehlte. Ich fragte mich: *‚Wie genau können Ziele umgesetzt werden? Wer in uns verhindert, dass wir unsere Ziele erreichen?'*. Der Einzige, der in der Vergangenheit uns im Weg stand,

---

[219] aus Günther Egger – *Das 365 Tage Experiment* – www.das365tageexperiment.com/ueber-guenther-egger/

[220] Friesinger 2012, Theoriebuch, Kap. 4.1.3.3 – *Die Kraft der inneren Freiheit* – Der Freiraum zwischen Auslöser und Reaktion

Ziele zu verwirklichen, **waren wir selbst.** Die Umsetzung von Zielen hängt stark von der Bedeutung der eigenen Wertemuster, die in den frühen Jahren im Limbischen System in uns verankert wurden, ab. Unsere oft unbewusste Wertekultur kann uns wieder bewusster werden, wenn wir uns damit auseinandersetzen. Der Haken ist jedoch, gewusst wie! Diese unerlässliche individuelle Bedeutung der eigenen Werte, die nicht von übergestülpten Werten anderer abhängig ist, kann am idealsten über die *Methode der Selbstempathie*[221] oder über die *Unbewusste Bedürfnisfindungsmethode* bewusst werden. Beides zusammen vermitteln immanent **das notwendige Energiemanagement**, das wir brauchen, um Ziele zu erreichen, weil in den Methoden besonders die Bedürfnisse nach einem gesunden Ausgleich der eigenen Werte und Ansprüche zum Vorschein kommen. Wie Sie sich das **Können der Selbstempathie** aneignen, entnehmen Sie aus den vielfältigen selbstempathischen Methoden der *Inklusiven Kommunikation*. Sie müssen es tun, um es zu können.

Wer in Ihnen hindert Sie an Ihren Zielen?

6.1.1 **P**assung – **U**msetzung – **F**ormbarkeit – **F**reiheit – **E**nergie – **R**eichweite

Was genau wird unter PUFFER-Ziele subsumiert?

P wie **Passung**: Ziele werden so definiert, dass sie zu unserer Lebensphilosophie passen. Die Passung ist gewährleistet, wenn die formulierten Ziele mit unseren Potenzialen und Fähigkeiten in Übereinstimmung mit unseren Grenzen festgelegt werden. Jeder könnte Musiker werden, aber ohne musikalisches Talent machen wir uns selbst das Leben schwer. Mit der richtigen Passung wird es leichter. Die Passung ist gewährleistet, wenn die formulierten Ziele mit unseren Werten konform gehen, so dass sie Wohlfühlgefühle in uns auslösen. Ist dies der Fall, dann sind wir von uns selbst und von unseren Zielen **begeistert** und das ist der **Antriebsmotor Nr.** 1, um sie tatsächlich erreichen zu können. Wir haben dann das notwendige Licht in unseren Augen. Ohne Licht in den Augen ist die Passung nicht stimmig. Die Passung ist stimmig, wenn wir unsere Bedürfnisse von höchster emotionaler Wichtigkeit mit berücksichtigen, was aber dringend voraussetzt, dass wir sie kennen. Die *Unbewusste Bedürfnisfindungsmethode* oder das *Acht-Räume-Modell der Inklusiven Kommunikation* vermittelt das entsprechende Gefühls- und Bedürfniswissen. Kosten Sie **das Gefühl des Könnens** aus und feiern Sie sich selbst: *„Ich weiß, endlich wie es geht!"*. Mit diesem Können fällt es viel leichter, Ziele nach der optimalen Bedürfnispassung zu finden und auszurichten. Eine Klientin sagte, schon vor 10 Jahren hätte ihr eine Psychotherapeutin gesagt, sie solle mehr für ihre Bedürfnisse sorgen, aber sie hätte nicht gewusst, **wie genau sie es tun solle.** Nun hätte sie durch die Einzelcoachings das konkrete WIE endlich verstanden. Nur wer das WIE kennt, kann tatsächlich etwas verändern. Um die gefundene Passung zu überprüfen, wird ein **10-Punkte-Ökocheck** benötigt:

Welches Ziel passt zu Ihrem Lebensentwurf?

1. Was ist der Vorteil, wenn ich mein Ziel erreiche?
2. Was ist der Vorteil, wenn ich mein Ziel **nicht** erreiche?
3. Was ist der Nachteil, wenn ich mein Ziel erreiche?
4. Was ist der Nachteil, wenn ich mein Ziel **nicht** erreiche?

---

[221] *Die Autonomieleiter: Das Acht-Räume-Modell der Inklusiven Kommunikation*

5. Welche Bedürfnisse sind erfüllt, wenn ich mein Ziel erreiche?
6. Welche Bedürfnisse sind **unerfüllt**, wenn ich mein Ziel erreiche?
7. Was ist der Nachteil, wenn meine Bedürfnisse erfüllt sind?
8. Was ist der Nachteil, wenn meine Bedürfnisse **unerfüllt** sind?
9. Welche Gefühle habe ich, wenn ich mein Ziel erreiche?
10. Welche Gefühle habe ich, wenn ich mein Ziel **nicht** erreiche?

Lassen Sie sich bei der Beantwortung der Fragen Zeit. Sprechen Sie diese mit einem Zielepartner durch. Wer die Vor- und Nachteile der Zielerreichung vor Augen hat und wer seine Bedürfnislandschaft kennt, wird effektiver seine Ziele erreichen können. Durch diesen besonderen Ökocheck werden die negativen Reaktionsmuster mit den dazu verankerten limitierten Glaubenssätzen eher bewusst. Welche inneren Anteile (Saboteure) in uns, verhindern die Zielerreichung? Ist der innere Ziele-Umsetzer zu schwach? Welche Bedürfnisse sind frustriert, weil das Dranbleiben am Ziel so unheimlich schwer fällt? Was fehlt noch? Fehlt zur Zielerreichung vielleicht die außerordentlich wichtige innere Stärke? Dann könnte eine Impulsfrage lauten: *„Was brauche ich, um innere Stärke aufzubauen?“*. Es gibt viele Führungspersonen, denen eine gute Portion innere Stärke fehlt. Sie kämpfen täglich mit Minderwertigkeits- und Überlegenheitskomplexen. Sie brennen mit der Zeit immer mehr aus. Sie sind unglücklich, weil sie eine perfekte Fassade von Reaktionsmustern in Form von Hartnäckigkeit, Distanz, Arroganz, Ignoranz, Inkongruenz, Konkurrenzdenken ... usw. aufrechterhalten müssen, um nicht unterzugehen. Die vorhandenen Schwächen überspielen sie mit hohem Kraftaufwand über ihre Fassadenhaftigkeit. Die Passung stimmt nicht, wenn primäre Bedürfnisse extrem frustriert sind. Über die *Unbewusste Bedürfnisfindungsmethode*[222] kann herausgefunden werden, welches private oder berufliche Ziel am idealsten zur Bedürfnislandschaft dieser Menschen passt, damit sie wieder einen neuen Sinn (Eigen-Sinn) im Leben entwickeln können. Ist das höchste frustrierte Bedürfnis die „Selbstbestimmung“ und jemand leidet in seinem Beruf, weil er nicht selbstbestimmt agieren kann, dann ist er gut beraten, diesem Bedürfnis nach Selbstbestimmung baldmöglichst nachzukommen, um nicht in der Depression abzustürzen. Das erste Passungsziel wäre: *„Ich sorge in kleinen Schritten dafür, dass ich mein Leben selbst bestimme.“*. Erst wenn die Erfüllung dieses Vorzieles mit konkreten Maßnahmen (Selfcommitments) sich erfüllte, macht es Sinn, über weitere übergeordnete Ziele wie z. B.: „Verantwortung für andere übernehmen“ mit in den Fokus der Selbstbestimmung zu nehmen. Menschen in einem Abhängigkeitsverhältnis (z. B. Sohn wohnt noch mit 35 Jahren bei „Hotel Mama“) brauchen erst einmal für sich Klarheit, ob sie diese Abhängigkeit lösen wollen oder nicht, bevor sie weitere Selbstbestimmungsziele für sich definieren. Die Passung ist erst dann stimmig, wenn die neuen Reaktionsmuster mit den dazu passenden reframten Glaubenssätzen mit dem formulierten Ziel konform gehen.

Ziele erreichen wir nie allein. – Wir brauchen die anderen und die anderen brauchen Sie!

U wie **Umsetzung**: Ziele müssen so formuliert sein, dass sie umsetzbar sind. Sie dürfen in Bezug auf aktuelle Fertigkeiten, Kenntnisse und Erfahrungen nicht unüberwindbar erscheinen. Die Ziele kön-

[222] Siehe Kap. 1.10

nen, um anzuspornen, zwar etwas über die persönlichen Fähigkeiten hinaus definiert werden, aber sie sollten nicht zu hoch angesetzt sein, so dass Menschen daran scheitern oder verzweifeln. Viele geben ihre Ziele wieder auf, weil sie ihnen zu unrealistisch erscheinen. Manche verfallen ins Träumen und verirren sich in ihrem Traum. Träume sind gut, wenn ein innerer Traumwecker (ein innerer Realist und Kritiker) den Traum bewacht. Die vorhandenen Umsetzungspotenziale brauchen eine realistische Reflexion. Z. B. wird jemandem einen Job angeboten, der die aktuelle Kompetenz des Jobkandidaten/der Jobkandidatin um ein Vielfaches übersteigt. Diese Person sollte gut reflektieren, ob sie den Anforderungen wirklich gerecht werden kann. Manchmal ist eine Herausforderung richtig und manchmal nicht. Das Ziel sollte **spürbar umsetzbar** sein. Die intuitive und authentische Herz-Stimme ist ausschlaggebend, um nicht dem *Peter-Prinzip*[223] (die Stufe der Unfähigkeit wird einfach ignoriert) und dem *Andorra-Effekt*[224] zu verfallen.

Bewachen Sie Ihre Ziele!

F wie **Formbarkeit**: Ziele sollten formbar sein. Ein wichtiger Aspekt bei der Zielsetzung ist die Erkenntnis, dem dynamischen Prozess des eigenen Tuns zu vertrauen. Ziele können während des Prozesses immer wieder neu hinterfragt und sinnvoll verändert werden, damit die weitere Umsetzung nicht stagniert. Viele Unternehmen scheitern, weil sie akribisch das einmal festgeschriebene Ziel verfolgen, ohne zu erkennen, dass dieses Ziel von der Mehrheit nicht mehr mitgetragen wird. **Es gibt nichts Hemmenderes, als wenn in einem Team jemand ständig an bestehenden Regeln festhält und dadurch den Entwicklungsprozess zum Anhalten bringt.** *„Das war schon immer so ...!"* ist der meist formulierte Satz, der mir als Prozessbegleiterin immer wieder begegnet. Neu geformtes und reframtes Denken kann sehr bereichernd und befreiend sein, wenn die Menschen sich erst einmal darauf einlassen: *„Ja, ich habe mich getraut etwas Neues auszuprobieren und es ist mir gelungen!".* Für diese flexible Formbarkeit brauchen wir jedoch eine offene Haltung. Ehemalige Prinzipien können über eine bewusste Reflexion neu formuliert werden, weil sich die Menschen im Laufe des Zielprozesses weiterentwickeln. Ist das Ziel von gestern noch aktuell? Passt es noch zu mir? Wichtig ist auch der Inklusionsprozess, wenn etwas nicht funktioniert hat: *„Ja ich habe mich getraut, aber es ist mir (noch) nicht gelungen!"* Sich dafür nicht zu geißeln, sondern zu lieben, ist Inklusion.

Formen Sie Ihre Ziele!

Die **Formbarkeit** eines Zieles wird auch **in Bezug auf die Zeit** definiert. Manchmal setzen wir uns zeitlich unrealistische Ziele. Die Zeitlinie sollte regelmäßig hinterfragt werden und wir sollten uns eingestehen, diese – falls notwendig – zu revidieren. Wer sich unter Druck setzt, tut sich keinen Gefallen. Reflektieren Sie Ihre Ziele regelmäßig in Bezug auf die Zeit, um den inneren Druck abfedern zu können. Den Abschluss dieses Buches habe ich um Woche für Woche verschoben, weil es einfach noch nicht fertig war. Fertig ist es, wenn mein Gefühl stimmt. Eine Korrektur der Zeitlinie kann wesentlich gewinnbringender sein, als stur und kontraproduktiv ein unrealistisch gesetztes Ziel weiter zu verfolgen und im schlimmsten Fall mit ihm unterzugehen.

[223] Das *Peter-Prinzip* besagt: jeder steigt solange, bis er die Stufe seiner Unfähigkeit erreicht hat
[224] Siehe Friesinger 2012, Theoriebuch, Kap. 2.1.10

F wie **Freiheit**: Ziele sollten aus der Kraft der inneren Freiheit heraus formuliert sein. Verfolgen Sie eigene Ziele oder verfolgen Sie die Ziele Ihrer Eltern oder anderen Bezugspersonen? Die Entscheidung für die Verfolgung eines Zieles braucht den Herzensimpasse (Das Ziel muss aus dem Herzen „geboren" werden.). Hinterfragen Sie frühere Entscheidungen und reflektieren Sie über Ihr Ziel: *‚War ich bei der Konzeption meines Zieles wirklich frei?‘.* Wenn ja, dann zählen Sie zu den glücklichen Menschen, die wissen, was sie wollen. Reflektieren Sie, ob Sie wirklich eine Wahl hatten. War es wirklich Ihre Wahl? Ihre Vision? Ihre Passion? Ihre Mission? Kennen Sie Ihre Visionen? Kennen Sie Ihre Passion und Mission? Wenn ja, dann formen Sie aus ihnen Ihr Ziel. Wenn nein, dann finden Sie zunächst durch Selbsterkenntnisfragen Ihre Mission heraus und entlarven Sie Ihre einschränkenden Glaubenssätze, die Sie daran hindern, Ihre Mission wahrwerden zu lassen. Während eines Zielecoachings suchte ein Verkaufstrainer im Autogeschäft schon seit Jahren sein richtiges Thema. Er wolle kein Trainer für AutoverkäuferInnen mehr sein, sagte er. Er hätte „die Schnauze voll" diesen „Abzockern" beizubringen, wie sie am besten und am intrigantesten Autos verkaufen können. Sein Vater, zu dem er eine negative Bindung hatte, war früher Inhaber eines Autogeschäfts. Er war in seiner jetzigen Tätigkeit sehr unglücklich, weil er intuitiv spürte, dass diese Tätigkeit nicht sein ursprüngliches freies Ziel verkörperte. Er sei aber in dieser Branche irgendwie steckengeblieben, weil das Thema ihm wohl von Kindesbeinen an sehr vertraut war. Im Grunde würde er das Autogeschäft zutiefst hassen und deshalb hätte er es schon vor langer Zeit verkauft. Über die *Unbewusste Bedürfnisfindungsmethode* erkannte er sein authentisches Ziel. Sein Bedürfnis nach höchster emotionaler Wichtigkeit war, sich endlich zu erlauben, seine Authentizität zu leben. *„Ich will endlich ICH sein und nicht mein Vater spielen."*, sagte er. Nach dem Zielecoaching wusste er, dass er Menschen beibringen wolle, wie sie Produkte (keine Autos) authentisch verkaufen können. *„Wie das geht, das weiß ich besser als jeder andere, weil ich schon mein ganzes Leben nichts anderes mache, als zu verkaufen. Darin bin ich richtig gut!"*. Er lächelte glücklich, als er das sagte. Nachdem er jahrelang vergeblich nach einem passenden Verkaufsthema gesucht hatte, war ihm nun innerhalb weniger Wochen, dank seiner neuen Freiheitskraft, die Umsetzung seiner neuen Geschäftsidee, inklusive Homepage und Marketing, möglich.

Was ist Ihre Passion?
Was ist Ihre Mission?

Konzipieren Sie Ihre Ziele aus der Freiheit Ihres Herzens.

E wie **Energie**: Um ein Ziel, sei es noch so klein, zu erreichen, brauchen wir Energie und ein gut funktionierendes Energiemanagement. Leben ist Energie. Bedürfnisse sind Energien. Wer diese Energien unterdrückt oder verdrängt, wird krank. Wer seine Ziele aus der Kraft seiner inneren Freiheit heraus formuliert, entwickelt genau aus dieser Kraft heraus Energie und Begeisterung für sein Thema. Alles was wir tun, braucht die Begleitung der Liebe. Die Liebe ist die höchste Motivation, um Energie anzureichern und zu managen. Aus dieser höchsten Motivation heraus werden zwei weitere Motivationen geboren: Die Neugier und die Lernfreude. Ohne Liebe keine Neugier und keine Lernfreude. Menschen mit Liebe haben ausreichend Selbstempathie für die Herausforderungen ihres Lebens. Sie sind von Natur aus neugierig und wollen lernen. Geht die Lernfreude verloren, ist auch die positive Kraft der Energie verloren gegangen. Negative Energien entziehen uns Kraft. Energieverlust hat immer mit belastenden Situationen im Leben der Betroffenen zu tun. Der Verlust der Lern-

Sie brauchen ein gutes Energiemanagement.

freude fängt manchmal schon **vor** der ersten Klasse an. Wir lernen permanent und am schnellsten lernen kleine Kinder, weil sie (noch) mit Begeisterung lernen. Die Energie der Kinder wird erst unterbunden, wenn unbewusste und unreflektierte Handlungen und Haltungen von Erwachsenen auf die Kinder übertragen werden. Jemand ist z. B. gekommen und hat eine noch schönere „Sandburg" gebaut oder dieser jemand hat unsere eigene Sandburg abgewertet, die von uns mit viel Enthusiasmus erbaut wurde. **Holen Sie sich die Begeisterung Ihrer Sandburg zurück**!

Vergeuden Sie keine weitere Energie mehr in andere, bevor Sie Ihre Energie nicht fürsorglich für sich selbst nutzen. Erst wenn Sie zufrieden sind, sind es auch die anderen. Gerade bei der Zieldefinierung gilt der Grundsatz: **Ohne Selbstempathie keine Empathie**![225] Die Ergänzungsmethoden in diesem Buch sind wertschätzende Werkzeuge, um Selbstempathie zu trainieren. Wer seine Lernfreude, Neugier und Begeisterung verloren hat, braucht Strategien zur Selbstfindung und Wiederentdeckung dieser Attribute. Das Praxisbuch ist übervoll von diesen Strategien. Alles was Sie tun müssen ist, es einfach nur zu tun. Investieren Sie Energie in sich, dann profitieren alle.

Investieren Sie Energie in sich selbst, damit alle profitieren können.

R wie **Reichweite**: Energie geht verloren, wenn die Reichweite zu weit weg ist. Energie wird auch „gebunden" (nicht freigesetzt), wenn Teile der *PUFFER*-Ziele unberücksichtigt bleiben. Wer sich ein Ziel außer Reichweite setzt, verliert den Überblick und die Motivation das Ziel umzusetzen. Das Ziel muss in **Reichweite** bleiben, ansonsten verlieren wir das Ziel aus dem Blickfeld. Bei großen Zielen hat es sich bewährt, **Zwischenziele** zu setzen, um den Prozess im Auge zu behalten. Die Reichweite ist ein genau festgesetztes Datum: Z. B. Prüfungstermin oder eine eigens limitierte Vorgabe: Z. B. bis zum 15.10.2012 bin ich mit meinem Praxisbuch fertig. Schreiben Sie Ihre Zeit- und Zielvorgabe auf, weil die Gefahr groß ist, dass beides wieder in der Vergessenheitsschublade landet: *„In einem Monat habe ich zwei Kilo abgenommen."*. Selbst Sprüche wirken unterstützend, um Ziele in Reichweite rücken zu lassen: *„Nichts schmeckt so gut, wie Schlanksein sich anfühlt!" „Wenn du es eilig hast, dann esse langsam!"* ...

Schöpfen Sie Ihre Reichweite ganz aus, indem Sie sofort starten.

Wann genau beginnt eigentlich die Reichweite? Wo hört sie auf? Sie beginnt direkt nach der Zielformulierung **im Hier und Jetzt.** Das hat den Vorteil, dass wir nicht erst warten, bis die Reichweite wieder vorbei ist und wir das Limit für den nächsten Monat wieder neu ansetzen müssen. Durch den sofortigen Start schöpfen wir unsere Reichweite ganz aus.

Wer seine Ziele erreicht, ist zufriedener, entspannter und motivierter. Er setzt sich immer wieder neue Ziele, um weitere Absichten, Missionen und Visionen verwirklichen zu können. Dadurch erleben Menschen ihren eigensinnigen Eigen-Sinn, den sie für sich selbst immer wieder neu in Reichweite bestimmen wollen.

Mit den *PUFFER*-Zielen wird ein Maßanzug geschneidert, der auf die individuellen Maße angepasst wird. Auf der Grundlage eines weichen „Basiskissens" (Basis**wissen**) werden in der symbolischen

[225] Fortbildungskonzept: *Ohne Selbstempathie keine Empathie* – siehe www.friesinger-theresia.de/fortbildungen

„Pufferzone" passgenaue Selbsterkenntnisziele, die in Zusammenhang mit den persönlichen Lebenserfahrungen stehen, konzipiert. In dieser „Pufferzone" wird reflektiert, inwiefern eigene Ziele oder die Ziele anderer verfolgt werden. Das „Basiskissen" ist das Auftanklager, um neue *PUFFER*-Energie aufzufüllen, wenn wir sie brauchen. Ziele nur um des Zieles Willen zu erreichen, klingt äußerst unfrei. Solange wir Begeisterung, Spaß und Zufriedenheit im Tun fühlen (Flow), sind wir mit dem Hier und Jetzt verankert und erreichen per se (durch sich selbst) täglich die gesetzten Ziele. Wer diese Begeisterung vermisst, sollte zunächst etwas an der **Begeisterungsschraube** „drehen". Dazu ist auch das Reframing über die Strukturebene der Gedanken geeignet: *„Kreier(e) dir große Begeisterungsbilder! – Wie endet dein innerer Film, wenn du alles mit Begeisterung tust?"*. Die Begeisterung ist die Antriebswelle bei der Umsetzung von Zielen.

Drehen Sie an Ihrer Begeisterungsschraube.

Um *PUFFER*-Ziele erfolgreich zu konzipieren, ist es notwendig, dass Sie Ihre **wahren**[226] Gefühle und Bedürfnisse erforschen. Kennen Sie schon Ihre negativen Reaktionsmuster mit den dazu verankerten limitierten Glaubenssätzen? Haben Sie diese schon über einen Reframingsprozess umgedeutet? Kennen Sie Ihre zurzeit noch unerfüllten Bedürfnisse mit den dazu assoziierten Gefühlen? Was tun Sie konkret, um sich Ihre Bedürfnisse zu erfüllen? Erst wenn Sie diese Fragen für sich angemessen beantwortet haben, dann werden Sie, Kraft der neu gewonnenen inneren Freiheit, die notwendige Willenskraft aufbringen können, um Ihre Ziele tatsächlich verwirklichen zu können. **Träumen und kritisch realistisch bleiben**, ist der Schlüssel, um Ziele am Ende des Weges feiern zu können. Drei konkrete Umsetzungsschritte, um *PUFFER*-Ziele zu realisieren, sind:

Schritt 1: Entdecken Sie über die *Unbewusste Bedürfnisfindungsmethode*[227] Ihr Bedürfnis von höchster emotionaler Wichtigkeit.

Schritt 2: Führen Sie die *Innere- und/oder Äußere-Dialog-Methode* durch, um Ihre Reaktionsmuster zu identifizieren. Evtl. Glaubenssatzänderungsformate[228] durchführen, wenn kein Wirkungsreframing einsetzt.

Schritt 3: Sofort ins konkrete Handeln kommen (Reichweite voll ausschöpfen), damit das Wirkungsreframing nach erfolgten Glaubenssatzänderungen nachhaltig gelingt (Gefühl von positiver Zuversicht, das Ziel leicht erreichen zu können!).

6.1.2 Die Bedeutung des Jetzt

„Wer seinen Weg kennt, der braucht sich nicht an jeder Kreuzung neu zu entscheiden!"[229] Leben Sie jeden Tag ein Tagesziel, in dem Sie sich täglich gleich nach dem Aufstehen Tagesziele setzen. Mit einem Tagesziel, inklusive Entspannungsziele, und wenn Sie mit Herz, Verstand und Elan an Ihrem Thema dranbleiben, werden Sie am Abend überrascht sein, was Sie alles geschafft haben. Wer im Flow seine Arbeit erledigt, hat Präsenz, Lust und Leistung glückselig vereint. Ohne Tagesziel irren

[226] Authentische und natürliche Gefühle, die sich von den vielen Interpretationsgefühlen unterscheiden. Ebenso die wahren Bedürfnisse unterscheiden sich von den negativen Strategien der Bedürfniserfüllungen.
[227] Siehe Kap. 1.10
[228] Siehe Kap. 1 und 2
[229] Nikolaus B. Enkelmann

Menschen oft umher und wissen nicht, was tun. Am Abend können sie oft nicht sagen, was sie im Arbeitstrott und -labyrinth alles geleistet haben und fühlen sich ausgelaugt.

Gehen Sie bei allem, was Sie tun, im JETZT auf. *„Steter Tropfen höhlt den Stein.“*. Ich habe am 25.02.2010 mit meinen ersten Zeilen begonnen und nun, nach über zwei Jahren, bin ich in den letzten Zügen, dieses, für mich neben Job und Familie, doppelten Buchprojektes angekommen. Nicht nur eines, sondern zwei Bücher sind aus dem Schreibprozess entstanden. Weitere 100 – 120 Seiten wurden von mir wieder entfernt und Kapitel hin und hergeschoben. Die Abwege sind es, die unsere Ziele besser machen. Fast wehmütig beende ich diesen intensiven Schreibprozess, aber ich freue mich auf alles, was mir das Leben noch offenbart. Ich habe jeden Tag eine Absicht und erreiche somit konsequent *„Besenstrich für Besenstrich“*[230] meine Ziele, ohne dass ich immer das GANZE und die große Absicht dahinter im Blick habe. Hätte ich das GANZE überblickt, ich hätte wohl keine einzige Zeile geschrieben.

Es sind die Abwege,
die unsere Zeile verfeinern.

Vertrauen auch Sie dem Prozess. Vertrauen Sie, dass das große Ganze geschieht, wenn die kleinen Schritte nach und nach aneinandergereiht sind. Das eine folgt dem anderen und jeder Weg, mag er noch so steinig sein, ist richtig und hat seinen Sinn. Viele kleine Schritte aneinandergereiht, Augenblick für Augenblick, Zeile für Zeile, so funktioniert das Leben, wie bei Peppo dem Straßenkehrer. Bei ihm ist im Nu die ganze Straße gekehrt.[231] Wir haben die Möglichkeit, etwas und alles zu verändern. Ab jetzt! TUN Sie es. Sobald wir im TUN sind, dann sind wir schon mitten in der Absicht und mitten in einem spannenden und bewegten Leben. Denken Sie nicht schon am Morgen an den Abend. Neben Tageszielen können Sie sich noch Etappen-, Jahres-, Zwei-, Fünf- und wenn Sie mögen Zehn-Jahres-Ziele setzen. *„Alle Träume können wahr werden, wenn wir den Mut haben, ihnen zu folgen.“*[232] Folgen Sie Ihren Träumen und es erfolgt der Erfolg.

6.1.3 Die Sieben-Brücken-Methode

Sobald PUFFER-Ziele klar geregelt sind, kann der definitive Ziele-Rahmen über die Sieben-Brücken-Methode ausgearbeitet werden:

1. **Zielsatz formulieren**
2. Den Zielsatz nach Unmissverständlichkeit prüfen
3. Den Zielsatz in einen Kontext einbetten
4. Den Zielsatz über einen Ökocheck überprüfen
5. Den Zielsatz dem Kosten- und Nutzen-Prinzip unterwerfen
6. Die positive und die negative Absicht des Zielsatzes finden
7. Den Zielsatz sich in der Zukunft über *VAKOG* vorstellen (VAKOG = visuell, auditiv, kinästhetisch, olfaktorisch und gustatorisch).

---

[230] Vgl. Ende 1973, S. 36 – *Momo*: Originalzitat: *„Schritt – Atemzug – Besenstrich. Schritt – Atemzug – Besenstrich.“*
[231] Ebd.
[232] Walt Disney

Abb. 33 – Wer über Brücken geht, erreicht seine Ziele.

Kriterien zu Brücke 1:

1. Ziel in einem knappen Satz formulieren.
   Was möchte ich erreichen? Was ist mein Ziel?
2. Ziel immer positiv und in der Gegenwart formulieren.
3. Das Ziel sollte in eigener Verantwortung umsetzbar sein.
4. Es sollte realistisch sein. Siehe Reichweite bei den PUFFER-Zielen.
5. Zeichnen oder malen Sie Ihr Ziel auf. Designen Sie eine Collage oder schreiben Sie die einzelnen Brückenschritte auf sieben Brückenschablonen auf. Wie Sie diese gestalten, bleibt Ihrer Phantasie überlassen. Lassen Sie sie nicht in einer Schublade verschwinden, sondern hängen Sie die Collage auf. Schreiben Sie sich zusätzlich einen **Ein-Jahres-Zielebrief.** Geben Sie ihn einem vertrauenswürdigen Freund, damit er Ihnen per Post den Brief genau in einem Jahr zusenden kann. Sie werden über sich selbst überrascht sein.

Kriterien zu Brücke 2:

1. Eine innere Vorstellung (Bild oder Film) über *VAKOG* von einer konkreten Situation aufbauen, in der das Ziel schon erreicht ist. *„Was sehe ich?“ „Was höre ich?“ „Was fühle ich?“ „Was rieche ich?“ „Was schmecke ich?“* Submodalitäten einsetzen: *„Wie kann ich das Bild noch klarer und größer ziehen?“ …*
2. Alle Untereigenschaften der inneren Vorstellung notieren. *„Welche inneren Bilder sind noch erschienen?“ „Was genau war mir beim Aufbau des Vorstellungsbildes noch wichtig?“ „Was war mir am Wichtigsten?“ „Was war weniger wichtig?“ „Welcher positive Glaubenssatz brauche ich noch, um mein Ziel zu erreichen?“ …*

Kriterien zu Brücke 3:

1. Mit wem möchte ich das Ziel erreichen und warum?
2. Wo möchte ich es mit wem erreichen und warum?
3. Wann genau mit wem möchte ich es erreicht haben? Arbeiten Sie das „Genau“ heraus.
4. Wer könnte mich in meinem Umfeld daran hindern, es zu erreichen?
5. Was brauche ich, um es dennoch zu erreichen?
6. Wer könnte mich in meinem Umfeld noch unterstützen, um es zu erreichen?

Kriterien zu Brücke 4:

1. Wie wirkt sich die Zielerreichung auf meine jetzige und zukünftige Persönlichkeit aus?
2. Wie wirkt sich die Zielerreichung auf mein Umfeld (Familie, Freunde, Kollegen, Verwandte, Bekannte …) aus bzw. wie geht es den Personen in meinem Umfeld mit meinem Ziel?
4. Was denke ich selbst über jemanden, der mein Ziel erreicht hat?
5. Wie fühle ich mich, wenn ich mein Ziel erreicht habe?

Kriterien zu Brücke 5:

1. Was muss ich investieren, um mein Ziel zu erreichen?
2. Welchen Vorteil habe ich, wenn ich mein Ziel erreiche? (Siehe auch die 10 Ökocheck-Punkte)
3. Was ist der Kosten- und Nutzen-Faktor?

4. Ist der Kosten höher als der Nutzen, dann Ziel noch einmal so umformulieren, dass der Kosten- und Nutzen-Faktor sich gut gegenseitig ausgleicht.

Kriterien zu Brücke 6:

1. Warum habe ich dieses Ziel nicht schon früher für mich bestimmt und erreicht? Was genau könnte der Grund dafür gewesen sein?
2. Was ist die positive Absicht hinter dem gesetzten Ziel?
3. Was ist die negative Absicht?
4. Die positive Absicht wird in das neue Ziel mit integriert, mit dem Bewusstsein, dass auch die negative Absicht vorhanden ist. *„Wie lautet jetzt mein Glaubenssatz, um das Ziel zu erreichen?"*

Kriterien zu Brücke 7:

1. Die Zielsituation sich in einem ersten Schritt über *VAKOG* konkret vorstellen.
2. Wer ist dabei? Wo? Wann? Wie genau? Was wird das nächste Ziel sein?

6.2 Erfolg

„Oberflächliche glauben an Glück und Zufall. Tatkräftige glauben an Ursache und Wirkung."[233] Hoffen Sie nicht auf Erfolg, erwarten Sie den Erfolg. Folgende Geschichte zeigt, wie stark Entscheidungen von erlernten Gewohnheiten und Automatismen der Vergangenheit abhängen.

Die Elefanten der Mahuts

34 – Freiheitskampf

Mahuts sind indische Elefantentreiber. Sie ketten ihre Elefantenbabys an einen Baum. Das Elefantenbaby kann sich aus eigener Kraft nicht losreißen und je mehr es zieht, desto größere Schmerzen fügt es sich zu. So lernt das Elefantenbaby, dass es unmöglich ist, sich loszureißen. Deshalb wird der gleiche ausgewachsene Elefant, obwohl dieser nur noch mit einem Seil angebunden ist, nicht mehr versuchen, sich loszureißen. Es ist nicht das Seil, sondern es ist die ohnmächtige innere Stimme des Elefanten, die ihm immer wieder neu vermittelt: *„Es ist zwecklos! Ich schaffe es nicht."*. Wie oft fesseln wir uns selbst, weil wir es wie die Elefantenbabys als Kinder so gelernt haben? Dabei könnten wir uns mit Leichtigkeit von den „Fußketten" befreien. Was wir als Kind nicht konnten, können wir im Erwachsenenalter eigentlich problemlos. Im Erwachsenenalter hat sich das Handlungsrepertoire erweitert, nur diese Tatsache ist vielen nicht wirklich bewusst. Viele Menschen glauben immer noch an die „Ketten" ihrer Kindheit. Alles was sie benötigen, um sich

Abb. 35 – Vielleicht braucht es ein Feuer, damit er sich selbst befreit?

[233] Zitat von Ralph Waldo Emerson

zu befreien, wäre ein neues Bewusstsein darüber zu entwickeln, dass sie heute **andere Strategien** haben oder dass sie heute mit den vorhandenen Ressourcen diese neuen Strategien mit Leichtigkeit erlernen könnten. Wir sind heute nicht mehr das schwache und kleine Kind unserer Eltern! Viele erreichen ihre Ziele nicht, weil sie innerlich aus der Reaktion des schwachen und kleinen Kindes heraus reagieren und deshalb resignieren. *„Die Gewohnheit ist ein Seil. Wir weben jeden Tag einen Faden, und schließlich können wir es nicht mehr zerreißen.“*[234] Reißen Sie an den „geistigen Seilen“, an denen Sie sich heute noch „angebunden fühlen“. Die „Ketten“ gibt es schon lange nicht mehr. Erlernen Sie Ihre ganz persönliche Strategie des Losbindens. Die Fäden des Seils könnten eigenhändig auseinander gerissen werden. Mit einer Schere ginge es schneller. Entwickeln Sie die Idee dieser Schere.

6.2.1 Was ist Erfolg?

Es ist wichtig, dass jeder sich seine Vorstellung von Erfolg ausmalt. Was ist Erfolg? Ist Erfolg das, was erfolgt? Oder ist Erfolg die Folge dessen, was wir in der Vergangenheit gedacht, gesagt, gefühlt und getan haben? Ist Erfolg Zufall? Was ist für Sie Zufall? Warum ist es wichtig, im Leben Erfolg zu haben, der uns zufällt? Warum fällt er uns zu? Es scheint so, als wäre Erfolg für den einen wichtiger als für den anderen. Wie sehr verhindert unsere Haltung den bevorstehen Erfolg oder Misserfolg? Meine Definition zum Erfolg ist nach der Birkenbihl-KaWa-Methode entstanden:

Erfolg ist innerer Reichtum.

E = Entwicklung (erfolgt)
R = Reichtum, radikale Selbstwertschätzung – Selbstwert
F = Fähigkeit gut zu kommunizieren / Freiheit
O = Orientierung
L = Lebenslanges Lernen, angewandtes Wissen[235]
G = Gutes, freies Gefühl

Erfolg ist Selbstwertschätzung und Selbstliebe.

Erfolgt stellt sich nicht von selbst ein. Wir brauchen **Entwicklung**. Wer einen guten **Selbstwert** entwickelt, besitzt viele **Fähigkeiten**, die ihn glücklich stimmen. In der **Orientierung** bleibt der Mensch offen für Neues und wird sein **angewandtes Wissen** mit einem **guten und freien Gefühl** ein Leben mit Erfolg durchführen. Nehmen Sie ein Blatt Papier und Stift zur Hand und assoziieren Sie zu Erfolg eigene Assoziationswörter. So werden Sie Ihre eigene Erfolgsdefinition konzipieren.

Knapp zusammengefasst ist für mich Erfolg **innerer Reichtum**, angewandtes Wissen und der Aufbau einer radikalen Selbstwertschätzung und -liebe. Wer sich nicht genügend liebt und wertschätzt, sollte bei der Suche nach Erfolg erst einmal inne halten. Er wird den Erfolg weder im Außen noch im Innen finden. Erst das Bewusstsein über den angereicherten inneren Reichtum kann letztendlich zum äußeren Reichtum führen. Das Eigenschaftswort

Der größte Reichtum des Menschen ist seine gefühlte Wertschätzung.

[234] Zitat von Heinrich Mann
[235] Birkenbihl 2011, S. 23: *„Von nix kommt nix, aber vom **Tun kommt alles!**“*

von Erfolg lautet „erfolgreich". Wer erfolg**reich** auf seine Selbstwertschätzung achtet, wird eher erfolgreich werden. Erfolg wird oft monetär interpretiert und es wird kaum ein Bezug zur inneren Befreiung hergestellt. Auf Erfolgsvorträgen wird deklariert: *„Sie müssen dies und jenes tun, um erfolgreich zu werden."*. Schön und gut, wenn die Menschen aber nicht die Kompetenz haben, dies und jenes zu tun, weil sie selbst es sind, die ihren Erfolg durch ihr unbewusstes Glaubenssatzsystem verhindern. Sie erlauben sich z. B. ihren Erfolg nicht oder sie trauen sich den Erfolg schlicht und einfach nicht zu. Sie kämpfen um Anerkennung und es ist ihnen nicht bewusst, dass ihnen an Selbstwert mangelt. Ohne die Bewusstwerdung der inneren Potenziale kann es keinen inneren Reichtum und demzufolge auch kaum äußerer Reichtum geben. Außer es fällt mal etwas zu (z. B. Erbschaft, Lottogewinn, Schenkungen ...). Wenn jedoch der innere Reichtum fehlt, kann z. B. die zugefallene Million schnell wieder aufgebraucht sein. Deshalb ist die Folgefrage: *„Erkenne ich meine negativen Reaktionsmuster, welche die Entfaltung meiner Potenziale und Erfolge verhindern?"*. In der Regel sind Glaubenssatzänderungen notwendig, die z. B. nach der Transformation in einer ähnlichen Form konzipiert sein könnten: *„Ich erlaube mir Erfolg!" „Ich bin es wert, Erfolg zu haben!"* ... Erfolg ist also immer der subjektiv empfundene Selbstwert. Die Selbstwertschätzung ist der größte Reichtum, den ein Mensch haben kann. **Wer sich liebt, ist in jeder Hinsicht erfolgreich.** Wer sich liebt, ist es sich wert, Ausdauer zu zeigen und Dinge anzufangen und zu beenden. Unmotivierten Menschen fehlt oft eine gute Portion Selbstliebe und -wertschätzung. Wer sich liebt, ist bestrebt keine Feler zu machen, aber es ist auch kein Weltuntergang, wenn Fehler gemacht werden. Celebrate the mistakes. Feiern Sie den Fehler. In der englischen Sprache wird vieles positiver ausgedrückt. Tragen wir unser Bestes dazu bei, dass es irgendwann auch in der deutschen Sprache so sein wird. Schuld- und Schamgefühle blockieren und helfen nicht weiter. Sicherlich ist Ihnen nicht entgangen, dass bei dem Wort Fehler das „h" fehlte. Was dachten Sie im ersten Moment, abgesehen davon, dass Sie sicherlich schon einige stehengebliebene Fehler in diesem Buch entdeckt haben? **Ich habe das Theorie- und das Praxisbuch nicht lektorieren lassen.** Ich gebe mein Bestes, keine Fehler zu machen, aber ich kann nicht immer verhindern, dass Fehler passieren. Wie gehen Sie mit Fehlern von anderen um? Wie gehen Sie mit Ihren eigenen Fehlern um? Ich habe (mühsam) gelernt, **und ich habe es gelernt**, zu meinen Fehlern zu stehen und ich habe festgestellt: Es ist leicht, zu seinen Fehlern stehen zu können! *„Fehler of the day – na und? Ach, da haben wir ja schon den zweiten Fehler of the day?"*[236] Spielen Sie mit Ihren Fehlern. Entziehen Sie ihnen ihre ursprüngliche Macht. Als ich den Anspruch auf Fehlerlosigkeit aufgab, fühlte ich eine große innere Erleichterung beim Verfassen der Texte. Schließlich geht es um die Inhalte und nicht nur penetrant und ausschließlich um das perfekte fehlerlose Wortbild und die idealste Semantik. Ich bin überzeugt, dass weder ich, noch drei weitere Lektoren, wenn ich diese angestellt hätte, alle Fehler entdecken würden und keine zu machen, ist bei der Geschwindigkeit, wie ich Texte verfasse, umwerfe und neu zusammenfüge, für mich in meiner zum Teil auch chaotischen Art undenkbar. Menschen, die sich an den Fehlern anderer ergötzen und sich über die Fehler anderer höllisch aufregen können, sind innerlich unfrei. Schauen Sie sich das Video der mittlerweile verstorbenen Management-

---

[236] Ausspruch von Birkenbihl in einem Seminar

Trainerin Vera F. Birkenbihl[237] an, in der sie das Thema „SPRACHE“ behandelte. Vor lauter Emsigkeit merkte sie nicht, dass ein „R“ fehlte. Wie sehr habe ich mich über ihren Fehler gefreut, weil ich daraus endlich nachhaltig lernte, **dass es wirklich auch gar nichts ausmacht, wenn wir zu unseren Fehlern offen stehen können.** Die meisten von uns hätten das Video neu aufgenommen und in dieser Form erst gar nicht ins Netz eingestellt. Nicht aber Vera F. Birkenbihl! Respekt vor dieser sehr erfolgreichen, kreativen und fehlerfreundlichen Frau. Unsere Gesellschaft benötigt mehr davon! Ragt jemand durch besondere Fähigkeiten aus der Masse hervor, dann schlägt ihm oft geballter Neid und haufenweise Konkurrenzdenken entgegen. Wer Erfolg gönnt, wird selbst Erfolg haben, da er von erfolgreichen Menschen lernt. Wer Erfolg missgönnt, wird weiterhin neidvoll den Erfolg anderer beäugen und selbst erfolglos bleiben. *„Neid ist eine emotionale Bremse für Herzenswachstum!“,*[238] belehrte liebevoll Birkenbihl in ihrem netten Buch: *Jeden Tag weniger ärgern.*

Vor lauter Angst vor Menschen mit einem missgönnerischen Kompensationsmuster, die einen weit verbreiteten einschränkenden Glaubenssatz vertreten: *„Eigenlob stinkt!“*, trauen sich viele Menschen nicht, über ihre Erfolge authentisch zu sprechen. Authentisches Eigenlob beflügelt jedoch die Seele aber auch die der anderen, die von unserem Erfolg profitieren wollen. Diese Menschen wollen an unserem Erfolg teilnehmen, weil er sich verdoppelt, wenn er geteilt wird. Vielleicht drücken erfolgreiche Menschen den Auslöserknopf bei einem Neid- oder Konkurrenzmuster, aber für die frustrierten Gefühle und Bedürfnisse dieser Personen, die diese Muster leben, fühlen sie sich nicht verantwortlich. Vera F. Birkenbihl beschreibt in ihren Ausführungen, dass sie lange ein „Problem“ mit sich selbst hatte. Ihr wurde oft vorgeworfen, sie würde viel zu viel reden. Erst als sie ihr Problem mit einem Coach als hervorragende Begabung anerkannte (inkludierte), erkannte sie, dass diejenigen, die ihr das Viel-Zuviel-Reden vorwarfen, selbst ein Anerkennungs- und Redeproblem hatten. Während diese anderen immer noch Mühe hätten, sagte sie, die Dinge auf den Punkt zu bringen, hätte sie das Viel-Zuviel-Reden zu ihrem großen Erfolg gekürt. Bleiben auch Sie konsequent auf Erfolgskurs unabhängig davon, ob andere Ihr authentisches Verhalten als Angeberei missinterpretieren oder nicht. Wenn es Ihnen damit gut geht, sollte es Ihnen egal sein, ob es anderen damit „schlecht“ geht, wenn Sie stolz über Ihren Erfolg reden. Es ist deren Verantwortung zu lernen, mit ihren frustrierten Gefühlen anders umzugehen und nicht Ihre. Reden ist Gold.

Erfolg verdoppelt sich, wenn wir ihn teilen.

Wir brauchen eine Fehleroffenheit!

Die folgende Erfolgsübung führe ich auf Seminaren und in Teams gerne durch. Es wird dabei jedes Mal deutlich, wie stark der innere und äußere Erfolg von der inneren Einstellung abhängt. Menschen schwingen aufgrund ihrer Überzeugungen auf unterschiedlichen Energieebenen.[239] Diese Schwingungen können sogar gemessen werden.[240] Martin, 44 J., Techniker, zeigte schon beim Aus-

---

[237] Frau Birkenbihl ist am 03.12.2012 an einer Lungenembolie verstorben! Sie war Leiterin des Institutes für gehirn-gerechtes Arbeiten. Ihre Gedanken werden trotz ihres plötzlichen Todes viele Menschen trösten. Es ist mir ein Bedürfnis, Danke zu sagen, dass es sie gab und dass ich viel von ihr lernen durfte.
[238] Birkenbihl 2011, S. 95
[239] Vgl. Boyesen & Bergholz 2009 ,S. 257 – 261
[240] Ebd.

füllen der ersten Frage eine widerstrebende Haltung. Er schrieb: *„Ich rede nicht gerne über meinen Erfolg, weil ich mich dabei wie ein Angeber fühle!"*. Seine „messbaren" Antworten ließen einen geringen Selbstwert vermuten. Ein Mensch, der so „schwingt" und nichts an seiner Situation verändert, wird bis an sein Lebensende „ackern" und dennoch nicht erfolgreich sein.

6.2.2 Erfolgsübung

Finden Sie Ihre Erfolgsdefinition: Was bedeutet für Sie Erfolg?

Ist es Ihnen wichtig, anderen Ihre Erfolge zu zeigen und warum?

Falls es Ihnen schwerfällt, über Ihre Erfolge zu sprechen, dann denken Sie darüber nach, warum Sie Ihre Erfolge nur ungern mit anderen teilen?

Welche erfolgshinderliche Glaubenssätze möchten Sie dringend verändern und warum?

Fangen Sie heute damit an! Der nächste Schritt könnte darin bestehen, eine Erfolgsgeschichte aufzuschreiben, um dabei die Erfolgsfaktoren zu analysieren. Diese können Sie zu Ihrem Vorteil und zum Vorteil anderer nutzen. Wir wollen ja kooperieren und nicht opponieren.

6.2.3 Die Bedeutung von Erfolgsgeschichten

„Wer sein Ziel kennt, findet den Weg." Eine Erfolgsgeschichte ist nach Laotse die Geschichte eines gefundenen Weges. Es gibt unzählige Wege, die zum Erfolg führen. Sicherlich haben Sie schon mehrere Erfolge in Ihrem Leben erzielt. Denken Sie nach, welcher Ihr größter Erfolg war. Schreiben Sie diese Erfolgsgeschichte auf, um die Erfolgsfaktoren zu identifizieren. Analysieren Sie genau, was Sie getan haben, dass der Erfolg eingetreten ist? Welcher Weg und welche Umwege haben Sie eingeschlagen? Achten Sie darauf, dass Sie eine Erfolgsgeschichte auswählen, bei der Sie am Ende ein zufriedenes Erfolgsgefühl hatten. Sie können dabei Hürden benennen, um darauf einzugehen, wie Sie diese genommen haben. Vermeiden Sie es aber, die Dinge zu relativieren: *„Ach, war ja doch nicht so ein besonderer Erfolg!".* Überlegen Sie anschließend, wie Sie die gefundenen Erfolgsfaktoren als Erfolgsressourcen bei weiteren Projekten einsetzen könnten.

Um Erfolgsfaktoren heraushören zu können, achten Sie inhaltlich auf das WAS und das WIE! Was hat zu einem guten Ergebnis beigetragen und wie ist es gelungen? Erfolgsfaktoren sind nicht immer Ehrgeiz, Ausdauer, Mut zum Risiko und Fleiß. Vielleicht hören Sie andere Werte wie: Geduld, Neugierde, Begeisterung, Kreativität, Sinn, Selbstwirksamkeit, Energie-, Stimmungs- und Zeitmanagement ... heraus? Vielleicht war es die besondere individuelle Art und Weise der Umsetzung? Oder das Einfühlungsvermögen? Oder die Bereitschaft, sich einem Problem vollflächig (auf allen Ebenen) zu stellen? Vielleicht war es das zielgerichtete und unablässige Handeln? Vielleicht war es die Erkenntnis, nach einem Misserfolg nicht aufzugeben, sondern einen anderen Weg auszuwählen? Vielleicht war es Ihre positive Einstellung: Es gibt immer eine Lösung?

Lernen Sie von Experten.

Erzählen Sie Ihre Erfolgsgeschichte anderen Menschen, damit sie davon profitieren können. Gönnen Sie anderen Ihre Erfolgsfaktoren. Viele geizen mit ihrem Wissen, ohne zu ahnen, was sie dabei an negativen Resonanzen ausstrahlen. Ich bekomme manchmal Mails, dass ich viel zu viele Informationen preisgeben würde. Können Sie ahnen, wie viele Informationen ich automatisch von anderen Menschen erhalte, nur weil ich damit nicht geize? Hören Sie auf, mit Informationen zu geizen, dann werden Sie noch mehr als bisher von den Erfolgsgeschichten anderer profitieren können. Nichts ist effektiver, als direkt von Experten zu lernen. Erst wer ausreichend imitiert hat, wird plötzlich selbst initiativ und kreativ. **Wir werden vom Du zum Ich.** Keiner braucht das Rad neu erfinden. Gehen Sie lieber auf die Suche nach den Erfindern, weil dieses kooperative Vorgehen Sie viel schneller voranbringt als ein einsamer Alleingang. Der Erfolg wird Ihnen am besten gelingen, wenn Sie Ihre Gönner mit einbeziehen. Achten Sie aber zu Ihrer Entlastung auf Gönner, die es ehrlich mit Ihnen meinen, um nicht in die Fänge relationaler Gewalt zu gelangen. Leider gibt es das und wir können es nicht immer verhindern, aber wir können uns davor mit bewusster Herzintelligenz schützen.

6.2.4 Faktoren von Erfolgsgeschichten identifizieren

Finden Sie Ihre Erfolgsfaktoren.

Erzählen Sie sich gegenseitig zu zweit eine Erfolgsgeschichte. Dabei wird der Fokus auf zwei Erfolgsstrategien gelegt: 1. Finden Sie zum einen Ihre persönlichen Erfolgsfaktoren heraus und nutzen Sie diese für weitere Erfolge. 2. Ziehen Sie zum anderen Nutzen aus den Faktoren der anderen Erfolgsgeschichte. Beim

Erzählen, hört der andere aktiv zu, ohne Zwischenfragen zu stellen. Er kann sich Notizen machen und am Ende ggf. noch Verständnisfragen stellen. Anschließend lassen Sie sich die andere Erfolgsgeschichte erzählen, während Sie sich dann ebenso Erfolgsfaktoren aufschreiben, die Ihnen dabei auffallen. Wie unterscheiden sich Ihre Faktoren von der anderen Erfolgsgeschichte? An welcher Stelle gleichen sich vielleicht sogar die Faktoren?

Stichpunkte Erfolgsgeschichte 1:
Stichpunkte Erfolgsgeschichte 2:

Welche sind die gemeinsamen Erfolgsfaktoren beider Erfolgsgeschichten (Analyse)?

Worin unterscheiden sich die Erfolgsfaktoren beider Erfolgsgeschichten? Was ist anders?

Denken Sie darüber nach, wie Sie die identifizierten Erfolgsfaktoren für Ihren Erfolg integrieren könnten. Wie lassen sich diese auf eine erfolglose Situation übertragen?

Was sind Ihre Erkenntnisse aus dieser Übung?

Gruppenübung: In einer Gruppe werden die gemeinsamen und die unterschiedlichen Erfolgsfaktoren auf verschieden farbige Kärtchen aufgeschrieben. Anschließend werden Überlegungen über die gewonnenen Erkenntnisse angestellt. Folgende Erkenntnisfragen sind hilfreich: *„Wie hat der andere das Problem gelöst?" „Was hat der andere anders gemacht?" „Könnte die gefundene Lösung auch bei meiner Problemfindung helfen?" „Wie genau unterscheiden sich meine Erfolgsfaktoren?" „Was hat mich überrascht?" „Was würde ich selbst gerne ausprobieren?" „Welches limitierende Glaubensmuster müsste ich verändern, damit ich erfolgreicher werden kann?"* ...

Ein Beispiel zeigt, wie Martina, 25 J., Schulsozialarbeiterin, einen erstaunlichen Vorteil aus der Erfolgsübung ziehen konnte. Martina arbeitete mit Jugendlichen und hatte prinzipiell Schwierigkeiten Menschen von ihrem Erfolg zu berichten: *„Es fällt mir immer dann schwer, über meinen Erfolg zu sprechen, wenn ich befürchte, dass mein Gegenüber nicht genauso von meinem Erfolg fasziniert ist wie ich.".* Das änderte sich nach dieser Übung schlagartig. Ein entscheidender Faktor, den sie identifizierte, war: Sie verstand, dass das gezeigte Verhalten ihrer Schüler ihr gegenüber kein Angriff auf ihren Selbstwert ist. Martina erzählte, dass sie immer ein Problem hatte, wenn Jugendliche „keinen Bock" auf ihre Projekte hatten. Sie dachte, sie wäre nicht kompetent genug und deshalb würden sie ihre Angebote ablehnen. Erst als sie eines Tages die Jugendlichen befragte, *WARUM* sie denn nicht mitmachten, wurde das Projekt ein großer Erfolg. Sie hat an diesem Tag eine Sache anders als sonst gemacht: Sie hat das Problem nicht auf sich selbst bezogen, sondern ist einfühlsam auf die Bedürfnisse der Jugendlichen und deren Probleme eingegangen. Sie hat das Verhalten der Jugendlichen von ihrem Selbstwert getrennt. So lernte sie auch, ihre Erfolge mit ihren Schülern zu teilen. Diese Erfahrung nutzte sie für neue Projekte, die sie seitdem mit Erfolg durchführte, ohne beleidigt zu sein, wenn etwas nicht so funktionierte, wie sie es sich vorgestellt hatte. Heute spricht sie mit einem natürlichen Stolz über ihre erreichten Erfolge, weil sie weiß, dass andere daraus lernen können.

Erfolg ist nicht nur das Ergebnis einer Anstrengung, sondern ein ständiger Prozess. Das Ergebnis ist der Moment, der würdig gefeiert werden sollte. Dennoch bringt es auf Dauer keine Erfüllung, sich auf dem erreichten Erfolg auszuruhen. Erfolg bedeutet auch, mit Rückschlägen umgehen zu können. **Seien Sie voller Güte zu sich selbst, dann wächst auch die Güte für andere wie das Gras auf der Wiese.** Erfolgsorientierte Menschen wagen neue Perspektiven und stellen sich gelegentlich wichtige Fragen: *„Was ist das Wichtigste für mich im Leben?“.* Mit den Worten von Konfuzius könnte diese Frage wie folgt beantwortet werden: *„Treue zu sich selbst und Güte zu anderen.“.*[241] Wie fällt Ihre Antwort aus? Beginnen Sie mit dem Notwendigen. Daraus ergibt sich das Mögliche und irgendwann wachen Sie auf und erkennen: Das frühere Undenkbare und Unmögliche ist doch möglich geworden. Viele Menschen sprechen nicht über ihren Erfolg, weil sie glauben, sie hätten den Erfolg und ihr Glück nicht verdient. Sie glauben, dass andere viel besser sind als sie selbst. Sie scheitern im ständigen zermürbenden Vergleich, **weil sie sich selbst im inneren Spiegel nicht sehen und erkennen können.** Betrachten Sie sich stolz im inneren Spiegel und leisten Sie sich Ihren Erfolg!

Seien Sie gütig
zu sich selbst!

Leisten Sie sich Ihren Erfolg.

Sprechen Sie mit Leidenschaft, Elan, Begeisterung und Humor über Erfolge und über Ihre Zukunftsziele, auch wenn die anderen in Ihrer Umgebung Sie nicht ganz für „voll“ nehmen. Was andere darüber denken, ist nicht wichtig, weil Sie Ihre Ziele und nicht deren Ziele verfolgen. Lei Wang, ein Schüler Schulz von Thuns, begegnete in seiner Auseinandersetzung mit seinem *Inneren Team* auf der einen Seite dem *„pflichtbewussten Konfuzius“* und auf der anderen Seite dem wunderbaren *„Kommunikationsexperten Schulz von Thun“,* der insistierte, dass der Mensch gerade aufgrund seiner Gefühle, Motive und Impulse real sei.[242] Wang schreibt in seinem Fazit: *Wenn Konfuzius Schulz von Thun trifft ...*:

„Ich fühle mich frei! Ich stehe vor den Türen, die sich in meinem Herzen befinden, die von mir früher eine nach der anderen geschlossen wurden. Ich klopfe an eine Tür, mir wird geöffnet. Ich finde die Mitglieder meiner Innenwelt, eines nach dem anderen. Wir begrüßen uns, wir umarmen uns, wir reden miteinander, wir einigen uns. Meine Gefühle, die ich schon lange nicht spüren konnte, sind lebendig geworden. Ich kann mich selbst mehr und mehr besser verstehen und akzeptieren. Ich empfinde meine innere Energie und Freude und wirke nach außen gelassen und fröhlich. Mit meiner alten Maske fühle ich mich nicht mehr wohl. Ich bin entschlossen sie abzunehmen, um die frische Luft einzuatmen. Mein Körper ist geschmeidig und lebendig geworden und ich fühle mich frei! Mein Ziel, von dem ich schon lange träume – die Freiheit – ist noch weit entfernt. Aber ich bin froh, dass ich unterwegs bin.“.[243]

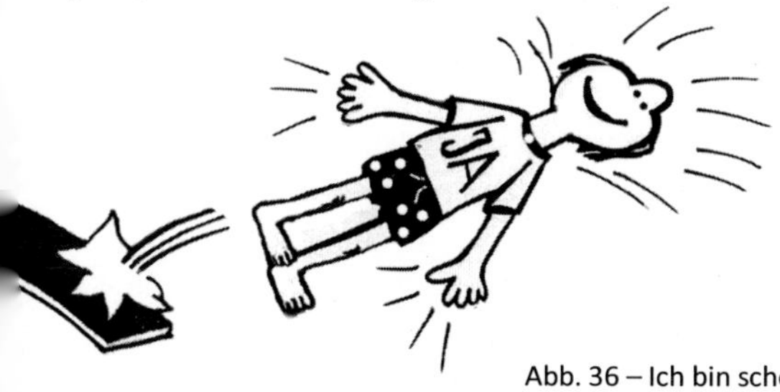

Abb. 36 – Ich bin schon unterwegs!

---

[241] Zitat von Konfuzius
[242] Wang 2008, S. 187 – 205, in: Schulz von Thun / Kumbier: Interkulturelle Kommunikation: Methoden, Modelle, Beispiele, hier S. 187
[243] Ebd.

7 Wertschätzung in Gefühle und Bedürfnisse übersetzt

Nach Maslow ist das Bedürfnis nach Anerkennung ein Grundbedürfnis. Kleine Kinder sterben, wenn diese Anerkennung komplett fehlt.[244] Fakt ist, Kinder können sich nicht gesund entwickeln, wenn dieses Bedürfnis stark in der Vergangenheit frustriert wurde. Bis Kinder aber so weit sind, dass sie sich ihres Selbstwertes ohne die Anerkennung anderer bewusst werden, ist es für sie überlebenswichtig, dass sie „erkannt" und wertgeschätzt werden. Wohlwollende und -geformte Komplimente sind eine wichtige Antriebsfeder, damit Kinder sich gut und gesund entwickeln können. Viele scheuen sich, selbst Kindern gegenüber Anerkennungsworte auszusprechen und besonders die Kinder, welche am dringendsten Anerkennung benötigen, bekommen diese am wenigsten, weil sie mit ihrem Verhalten stark negativ auffallen. Trennen Sie Wert und Verhalten! Geben Sie, wann immer Sie können, Wertschätzung an andere weiter und überwinden Sie diese „unnatürliche" Scheu. Es kostet Sie nichts. Sie steht uns kostenlos überall zur Verfügung. Warum geizen wir damit?

Komplimente stehen uns kostenlos zur Verfügung. Geizen Sie nicht damit.

Analysieren wir das Wort „Wertschätzung", dann können wir mit Leichtigkeit diesem überlebenswichtigen Wort vier Bedeutungen entnehmen: **Wert, Schatz, schätzen und Schätzung.** Daraus definiere ich Wertschätzung wie folgt: Wer seinen Selbst**wert schätzt**, erlaubt sich, seine Potenziale zu entfalten. Viele „**Schätze**" sind darin verborgen. Wir zeigen sie, wenn wir den **Wert** unseres inneren **Schatzes** kennen. **Schätzen** wir uns selbst und andere, in dem was wir und andere tun, dann verschenken wir **Wertschätzung** an andere weiter. Diese erhalten wir dank dem Resonanzgesetz wieder zurück. Eine stimmige (Ein)**Schätzung** bringt Wohlfühlgefühle. Ist unsere (Ein)**Schätzung** über uns selbst und andere unstimmig, empfinden wir (Ab)**Schätzung** uns selbst und anderen gegenüber. Entsprechend hoch oder niedrig ist dann der Selbst**wert** und die inneren **Schätze** können nicht gezeigt werden.

7.1 Die Wertschätzung wirkt sich auf die Wertschöpfung aus

Verschenken Sie stimmige Komplimente, dann bekommen Sie stimmige Komplimente zurück. Wir können mehr **wertschöpfen**, wenn wir wertschätzen. Stimmige Komplimente wirken wie Sahnehäubchen. Deshalb verpassen Sie nicht den richtigen Moment, um Wertschätzung weiterzugeben. Oft ist es zu spät und wir bedauern, es unterlassen zu haben. Tun Sie es sofort, wenn es Ihnen in den Sinn kommt bzw. wenn Sie wahrnehmen, dass Sie den Impuls zum Wertschätzen verspüren. Viele Menschen sind peinlich berührt, wenn sie in unerwarteten Momenten Wertschätzung erhalten und reagieren mit Bescheidenheit oder mit extremer Zurückhaltung.

Verpassen Sie nicht den Moment, um Wertschätzung weiterzugeben.

[244] Siehe Hospitalismus

Sie können aus der Wertschätzung nicht „schöpfen", weil sie sich selbst innerlich mit ihren Gedanken „lähmen". Das Konzept des peinlich empfundenen Kopfkinos könnte sich wie folgt abspielen: *„Verdiene ich überhaupt diese Wertschätzung?"*. Manchmal jedoch freuen sich Menschen über die erhaltene Wertschätzung wie ein kleines Kind, aber sie zeigen diese Freude nicht und sie bauen dadurch keinen authentischen Kontakt zum anderen auf. Dabei entgeht die gegenseitige Wertschöpfung und sie nehmen sich und dem anderen etwas Wertvolles weg. Deshalb nehmen Sie bitte die Wertschätzung, wenn sie vom Herzen kommt, dankend und liebenswürdig an.[245] Streichen Sie Sätze wie: *„Ach, das wäre doch nicht nötig gewesen!" „Das war doch gar nichts!" „Was habe ich denn schon groß für dich getan?"* ... aus Ihrem Wortschatz. In den meisten Fällen kommt die Wertschätzung direkt aus dem Herzen und genauso sollten wir sie würdigen und nicht mit überspielter Bescheidenheit reagieren.

Wer möchte schon auf das Sahnehäubchen auf dem Kuchen verzichten, wenn das Leben mit Sahnehäubchen besser als ohne „schmeckt"? **Also bitte mit Sahne!** Genießen Sie Komplimente auch wenn der Kuchen auch ohne Sahne schmeckt. Wer den Wunsch nach Wertschätzung unterdrückt, unterdrückt seine lebensbereichernde Wertschätzungsenergie. Was kostet uns der Verzicht? Durch wertschätzende Worte bestärken wir Kinder und Erwachsene, wenn ihre Motivationen aufgrund aktueller Befindlichkeiten nachlassen oder unsichtbar sind. Dennoch gibt es einen Unterschied. Innerlich starke Menschen sind auf die Anerkennung anderer nicht unbedingt angewiesen. Ich lernte, Anerkennung liebenswürdig entgegenzunehmen, wenn ich sie erhalte aber ich lernte auch, zu akzeptieren, dass manche Menschen einfach keine Anerkennung aussprechen können, weil sie darin schlicht und einfach ungeübt sind. Wieso sollten wir gerade von diesen darin ungeübten Menschen unseren Selbstwert abhängig machen?

Schenken wir uns selbst und anderen gegenüber Wertschätzung, dann sorgen wir konsequent dafür, dass sich unsere Bedürfnisse erfüllen und unsere Wertschöpfung steigt. Sehen Sie, wenn andere etwas richtig machen? Sprechen Sie es dann laut aus, was Ihnen daran gefällt? Was könnten Sie darüber hinaus noch tun, um Wertschätzung in Wertschöpfung zu verwandeln? Dieses Umwandlungspotenzial nenne ich auch *Inklusive Intelligenz*.[246]

Vorschlag: Geben Sie jeden Tag **drei** Wertschätzungen an sich selbst (Selbstwertschätzungsbuch) und **drei** an Ihre Mitmenschen weiter. Schicken Sie Dankeszeilen an Menschen, die Positives zu Ihrem Leben beigetragen haben. Dieser Dank wird um ein Vielfaches zu Ihnen zurückkommen. Tun Sie jeden Tag etwas Gutes für sich selbst und geben Sie jeden Tag etwas Gutes an andere weiter. Sie werden spüren, wie sich, von dem Tag an, Ihr Leben von jetzt auf nachher verändern wird. Sagen Sie nicht, für so etwas habe ich keine Zeit. Sie haben Zeit, wenn Sie es sich wert sind. Wertschätzungsworte weiterzugeben, ist kostenlos und nicht zeitintensiv. Wertschätzung kann auch ein verschenktes Lächeln an fremde Menschen sein oder nur ein Nicken mit der Botschaft: *„Ich sehe und ich verstehe dich!"*. Kurze Sätze mit Menschen auszutauschen, die uns persönlich nicht so nahe

---

[245] Vgl. Rosenberg, 2010, S. 205

[246] siehe PPP: *Die Inklusive Intelligenz – Eine starke Unternehmensführung durch Schulung einer Intuitiven und Inklusiven Kommunikation* unter: www.friesinger-theresia.de/fortbildungskonzepte/unternehmen/

stehen, ist ebenso Wertschätzung und Wertschöpfung. Mit der netten Nachbarin von nebenan einen kurzen Plausch abhalten, ist Wertschätzung. Natürlich könnten Sie noch mehr tun, wenn Sie entsprechend motiviert sind. Schreiben Sie Kärtchen, Wertschätzungsgeschichten, Anekdoten, Gedichte, Aphorismen, Zitate ... für Menschen, die Sie lieben oder wertschätzen. Ich erlebe immer wieder, wie sehr sich Menschen über wertschätzende Worte noch Jahre später freuen. Eine alte Bekannte, die ich zufällig auf einem Weihnachtsmarkt nach Jahren wiedertraf, verdient ihren Lebensunterhalt mit Kunst. Sie erinnerte mich an etwas, was ich schon längst vergessen hatte: *„Du hast mir mal ein tolles Gedicht geschrieben, das lese ich immer, wenn ich Mut brauche oder traurig bin!“.* Ich hatte es komplett vergessen. Für sie aber war es etwas Besonderes und dieses Gedicht gab ihr und gibt ihr auch heute noch, wie sie berichtete, in vielen selbstzweifelnden Momenten wieder Kraft und Mut weiterzumachen. Wertschätzung vervielfältigt sich, wenn wir sie teilen. Um Wertschätzung zu teilen, müssen wir nicht immer gleich einen Blumenstrauß verschenken. Wie oft rettete uns schon ein unverhofftes Lächeln den Tag, wenn irgendwo uns der Schuh drückte? Missgönnen Sie anderen nicht Ihren Dank und Ihre Wertschätzung, in dem Sie vielleicht denken: *„Warum soll immer nur ich Wertschätzung geben? Was ist mit mir? – Wer gibt mir überhaupt Wertschätzung?“.* Die Wärme aus dem Herzstrahl Ihrer „inneren Sonne“, den Sie aussenden, fällt hundert- vielleicht auch tausendfach, wenn auch auf Umwegen, wieder irgendwann auf Sie zurück. Das zeigt sehr schön die folgende Geschichte:

Ein junger Wanderer aus Afrika war durstig, hungrig und hatte kein Geld. Eine arme Frau gab ihm Wasser, warmes Essen und Geld für die Weiterreise. Der Wanderer bedankte sich und sagte, dass er sie nie vergessen werde. 15 Jahre später erkrankte die Frau an Brustkrebs. Im Krankenhaus stellte sich heraus, dass sie nicht operiert werden kann, weil sie keine Krankenversicherung hatte. Dennoch wurde sie am nächsten Tag gleich früh am Morgen in den Operationssaal geschoben und vom Chefarzt persönlich operiert. Als die Frau von der Narkose aufwachte, stand der Chefarzt bei ihr und hielt ihre Hand. *„Endlich konnte ich mich bei Ihnen bedanken. Sie haben mir als jungen und armen Studenten damals Wasser, Essen und Geld gegeben. – Ich habe Ihr Gesicht nicht vergessen!“* Da erkannte auch die Frau den jungen Wanderer von damals wieder, der heute mit dem weißen Kittel als gereifter Chefarzt vor ihr stand.

Reflektieren Sie Ihre Fähigkeit, Wertschätzungsworte auszudrücken. Haben Sie schon einmal zum Selbstzweck gelobt? Wenn ja, warum und was haben Sie sich damit erfüllt?

Fällt es Ihnen schwer, anderen Menschen Ihre Wertschätzung auszudrücken, wenn ja, warum?

Denken Sie an einen Menschen, den Sie noch nie mit Worten wertgeschätzt haben. Überlegen Sie, was Sie ihm einmal wertschätzend sagen könnten? Tun Sie es bei der nächsten Gelegenheit.

Der Gärtner gießt seine Pflanzen. Wachsen tun sie von alleine. Lassen Sie keinen Tag ohne Wertschätzung verstreichen. Das heißt nicht, dass Sie ständig Lob „gießen" müssen. Das wäre übertrieben und das Gegenteil von stimmig. Ein guter Gärtner gießt auch nicht seine Pflanzen bis sie ertrinken. Lassen Sie aber keine Gelegenheit aus, bei der Sie es in Maßen tun könnten, es aber aus irgendwelchen persönlichen Gründen unterlassen: *„Der andere könnte sich ja etwas einbilden!"*. Wertschätzen Sie ohne irgendwelche Erwartungen und wertschätzen Sie besonders Kinder. Diese brauchen liebevolle Wertschätzungsworte am meisten. Wie können wir Kinder stimmig wertschätzen? Lassen Sie, die beiden folgenden Sätze auf sich wirken.

1. *„Eine wunderschöne Abendsonne hast du gemalt!"*.
2. *„Deine Sonne ist richtig orange geworden. Geht sie gerade unter?"*

Im ersten Satz ist eine Bewertung: *„wunderschöne Abendsonne"* mit enthalten. Im zweiten Satz wird allein über die Beschreibung der Handlung die Wertschätzung ausgedrückt. Der zweite Satz spornt viel mehr an, die Kommunikation fortzuführen als der erste Satz. Dennoch ist die Kombination beider Wertschätzungsarten m. E. eine ideale Form, Kinder und Jugendliche anzuerkennen und wertzuschätzen. Welche Wertschätzungsform die Geeignetste ist, kommt stets auf die Persönlichkeit des Kindes oder des Jugendlichen an, wie viel Anerkennung sie erfahren haben. Haben Sie wenig Anerkennung erlebt, wird der erste Satz wie warme Butter herunterrutschen. Wer jedoch ständig von Lob überhäuft wird, dem würde der zweite Satz viel mehr Vorteile bringen. Kinder und Jugendliche sind noch in der Entwicklung und brauchen Anerkennung und eine beschreibende Wertschätzung.

Investieren Sie Zeit in Beziehung! Stimmt die Beziehung, dann ist Begeisterung möglich. Begeisterung ist die Voraussetzung für leichtes und nachhaltiges Lernen. Um Kinder zu stärken, sollten die

Kultusministerien in den Bildungsplänen für die **Beziehungsarbeit mehr Zeit einräumen**. Nicht selten verschlägt es Kindern buchstäblich die Sprache, wenn sie in die Schule kommen. Lehrer und Lehrerinnen brauchen Zeit, die Kinder kennenzulernen, um eine gute Beziehung und Atmosphäre aufzubauen, bevor sie inhaltlich mit ihnen weiter arbeiten. Nur unter angstfreien Bedingungen kann Lernen erfolgreich sein. Mobbingattacken müssen von Anfang an erkannt und diskriminierungskritisch betrachtet werden. **Hierzu muss es immer Zeit geben!** Nichts ist wertvoller als ein gesundes Menschenleben. Es gibt wirksame Mediations- und Mentorenprogramme, die nicht viel Geld, sondern einfach nur ein bisschen Zeit kosten. Die Verantwortlichen müssen erkennen lernen, wenn es einem Kind oder einem Jugendlichen in der Schule oder in anderen sozialen Bildungseinrichtungen nicht gut geht und die Verantwortung dafür übernehmen, wenn sie von Diskriminierungen erfahren. Es ist notwendig, dass sie sich damit aktiv, konstruktiv und inklusiv auseinandersetzen, um Kinder in einem gesunden Maß vor Ausgrenzung zu schützen.

Investieren Sie Zeit in Beziehung!

Wertschätzen Sie sieben Mal, bevor Sie einmal kritisieren. Bei notwendiger Kritik (Feedback) sagen Sie der Person zunächst, wie sehr Sie sie schätzen. Betonen Sie, dass Sie nur deren **Verhalten in bestimmten Situationen** für veränderungswürdig halten. Suchen Sie gemeinsame Lösungen, wie das unerwünschte Verhalten effektiv verändert werden kann. Sprechen Sie dabei wohlgeformte Wünsche aus: *„Ich wünsche mir von dir, dass du ...“*. Durch eine wertschätzende Haltung wird die erwünschte Haltungsänderung wahrscheinlich viel eher eintreten, als wenn destruktiv kritisiert wird. Die *Inklusive Kommunikation* formuliert im Feedback immer auch Gefühle und Bedürfnisse mit. Dabei ist zu berücksichtigen, dass Kommunikation grundsätzlich eine Selbstoffenbarung ist. Dies ist auch beim **konstruktiven Feedback** der Fall. Diese Art des Feedbacks ist dennoch diejenige, welche noch am ehesten versucht, den anderen in seinem Entwicklungsbemühen zu unterstützen, indem ausschließlich **Werturteile** im Feedback ausgesprochen werden. Das Werturteil wird offen formuliert, so dass der andere es annehmen oder ablehnen kann. Ein Werturteil wäre z. B. zu sagen: *„Mir ist ein gutes Stimmungsmanagement in unserem Team wichtig, deshalb möchte ich mit Ihnen eine Vereinbarung treffen, wie dieses Stimmungsmanagement in einer gesunden Art und Weise gewährleistet werden kann, damit alle im Team mit Ihren Gefühlsausbrüchen besser umgehen können.“*. Die Chance ist hoch, dass der andere das Werturteil annimmt, wenn er ebenso das Bedürfnis hat, mit den Feedbackgebenden in einer guten Verbindung zu bleiben. Gerade in Hierarchienstrukturen sind Vereinbarungen effektiver und inklusiver als vorgesetzte Regeln. Ein Betrieb, der es versteht auf die Bedürfnisse seiner MitarbeiterInnen wertschätzend und inklusiv einzugehen, von der Managementetage über den Abteilungsleiter bis zum Arbeiter, reduziert den inneren Stress seiner MitarbeiterInnen um ein Mehrfaches und wird daraus die höchste Wertschöpfung seines Betriebes ausschöpfen können. Kritisieren wir in destruktiver Weise andere Menschen, dann prallt die Kritik, in der Geschwindigkeit wie sie ausgesprochen wird, unwillkürlich und über Umwege unschön wieder zu uns zurück und dieser Vorgang ist nicht abhängig von irgendwelchen Hierarchieetagen. Das Leben ist wie ein Bumerang. Negative Rückmeldungen und die damit verbundenen negativen Erlebnisse und Unwohlgefühle sind den Menschen mehr als überdrüssig geworden. Wir haben eine hohe Krankheitsrate aufgrund dieser Überdrüssigkeit. **Negative Rückmel-**

Kommunikation ist Selbstoffenbarung.

dungen kennen wir zu genüge! Stopp! Wir brauchen sie nicht mehr in dieser Form! Destruktive Kommunikation ist eine trennende Kommunikation. Betriebe brauchen motivierte und nicht demotivierte Menschen. Die Gesellschaft braucht diesen Paradigmenwechsel, damit motivierte und keine egoistische Menschen daraus hervorgehen. Wir entscheiden, ob wir uns jeden Tag mit negativen Erinnerungen und Destruktionen immer wieder neu quälen oder ob wir den Abstand- oder Negativstopp einsetzen, und mit dem Bild des „inneren Aufzugs" ausgedrückt, in die andere Richtung wieder nach oben fahren wollen. Es ist viel produktiver und heilsamer dem negativen Erlebnis, aus heutiger Sicht, eine neue Einstellung abzuverlangen, um sie innerlich besser annehmen zu können. Mit einem aufgewerteten Selbstwert können wir negative Ereignisse, vor denen wir nicht gefeit sind, auf ein gesundes Maß reduzieren. Konzentrieren Sie sich ausschließlich auf positive Erlebnisse und schenken Sie diesen den Zauber, die Präsenz und die Aufmerksamkeit des aktuellen Moments. Lernen Sie, sich selbst zu feiern. Verzaubern Sie mit einem zusätzlichen stimmigen Kompliment negative in positive Erlebnisse. Die Reframingsfähigkeit geht der Wahrheit nicht aus dem Weg, sondern findet die Wahrheit. Durch Wertschätzungsworte werden nicht selten Potenziale lebendig, die vorher noch unbewusst und verborgen waren. Ein Satz wie: *„Du hast so viel Talent! – Mach etwas daraus!"*, kann den Menschen ihr Funkeln in den Augen zurückbringen. Das plötzliche Licht – das bezaubernde Leuchten und Funkeln – in den Augen der Menschen, wenn sie wieder Kontakt zu ihrem „Wesenskern" – wie sie eigentlich in Wirklichkeit sind – aufgebaut haben, ist das, was mich heute noch bei jedem Coaching berührt.

7.1.1 Zehn Kriterien für wertschätzende Wünsche

Im Folgenden stelle ich zehn Kriterien für wertschätzende Wünsche vor:

1. Wohlgeformte Wünsche sind ideal ausgedrückt, **wenn sie im Kompetenzbereich des anderen liegen**. Der andere sollte in der Lage sein, es tun zu können.
2. Die Wünsche werden **situations- und sinnbezogen** formuliert.
3. Der Wunsch braucht eine **positive Formulierung**.
4. **Vergleiche** wie z. B.: *„Ich wünsche mir von dir, dass du fröhlicher wirst."* **sind ungeeignet.**
5. **Vermeiden des Konjunktivs**: *„Ich wünschte, du wärst entgegenkommender."*.
6. Wünsche **im Indikativ** formulieren: *„Ich wünsche mir, dass ..."*.
7. Achten Sie auf die **Botschaft der Sprache** und besonders auf **Reizwörter** wie: *„immer, nie, endlich, nur, einmal, wenigstens ..."*. Sicherlich kommt folgender Wunsch weniger gut an: *„Ich wünsche mir, dass du wenigstens einmal mit mir ausgehst."*. Selbst wenn die Unterstellung, dass der andere „nie" ausgeht, stimmen würde, ist eine wertschätzendere Formulierung in der Regel erfolgsversprechender.
8. Wunschformulierungen in der **Ich-Form** aussprechen.
9. Auf Man- und Wir-Formulierungen sowie auf die Wörter: ABER und MÜSSEN verzichten. Jedes **ABER** kann mit **UND** ersetzt werden, weil das Wort ABER, den zuvor positiv formulierten Satz wieder aufhebt und nichtig macht. In der Regel, wenn kein anderes übergeordnetes Bedingungsproblem auf einer anderen Ebene vorliegt, wird der Partner den Wunsch erfüllen, besonders wenn zusätzlich noch die relativierende Wir-Form vermeiden wird: *„Wir wollen ausgehen!"*. Sagen Sie, in der Ich-Form was Sie möchten wie z. B.: *„Ich möchte mit dir ausgehen."*.

Anstatt „müssen" formulieren Sie, was Sie brauchen. Ein Beispiel wird dies verdeutlichen. *„Wir müssen mehr in Bildung investieren!"* ist eine bekannte gesellschaftliche Muss-Formulierung. Eine gelungenere Forderung könnte lauten: *„Wir brauchen mehr Bildungsinvestition, weil die Gesellschaft selbstbewusste und -bestimmte Kinder benötigt."*.

10. Bestärken Sie abschließend mit wertschätzenden Worten die Erfüllung des Wunsches: *„Ich fand es sehr liebenswert von dir, dass du letzte Woche meinem Wunsch entsprochen hast und mit mir ausgegangen bist. Danke für diese schöne gemeinsame Zeit."*. Vermeiden Sie auch in diesem Zusammenhang Reizwörter wie: *„ ... **und einmal** mit mir ausgegangen bist."*. Achten Sie auf diese Kleinigkeiten in Ihrer sprachlichen Botschaft. Die Botschaft der Sprache besitzt Macht. Sie erleichtern sich den Alltag enorm und Sie stärken damit Ihre Beziehungen.

7.1.2 Wertschätzungsspiele

Wertschätzungsspiele sind konkrete Umsetzungsbeispiele, um die Beziehungen untereinander zu stärken. Wertschätzungsspiele sind Gruppenspiele, die den Zusammenhalt und die Gruppensicherheit stärken. Ein Kind oder ein Jugendlicher, der Gruppensicherheit erfahren hat, hat es nicht nötig, vehement und permanent auf sich aufmerksam zu machen.[247]

Zum folgenden Spiel, welches ich: *„Die heimliche Wertschätzungsbotschaft"* nenne, gibt es eine Geschichte, die ich vom Hörensagen kenne. Eine Lehrerin führte dieses Wertschätzungsspiel in der Grundschule mit ihren Schülern durch. Jahre später, beim Unfalltod eines Schülers, wurde in dessen Brieftasche ein vergilbter Zettel gefunden. Auf dem Blatt Papier standen die wertschätzenden Worte und Botschaften seiner MitschülerInnen, die diese damals für ihn verfassten. Die Familie des Verunglückten las diese wertvolle Botschaft, die auf diesem vergilbten Zettel stand, auf der Beerdigung vor. Alle anwesenden Schüler und Schülerinnen sowie die Lehrerin erinnerten sich noch gut an dieses Spiel und zum Teil auch noch an die Worte, die sie damals für ihren Mitschüler aufgeschrieben hatten. Sie waren zutiefst berührt als sie die positive Auswirkung dieser wertschätzenden Botschaft erkannten. Nach Aussagen der MitschülerInnen war der Verunglückte schon damals ein Außenseiter. Was für eine hohe Bedeutung musste dieser abgenutzte Zettel für den verstorbenen Schüler gehabt haben? War dieser Zettel der Rettungs- und Kraftanker eines harten Außenseiterdaseins? Ein Dankeschön an diese wertschätzende Grundschullehrerin, die ihre Zeit im Unterricht mit wertvollen Wertschätzungsspielen ausgestaltete. Diese sind für jeden einzelnen von unschätzbarem Wert und unser Bildungssystem braucht ein Bewusstsein darüber, sich mehr davon zu genehmigen. Alles andere ist unverantwortlich.

Vorbereitung des Wertschätzungsspiels:

Dieses Spiel eignet sich zu zweit oder in Gruppen, in der die Gruppenmitglieder sich gut kennen. Es kann in Bildungseinrichtungen sowie im familiären Kontext gespielt werden. Vor dem Spiel ist es sinnvoll, dass alle Gruppenmitglieder genügend Zeit haben, sich über die anderen Mitglieder Gedanken zu machen, um herauszufinden, welche Stärken, Fähigkeiten und Talente diese haben.

---

[247] Gramer-Rottler, 2010, S. 87 – 99

In meinem Team kündigte ich das Spiel eine Woche zuvor an, so dass jeder ausreichend Zeit hatte, sich über die anderen Teammitglieder wertschätzende Gedanken zu machen. Irgendwie hing in dieser Woche und in den Wochen danach viel mehr Wertschätzung als sonst in der Luft.

Utensilien: Stifte, DIN A 4 Blatt, Wäscheklammer, Schnur. Das DIN A 4 Blatt zu DIN A 6 falten und mit Wäscheklammern an eine Schnur klemmen. Die Schnur wird zu einer Kette zusammengebunden und um den Hals gehängt. Das gefaltete Papier wird auf dem Rücken platziert. Das Spiel macht noch mehr Spaß, wenn es musikalisch begleitet wird.

Durchführung in der Gruppe: „Die Wertschätzungsbotschaft" mit Musik

Alle Gruppenmitglieder laufen, tanzen oder hüpfen durch den Raum. Bei Musikstopp finden sich Pärchen, die sich nacheinander gegenseitig wertschätzende Sätze auf den Rücken schreiben: *„Ich finde es toll, wie du auf Menschen zugehst. In deiner Gegenwart fühle ich mich immer geborgen.".* Das Papier wird von der Person, die geschrieben hat, umgedreht oder -gefaltet, damit der Nächste das zuvor Geschriebene nicht sehen kann. Das Spiel funktioniert auch, wenn gleichzeitig mehrere Personen hintereinander stehen, die sich gegenseitig auf den Rücken schreiben. Nach einer weiteren Musikeinlage finden sich erneut zwei weitere Pärchen. Es wird so lange gespielt, bis jeder jedem wertschätzende Worte auf das Blatt geschrieben hat. Abschließend verfasst jeder für sich selbst noch einen wertschätzenden Satz. Am Ende des Spiels besitzt jeder auf seinem Blatt so viele wertschätzende Sätze wie die Anzahl der Gruppenmitglieder (inklusive seiner selbst). Jeder trägt seinen wertvollen Schatz mit nach Hause und öffnet ihn in einer Sternenmoment-Minute. Lesen Sie sich die Sätze laut vor und schreiben Sie dann noch einmal einen weiteren Wertschätzungssatz für sich selbst auf. Wie fällt dieser nun aus? Was können Sie konkret tun, um diesen Satz im Gedächtnis zu behalten? Lassen Sie sich die Sätze von Freunden vorlesen. Tut einfach gut!

7.1.3 Wertschätzung durch Empathie

Diese Übung wird in zwei Schritten zu zweit durchgeführt. Im ersten Schritt sitzen sich die Pärchen gegenüber. Jeder schenkt dem anderen **abwechselnd für drei Minuten ohne Worte** achtsame Aufmerksamkeit (Empathie). Es werden nur positive und empathische Gedanken an die andere Person gesendet. Dabei wird die Aufmerksamkeit nicht nur auf gute „erzwungene" Gedanken gelenkt, sondern auch auf die Herzenergie. Die drei Minuten sind keine feste Vorgabe. Durch Achtsamkeit entsteht Wertschätzung – durch Wertschätzung entsteht Wertschöpfung. Wir „schöpfen" aus dem Wert, den andere uns geben, weil wir am DU zum ICH werden. Wenn Sie die Übung durchführen, dann richten Sie Ihren Herzensblick solange auf eine Person, wie es sich für Sie stimmig anfühlt. Die drei Minuten können kürzer oder länger ausfallen. Besprechen Sie anschließend in der Gruppe, wie die Wertschöpfung empfunden wurde. Es gibt viele Menschen, die diese Übung nicht durchhalten, weil es ihnen fremd ist, dass jemand ihnen ganz drei Minuten Aufmerksamkeit schenkt. Gerade dann, wenn es Ihnen schwerfällt, Wertschätzung anzunehmen, werden Sie durch diese Übung lernen, dass Sie es wert sind, Wertschätzung zu erhalten und anzunehmen.

Im zweiten Schritt kleiden Sie das Erlebte für drei Minuten in Wertschätzungsworte. Worte, wenn sie mit Wertschätzung gefüllt sind, sind keine leere Hülle, sondern Fülle. Worte haben Bedeutung und Wirkung. Sagen Sie Ihrem Wertschätzungspartner, was es Ihnen bedeutet, ihm Wertschätzung zu geben und gleichzeitig diese von ihm zu empfangen. Der kleine Prinz berührt unsere Herzen mit den Worten: *„Man sieht nur mit dem Herzen gut!"*.[248] Hören Sie auf Ihr Herz. Fühlen Sie, was Sie brauchen: *‚Was fühle ich, wenn du mir Wertschätzung gibst und ich selbst Wertschätzung gebe?' ‚Was erfüllt es mir, dass du da bist und mir Aufmerksamkeit schenkst und was erfüllt es mir, wenn ich da bin und dir Aufmerksamkeit schenke?'* ...

Folgende Geschichte beschreibt in inspirierender Art und Weise die Wirkung von Worten:

Am Rande der Wüste lebte ein Eremit. Eines Tages besuchte ihn ein Jüngling und klagte ihm sein Leid. *„Ich lese so viele heilige Texte.", sagte er. „Ich studiere in den Büchern und vertiefe mich in die Schönheit der Worte. Ich möchte sie behalten und als einen Widerschein der ewigen Wahrheit in mir bewahren. Aber es gelingt mir nicht. Alles vergesse ich! Ist die mühevolle Arbeit des Lesens und Studierens umsonst?"* Der Eremit hörte ihm gut zu. Als er fertig war mit dem Sprechen, gab er ihm einen Binsenkorb. *„Hol mir aus dem Brunnen dort drüben Wasser."*, sagte er zu dem Jüngling. *„Hat er meine Frage nicht verstanden?"*, fragte sich dieser. Widerwillig nahm er den vom Staub verschmutzten Korb auf und schöpfte Wasser, das längst herausgelaufen war, als er zurückkehrte. *„Geh noch einmal!"*, sagte der Eremit. Der junge Mann gehorchte. Immer wieder füllte er Wasser in den Korb, immer wieder rann es zu Boden. Nach dem zehnten Mal konnte er aufhören. *„Sieh den Korb an ..."*, sagte der Eremit. *„ ... er ist ganz blank geworden. So geht es dir mit den Worten, die du liest und bedenkst. Du kannst sie nicht festhalten, sie gehen durch dich hindurch, und du hältst die Mühe für vergeblich. Aber, ohne dass du es merkst, klären sich deine Gedanken und machen dein Herz rein."*[249]

Wir brauchen die Menschen, denen wir Wertschätzung schenken, nicht unbedingt zu kennen. Sie werden staunen, wie fremde Menschen plötzlich auf Sie reagieren, wenn Sie wertschätzende Blicke auf sie richten oder einfach nur wertschätzend mit ihnen umgehen. Probieren Sie es einfach aus. Verschenken Sie Wertschätzung an Menschen weiter, **die Sie nicht so mögen.** Unterbrechen Sie so den Kreislauf eines bösen Blickes. Bleiben Sie bei Ihrem Selbstwertschätzungsgefühl. Der andere ist für sein Gefühl und Sie für Ihres verantwortlich. Sie können durch Ihre positive Haltung dazu beitragen, dass die anderen positiver werden (Resonanzgesetz). Mehr können Sie nicht tun. Sie können nicht die negativen Überzeugungen, Gewohnheiten und die unbewussten negativen Reaktionsmuster anderer auflösen, aber Sie können eines zu 100 %: Sie können durch Ihre inklusive Haltung **die Welt in Ihnen** freundlicher und friedlicher gestalten.

7.2 Lachen

Mit dem Lachen ist es so wie mit diesem Witz: *„Ein Geiger hat seinen Geigenkasten in der Hand und fragt in der New Yorker U-Bahn eine Oma nach dem Weg zur New Yorker Philharmonie. ‚Wie komme ich auf den schnellsten Weg zur Philharmonie?' Die Oma schaut den jungen Mann von*

---

[248] de Saint Exupéry 2000
[249] aus: Barbara und Hans Hug, „Blätter, die uns durch das Jahr begleiten", Stuttgart: Kreuz Verlag

oben bis unten an uns sagt: ‚Üben, üben, üben und noch einmal üben'". Auf dem Weg zur Philharmonie des Lebens können wir üben, üben, üben. Lachen ist mehr als ein Reflex. Lachen ist eine innere Haltung und eine Entscheidung. Wer das Leben mit mehr Lockerheit, Leichtigkeit und Humor nimmt, hat definitiv mehr Freude am Leben.

Vielen Menschen fehlt **das Licht in den Augen**, weil ihr Glaubenssatzsystem kein Lachen mehr zulässt, weil sie z. B. keine Ziele haben oder weil sie nicht an sich und ihren Erfolg glauben. Menschen lachen oft nicht, weil sie Situationen als zu peinlich bewerten. Was ist schon peinlich? Wenn wir uns verhaspeln? Wieso ist das peinlich, wenn wir zuvor vielleicht fünf Stunden am Stück ohne Verhaspeln geredet haben? Wir nehmen unsere Fehler oft viel zu wichtig, weil wir uns selbst viel zu wichtig nehmen. Was ist in uns los, dass wir uns so wichtig nehmen? Brauchen wir vielleicht ein Bewusstsein über die Normalität eines Fehlers? Wir dürfen uns verhapseln.

Zelebrieren Sie Fehler!

Hoppla, sicher bemerkten Sie sofort diesen lustigen Fehler und es gibt sehr viele lustige Fehler. Ist das nicht genial, wenn wir anstatt verhaspeln, verhapseln sagen? Stellen Sie sich vor, Sie haben sich versprochen und Sie sagen: *„Oh, da habe ich mich aber gerade derart verhapselt?"*. Wenn Sie sich selbst auf die Schippe nehmen, dann können es die anderen schon nicht tun. Wer nimmt Ihnen Ihre Schippe schon krumm, außer Menschen, die sich selbst nicht ausstehen können? Jene werden sowieso immer etwas finden, was ihnen nicht in den Kram passt. Bleiben Sie in Ihrer Welt! Aktiveren Sie Ihre zweite Haut und vielleicht ist es heute sogar eine lustige Haut, die Sie da anhaben. Lachen Sie, wenn Sie wieder mal in eine „Pfütze" treten. Hätten Sie sich als Kind auch darüber geärgert?

Während meiner ersten NLP-Ausbildung hatten wir die Aufgabe, in einer Fünfergruppe in die Stadt zu fahren, um „verrückte" Dinge zu tun. Es war ein Regentag im September und die konkreten Aufträge lauteten: Einen Osterhasen besorgen, mit fremden Menschen Gespräche initiieren, eine Rede mitten auf dem Marktplatz abhalten, einen fremden Kinderwagen schieben, einen Hund auf der Straße pacen (nachmachen) und andere sogenannte „unmögliche Dinge" tun. Alle in der Gruppe bestätigten, dass sie zuletzt in der Kindheit so viel gelacht hätten wie an diesem Tag. Es war traumhaft verrückt, eine regnerische Welt in eine lachende Welt mit so viel Sonne im Herzen zu verwandeln. Noch während der Rückfahrt lachten wir so sehr, dass ich als Autofahrerin auf den Seitenstreifen fahren musste, weil ich vor Lachen nicht mehr weiterfahren konnte. Für mich war dieses Erlebnis wie ein inneres Wiedererwachen. Was war nur passiert, dass ich nicht mehr so viel wie früher lachte? Ich entschied mich, das Leben weniger ernst zu nehmen, damit meine frühere Heiterkeit wieder mehr zum Vorschein kommen kann.

Der Hader anderer ist nicht Ihr Hader. Lassen Sie sich nicht davon verletzten.

Wie oft sind uns schon Menschen begegnet, die lieber wegschauen, als einfach mal zu lächeln? Seien Sie nicht verletzt, wenn jemand Ihr Lächeln nicht erwidert. Es hat so gut wie nie etwas mit Ihnen zu tun! **Niemand kann uns verletzen, außer wir tun es Kraft unserer Gedanken selbst.** Das ist eine Wahrheit, die Sie am Ende dieser beiden Bücher wahrscheinlich ohne weiteres mit unterschreiben können. Die nicht-lächelnden Menschen auf der Straße, im Beruf oder in der eigenen Familie brauchen Ihre Empathie, weil sie (noch) nicht selbstempathisch sind. Vielleicht haben Sie sogar triftige Gründe, es nicht erfahren zu wollen? Wir haben es jedoch nicht zu verantworten, weil es nicht unsere Verantwortung ist. Wir können aber da sein, wenn sie Empathie wünschen und einfordern. Seien Sie nicht verletzt, wenn andere aufgrund negativer Gedankengänge sich wegducken oder -schauen und Ihre Aufmerksamkeit nicht annehmen wollen. Diese Menschen haben vielleicht einen projizierten Hader oder eine projizierte Wut auf Sie und die Welt, aber es ist deren persönlicher Hader und deren persönliche Wut mit sich selbst, mit ihrem Leben und mit der Welt. Sie sind dabei außen vor.

Nehmen Sie sich vor, mehr auf der Straße, in der U-Bahn ... zu lächeln. Es wird Ihnen und den Menschen gut tun, denen Sie begegnen. Nehmen Sie sich vor, auch wenn Sie keine ausgesprochen gute Laune haben, dennoch zu lächeln, so lange Ihr Lächeln sich noch stimmig anfühlt. Verbiegen Sie sich jedoch nicht. Behalten Sie dennoch im Hinterkopf, dass die anderen schließlich nichts dafür können, dass Ihre Laune nicht auf dem Höchststand ist. Fühlen Sie nach, wenn Sie schlechte Laune haben, was Sie genau brauchen und was Sie konkret tun können, damit sich Ihre Laune baldmöglichst wieder bessern kann. Brauchen Sie eine Auszeit von einem Streit? Brauchen Sie einen Sprung in die Luft? Brauchen Sie eine Krone auf dem Kopf? Brauchen Sie laute Musik? Brauchen Sie einen Abend mit guten Freunden? Gehen Sie aufrecht! Zeigen Sie, dass Sie da sind! Allein schon die Körperhaltung beeinflusst die Gefühle. Probieren Sie es einfach aus und Sie werden eine leichte Besserung Ihrer inneren Haltung feststellen können. Nehmen Sie dem Tag die Ernsthaftigkeit! Nehmen Sie Situationen die Ernsthaftigkeit! Lachen befreit. Erinnern Sie sich nach einer langen Lachepisode bewusst an das entspannte Gefühl des Loslassens, wenn die befreiende Lachenergie wohltuend aus dem Körper strömt. Dieses befreite Gefühl kann Ihnen Energie für den weiteren Tag spenden, der dann vielleicht wieder lachend enden kann, weil Sie die erlebte Situation zusätzlich noch abends Ihren Lieben weiter erzählen. Teilen Sie Ihre schönen Erfahrungen und die Freude vervielfältigt sich!

Lachen setzt Glückshormone frei, deshalb erinnern Sie sich bewusst an schöne und lachende Momente, wenn Sie z. B. das Gefühl haben, dass der Tag Ihnen irgendwie misslingt. Nehmen Sie bewusst lustige Momente in den Fokus. Sie haben die Verantwortung über Ihren Tag und über Ihre Gedanken. Sie haben die Verantwortung, wenn Ihnen eine „Laus“ über die Leber gehüpft ist, wie Sie diese „Laus“ bewerten und was Sie unternehmen, damit sie wieder „davonhüpfen“ kann. Trainieren Sie Ihr Stimmungsmanagement. Setzen Sie sich so oft wie möglich emotionale Lachanker. Initiieren Sie lustige Momente in Ihrem Leben. **Das Leben ist voll von inhaltsfreien Situationen.** Reden und lachen Sie einfach mal mit fremden Menschen auf der Straße und genießen Sie den Augenblick, neue Menschen und Sichtweisen kennenzulernen. Ich bin als Referentin viel unterwegs und ich liebe es, mit fremden Menschen ins Gespräch zu kommen. Ob in Seminaren, im Zug, auf der Straße oder beim Abendessen. Es gibt immer etwas zu sagen, zu lachen und manchmal ist es nur ein nettes nickendes Schweigen, das uns beflügelt. Warum damit geizen? Wenn ich eines nicht verstehen will, dann ist es dieser Geiz! Als wir unser neues Haus gestrichen haben, waren meine Haare und mein Gesicht, da ich keine Mütze beim Streichen getragen habe, komplett weiß verspritzt und ich sah abends um halb zehn komplett abgeschafft aus. Dennoch war der Tank leer und ich musste ich diesem unansehnlichen Zustand zur Tankstelle an der Autobahn,

> Geizen Sie nicht mit schönen Momenten, die Sie inszenieren können.

um sicher zu Hause in unsere damalige Mitwohnung anzukommen. Der Tankwart schenkte mir einfach so eine Rose, weil er sofort gesehen hat, wie es mir geht. Soviel Empathie ist bis heute nicht vergessen und ich freue mich jedes Mal, wenn ich an diese Tankstelle denke, obwohl ich mich nicht einmal mehr an das Gesicht des Tankwartes erinnern kann. Solche Erfahrungen geben dem Leben die Würze. Wie würzen Sie Ihr Leben?

Sollten Sie Ihr Lachen ebenso etwas verloren haben, dann **entscheiden Sie sich**, Ihr Lachen wieder zurückzuholen. Suchen Sie sich Menschen aus, mit denen Sie lachen können! Lächeln Sie bekannte und unbekannte Menschen an und freuen Sie sich über die positiven Reaktionen. Seien Sie gewiss, sie werden eintreffen. Das Resonanzgesetz ist konsequent. Warten Sie nicht bis andere lächeln. Wenn Sie sich gute Laune wünschen, dann säen Sie lächeln aus! Wenn Ihre Sonne von innen strahlt, wird Ihr Lachen andere Menschen berühren, weil es keinen Menschen auf der Welt gibt, der diese Sprache nicht versteht. Lachen wird aus dem Gefühl der Liebe geboren. Ist es Ihnen nicht zum Lachen zumute, dann fragen Sie sich in dieser Situation, was die Liebe tun würde, damit Sie wenigsten ein bisschen wieder lachen können? Wie schön, dass Sie jetzt lächeln. ☺

Vertrauen Sie dem Resonanzgesetz und säen Sie lächeln aus.

7.3 Dankbarkeit

Die Energie des Gebens ist höher als die Energie des Nehmens. Anne Frank hinterließ der Welt einen einfachen aber sehr bedeutungsvollen Satz: *„Wer glücklich ist, wird auch andere glücklich machen."*.[250] Wir, für uns alleine, machen uns nicht glücklich. Ich für mich bin glücklich durch meinen Flügelschlag, aber ich brauche auch die Begegnung des anderen Flügelschlags – die Begegnung der anderen Schmetterlinge. Ich kann nur das betonen, was schon viele betonten: **Der, der gibt, ist in Wahrheit der Beschenkte.** Es ist ein Geschenk für mich, wenn Menschen von meiner Erfahrung ein Stück „wertschöpfen". Dafür bin ich von Herzen dankbar. Diese Erfahrung ist Empathie und Selbstempathie zugleich. Jeder Flügelschlag hat Auswirkungen auf den Flügelschlag eines anderen Menschen. Wir sind verbundene und soziale Wesen. Die Quelle der Selbstliebe ist und bleibt in uns und sie schenkt jedem einzelnen von uns einen individuellen und besonderen eigen-SINN-igen Flügelschlag im Universum der Verbundenheit.

Nur die Dankbarkeit von Herzen zählt. – Alles andere ist Berechnung.

Reflektieren Sie, Ihre Art danke zu sagen. Sagen Sie Danke von Herzen oder weil es sich gehört? Nur die Dankbarkeit aus dem Herzen kommt authentisch an. Das Leben ist keine Selbstverständlichkeit, deshalb sollten wir jeden Tag von Herzen dankbar sein. *„Je mehr Sie zum Kenner der Dankbarkeit werden, desto weniger sind Sie Opfer von Ärger, Depression und Verzweiflung."*[251] Ein Mensch, der sich mit glücksbringenden Themen – wie Selbstempathie, Empathie, Wertschätzung, Erfolg, Vergebung, Gesundheit, Reflexion der Vorurteile und Werte – beschäftigt, wird automatisch dankbarer, weil er dankend erkennt, wie wertvoll er selbst und das Leben ist.

[250] Anne Frank zitiert in Mackenzie 2007, S. 145
[251] Sam Keen

Sollten Sie sich gerade körperlich oder psychisch unwohl fühlen, seien Sie dennoch dankbar, dass Sie diese Gefühle fühlen. Ihr körperlicher Schmerz hat eine Botschaft. Er will Sie beschützen und bitten, vorsichtiger und freundlicher mit Ihrem Körper und mit Ihrer Gedankenbotschaft umzugehen. Hören Sie auf diese Botschaft und vielleicht wird sich der körperliche Schmerz wieder verabschieden? Seien Sie besonders in den Situationen dankbar, wenn Sie spüren, dass es Ihnen wieder besser geht. Das Nachlassen des körperlichen Schmerzes wird oft als Selbstverständlichkeit hingenommen. Das ist es nicht. Nichts ist selbstverständlich. Vor Jahren hatte ich nach einem operativen Eingriff fast eine Woche lang starke Schmerzen, weil mir ein längeres Stück Sehne in den Fuß eingenäht wurde. Ich hatte nie wieder solange Zeit am Stück so starke Schmerzen und das ist für mich ein Grund mehr, jeden Tag für meine Gesundheit dankbar zu sein. Erscheint uns das Leben gerade „perfekt", vergessen wir schnell, unsere Dankbarkeit darüber auszudrücken. Seien Sie von Herzen dankbar für die Sonne am Himmel, für die Blüten an den Bäumen, für die fliegenden Blätter im Herbst und für die kahlen Äste im Winter. Wir sind das Wunder im Wunder.

Beginnen Sie 1001 Dinge aufzuschreiben, wofür Sie dankbar sind. Die Zahl steht symbolisch für die Strategie des Dranbleibens. Gestalten Sie neben Ihrem Selbstwertbuch noch ein Dankebuch z. B. mit dem Titel: *1001-mal danke sagen.* Sie werden dankbar erkennen, wenn Sie an diesem Thema dranbleiben, dass sich vieles in Ihrem Leben verändern wird. Das Resonanzgesetz sorgt liebevoll dafür, dass die Dinge, wofür wir dankbar sind, nicht von unserer Seite weichen. Für was sind Sie jeden Tag dankbar? Fangen Sie noch heute an, 1001 Dankbarkeitsmomente zu sammeln. Tragen Sie Ihre Dankbarkeitsmomente in Ihr Selbstwertbüchlein ein oder in das eigens ausgewiesene Dankebuch. Sie können auch Zwei in Eins (Selbstwertbuch inklusive Dankebuch) gestalten, das ergibt dann auf Dauer Drei. Das Dritte ist das Dankekonzept Ihres Herzens.

Nichts ist selbstverständlich!

Michael Schumacher, ein Mensch, den jeder kennt und ein Mensch mit Geld, Authentizität und Dankbarkeit im Herzen. Gibt es noch mehr? *„Ich habe in den vergangenen sechs Jahren vieles – auch über mich selbst – dazugelernt, und dafür bin ich dankbar: Dass man sich öffnen kann, ohne an Fokus zu verlieren. Dass Verlieren schwieriger als Gewinnen sein kann, und auch lehrreicher; vorher hatte ich das manchmal aus den Augen verloren. Dass man es schätzen muss, wenn man tun darf, was man liebt. Dass man seine Überzeugungen leben sollte. Ich habe meinen Horizont erweitert und bin im Reinen mit mir."* (Abschiedsrede aus der Rennkarriere, am 04.10.2012).

Ralf Sanftleben, ein bekannter Lebensberater, schreibt in seinem Newsletter 627, *Es ist jetzt ... Zeit zu leben – Du darfst mich doof finden,* folgende wertvolle Worte:

- Mein Wert als Mensch hat nichts damit zu tun, ob jemand mich oder meine Arbeit gut oder schlecht findet. Der Wert anderer Menschen hat ja auch nichts damit zu tun, ob **ICH** sie gut finde oder nicht.
- Andere Menschen dürfen sein, wie sie sind. Ich darf sein, wie **ICH** bin.
- Zum Glück darf ich mich irren, ich darf Fehler machen und auch mal scheitern.
  Das gehört zum Leben dazu. Ich stehe zu meinen Fehlern, lerne daraus und wachse daran.

- Wenn ich eine Verpflichtung eingegangen bin, dann ist es meine Verantwortung, dieser Verpflichtung gerecht zu werden.
- Wenn ich anderen durch mein Tun versehentlich geschadet habe, dann versuche ich das wiedergutzumachen, wenn es in meiner Verantwortung liegt.
- Ich habe für meine Fehler und Unzulänglichkeiten Verständnis. Und für die Fehler und Unzulänglichkeiten der Menschen um mich herum auch.
- Ich gebe genauso viel, wie ich nehme.
- Ich mag mich, mit all meinen Ecken und Kanten. Ich kann mich selbst leiden. Auch wenn andere mich oder meine Arbeit mal nicht mögen.
- Meine Aufgabe ist es nicht, es anderen recht zu machen, anderen zu gefallen und deren Erwartungen zu erfüllen. Meine Aufgabe ist es, die Dinge voranzutreiben, die mir wichtig sind.
- Es gibt nicht wenige Menschen, die schauen lieber auf die Fehler der anderen, weil das einfacher ist, als auf ihre eigenen Fehler oder ihr eigenes Unglück zu schauen.
- Solange ich anderen Menschen damit nicht schade, ist es meine Sache, was ich tue, was ich nicht tue oder sogar, wie ich aussehe.
- Bei ungefragter Kritik reden die Menschen eher über sich selbst und über ihre Selbstansprüche. Sie reden weniger über dich und deine Arbeit. Kritik hat oft nichts mit dir zu tun.
- Wenn ich eine Rückmeldung zu mir oder meiner Arbeit haben möchte, dann hole ich sie mir: Und zwar am liebsten bei den Menschen, deren Meinung ich wertschätze.

Entdecken Sie Ihren Eigen-Sinn!

Alfred Adler schrieb in seinem Buch: *Der Sinn des Lebens* über die Sinnhaftigkeit des Lebens. Am Eindrucksvollsten scheinen mir seine Worte zu sein, die Lebenssinn geradezu verhindern: *„Der wahre Sinn des Lebens, aber zeigt sich in dem Widerstand, der sich dem unrichtig, handelnden Individuum entgegenstemmt.“*.[252] Brechen Sie Ihren Widerstand und entdecken Sie Ihren eigenen Sinn (Eigen-Sinn) im Leben, der die Richtschnur Ihres Denkens und Fühlens bestimmt. Reflektieren Sie nun am Ende des Buches über Ihren Eigen-Sinn und über Ihre daraus gewonnenen Erkenntnisse:

Worin sehen Sie Ihren Sinn im Leben? Was glauben Sie, was ist Ihr Eigen-Sinn?

[252] Adler 2010, S. 39

Welche Erkenntnisse haben Sie am stärksten berührt?

Was wollen Sie am Ende Ihres Lebens sagen können?

Am Ende eines jeden Projektes und am Ende meines Lebens möchte ich wie Albert Schweizer sagen: *„Ich habe gelernt, selbst für mich zu denken und zu handeln, der Welt gerade ins Gesicht zu sehen und zu bekennen: DAS IST MEIN WERK: Ich bin frei."*.[253]

Mit den Worten von Steve Jobs: *„Bleibt hungrig, bleibt verrückt!"* **UND** mit den Freiheitsworten von Albert Schweizer: *„Das ist mein Werk."* möchte ich diese letzte Zeile mit naheliegenden Ergänzungen abschließen: *„Bleibt hungrig, bleibt verrückt,* ***bleibt frei!****"* und *„Das ist mein WERK!* ***Ich bin innerlich frei!****"*.[254]

[253] Gedanken zur Freiheit von Albert Schweizer, Großbuchstaben nicht im Originalzitat

[254] Es geht mir bei dieser Aussage nicht um Absolutheit. Die gibt es im philosophischen Sinne m. E. nicht.

Zukunft

Die Zukunft kommt schon morgen früh?

Kann man die nicht verschieben?

Ich wär so gern und zwar mit dir

im Heute hier geblieben.

Paul Maar aus: Oder die Entdeckung der Welt
von Hans-Joachim Gelberg, Weinheim u. a.: Beltz Verlag, 1997

Was wird in hundert Jahren sein?

Was wird mit uns geschehen?

Man weiß es nicht, denn niemand hier kann in die Zukunft sehen.

Doch etwas kann man jetzt schon tun:

Man kann die Zukunft denken.

Und tut man dies,

dann kann man sie vielleicht zum Guten lenken.

Aus Jaugar und Neinguar von Paul Maar,
Hamburg: Friedrich Oetinger Verlag, 2007

Abb. 37 – **Ohne Vorurteil haben wir einen Vorteil!**

Für die freundliche Unterstützung bei den vielfältigen Themen dieses Buches möchte ich mich bei Gerda Schwäble und Rebekka Dinse-Fedorov herzlich bedanken. Ebenso bedanken möchte ich mich für die Einsicht in die ***Verständnisspanne der Texte und Übungen*** *(Spannweite zwischen leichter Umgangssprache bis Fachsprache) bei Dr. Heike Bockel und bei Dr. Liv Prönneke. Die hilfreichen Rückmeldungen für Verbesserungsvorschläge haben diesem Buch den nötigen Feinschliff gegeben. Danke von Herzen für die Unterstützung meines perfekt unperfekten Werkes.*

Ein freier Mensch

Ich will unter keinen Umständen ein Allerweltsmensch sein.
Ich habe ein Recht darauf, aus dem Rahmen zu fallen, wenn ich es kann.
Ich wünsche mir Chancen, nicht Sicherheiten.
Ich will kein ausgehaltener Bürger sein, gedemütigt und abgestumpft,
weil der Staat für mich sorgt.

Ich will dem Risiko begegnen, mich nach etwas zu sehnen
und es zu verwirklichen, Schiffbruch zu erleiden oder Erfolg zu haben.
Ich lehne es ab, mir den eigenen Antrieb mit einem Trinkgeld abkaufen zu lassen.
Lieber will ich den Schwierigkeiten des Lebens entgegentreten
als ein gesichertes Dasein führen;
lieber die gespannte Erregung des eigenen Erfolges
als die dumpfe Ruhe Utopiens.

Ich will weder meine Freiheit gegen Wohltaten hergeben
noch meine Menschenwürde gegen milde Gaben.
Ich habe gelernt, selbst für mich zu denken und zu handeln,
der Welt gerade ins Gesicht zu sehen und zu bekennen,
dies ist mein Werk: Ich bin ein freier Mensch.
Albert Schweitzer

„Zuerst ignorieren sie dich,
dann lachen sie über dich,
dann bekämpfen sie dich
und dann gewinnst du.“
Mahatma Gandhi

Abb. 38 – Thomas Alwin Müller
Frösche küsst man doch!

Mein Leitsatz:

„Mit dem Gefühl der inneren Freiheit lebe ich
in der Vollkommenheit meiner Unvollkommenheit;
in Liebe zu mir und zu anderen Menschen, unabhängig davon,
ob sie mich mögen und lieben, so wie ich bin.“

Literaturverzeichnis

Adler, Alfred (2008): Menschenkenntnis, Köln: Anaconda Verlag GmbH, erstmals erschienen Leipzig: S. Hirzel Verlag, 1927.

Antonovsky, Aaron (1997): Salutogenese, Zur Entmystifizierung der Gesundheit, Tübingen: Deutsche Gesellschaft für Verhaltenstherapie, Deutsche erweiterte Herausgabe von Alexa Franke.

Aristoteles (1972): Nikomachische Ethik, 1. Buch, 2.4. und 5., 8. und 9. Buch, Übersetzung von Eugen Rolfes, Bien, Günther (Hrsg.), Hamburg, S. 4 – 12. Historische Einführung in die Ethik: Antike, Blatt: Was ist Glück?, Zusammenstellung und Bearbeitung: Referat für Technik- und Wissenschaftsethik, FH Karlsruhe, Prof. Dr. Michael Wörz.

Bandler, Richard / **Grinder**, John (1986): Reframing. Ein ökologischer Ansatz in der Psychotherapie (NLP). Innovative Psychotherapie und Humanwissenschaften, Paderborn: Junfermann Verlag, 2. Auflage.

Bauer, Joachim (2006): Warum ich fühle, was du fühlst. Intuitive Kommunikation und das Geheimnis der Spiegelneurone, Hamburg: Verlagsgruppe Random House, 15 Aufl.

Berghaus, Margot (2004): Luhmann leicht gemacht. Eine Einführung in die Systemtheorie, Köln/Weimar/Wien: Böhlau, 2. Aufl.

Birkenbihl, F. Vera: (2011): Jeden Tag weniger ärgern!, Das Anti-Ärger-Buch, 59 konkrete Tips, Techniken, Strategien, München: mgvverlag, 8. Aufl.

Buber, Martin (1995): Ich und Du, Heidelberg: Lambert Schneider Verlag GmbH, 11. Durchgesehene Aufl.

Byron, Kathleen Mitchell (2002): Lieben was ist, Wie vier Fragen Ihr Leben verändern können, München: Arkana Verlag, 13. Aufl.

Degen, Ursina (2005): Das Konzept der Selbststeuerung bei Julius Kuhl, Seminararbeit Fachbereich Pädagogische Psychologie I, Pädagogisches Institut Zürich, Sommersemester, Betreuung Dr. Maja Stroch

Donath, Anne (2007): Wer wandert, braucht nur, was er tragen kann. Bericht über ein einfaches Leben, München: Piper Verlag GmbH, 3. Aufl.

Doppler, Klaus (2009): Der kleine Kämpfer und sein Weg ins Glück, Hamburg: Murmann Verlag GmbH, 1. Auflage.

Chopich, Erika, J. / **Paul**, Margaret (2007): Das Arbeitsbuch zur Aussöhnung mit dem inneren Kind, Berlin: Verlag Ullstein Buchverlage GmbH, 5. Aufl.

Derman-Sparks, Louis (2010): Anti-Bias Pädagogik: Aktuelle Entwicklungen und Erkenntnisse aus den USA, in: **Wagner**, Petra (Hrsg.): Handbuch Kinderwelten. Vielfalt als Chance – Grundlagen einer vorurteilsbewussten Bildung und Erziehung, Freiburg i. Br.: Herder Verlag GmbH.

Ende, Michael (1973): Momo oder Die seltsame Geschichte von den Zeit-Dieben und von dem Kind, das den Menschen die gestohlene Zeit zurückbrachte, Ein Märchen-Roman, Stuttgart: K. Thienemann Verlag, 16. Aufl.

Eisler, Rudolf (2006): Wörterbuch der philosophischen Begriffe, Berlin: E. S. Mittler und Sohn Verlag, 2 Ausgabe.

Friesinger, Theresia (2012): Fühlen, was wir brauchen, Die Inklusive Kommunikation, Eine nicht ausgrenzende und bedürfnisgerechte Sprache zur Auflösung von negativen Reaktions- und Kommunikationsmustern führt zu einem selbstregulierten und autonomen Leben, Nach den neuesten Erkenntnissen der Hirnforschung, Druck: Schramberg.

Fromm, Erich (2001): Die Kunst des Liebens, aus dem Amerikanischen von Liselotte und Ernst Mickel, München: Wilhelm Heyne Verlag, 8. Aufl. Originalausgabe: The art of loving, New York: Harper and Row, Band IX.

Gramer-Rottler, Silke / **Koneberg**, Ludwig (2010): Die sieben Sicherheiten, die Kinder brauchen, Neues aus der Evolutionspädagogik, München, Kösel Verlag, 4. Aufl.

Grossarth-Maticek, Ronald (2000): Autonomietraining, Gesundheit und Problemlösung durch Anregung der Selbstregulation, Berlin/New York: de Gruyter.

Hill, Napoleon (2009): Denke nach und werde reich. Die Erfolgsgesetze, Deutsche Übersetzung: Wolfgang Maier, München: Ariston Verlag in der Verlagsgruppe Random House GmbH.

Hwoschinksy, Carol (2007): Mit dem Herzen zuhören, Ein Leitfaden für das einfühlsame Zuhören, Originaltitel: „Listening with the Heart", Paderborn: Junfermann Verlag.

Lohmann, Friedrich (2003): Konflikte lösen mit NLP. Techniken für Schlichtungs- und Vermittlungsgespräche, Paarberatung und Mediation nach Virginia Satir, John Grinder und Thies Stahl, Paderborn: Junfermann Verlag.

LeShan, Lawrence / **Lösch**, Annegrete (2004): Diagnose Krebs, Wendepunkt und Neubeginn, Stuttgart: Klett-Cotta Verlag

Mackenzie Mary (2007): In Frieden leben, Tägliche Meditationen für ein Gefühl voller Liebe, Heilung und Mitgefühl, Gewaltfreie Kommunikation für jeden Tag, Originaltitel: „Peaceful Living", Paderborn: Junfermann Verlag.

Milton, H. Erickson (2006): Die Lehrgeschichten von Milton H. Erickson, Salzhausen: Iskopress Verlag, 8. Aufl.

Nuber, Ursula (2012): Des Guten zuviel, Wenn Selbstlosigkeit schadet, in Psychologie heute, 39. Jahrgang, Heft 8, August 2012, S. 21 – 24.

Dilts, Robert (2010): NLP II, The Next Generation – Enriching the Study of the Structure of Subjective Experience, co-authored with Judith DeLozier and Deborah Bacon Dilts, Meta Publications, Capitola, CA.

Perls, Friedrich S. (1980): Ein Interview mit Dr. Friedrich Perls (1966), in: Petzold, Hilarion G. (Hrsg.)/Perls, Friedrich S.: Gestalt, Wachstum, Integration – Aufsätze, Vorträge, Therapiesitzungen, Paderborn: Junfermann Verlag.

Perls, Friedrich S. (2007): Grundlagen der Gestalt-Therapie. Einführung und Sitzungsprotokolle, Stuttgart: Klett-Cotta Verlag, 12. Auflage. Aus dem Amerikanischen von Monika Ross. Die Originalausgabe erschien unter dem Titel „The Gestalt Approach & Eye Witness to Therapy", Palo Alto, Kalifornien: Science and Behavior Books, Inc.

Precht, David, Richard (2007): Wer bin ich und wenn ja, wie viele? Eine philosophische Reise, München: Goldmann Verlag, 29. Aufl.

Precht, David, Richard (2012): Die Kunst kein Egoist zu sein. Warum wir gerne gut sein wollen und was uns davon abhält, München: Goldmann Verlag, 1. Aufl.

Riemann, Fritz (2003): Grundformen der Angst, Eine tiefenpsychologische Studie, München: Ernst Reinhardt, GmbH & Co KG, Verlag, 36. Aufl.

Rosenberg, Marshall B. (2010): Gewaltfreie Kommunikation. Eine Sprache des Lebens. Gestalten Sie Ihr Leben, Ihre Beziehungen und Ihre Welt in Übereinstimmung mit Ihren Werten, Paderborn: Junfermann Verlag, 9. Aufl.

Saint Exupéry, Antoine de (2000): Der Kleine Prinz, Düsseldorf: Karl Rauch Verlag GmbH & Co. KG.

Satir, Virginia (1989): Mein Weg zu dir – Kontakt finden und Vertrauen gewinnen, München: Kösel Verlag, Verlagsgruppe Random House GmbH.

Schiffer, Eckhart (2009): Wie Gesundheit entsteht – Salutogenese: Schatzsuche statt Fehlerfahndung. Weinheim und Basel: Beltz Verlag.

Schmidbauer, Wolfgang (2007): Das Helfersyndrom, Rororo Verlag, Reinbek.

Schulz von Thun, Friedemann (2003): Miteinander reden 2. Stile, Werte und Persönlichkeitsentwicklung. Differentielle Psychologie der Kommunikation, Reinbek bei Hamburg: Rowohlt Taschenbuch Verlag GmbH, 23. Aufl., Erstausgabe 1989.

Schulz von Thun, Friedemann (2004): Miteinander reden 3. Das „innere Team" und situationsgerechte Kommunikation. Kommunikation, Person, Situation, Reinbek bei Hamburg: Rowohlt Taschenbuch Verlag GmbH, 12. Aufl., Erstausgabe 1998.

Schulz von Thun, Friedemann (Hrsg.) (2009): Miteinander reden: Praxis – Klarkommen mit sich selbst und anderen: Kommunikation und soziale Kompetenz – Reden, Aufsätze, Dialog, Reinbek bei Hamburg: Rowohlt Taschenbuch Verlag, 4. Aufl.

Spitzer, Manfred (2007): Lernen, Gehirnforschung und die Schule des Lebens, Springer Verlag Berlin: Spektrum Akademischer Verlag.

Stahl, Thies (1992): Neurolinguistisches Programmieren (NLP), Was es kann, wie es wirkt und wem es hilft. Therapieverfahren unserer Zeit, Mannheim: PAL-Verlagsgesellschaft Mannheim, 5. Aufl.

Stutz, Pierre (2004): Atempausen für die Seele, Freiburg i. Br.: Herder Verlag, 3. Aufl.

Tolle, Eckhart (2010): Jetzt – Die Kraft der Gegenwart, Bielefeld: J. Kamphausen Verlag, Limitierte Jubiläumsausgabe.

Quellenverzeichnis

Altgeld, Karin (2008): Kindertageseinrichtungen im Wandel, Anforderungen an eine mitarbeiterorientierte Organisationsentwicklung, IAQ, Universität Duisburg/Essen
www.dji.de/flexible_betreuung/Altgeld_IAQ_230608.pdf
geöffnet am 01.09.2012

St. John, Noah (2010): Erfolg ist kein Zufall. Die Erfüllung Ihrer Träume ist nur 7 Schritte entfernt, Ariston, München: aus Kommunikation & Seminar: Oktober 2010, Seite 54 – 55
www.ksmagazin.de, geöffnet am 02.02.2011

Enkhardt, Dieter (2010): Schulberatung Lehrer Gesundheit, Staatliche Schulberatungsstelle Mittelfranken
www.schulberatung.bayern.de/imperia/md/content/schulberatung/pdfmfr/lehrergesundheitmfr/10_12_21_newsletter_Lehrergesundheit_korrigiert.pdf
geöffnet am 02.02.2011

Appel, Regina (2009): Eine Handvoll Bohnen, Geschichte eines Lebenskünstlers, Gießener Zeitung, Deutschlands erste Mitmachzeitung in Poeten verfasst am 26.10.2009
www.giessener-zeitung.de/giessen/beitrag/21612/eine-handvoll-bohnen-geschichte-eines-lebenskuenstler/
geöffnet am 02.07.2010

Henn, Dirk (2011): 52Wege für eine wunderbare Welt, Das Gasthaus, Rumi, Übersetzung von Dirk Henn
www.52wege.de/das-gasthaus
Zugriff am 12.12.2011

Henning, Erdmute (2010): Institut und Praxis für Familientherapie und Systemisches Arbeiten, Dr. Virginia Satir, Die fünf Freiheiten
www.systemisches-kolleg.de/satir.htm
Zugriff am 06.04.2011.

Sanftleben, Ralf (2012): *Du darfst mich doof finden. Es ist jetzt ... Zeit zu leben* Verlags- und Trainingsgesellschaft mbH: Lüneburg
www.zeitzuleben.de/20404-du-darfst-mich-doof-finden/
Zugriff am 08.10.2012

Abb. 39 – Thomas Alwin Müller
Jedes Stück Holz ist wertvoll!

Motto des Praxisbuches: **Perfekt unperfekt ist gut genug!**

Über die Autorin:

Theresia Friesinger: Sozialpädagogin (B. A.); Autorin, Referentin im frühkindlichen Bereich bei unterschiedlichen Fortbildungsinstituten, freien und öffentlichen Trägern zum Thema: Inklusion, Heterogenität und Respekt; NLP-Master und GfK-Trainerin; Multiplikatorin für Bildungs- und Lerngeschichten nach M. Carr; Moderationsausbildung über die GEW für individuelles Lernen in heterogenen Gruppen in Grund- und weiterführenden Schulen und Multiplikatorin für Inklusion in Kindertagesstätten und Kommunen. Expertin in der bedürfnisgerechten, salutogenen und *Inklusiven Kommunikation* (angelehnt an Schulz von Thun, den Anti-Bias-Ansatz nach Louise Derman-Sparks, dem Autonomietraining nach Grossarth-Maticek u. a.) sowie Unbewusster Wertefindungscoach mit einem ausgefeilten Ausbildungskonzept – Grundlage: Das Theorie- und Praxisbuch.

Theresia Friesinger hat für beide Werke: *Fühlen, was wir brauchen – Die Inklusive Kommunikation* (Theorie- und Praxisbuch) ihre komplexen Erfahrungen, aus ihren Fortbildungs- und Inhouse-Seminaren mit zum Teil wissenschaftlich und neurobiologisch ausgesuchten Belegen, in ein Selbst- und Fremdberatungskonzept gefasst. Sie vertritt die feste Überzeugung, dass wir besonders in Kindertagesstätten und Schulen ein vorurteilsbewusstes und **selbstempathisches Konzept** benötigen. **Ohne Selbstempathie keine Empathie!**

Weitere vorurteilsbewusste Bilderbücher von Theresia Friesinger mit dem Illustrator Thomas Alwin Müller:

Das kleine Weiche ist garstig zum kleinen Rau' und mag es nicht, weil dieses so hässlich und rau aussieht. Eine wunderschöne Geschichte zum Nachmachen wie die beiden doch noch Freunde werden ...

Ein Buch mit der besonderen Fühlerfahrung – nicht nur für Kinder.

Das kleine Runde hat nur rund aussehende Freunde und mag das kleine Eckige und Kantige nicht. Es kann sich auch nicht vorstellen, dass es in das kleine Eckige passt. Diese Geschichte zeigt, wie vielfältige Begegnungen viele Vorteile bringen und Vorurteile abbauen können. Allen wird bewusst: Ohne Vorurteil haben wir einen Vorteil und es geht doch viel mehr als wir denken ...

Das kleine Leise kann nicht mit dem kleinen Lauten spielen, weil dieses ihm zu laut ist. Werden sie trotzdem Freunde werden?

Eine Klang-Geschichte, wie Unterschiede anerkannt werden können ...

Das kleine Zappelige kann seine Beine nicht still halten.
Das kleine Ruhige kann diese Unruhe nicht ertragen und sucht sich nur gleichgesinnte Freunde. Es merkt jedoch erst, wie sehr es sich selbst in seinem Spiel einschränkt, als seine Geburtstagsparty in Langeweile ausartet. Über das kleine Zappelige erfährt es, wie lebendig und fröhlich die Welt sein kann ...

Das kleine Große passt nicht zum Freundeskreis des kleinen Winzigen. Erst als es eine große Hilfe benötigt, werden die beide beste Freunde.

Eine Geschichte für Groß und Klein, wie Unterschiede, die den Unterschied ausmachen, anerkannt werden können ...

Tinchen ist jeden Samstag auf dem Flohmarkt und sucht nach einem Schatz. Eine alte Frau schenkt ihr eine Handtasche, die dem Mädchen nicht sonderlich gefällt. Also nimmt Tinchen sich vor, sie an der nächsten Ecke zu verlieren.

Doch Tinchen irrt – diese Handtasche lässt sich nicht verlieren ...

Plötzlich befindet sich Tinchen tief unten im Abgrund der Handtasche, die nun aus ihrer Perspektive ihr noch größer als ein Palast erscheint. Sie kämpft sich, mit den unterschiedlichsten Inhalten einer geheimnisvollen Handtasche durch viele Fächer hindurch, um den Schatz zu finden, nach dem sie sich schon so lange sehnt ...

Das ist mein Lieblingsbilderbuch!

Blau-, Gelb-, Rot- und Grünglitzlinge leben in ihrer Farbenwelt und wissen nichts voneinander, bis ein mutiger und neugieriger Schmetterling die Brücke zu einem anderen Land überquert ...

Ein Bilderbuch für eine dialogische Demokratie und zur Überwindung von Vorurteilen in einer farbigen Phantasie-Geschichte wunderschön verpackt.

Ich gebe meine Vorstellungen nicht auf –
ich begegne ihnen mit Verständnis.
Dann geben **sie mich** auf.

Byron Katie